중앙아시아 이슬람의 현재: 정치·사회·경제적 선택

Politics, Society and Economy of Contemporary Islam in Central Asia

신범식 엮음

신범식, 이선우, 김태연, 오원교, 최아영, 조영관 지음

진인진

중앙아시아 이슬람의 현재: 정치·사회·경제적 선택
Politics, Society and Economy of Contemporary Islam in Central Asia

초판 1쇄 발행 | 2020년 2월 28일

편저자 | 신범식
저　자 | 신범식, 이선우, 김태연, 오원교, 최아영, 조영관
편　집 | 배원일
발행인 | 김태진
발행처 | 진인진
등　록 | 제25100-2005-000003호
주　소 | 경기도 과천시 별양상가 1로 18 614호(별양동 과천오피스텔)
전　화 | 02-507-3077-8
팩　스 | 02-507-3079
홈페이지 | http://www.zininzin.co.kr
이메일 | pub@zininzin.co.kr

ⓒ 진인진 2020
ISBN 978-89-6347-437-3 93300

* 책값은 표지 뒤에 있습니다.
* 본 책자는 2015년 대한민국 교육부와 한국연구재단의 지원을 받아 수행된 연구의 결과물이다.
  (NRF-2015S1A5A2A03049727)
  (공동연구 제목: 중앙아시아 이슬람의 역사적 경험과 현재적 선택 / 연구기간: 2015.11.1-2017.10.31)

* 본 연구는 2016년 및 2017년 서울대학교 아시아연구소의 아시아연구기반구축 사업의 지원을 받아 수행되었다. (#SNUAC-2016-003 / #SNUAC-2017-003)
  (연구기간: 2016.03.01-2017.02.28 / 2017.03.01-2018.02.28)

목차

머리말 ·· 5

서장 ··· 7

I. 이슬람과 국가건설 ··· 23

제1장 탈소비에트 우즈베키스탄의 국민국가 건설과 이슬람 ············ 25

제2장 우즈베키스탄 카리모프 정부의 이슬람정책:
       1인 독재체제 구축을 위한 전략적 선택 ······················ 59

제3장 카자흐스탄 나자르바예프 정부의 이슬람정책 변화와
       그 정치적 요인들: 선거 권위주의 체제로의 진화와 지구적
       '테러와의 전쟁'을 중심으로 ································ 89

II. 이슬람과 중앙아시아 사회 ···································· 123

제4장 우즈베키스탄이슬람운동(IMU)과 타지키스탄이슬람부흥당
       (IRPT)의 발생 조건과 요인 비교연구 ······················ 125

제5장 포스트소비에트 카자흐스탄과 키르기스스탄 급진 이슬람 운동의
       동원 잠재력 비교연구 ····································· 169

제6장 현대 카자흐스탄의 생활이슬람의 양상과 전망: 청년 무슬림의 종
       교 의식과 활동을 중심으로 ································ 215

제7장 공립학교 히잡 착용 금지 논쟁을 통해 본
　　　　 현대 카자흐스탄 이슬람 ··· 251

Ⅲ. 이슬람과 중앙아시아 경제 ·· 283
제8장 중앙아시아 이슬람 금융의 특징에 대한 연구 ···················· 285
제9장 중앙아시아 할랄 산업의 발전과 특징에 대한 연구············· 317

· · · · ·

머리말

본 연구는 지구정치의 신흥지역으로 부상하고 있는 중앙아시아에서 이슬람을 주제로 이 지역의 특성을 살펴려는 시도이다. 보편적 세계종교로서의 이슬람에 대한 관심보다는 지역적 특성이 반영된 사회적 현상으로서의 지역 이슬람의 특성에 대한 관심이 연구의 중심에 있다.

원래 이 연구는 서울대아시아연구소 중앙아시아센터가 수행하였는데, "중앙아시아 이슬람의 역사적 경험과 현재적 선택"(2015~2017)을 주제로 한국연구재단의 공동연구 지원을 받았고, 서울대아시아연구소의 기반구축사업(2016-2018)으로도 지원을 받았다. 3년 가까운 기간 동안 진행된 연구의 결실을 이제 두 권의 책으로 세상에 내놓게 되었다.

첫째 책『중앙아시아 이슬람의 역사적 경험과 문화』와 둘째 책『중앙아시아 이슬람의 현재: 정치·사회·경제적 선택』에는 각각 9편씩 총 18편의 연구논문이 담겨져 있다. 첫째 책은 "중앙아시아 이슬람의 역사적 경험"과 "현대 중앙아시아의 이슬람 문화와 교육"을 중심 주제로 연구된 결과물이고, 둘째 책은 "이슬람과 국가건설", "이슬람과 중앙아시아 사회", "이슬람과 중앙아시아 경제"에 관한 연구물이다.

본서로 전달되는 연구결과가 지역으로서의 중앙아시아와 그 이슬람에 대해 관심을 가진 연구자들과 후학들에게 새로운 흥미를 유발하고 창조적인 논쟁거리를 제공할 수 있다면 더없는 큰 보람이 될 것이다. 하지만 평가는 독자들의 몫이기에 이제 연구 결과를 떨림으로 겸허히 내려놓는다.

    이 책이 나오기까지 많은 분들이 애써 주셨다. 무엇보다 연구에 함께 참여해 주신 필자들의 노고에 깊은 감사를 표하고 싶다. 그리고 책의 출판 과정에서 세밀한 논평과 지적을 해 주신 심사자들께도 깊은 감사를 드린다.

    바쁜 연구일정 가운데서도 책 출판을 위해 끝까지 수고해 주신 최아영 박사님과 고가영 박사님 그리고 수차례의 현지조사를 비롯해 여러 궂은일들로 애써준 이금강, 소히바 유수포바 조교에게도 깊은 고마움을 표한다.

    아울러 연구와 책 출간이 가능하도록 다방면의 지원을 아끼지 않은 아시아연구소와 출간과정에서 수고해 주신 진인진 관계자들께 감사를 드린다.

2020년 2월에

필진을 대표하여 신범식 씀

서장

신범식

　제국주의 시기 지정학자들에 의해 심장부지역으로 주목받다가 갇혀버린 땅으로 주변화되었던 중앙아시아가 다시 주목받고 있다. 현재 중앙아시아[1]는 자원과 물류의 이동과 흐름, 교류와 상호작용의 중심지로 대두되고 있다. 중앙아시아 지역은 유럽과 아시아를 연결하는 통로의 역할을 할 수 있는 공간으로 중국, 러시아, 서구 국가들이 이곳으로의 진출을 꾀하고 있다. 특히 에너지 지정학의 관점에서 볼 때 석유나 천연가스 등 지하자원이 풍부한 중앙아시아 지역은 세계 주요 강대국들 간의 상호의존관계를 심화시킬 잠재력을 가지고 있다(콜더, 2013).

　푸틴 정부 이래로 중앙아시아 지역에 대한 영향력을 다시 강화하고 있는 러시아는 2015년 중앙아시아 지역을 포함하는 구소련 지역의 경제적 협력과 결속을 강화하기 위한 목적에서 유라시아경제연합(EEU)을 출범시켰다. 또한 세계 제2의 경제대국으로 성장한 중국도 중앙아시아 지역에 대한 영향력을 확대

---

[1] 중앙아시아의 범주에 대해서는 많은 논의가 진행되고 있으나, 여기에서는 현재적이고 정치적인 범주로서의 중앙아시아, 즉 카자흐스탄, 우즈베키스탄, 키르키스스탄, 타지키스탄, 투르크메니스탄 5개국을 포함하는 지역으로 정의한다.

하고 있다. 2013년 9월과 10월 시진핑 정부는 중앙아시아 지역을 통과하는 '일대일로' 전략을 발표했고, 이 원대한 계획의 실현을 위한 외교적·경제적 노력을 적극적으로 기울이고 있다.

이렇듯 중앙아시아 지역은 역사적·지리적 관계를 바탕으로 강한 영향력을 행사하고 있는 러시아와 중국은 물론이고 미국을 비롯한 서구 열강의 진출과 함께 전 세계적 차원에서 지정학적·지경학적 중심지로 부상하고 있다.

또한 중앙아시아 지역은 국제적·지역적 불안정을 초래할 수 있는 요인 역시 가지고 있다. 2001년 9·11 테러 이후 이 사태의 주범으로 이슬람 근본주의 세력이 지목되었고, 미국의 주도로 아프가니스탄과 이라크 등지에서 '범지구적 대테러 전쟁(Global War On Terror: GWOT)'이 진행되었다. 이때 중앙아시아 국가들은 인구의 대다수가 이슬람교도임에도 불구하고 이슬람 세력과 전쟁을 벌이는 미국에게 공군기지를 제공하는 등 대테러작전에 적극적으로 협조하는 모습을 보임으로써 국제정치·안보 상황의 변동에 일정한 역할을 수행할 수 있는 행위자로 등장했다(Cornell et al., 2002). 동시에 이슬람 근본주의가 확산되고 테러리즘의 위험이 높은 지역으로 주목받고 있는 것도 사실이다(강봉구, 2014).

이렇게 중앙아시아 지역이 자원과 교역의 중심지로서 기회의 도전의 공간이자, 강대국 간 세력충돌이 벌어지고 있는 전략적 요충지로서 중요성을 더해가는 가운데 세계적 변동의 역동성이 집약되어 표출되고 있는 중앙아시아 지역에 대한 이해와 연구가 필수적이다.

한편 중동 지역에서 한 때 맹위를 떨쳤던 이슬람 극단주의 무장단체인 '이슬람국가(Islamic State of Iraq and al-Sham: ISIS)'의 영향으로 중앙아시아 국적의 청년들이 실제로 이슬람국가에 다수 가담하여 중동에서 발생한 유혈 사태에 참전하는 사례가 발생했고,[2] 이로 인해 권위주의 정권과 청년 실업·빈곤 등의 문

---

2 예를 들면 최근에 3,000명 이상의 우즈베키스탄 국민이 이슬람국가에 가담하기 위해 시리아로 향했고, 다른 중앙아시아 국가들도 유사한 문제를 안고 있다(Vatchagaev, 2015).

제를 안고 있는 중앙아시아 국가들에서도 이슬람이 급진화·폭력화할 가능성이 있다는 우려의 목소리가 제기되는 등 최근 중앙아시아를 이해하는 데 있어서 이슬람이라는 키워드의 중요성이 높아지고 있다(장병옥, 2013). 비단 앞의 사례뿐만이 아니라 이슬람은 중앙아시아 지역의 과거와 현재를 관통하여 때로는 통치의 수단과 대상으로서, 때로는 저항의 매개나 주체로서 이 지역 현실에 영향을 미쳐왔다.

역사적으로 이슬람의 중앙아시아 도래부터 중앙아시아 국가들이 소련으로부터 독립하기 전까지 중앙아시아 이슬람을 간략하게 되짚어 보면 세 시기로 나누어서 볼 수 있다. 먼저 중앙아시아 지역에 이슬람이 전파된 것은 7세기 중엽이고, 8세기 중엽부터는 이 지역의 본격적인 이슬람화가 이루어지기 시작했으며, 이후 순니 하나피(Hanafi)와 수피즘(Sufism)을 중심으로 하는 중앙아시아의 이슬람화 과정은 커다란 무력충돌 없이 비교적 순조롭게 진행되었다(이문영, 2003: 145-148). 중앙아시아 지역에서 이슬람은 매우 오랜 시간에 걸쳐 사람들의 삶 속에 깊숙이 착근·침윤하게 되면서 이 지역 사람들의 역사적·문화적 정체성의 일부를 이루게 된 것이다.

19세기 후반 중앙아시아 남부 지역을 점령한 제정 러시아는 사적인 신앙이나 관행으로서의 이슬람은 용인했으나, 공적인 제도나 기구로서의 이슬람은 통제하고 억압했다(Brower, 1997). 이렇게 이 지역에서 이슬람은 제국의 식민통치 및 행정을 위한 주요한 고려의 대상이었으며, 효율적인 지배를 위한 도구가 되기 시작했다. 이러한 영향으로 권력에 대한 종속성은 중앙아시아 이슬람의 주요한 특징이 되었다.

소비에트 국가 수립 이후 탈종교화를 공식담론으로 채택한 정부와 이슬람은 일반적으로 탄압과 저항이라는 갈등구도 속에 있었던 것으로 평가되고 있다(Hann, et al., 2009). 그러나 소비에트 정권은 언제나 일방적으로 이슬람을 탄압한 것이 아니라 국제 정세와 국내 상황의 필요에 따라 이슬람과 협력관계를 구축하기도 했다.

이슬람은 중앙아시아의 역사에서 중요한 역할을 했을 뿐만 아니라, 독립 이후 각국 정권이 국가 체제와 제도를 정비해 나가는 과정에서도 핵심적인 요인으로 작용하고 있다. 즉 신생 중앙아시아 정권은 새로운 국가 건설 및 통합의 기제로서 개인적·사회적 관행과 문화로 자리 잡은 이슬람의 상징자원에 주목하여 정권의 정당성을 확보하고 국민적 정체성을 형성하기 위해 이를 적극적으로 활용하기도 했다(Karagiannis, 2009).

하지만 독립 이후 중앙아시아 권위주의 정권의 억압적인 통치에 대한 반발과 경제상황의 악화로 인해 발생한 이 지역 급진 이슬람은 각국 및 전체 지역의 현상(現狀)과 안정에 대한 위협 요인으로 인식되면서 탄압의 대상이 되고 있다(오원교, 2008: 365-369). 사회가 이슬람을 매개로 국가 혹은 정권에 대해 자신의 요구와 불만을 표출하는 과정에서 조직된 급진 이슬람이라는 새 도전이 중앙아시아 지역 집권 세력 앞에 제기된 것이다(International Crisis Group, 2003).

독립 이후 중앙아시아에서는 국가에 의해 공식화·제도화된 이슬람이 활성화되고 있기도 하고, 사회로부터의 도전으로 표출되는 이슬람이 등장하고 있기도 하지만, 사람들의 일상과 문화, 관행과 전통의 일부로서의 이슬람 역시 부흥하고 있다(Poliakov, 1992; Rasanayagam, 2011). 이것은 중앙아시아 사람들이 국가 기구로서의 이슬람이나 교조화된 이념으로서의 이슬람이 아니라, 토착화·세속화된 삶의 방식으로서의 이슬람을 자신들의 정체성의 토대 혹은 준거로 선택하고 있기 때문이다.

따라서 중앙아시아 지역에 대한 폭넓고 깊이 있는 이해를 위해서는 중앙아시아의 역사, 정치, 사회, 문화와 이슬람이 가지고 있는 관계에 대한 다각적인 관찰이 필요하다.

하지만 중앙아시아 이슬람에 대한 연구의 높은 필요성에도 불구하고 지금까지 중앙아시아의 이슬람을 이해하는 데에는 몇 가지 한계점이 존재해왔다(Khalid, 2007: 1-18).

첫째, 우리는 이슬람을 하나로 묶어서 이 종교와 관련된 현상들을 모두 파악할 수 있다는 착각을 하고 있다. 기독교가 하나가 아니듯 이슬람도 하나가 아니며, 역사를 통해 이슬람이 겪은 다양한 경험의 차이와 지역적 환경의 차이는 다양한 이슬람이 지구상에 존재하고 있음을 보여 준다.

둘째, 이슬람이라는 종교가 민족주의와 어떤 상관성을 가지는지에 대한 이해가 부족하다. 이슬람은 모두 한결같은 이슬람 극단주의의 특성을 띨 것이라는 오해가 있다 하지만 이슬람이 근대와 조우하고 이후 본격적으로 정치 영역에 들어온 것은 20세기에 들어와서의 일이며, 이는 이슬람국가를 지향하는 이란의 혁명, 소련의 아프간 침공에 대항하는 사우디아라비아와 파키스탄의 성전(jihad) 그리고 최근 들어 격화된 테러와의 전쟁에 대한 성전 등으로 구체화되었다. 이 과정에서 모든 이슬람이 정치에 깊이 영향을 끼치는 것이라는 이해가 고착되었다. 하지만 이슬람 국가들 가운데 터키의 세속주의나 말레이시아의 국가주의는 이슬람과 민족주의 그리고 그를 기반으로 하는 국가의 형태를 일의적으로 규정하기 어렵게 만든다. 즉 이슬람과 정치의 관계가 지역마다 다르게 나타나고 있다는 점에 주목하고, 그 지역적 특성에 기반한 지역 이슬람의 특성을 이해하는 것이 중요하다.

셋째, 이슬람이 공산주의와는 대립적이며 자본주의와 친화적이라는 잘못된 편견이다. 실상 이슬람 교리는 사회정의에 깊은 관심을 가지며 사회주의 원리에 대한 친화성을 가진다. 이런 편견은 소련의 아프가니스탄 침공 시에 이에 대항하여 만들어진 미국의 반공주의와 사우디-파키스탄의 연대가 결합되어 나타난 현상으로 보인다. 따라서 공산주의와 이슬람의 상호작용에 대한 이해를 통하여 그 실재에 대한 해석과 논의가 더 발전될 필요가 있다.

이 같은 관점에서 보았을 때에 중앙아시아의 이슬람에 대한 연구는 단순히 종교로서 이슬람에 대한 이해를 구하기보다는 다양한 이슬람의 모습을 이해하고, 이슬람과 공산주의의 조우가 가져온 결과를 이해하며, 나아가 근대국가 형성 과정에서 이슬람이라는 문화적 요소가 어떻게 현실적인 정치, 경제, 사회적 상호작용에 영향을 미치는가를 밝히는 데에 있어서 매우 유용한 연구의 장(場)을 제공한다고 할 수 있을 것이다.

정리하자면 중앙아시아 이슬람은 오랜 시간에 걸쳐 사람들의 일상과 관행에 뿌리 내린 삶의 방식이자 국가 통치의 도구로서 제도나 정책 등에 스며들어 나타나는 현상이다. 즉 중앙아시아 이슬람은 다른 지역의 이슬람과는 다른 역사적 맥락에서 수용·계승되어왔고, 다른 지역과는 다른 구조적·제도적 환경과 행위자 요인에 의해 그 모습과 전개 양상이 결정되어온 것이다. 본 연구는 이처럼 중앙아시아 이슬람이 다른 지역과 차별화된 중앙아시아 지역의 특성이 반영된 '사회적 현상'이라는 점에 착목하여 "중앙아시아 이슬람의 역사적 경험과 현재적 선택"이 이루어진 과정에서 발견되는 중앙아시아 이슬람의 고유한 특성을 밝혀내는 것을 목적으로 한다.

"중앙아시아 이슬람의 역사적 경험과 현재적 선택" 시리즈는 총 두 권으로 구성되어 있다. 첫 번째 책『중앙아시아 이슬람의 역사적 경험과 문화』와 두 번째 책『중앙아시아 이슬람의 현재: 정치·사회·경제적 선택』에는 총 18편의 논문이 담겨 있다. 첫 번째 책은 다시 "중앙아시아 이슬람의 역사적 경험"과 "현대 중앙아시아의 이슬람 문화와 교육"이라는 부분으로 나뉘어 서술하고 있다. 제1부(1~5장)에서는 중앙아시아의 이슬람이 러시아 제국의 정복과 영토 확장의 결과 새로운 문명권에 편입된 후부터 소비에트 체제를 거치는 동안 외부와 어떠한 관계를 가졌는지를 보고 있다. 제2부(6~9장)에서는 소비에트연방으로부터 독립을 얻은 중앙아시아 국가들의 이슬람이 이 지역과 세계 속에서 어떤 특성을 가진 문화적 요인으로 발현되고 작동하는지를 탐색하고 있다.

이 연작의 두 번째 책에 해당하는 본서는 제 1부 "이슬람과 국가건설"(1~3장)과 제2부 "이슬람과 중앙아시아 사회"(4~7장) 그리고 제3부 "이슬람과 중앙아시아 경제"(8~9장)라는 3개의 부분으로 나뉘어져 있다.

1부에서는 중앙아시아, 특히 카자흐스탄과 우즈베키스탄의 독립 이후 국가건설과정을 다루는 글들이 소개되고 있다.

1장("탈소비에트 우즈베키스탄의 국민국가 건설과 이슬람")은 소련 해체 이후 독립한 중앙아시아 국가들 가운데 가장 대표적인 이슬람 국가인 우즈베키스탄을 사례로 탈사회주의 국가건설 과정에서 이슬람은 어떤 역할을 하였는가를 살피려는 시도이다. 특히 엘리트의 전략적 선택론에 입각하여 카리모프 대통령의 인식과 정책에 주목하여 이 문제에 접근하고 있다. 카리모프 대통령이 국가건설 과정에서 보여준 이슬람에 대한 전략은 이중적 성격을 가진 것으로 이해된다. 그는 국가건설을 위한 국민 형성 과정에서 중앙아시아, 특히 우즈베키스탄에 거주하는 주민들의 문화적 기반으로서 이슬람을 활용하는 것을 피할 수 없는 선택으로 여겼던 것으로 보인다. 하지만 급진 이슬람이 가지는 위험성이 현실화되는 가운데 이슬람국가 건설의 위험은 회피하면서 내면적 안정화의 도구로 문화와 종교를 활용하는 전략으로 선회하게 된 것이다. 카리모프는 이슬람의 정치화 가능성을 철저히 배격하고 이슬람의 정치화를 막았을 뿐만 아니라 종교로서의 이슬람의 기능도 일정 부분 제한함으로써 이슬람이 민주화와 결부되는 부분에 대해서도 일정하게 견제하였다. 이로써 우즈베키스탄의 정치적 안정과 장기집권을 마련하였는데, 이런 정책이 가능하였던 것은 카리모프 대통령이 종교로서의 이슬람 대신 국가주의에 기초한 민족주의 이념을 발명하였고, 이슬람적 요소를 세속적 국가주의 이념인 마나비야트로 통합해 낸 덕분이라고 평가할 수 있을 것이다. 즉 새로운 국민적 정체성을 위해서 이슬람적 요소를 활용할 수밖에 없지만, 그 이슬람 요소에 다른 형태를 덧씌움으로써 "마나비야트"라는 형식을 가진 국민교육을 강조하게 되었고, 이것이 우즈베크 국민 정체성을 형성하는 관제 이데올로기의 역할을 담당하게 된 것이다.

결국 카리모프 대통령은 이슬람의 정치화 가능성을 철저히 배격하여 이슬람이 종교의 영역에만 머물면서 정치화되는 것을 막았을 뿐만 아니라 종교로서의 이슬람의 기능도 일정 부분 제한함으로써 이슬람이 민주화와 결부되지 못하도록 견제하는 효과를 거두었던 것이다. 이런 정책이 가능하였던 것은 그가 종교로서의 이슬람 대신 국가주의에 기초한 이념을 기반으로 민족주의적 이념을 발명하는데 성공하였기 때문이라 저자는 결론 내리고 있다.

　2장("우즈베키스탄 카리모프 정부의 이슬람정책: 1인 독재체제 구축을 위한 전략적 선택")에서는 우즈베키스탄 카리모프 정권의 이슬람정책 변화 및 그 정치적 원인, 경과 그리고 결과에 관해 설명한다. 주지하다시피, 소련으로부터의 독립 이후, 카리모프 정권의 이슬람정책은 공인 이슬람을 통해 다수 무슬림들의 신앙을 비정치화시키는 한편, 소수의 비공인 이슬람을 통제하고 급진주의자들을 탄압함으로써 정치적 이슬람의 거점이 형성되지 않도록 하는 이중성을 내포해왔다. 그런데 카리모프 대통령은 1990년대 중후반 이후 강력한 지역·씨족 파벌들의 영향력을 극복할 의도하에, 이러한 이중적 이슬람정책을 극단적으로 밀어붙임으로써 종교 균열을 우즈베키스탄의 주된 정치적 균열로 전환시키려 시도하였다. 이는, 다수가 온건한 수피로 구성된 우즈베키스탄 이슬람의 초기 조건하에서 무슬림의 정치세력화에 대한 강도 높은 탄압을 통해 급진주의 세력으로부터 반응적 저항을 유도하는 동시에, 다수의 생활 무슬림들로 하여금 이들을 '와하비' 또는 테러리스트로 인식하게끔 관심의 전환을 일으키려는 동기에서 비롯된 것이었다. 이후 카리모프는 테러로 인한 '계산된' 비상시국을 주도하고 실제로 '안디잔 사태'라는 상당 규모의 반정부 시위까지 거치는 과정에서, 안보 및 치안 이슈를 부각시키고 이를 통해 국가의 수호자와 같은 모습을 연출하는 데 성공할 수 있었다. 이에 따라 지역 파벌들은 대통령과의 권력경쟁에서 점차 열위에 서지 않을 수 없게 되었고, 결국 카리모프는 2005년을 전후한 시점에 1인 독재체제를 구축할 수 있었다.

　3장("카자흐스탄 나자르바예프 정부의 이슬람정책 변화와 그 정치적 요인들: 선거 권위주의 체제로의 진화와 지구적 '테러와의 전쟁'을 중심으로")에서는 카자흐스탄 나자르바예프 정권의 이슬람정책 변화 및 그 정치적 요인들에 관해 설명한다. 주지하다시피, 나자르바예프 정부는 독립 초기 종교적 다원주의에 입각한 매우 온건한 이슬람정책을 펼쳤으나, 2000년대 초중반 이후 이를 매우 억압적인 노선으로 전환하였다. 그렇다면 그 원인은 무엇이었나? 무엇보다도, 나자르바예프 정부의 이슬람정책 변화에 영향을 미친 첫 번째 정치적 요인은 급진 이슬람의 실제적 위협 증대였다. 이는 나자르바예프 정부로 하여금 이슬람정책을 강경 기조로 급히 전환하게끔 강하게 동기화시켰다. 두 번째 정치적 요인은 나자르바예프 정부가 처해 있던 대내적·대외적 기회구조의 변화였다. 먼저 국내정치적 측면에서 보자면, 2000년대 초반을 전후해 최대 소수민족인 러시아계의 세력이 현저히 줄어드는 등 초다민족·다문화 사회의 원심력이 약화되고, 나아가 민족주의 성향의 선거 권위주의 체제까지 구축되기에 이르자, 나자르바예프 정부로서도 이전과는 달리 매우 통제적인 이슬람정책을 펼 수 있는 기회를 맞을 수 있었다. 또 한편, 2001년의 '9·11 테러' 이후 조성된 전지구적 '테러와의 전쟁' 국면, 미국과 카자흐스탄 사이에 구축된 전략적 협력관계, 그리고 다수의 역내 다자안보협력기구들을 통한 공동의 대테러정책 플랫폼 등은 공히 나자르바예프 정부가 이슬람정책을 강경 노선으로 전환하고, 이를 지속할 수 있도록 하는 데 유의한 영향을 끼친 중대한 국제정치적 기회가 되었다.

2부에서는 중앙아시아 사회에 뿌리 내린 이슬람의 영향을 살펴보기 위하여 이슬람 극단주의의 잠재력과 전파력 그리고 주민들의 의식에 미친 영향 등을 추적하고, 특히 청년들의 삶의 양식에 미친 영향을 추적해 보고 있다.

4장("우즈베키스탄이슬람운동(IMU)과 타지키스탄이슬람부흥당(IRPT)의 발생 조건과 요인 비교연구")은 한때 급진 이슬람 운동이라는 평판을 얻었던 우즈베키스탄이슬람운동(IMU)과 타지키스탄이슬람부흥당의 정치적 기회구조, 동원구조, 프레이밍 과정에 관한 비교연구이다. 소비에트 말기 IMU와 IRPT의 국내정치적 기회구조는 이전 시기보다 열린 것으로서 유사했지만, 포스트소비에트 시기에 들어서 IMU는 닫힌 국내정치적 기회구조와 열린 국제정치적 기회구조에, IRPT는 열린 성격과 닫힌 성격을 모두 갖는 국내·국제정치적 기회구조에 놓이게 되었다. IMU와 IRPT의 주요 동원구조는 비공식적인 초국적·지역적 네트워크라는 유사성을 나타냈는데, 이때 IRPT의 동원구조가 보다 다변화된 것이었다. IMU가 표방한 프레임은 포괄적이지만 경직된 극단적 대립 프레임이었다면, IRPT가 채택한 프레임은 포괄성과 유연성을 모두 나타낸 것이었지만, 동시에 온건주의와 급진주의를 오가면서 일관성이 결여된 것이기도 했다.

5장("포스트소비에트 카자흐스탄과 키르기스스탄 급진 이슬람 운동의 동원 잠재력 비교연구")은 1990년대에는 다른 중앙아시아 국가들에 비해 상대적으로 이슬람주의자들의 활동이 활발하지 않았던 카자흐스탄과 키르기스스탄에서 급진 이슬람 운동이 유의미한 사회정치세력으로 부상할 가능성에 관한 비교연구이다. 이 장은 포스트소비에트 카자흐스탄과 키르기스스탄 급진 이슬람 운동의 출현과 활동에 영향을 미치는 일종의 매개변수로서 사회구조적 조건을 고찰한다. 이때 양국 급진 이슬람 운동의 동원 잠재력과 관계되는 사회구조적 조건은 지역적 경제격차와 민족갈등을 통해 나타나는 지역 균열 구도이다. 또한 이 글은 양국 급진 이슬람 운동의 동원 잠재력을 비교하기 위한 분석 범주로서 사회운동이 처한 환경 혹은 맥락을 의미하는 정치적 기회구조와 담론적 기회구조를 살펴본다. 이때 급진 이슬람 운동의 정치적 기회구조로는 이슬람의 정치체제 접근성과 국가의 급진 이슬람 운동 억압이, 담론적 기회구조로는 이슬람에 관한 정권의 담론과 대중의 인식이 논의된다.

6장("현대 카자흐스탄의 생활이슬람의 양상과 전망 - 청년 무슬림의 종교 의식과 활동을 중심으로-")은 현대 카자흐스탄의 생활이슬람의 양상과 전망에 대한 구체적·

심층적 분석이다. 독립 이후 중앙아시아 국가들에게 민족-국가 형성을 위한 새로운 정체성의 모색과 확립은 공통의 역사적 과제로 제기되었다. 이를 위해 탈(脫)러시아화로 상징되는 역사적 과거에 대한 청산과 더불어 민족의식의 바탕인 전통 문화의 복원과 계승을 위한 노력들이 펼쳐졌는데, 이 과정에서 가장 두드러진 현상 중의 하나가 바로 '이슬람의 부흥'이었다. 이에 본 연구는 이슬람 부흥이라는 시대적 흐름 속에서 현대 카자흐스탄 이슬람 사회에서 부각되는 변별적 속성 중의 하나인 이른바 '이슬람의 회춘(омоложение ислама)'에 각별히 주목하였다. 이 장은 우선 이슬람 부흥의 맥락에서 카자흐 청년 무슬림들의 종교 의식 혹은 종교성의 실상, 즉 이슬람에 대한 관심과 긍정적 평가의 점증적 확산을 실증적으로 파악하였고, 그것의 원인들을 이념적, 정치적, 경제적, 문화적, 사회환경적, 세대적 차원에서 다면적으로 분석하였다. 더불어 청년 무슬림들의 종교 의식과 활동 속에서 표출되는 경향들, 요컨대, 종교적 최소주의(소극적 종교성), 이슬람의 내면화(개인화), 종교 의식의 피상성, 독특한 혼합주의, 신앙과 민족의 상호결정성 그리고 종교적 급진주의와 테러리즘의 영향 등을 세밀하게 추적하였다. 마지막으로 카자흐스탄 청년 무슬림들의 종교 활동에 대한 미래적 전망을 현실태에 대한 비판적 성찰과 잠재성에 대한 적극적 모색의 관점에서 국가 당국, 이슬람 기관, 무슬림 사회 등에 걸쳐 시대적 과제의 일환으로 개진하였다. 카자흐스탄 청년 무슬림들의 종교 의식과 활동에 대한 체계적 고찰과 총체적 규명은 현대 카자흐스탄의 생활이슬람의 양상과 전망을 넘어 사회 문화 전반에 대한 보다 넓고 깊은 이해에 일조할 것이다.

7장("공립학교 히잡 착용 금지 논쟁을 통해본 현대 카자흐스탄 이슬람")은 무슬림 인구가 다수인 카자흐스탄에서 공립학교에서 히잡 착용이 금지되고 종교적 색채가 배제된 교복 착용이 의무화된 과정과 원인을 분석하고, 카자흐 무슬림들, 정부, 그리고 카자흐스탄 무슬림 종무원(ДУМК) 사이에 벌어지고 있는 교내 히잡 금지 찬반 논쟁과 담론 생산의 과정을 살펴본다. 교내 히잡 착용 금지논쟁은 카자흐스탄 국가가 이슬람의 역할에 대해 어떤 정의를 내리고 있으며 이를 범주화하는 논리를 비교적 선명하게 보여준다. 또한 카자흐스탄 국민들 사이에 존재하는 세대 간의 문제를 히잡 논쟁을 통해 보다 깊숙하게 바라볼 수 있다. 히잡 논쟁의 단초를 제공한 사람들은 대부분 10대 여학생과 여대생 그리고 10대의 자녀를 둔 젊은 학부모들로서 대부분 독립 이후 태어나거나, 독립 시기에 사회화 과정을 거친 카자흐스탄의 독립 1세대들이다. 히잡 논쟁은 이슬람을 통해 자신들의 정체성을 찾기를 원하는 젊은 카자흐인들과 "소비에트식" 정교분리, 공식-비공식 이슬람의 구분 짓기의 원칙에 여전히 익숙한 소비에트 세대의 충돌을 보여주며 카자흐 이슬람의 세대 단절을 선명하게 보여준다.

아직은 소수의 카자흐 무슬림들이 연관되어 있는 교내 히잡 착용 금지 이슈가 카자흐스탄 사회에서 많은 논쟁을 생산하고 있는 이유는 히잡 착용이 카자흐 이슬람의 전통에서는 낯선 관습이며, 이슬람 국가를 세우기 원하는 급진 이슬람주의자들인 '살라피스트들의 옷'으로 해석되면서 카자흐인의 전통과 카자흐스탄 국가가 표방하는 세속주의에 대한 도전이라는 이미지를 생산하고 있기 때문이다. 이에 대해 교내 히잡 착용을 지지하는 사람들은 정부의 이와 같은 접근법을 세속주의가 아닌 '소비에트식 무신론'에 입각한 것이라고 주장하고 있다.

이렇듯 히잡 논쟁의 담론 분석을 통해 아래로부터의 카자흐스탄 무슬림 정체성의 형성 과정을 살펴볼 수 있고, 이 과정에 적극적으로 개입하려는 위로부터의 국가의 행보와 서로 어떤 양상으로 충돌하는가를 살펴볼 수 있다. 이로써 카자흐스탄 이슬람의 현재적 정체성을 가늠할 수 있을 것이다.

3부에서는 중앙아시아 경제에 대한 이슬람의 영향을 추적하는 두 편의 글이 실려 있다.

8장("중앙아시아 이슬람 금융의 특징에 대한 연구")은 중앙아시아 이슬람 금융의 특징에 대해 탐구하고 있는데, 중앙아시아에서 이슬람 금융은 이 지역 국가들의 인프라와 사회 부문에 대한 투자 및 개발 수요와 연관되어 있으며, 정부의 이슬람 정책과도 연관되어 점차로 발전될 것으로 전망된다. 특히, 유라시아 지역의 금융허브를 추구하고 있는 카자흐스탄에서는 이슬람 금융의 도입이 적극적으로 추진되고 있으므로 향후 발전이 유망하다고 할 수 있다.

중앙아시아에서 이슬람 금융이 가장 발달된 국가는 카자흐스탄이다. 카자흐스탄에서는 2008년 이슬람 금융 도입을 위한 법률안 "이슬람 은행과 이슬람 금융의 설립과 활동에 관한 카자흐스탄 법률 개정법"이 의회에서 통과되었다. 2009년에는 중동 지역으로부터 투자를 유치하는 동시에 카자흐스탄 최초로 이슬람 금융 서비스를 제공하는 기관인 '이슬람 금융개발위원회(ADIF)'가 설립되었다. 이후 2012년 3월에는 '2020년까지 이슬람 금융 발전방안'이 수립되어 이슬람 금융과 관련된 제도가 수립되고 본격적으로 발전할 수 있는 토대가 마련되었다. 또한 2012년 8월에는 카자흐스탄 개발은행이 말레이시아 중앙은행과 협력으로 7,300만 달러 규모의 수쿠크을 발행하였다. 이것은 구소련 지역에서 최초로 수쿠크가 발행된 사례이다. 2015년은 이슬람 금융이 카자흐스탄에서 더욱 활성화 될 계기가 마련된 시기이다. 경기침체로 텡게화는 평가절하되었으며, 외국인 투자가 매우 부진한 이 시기에 나자르바예프 대통령은 샤리아 원칙에 따라 이슬람 보험, 리스, 예금이 가능하도록 하는 법안을 통과시켰다.

이처럼 중앙아시아 지역에서도 카자흐스탄에서 수쿠크가 발행되며, 향후 이슬람 금융이 확산될 가능성이 높아지고 있다. 이러한 상황에서 향후 중앙아시아 지역에서 이슬람 금융이 어떤 형태로 발전하며, 각 국가들의 경제발전과 사회변동에 어떤 영향을 끼치게 될지 여부가 주목된다고 할 수 있다.

9장("중앙아시아 할랄 산업의 발전과 특징에 대한 연구")은 최근 이슬람권 이외의 지역으로까지 확대되고 있는 할랄산업이 어떤 특징을 띠면서 중앙아시아에서 발전되고 있는가를 추적하고 있다. 중앙아시아 각국 정부는 풍부한 잠재력을 가진 할랄 산업의 발전을 통해 세계 이슬람권에 자국의 식료품, 육류를 수출하려는 정책을 계획하고 있다. 그러나, 발전 잠재력에도 불구하고 중앙아시아의 할랄 산업은 카자흐스탄을 제외하고는 발전이 초기 단계 수준으로 평가된다. 현재 카자흐스탄을 제외한 중앙아시아 국가들은 할랄 인증제도를 도입하기 위한 정책을 추진하는 정도이다.

중앙아시아 국가들 가운데는 카자흐스탄의 할랄 산업이 가장 앞서 있다. 카자흐스탄은 독립이후, 1995년 이슬람국가기구(OIC)에 가입하여, 이슬람 국가들과의 협력을 적극 추진했다. 2006년에 이르러 카자흐스탄 할랄 인증기관인 '카자흐스탄 할랄 산업협회(Kazakhstan Halal Industry Association)'가 설립되었으며, 이후 말레이시아에 위치한 국제 할랄 인증기관의 지원으로 할랄 인증 제도를 도입했다. 2007년에는 관광과 육류 소비 부문에서 할랄 관련 국가표준을 제정하기도 하였다. 이러한 과정에서 할랄 산업의 발전이 추진되어 2005년 8개에 불과하였던 할랄 식품 생산 기업의 수가 2014년에는 600여 개 이상으로 증가하였다. 현재 카자흐스탄의 식료품 시장에서 할랄 산업은 적지 않은 비중을 차지하고 있으며, 국가 전역에서 판매되는 육류의 약 30%는 할랄 제품으로 평가되고 있다.

다른 중앙아시아 국가들은 할랄 식품 인증제도, 생산 시설 등의 측면에서 카자흐스탄에 비해 발전이 더딘 상황이다. 중앙아시아 각 국 정부는 할랄 산업의 발전을 통해 다른 제조업의 발전을 꾀하고, 자국 제품을 수출을 증대시키려는 정책을 추진하고 있으나, 이러한 정책이 실제로 실현되고 성과를 거두기에는 앞으로도 많은 시간이 필요할 것으로 전망된다.

참고문헌

강봉구. 2014. "중앙아시아 페르가나지역 안보와 급진 이슬람주의: '해방당'의 특성을 중심으로." 『러시아연구』 24(2), 1-32.
오원교. 2008. "중앙아시아 이슬람 부흥의 양상과 전망." 『러시아연구』 18(2), 347-381.
이문영. 2003. "중앙아시아의 종교 상황과 종교 정책: 러시아 지배 유산의 극복과 이슬람의 발전." 『국제지역연구』 7(1), 143-170.
장병옥. 2013. "중앙아시아 이슬람 원리주의 연구." 『국제지역연구』 17(3), 155-174.
콜더, 켄트 지음. 오인석·유인승 옮김. 2013. 『신대륙주의: 에너지와 21세기 유라시아 지정학』. 서울: 아산정책연구원.

Brower, Daniel. 1997. "Islam and Ethnicity: Russian Colonial Policy in Turkestan." in Daniel R. Brower and Edward J. Lazzerini (eds.). *Russia's Orient: Imperial Borderlands and Peoples, 1700-1917*. Bloomington: Indiana University Press.
Cornell, Svante E. and Regine A. Spector. 2002. "Central Asia: More Than Islamic Extremists." *The Washington Quarterly* 25(1), 193-206.
Hann, Chris and Mathijs Pelkmans. 2009. "Realigning Religion and Power in Central Asia: Islam, Nation-State and (Post) Socialism." *Europe-Asia Studies* 61(9), 1517-1541.
International Crisis Group. 2003. "Неизбежен ли радикальный ислам в Центральной Азии? Приоритеты действия."
Karagiannis, Emmanuel. 2009. *Political Islam in Central Asia: The Challenge of Hizb ut-Tahrir*. London and New York: Routledge.
Khalid, Adeeb. 2007. *Islam after Communism: Religion and Politics in Central Asia*. Berkeley and Los Angeles: University of California Press.
Poliakov, Sergei P. 1992. *Everyday Islam: Religion and Tradition in Rural Central Asia*. NY: M. E. Sharpe.
Rasanayagam, Johan. 2011. *Islam in Post-Soviet Uzbekistan: The Morality of Ex-

perience. Cambridge: Cambridge University Press.
Vatchagaev, Mairbek. 2015. "Popularity of Islamic State Soars in Russia and Post-Soviet Space." *Eurasia Daily Monitor* 12(115).

I부

이슬람과 국가건설

제1장 탈소비에트 우즈베키스탄의 국민국가 건설과 이슬람 - 신범식
제2장 우즈베키스탄 카리모프 정부의 이슬람정책:
        1인 독재체제 구축을 위한 전략적 선택 - 이선우
제3장 카자흐스탄 나자르바예프 정부의 이슬람정책 변화와 그 정치적 요인들:
        선거 권위주의 체제로의 진화와 지구적 '테러와의 전쟁'을 중심으로 - 이선우

제1장

탈소비에트 우즈베키스탄의 국민국가 건설과 이슬람*

신범식

I. 머리말

본 연구는 소련 해체 이후 독립한 중앙아시아 국가들이 정치, 경제, 사회적 체제를 정비하면서 근대국가체제를 건설해 나가는 과정에서 이슬람은 어떤 역할을 하였는가를 중앙아시아의 가장 대표적인 이슬람 국가인 우즈베키스탄 사례를 통해 살피려는 시론이다. 이는 일견 탈사회주의 체제전환에 관한 연구이기도 하지만 종교의 정치에 대한 영향을 탐구하는 연구로서의 성격도 지닌다. 기존의 많은 연구들은 중앙아시아 국가건설 과정에서 이슬람의 역할을 매우 중요한 것으로 이해하고 있다(Khalid, 2003: 573-598).
『프로테스탄트 윤리와 자본주의 정신』에서 베버(Max Weber)는 프로테스

---

* 이 글은 『세계지역논총』 36-2(2018)에 게재된 논문을 본서의 편집 취지에 맞도록 수정·보완한 것입니다.
종교와 문화의 차이를 통하여 경제적 발전과 성취의 차이를 설명하려는 시도로서 헌팅턴 등(Huntington et al., 2000)의 저서를 참조

탄티즘이라는 종교적 요인이 경제성장과 개인적 성취에 유리한 일상의 생활 윤리를 만들어냄으로써 자본주의의 융성이라는 정치·사회적 결과를 가져왔다는 주장을 펼친바 있다. 16~18세기 서유럽에서 개혁적 프로테스탄트 종교는 새로운 인격의 유형을 창출하였으며, 이러한 인격 유형은 이전과 비교하여 우발적이며 예외적인 유형이었지만 그 유형이 산업자본주의라는 새로운 생산양식을 만들어냈다는 것이다. 그런데 종교와 문화의 사회에 대해 지니는 중요성에 대한 베버(Max Weber) 류(類)의 천착은 점차 그 중요성을 잃어갔다. 실증주의적 인식과 과학과 기술에 대한 일방적인 강조는 사회공학적인 사고를 더욱 강화시켰다. 하지만 사회주의가 붕괴한 러시아에서 자동적으로 자유주의적 시장경제체제가 수립되지 않았고, 엄청난 혼돈의 시기를 보내면서 예상과는 달리 권위주의적 관리형 내지 국가 주도형 자본주의체제가 성립되었다. 이 과정은 결국 '자본주의'라는 제도도 인간의 본성이 아니라 문화에 깊이 영향을 받는다는 사실을 적지 않은 학자들로 인정하게 만들었다(Pfaff, 1999). 이같은 맥락에서 종교와 문화의 문제는 21세기 들어 사회과학의 중요한 화두가 되고 있으며, 종교와 문화는 사회현상을 설명하는 변수로서 자신의 영향력을 다시 회복해 가고 있다. 특히 9·11 이후 테러와의 전쟁을 전후해 이슬람에 대한 관심이 매우 고조되었다.

    하지만 이슬람에 대한 관심에 비하여 우리가 이슬람을 바로 이해하는 데에는 방해가 되는 다음과 같은 고정관념들이 발견된다(Khalid, 2007: 1-18).

    첫째, 이슬람을 하나의 이름으로 묶어서 이 종교와 관련된 현상들을 모두 파악할 수 있다는 착각이다. 기독교가 하나가 아니듯이 이슬람도 하나가 아니며, 역사 속에서 이슬람이 겪어온 다양한 경험의 차이와 지역적 환경의 차이는 지구상에 있는 다양한 지역 이슬람의 존재 양태 속에 녹아 있다.

    둘째, 이슬람이라는 종교가 민족주의와 어떤 상관성을 가지는지에 대한 이해의 부족이다. 이슬람은 모두 한결같이 극단주의적 특성을 띠고 있을 것이라는 오해가 있다. 하지만 이슬람이 근대와 조우한 이후 본격적으로 정치의 영역에 들어오게 된 것은 불과 20세기의 일이며, 이는 이슬람국가를 지향하는 이란의 혁명, 소련의 아프간 침공에 대항하는 사우디와 파키스탄의 성전(Jihad), 그리고 테러와의 전쟁에 대한 성전 등으로 구체화되었다. 이 가운데 한 민족이 자기의 정치체(polity)를 만들려는 근대 국민국가의 수립을 위한 노력은 이슬람에 의해 심대한 영향을 받게 되었으며, 이 과정에서 모든 이슬람이 정치에 깊이 영향을 끼친다는 이해가 고착되었다. 하지만 다수의 무슬림이 거주하는 실질적 이슬람 국가들 가운데 터키나 중앙아시아 국가들에서 발견되는 세속주의나 말레이시아 등지에서 관찰되는 국가주의의 특성은 이슬람과 민족주의 간의 관계 및 그를 기반으로 하는 국가형태를 일률적으로 규정하기가 어렵다는 점을 보여준다.

셋째, 이슬람이 공산주의와는 대립적이며 자본주의와는 친화적이라는 잘못된 편견이다. 실제로 이슬람의 교리는 사회정의에 대해 깊은 관심을 가지고 있으며 사회주의적 원리에 대해서도 친화성을 가지고 있다. 이슬람과 자본주의 간 친화성의 편견은 소련의 아프가니스탄 침공 시기에 그에 대항하여 만들어진 미국의 반공주의와 사우디-파키스탄의 연대가 결합되면서 나타난 현상으로 보아야 할 것이다. 따라서 실제로 공산주의와 이슬람의 상호작용에 대한 연구와 이해를 통하여 그 실재에 대한 해석과 논의를 더 발전시킬 필요가 있다.

따라서 중앙아시아의 이슬람에 대한 연구는 단순히 종교로서 이슬람에 대한 이해에 도달하기 위해서뿐만 아니라 다양한 지역 이슬람의 모습을 이해하고, 이슬람과 민족주의의 조우가 가져온 과정과 결과를 이해하며, 나아가 근대국가 형성 과정에서 이슬람이라는 문화적 요소가 어떻게 현실적인 정치, 경제, 사회적 상호작용에 영향을 미치는가를 밝히는데 있어서 매우 유용한 연구의 장(場)을 제공한다고 할 수 있을 것이다.

이런 맥락에서 본 연구는 중앙아시아에서 가장 이슬람의 영향이 강한 국가로서 우즈베키스탄의 사례를 통하여 우즈베크 이슬람이 지니는 특징을 역사적 및 정체성의 관점에서 재구성하고, 우즈베키스탄의 국민국가건설에 있어서 이슬람 요인이 어떤 담론과 형태로 기능하였으며, 우즈베키스탄이 국제적인 이슬람 극단주의에 대한 어떤 태도를 견지하게 되었는지를 엘리트의 선택이라는 관점에서 살펴보도록 할 것이다.

II. 기존연구 검토 및 연구방법

근대국가 건설과정에 대해 종교가 미치는 영향이 지대하다는 주장을 단순히 문화결정론의 시각으로 일반화하는 것은 지나치다. 모이니헌(Daniel Moynihan)에 따르면 "가장 핵심적인 보수의 진리는 사회의 성공을 결정짓는 것은 정치가 아니라 문화라는 주장이며, 가장 진보의 진리는 정치는 문화를 바꿀 수 있으며 따라서 정치를 자신으로부터 구원할 수 있다는 주장"이다(헌팅턴 외, 2001: 10). 문화와 종교가 사회적 변화와 발전의 중요한 요소임에는 분명하지만, 정치—특히 권력엘리트들의 전략적 선택과 정치과정을 통한 제도의 변화—가 비록 긴 시간이 요하더라도 종교가 지닌 문화적 특성을 바꾸면서 다양한 경로로의 변화를 이끌 수 있는 가능성이 열려 있다는 점은 중요하다.

소비에트 체제의 와해 과정은 탈소비에트 공간의 다양한 이슬람계 민족들의 독립의지를 불태우게 만들었으며, 다양한 민족들의 역사적 경험 및 종교·문화적 특성의 차이에 의해 각 엘리트들이 상이한 전략 및 정책을 채택하고 상이한 정치적 결과를 얻게 되었다는 점이 시사하는 바가 크다.[1]

종교 현상인 이슬람을 근대국가 체제의 정치, 경제, 사회분야의 다양한 현상들과의 연관성 속에서 이해하고 연구함에 있어서 1950년대 이후 인종적 및 문화적 다원주의에 대한 이론적 담론으로 발전해 온 세 접근법에 주목할 필요

---

1 본 절과 관련된 논의는 신범식(2007)을 참조

가 있다.[2]

첫째는 생래주의(primordialism)적 접근이다. 이 시각은 민족성(ethnicity)은 개인 내지 집단의 고정된 속성에 따른 민족적 구분과 갈등을 자연스러운 현상으로 파악한다. 스미스(Anthony D. Smith) 같은 이들은 어떠한 인종적 민족주의든지 일단 발흥되기 시작하면 강력한 민족적 자치에 대한 요구가 발생할 수밖에 없으며, 그것은 그 지역을 장기적이며 지난한 투쟁의 장으로 변화시키게 된다고 지적하였다.[3] 하지만 이 시각은 민족분규와 사회·정치·경제적 분규를 분리시킴으로써 어떻게 정체성이 변화하며, 왜 역사의 특정 국면에서 민족분규가 발생하며, 또한 왜 민족주의적 정치엘리트들이 다른 종류의 목표와 전략을 선택하는가에 대해서 설명하지 못한다(Lake et al., 1996: 6-7). 따라서 이러한 생래주의적 접근법으로는 중앙아시아 국가들이 왜 탈소비에트 시기 독립국으로서 민족주의 정서의 발흥에도 불구하고 이슬람에 대하여 다른 지역과는 달리 대응하였는지에 대하여 답하기가 어려워 보인다. 이 접근법은 인종집단 자체의 행동과 그 행동의 이면에 깔려있는 강력한 정서적 요인에 의하여 강화되는 사회적 권력으로서의 민족적 정체성의 의미만을 강조함으로써 엘리트들의 선택과 전략의 측면을 무시하게 만든다.

둘째는 도구주의(instrumentalism)적 접근법이다. 이 접근법은 민족성(ethnicity)을 개인이나 엘리트들이 더 많은 권력과 이익을 얻는데 이용하는 도구로 파악한다. 그래서 민족성은 넓은 의미의 정치과정과 연계될 수밖에 없고, 정치적 목적에 종속된다는 것이다. 주어진 기존 국가구조 내에서 공동의 사회·경제적 조건으로 규정되고 지리적으로 집중화된 같은 인종그룹들은 매우 강력한 정치적 도구가 될 수 있다. 따라서 정치화되어진 종교성이란 것은 또 하나의 정치적 조작의 형태에 지나지 않으며, 민족 분규라는 것도 좀 더 커다란 정치 갈등

---

[2] 이와 같은 구분에 대해서는 영(Young, 1993)을 참조
[3] 이와 같은 생래주의/원초주의적 민족주의에 대한 주장은 스미스(Smith, 1992: 5-7)를 참조

의 틀 속에서 연구되는 것이 타당하다는 것이다. 이러한 특성 때문에 도구주의적 접근은 정치체제 연구에 인종그룹이란 요소를 더함으로써 구조기능주의나 네오마르크스주의 또는 합리적 선택이론과 결합되어 강력한 힘을 발휘하기도 한다. 하지만 이 접근법은 민족성의 사회적 및 문화적 속성을 간과하고 있다. 민족성이란 사회적으로 체득되어진 것이며, 따라서 관계적 틀 속에서만 이해되어질 수 있다. 또한 이 접근법은 민족성의 심리적이면서도 종교적이며 문화적인 차원을 무시함으로써 민족(인종)분규의 강도를 설명하는데 실패할 수밖에 없다(Young, 1993: 22).

셋째는 구성주의(constructivism)적 접근법이다. 이 접근은 도구주의가 간과하고 있는 민족성의 사회적 기원과 특성을 강조함으로써 그 관계적 틀의 구성을 추구한다. 민족성은 사회적 상호작용을 통하여 구성된 것으로 사회적 현상이다. 따라서 민족성은 사회적 상호작용의 변화와 함께 변화해 갈 수밖에 없다. 따라서 이 접근법은 민족성 그 자체를 갈등적으로 파악하지 않는다. 도구주의자들이 민족분규를 권력이나 자원 및 기타 가치를 추구하는 엘리트들의 이기적 목적을 위해 이용되는 대상으로 파악하지만, 구성주의적 접근법을 옹호하는 학자들에게 민족분규는 특정한 병리적 사회에서 발생하는 사회적 현상으로 파악된다. 따라서 민족분규는 개인이 아니라 사회체제가 발생시키는 것이다. 그렇지만 구성주의적 접근법은 지도자들에 의하여 선택된 전략이 단순한 사회적 조건에 의해서 결정되는 것만은 아니라는 사실을 간과한다. 사실 사회적 조건이란 지도자들이 추구하는 정책을 위한 "허용적 환경"(permissive environment)으로서 필요조건이 될 수 있지만, 충분조건은 아니다. 도리어 정책은 지도자 내지 지배엘리트 집단의 특성을 반영하기도 하는 것이다. 구성주의적 접근이 최근 학계에서 폭넓은 지지를 받고 있지만, 이 접근법만으로는 중앙아시아 이슬람국가들에서 엘리트의 전략과 선택이 이슬람의 어떤 문화적 요소와 결합하여 국가건설의 특징으로 발현되는지를 설명하기에는 충분치 못하다.

따라서 상술한 접근법들의 부분적 성과를 종합하여 중앙아시아 국가들 가운데 나타난 이슬람의 국가건설과정에 대한 영향을 탐구하는 작업은 매우 흥미로울 뿐만 아니라, 이슬람의 다양성, 종교 및 문화의 정치적 발현에 대한 함의 등을 드러내 줄 수 있다는 점에서 유의미한 작업이 될 수 있을 것이다.

이같은 인식의 틀 속에서 본 연구는 중앙아시아에서 가장 선도적인 국가건설 과정을 이룩한 것으로 평가받고 있는 우즈베키스탄을 중심으로 구체적인 이슬람적 요인이 국가건설과정, 특히 국가의 통합성을 고취시키기 위한 정치과정 속에서 어떤 영향을 발휘하고 어떻게 활용되었는가를 살피려고 한다. 이를 위하여 독립 초기 엘리트들이 정치이슬람의 위상과 역할을 어떻게 인식하고 이를 어떻게 활용하려 했는지를 살피고, 이것이 허용적 조건으로서의 이슬람의 역할과 상호작용한 결과를 추적해 볼 것이다.

이를 위하여 우즈베키스탄 이슬람의 역사적 유산을 소비에트시기를 중심으로 살펴보고, 탈(脫)소비에트시기 카리모프 대통령을 중심으로 한 우즈베키스탄 엘리트의 국가건설 전략에서 이슬람에 대한 입장을 분석해 볼 것이다. 이를 위하여 기존 연구들을 참조하되 특히 카리모프 등 국가 엘리트들의 인식을 보여주는 각종 연설문과 저술들에 대한 분석에 기초하여 이같은 입장을 드러내 보이도록 할 것이다. 그리고 이런 엘리트의 전략이 우즈베키스탄의 국가건설과 관련하여 어떤 결과를 가져왔는지 평가해 보도록 할 것이다.

III. 소련 시기 우즈베키스탄의 이슬람: 역사적 유산

1. 소비에트 정권의 수립과 중앙아시아의 이슬람

중앙아시아의 근대적 이슬람은 제정 러시아가 코간드, 부하라, 히바 등지의 칸국 내지 아미르국을 복속한 뒤 이슬람 근대화 운동을 통하여 갱신을 꾀하고자

하는 노력 가운데 성장한 것으로 보인다. 이는 20세기 초 자디디즘(Jadidism)으로 불리는 학파를 중심으로 전통적 이슬람의 한계를 비판하면서 새로운 문자 체계에 기초한 새로운 방식의 교육체제를 만들어 인민을 계몽하고 진보와 발전을 추구하는 운동이 되었다.[4] 이같은 자디디즘의 근대화 지향은 전통적인 무슬림들과의 충돌을 가져왔으며, 이것은 점차 "세속주의자"들과 "이슬람주의자"들 간의 대결로 발전되기도 했다.

결국 자디드들은 무지의 상태에서 "진정한 이슬람"을 곡해하는 지방 공동체의 특징적인 습속으로부터 이슬람을 해방시켜 '민족'과 '진보'를 지향하는 운동으로 나가는 개혁의 필요성을 주장하였다. 그들에게 있어서 민족이란 지역적 및 인종적으로 경계 지워진 무슬림공동체를 의미하였다. 따라서 무지의 습속과 전통이라는 외피를 벗어던진 진정한 이슬람이야말로 민족에게 있어서 정체성의 가장 중요한 표식이라 할 수 있다는 것이었다.

이같은 자디드들의 활동은 소비에트 정권의 수립 이후 본격적인 갈등적 상황을 재연하는 원인이 되었다. 가령 부하라 지역에서 왕성한 활동을 벌였던 부하라 자디드 단체(가령, "Young Bukharian")는 소비에트 볼셰비키와 불편한 관계에 처하게 되었고, 국제적인 제국주의에 대한 반대 입장을 분명히 했다. 이들은 마르크스주의에 기초한 모델이 아니라 근대적 무슬림의 변화를 실현해 나가고 있는 오스만제국의 모델을 선호하여 이슬람 공동체를 구축하려는 지향을 포기하지 않았다. 이같은 지향의 종국은 수많은 자디드들이 희생을 가져올 대규모의 탄압으로 귀결될 수밖에 없었다. 자디드 운동의 제일 큰 성과를 들자면 그것은 민족이란 모름지기 자신의 문화, 문학, 언론을 가져야 하고 이 모든 창작은 모국어로 이루어져야 한다는 원칙을 세우고 실현해 나갔다는 데에 있다. 나아가 그들은 이같은 문화적 기초 위에 새로운 이슬람 공동체적 정치체를 구축하려는 혁명적 노선을 실현해 나가고 싶어 했다. 하지만 1936~37년에 소비에트

---

4   이에 대한 자세한 논의는 할리드(Khalid, 2007)의 3장을 참조.

정권이 벌인 대규모의 탄압은 거의 모든 자디드 구성원 및 학자들의 목숨을 앗아 갔다. 볼셰비키들에게는 신이 필요했던 것이 아니라 무신론적 이데올로기에 기초한 다른 종류의 사회적 혁명이 필요했던 것이다. 이 과정에서 가장 커다란 희생을 치른 곳이 바로 타지키스탄을 자치 공화국으로 내포하고 있었던 우즈베키스탄이었다(Khalid, 2007).

소비에트 시기 중앙아시아 공화국들 가운데 우즈베키스탄과 타지키스탄 지역에 가장 많은 무슬림들이 살고 있었다. 러시아인들조차도 이 지역에서는 오래 동안 이슬람 생활법인 샤리아(shariat)가 부족들의 습속과 장로들의 전통을 일컫는 아다트(adat) 보다 상위에 있는 것으로 인식하였으며, 이 지역에는 전통적 이슬람 교육기관인 모스크와 메드레세(medrese)가 다수 존재하고 있었고, 다수의 독립적 성직자 및 교사들이 활동하고 있었다. 하지만 소비에트는 이 전통적 교육제도를 폐지하고 모스크를 중심으로 하는 이슬람의 종교 활동을 탄압하였으며, 종교법에 따른 재판 등은 사라지게 되었다. 그리고 근대적 교육제도를 도입함으로 그 빈자리를 메우려 하였다.

이슬람을 지속적으로 확장시키는 사회적 및 도덕적 권력이 사라졌기 때문에 사람들의 생활은 커다란 변화를 경험하게 되었다. 일상생활에서 하루에 다섯 번 사원에서 기도하는 풍습이 깨졌고 매년 기념하는 무슬림 명절도 더 이상 기념하지 않게 되었다. 이슬람에서 금지되었던 술과 돼지고기를 먹는 것이 쉽게 받아들여지게 되었고, 생활 가운데 정결례(taharat)를 행할 수 있는 환경도 마련되지 않았다.

그런데 할리드(Khalid, 2007)에 따르면, 이같은 소비에트시기의 경험이 중앙아시아에서 이슬람을 사라지게 만들었다는 것을 의미하지는 않는다는 점이 중요하다. 그것은 "무슬림으로 살아가는 것"의 의미가 전반적으로 달라졌다는 점을 의미한다. 이슬람은 현지인과 외부인을 구분하는 정체성의 표식이 되었다. 이슬람은 소비에트시기를 통하여 소비에트적으로 새롭게 규정된 인종적이며 문화적인 전통과 깊이 얽히게 된 것이다. 따라서 소비에트시기 중앙아시아에서 무슬림으로 살아간다는 것은 특정한 지방의 문화적인 규범과 전통을 충실히 따르는 것을 의미하게 되었다는 것이다.

결국 일반적으로 공산주의와 이슬람이 잘 맞지 않을 수도 있을 것이라는 서방에서의 예측과 달리 소비에트 사회의 무슬림들은 이슬람의 사회적 정의에 대한 존중과 사회주의가 함께 잘 어우러지는 것으로 인식하였다. 다만 이 경우에도 이슬람에 대한 대표적인 고정관념, 즉 종교로서의 이슬람은 정치와 뒤얽히게 된다는 인식과 달리, 소비에트 무슬림들은 이슬람을 정치화된 종교 내지 종교로서가 아니라 삶의 방식으로 받아들이게 되었다. 이렇게 하여 중앙아시아의 이슬람은 이슬람의식(儀式)에 따르는 행위를 세속적 성공의 전제조건으로 보았던 세속주의적 전통으로부터 탈피하면서, 점차 특정한 역사와 지리 내에 위치한 정치적 민족이라 불리게 될 세속적 공동체를 규정하는 특징이 되어갔다. 그리고 무슬림의 신조적 정체성 역시 민족적 노선에 따라 재(再)형상화되어 갔다. 이로써 이슬람은 자디드들의 담론 속에서 나타난 것과 같은 "민족"이 되었던 것이다(Khaild, 2003: 575).

2. 지방정치의 전통과 이슬람

무엇보다 중앙아시아 지역정치를 이해하는데 있어서 클랜(clan)과 그로부터 배출된 엘리트들의 중요성이 강조될 필요가 있다. 정치적 수준에서 클랜들이 형성된 때는 소련 시기로 보는 것이 타당해 보인다. 소련 시기의 새로운 엘리트들은 평범한 지방 출신이었고 소비에트 방식의 새로운 교육을 받았던 사람들이었다. 가령, 문학가 출신으로 우즈베키스탄의 정치 지도자가 된 라쉬도프(Rashidov)는 새로운 교육을 통해 성장한 지식인-정치인의 대표적 성장 사례이다. 그 시기 우즈베키스탄의 엘리트들은 점차 지역 정치인으로서의 자신감을 가지게 되었다. 라쉬도프 시기에 우즈베크 엘리트들의 이미지와 연대감은 공고해 졌다.

우즈베크는 다른 지방 공화국들에 비해 부패의 이미지가 적었으며, 전통적 이슬람에 기초한 사회적 특성과 인식이 상당한 정도로 변모한 경우에 속한다. 이러한 변화 과정에서 엘리트들의 역할이 주효했던 것으로 평가된다(Seiple, 2005: 245-259). 특히 소비에트형 우즈베크 지식인은 소련 제도의 틀 내에서 안정되어 있는 우즈베키스탄의 정체성에 대한 자부심을 가지게 되었고, 이들 지식인들은 정치 엘리트와의 연계를 통하여 우즈베키스탄의 공화국 정치에 대한 일정한 영향력을 지니게 되었다(Khalid, 2007).

새로 구성된 우즈베키스탄의 엘리트들은 소련 중앙정부에서도 점차 중요한 임무를 수행하기 시작하였고 권력의 힘을 맛볼 수 있게 되었다. 이런 경험들은 우즈베크 엘리트들의 권력 확장 과정과 더불어 모스크바 중앙 정부와 지방 공화국 클랜(clan) 사이에 점차 공고화된 네트워크가 구축될 수 있도록 하였다. 하지만 공화국 내 지방의 전통적 시민사회는 점차 강력한 힘을 회복하기 시작했고 민족적 전통의 보호와 보존을 강력히 요구하기 시작했다. 특히 무슬림 계열의 정치적 결사들은 우즈베크인들과 그 정체성 및 문화를 소련 정책으로부터 보호하는 데에 집중적으로 노력했다. 이러한 중앙과 지방 사이에 위치한 공화국 엘리트들은 지방 출신 클랜의 구성원으로서의 정체성과 중앙의 임명을 받은 소비에트연방 공무원으로서의 정체성을 아우르면서 두 개의 사회적 삶을 소화하여야 했다(Seiple, 2005).

특히 중앙아시아 소련 공화국들의 민족정체성이 공고화된 때로는 브레즈네프(Brezhnev) 시기가 꼽힌다. 소련의 초기의 역동적 변동성이 상당히 추슬러지고 안정화되면서 소련 체제 자체가 전반적으로 안정의 기조에 접어들던 이 시기에 소비에트연방 내 공화국들도 일종의 민족적 정체성을 안정적으로 정교화 할 수 있었다. 이 과정에서 지식인과 정치 엘리트들의 역할이 주효하였다. 중앙아시아 지식인들은 출판사와 과학아카데미 등을 직접 관리 및 운영하고 있었기 때문에 자(自) 공화국의 역사를 직접 집필하였고, 이들 공화국 역사를 썼던 학자들은 정치엘리트들과 밀접히 연관되어 있었거나 본인이 정치엘리트였다.

따라서 공화국의 민족정체성을 강화하려는 움직임은 안정적으로 진행될 수 있었다.[5] 다만 소련 시기에서 집필된 공화국의 역사는 체제 전복적인 성격을 지니는 것은 아니었다.

우즈베키스탄의 경우 지역별 부족(clan)들이 지니는 역할이 특히 중요했는데, 전술한 자디드들은 주로 부하라 지역의 부족에서 많이 배출되었고, 이후 지식인 그룹에서 성장한 라쉬도프는 사마르칸트(Samarkand) 지역의 부족 출신이었다. 이들 사마르칸트 출신 엘리트들은 비교적 긴 시간 우즈베크의 주도적 정치 엘리트로서의 위상을 유지해 왔다. 하지만 점차 민족과 전통을 강조하는 이슬람 내지 정치적 이슬람의 주도적 세력들이 성장했는데, 이들은 주로 페르가나(Fergana) 지역의 부족들로부터 다수 배출되었고, 이들은 소련 후반기 동안에 우즈베키스탄 전역에서 꾸준히 세력을 확장하였다(Seiple, 2005). 이들 페르가나 부족의 성장은 소련 말기 우즈베키스탄에서 권력을 추구하던 카리모프가 등장하고 정권을 획득해 가는 과정에서 그의 중요한 지지자이면서 동시에 경쟁자로서 페르가나 부족이 지니는 존재감의 배경이 되었고, 이는 카리모프가 초기 이슬람에 대해 보여준 우호적 입장을 이해하는 중요한 배경이 될 수 있다.

또 하나 주목하여야 할 점은 이같은 엘리트들이 지닌 부족과의 연관성 및 특징은 모스크바의 중요한 고려대상이 되었다는 것이다. 중앙아시아에 대한 연방정부의 정책은 엘리트들의 지역적 소속(affiliation)에 따라 그들의 이익과 가능성을 형성하게 함으로써 지방 정체성을 정치화하고 강화하는데 일조하였다. 이와 같은 지방의 정체성을 확산시키면서 사회정치적인 결사의 중요한 기제가 될 수 있는 인종과 종교 및 민족의 정치화를 차단하여 했던 것이다(Luong, 2008). 즉 지방의 분열을 정치화함으로써 이슬람에 대한 통제와 탈정치화를 더욱 효과적으로 작동시킬 수 있었던 것이다. 이런 소련의 정책 기조는 중앙아시아에서

---

5 학자들에 따라서는 이를 "공화국 민족주의"라고 지칭하기도 한다. 공화국 민족주의에 대한 국내 연구로는 다음을 김인성(2002)와 신범식(2007)을 참조.

이슬람의 확산과 정치화를 막는데 주효했다.

또한 외부 이슬람과의 상호작용을 차단할 목적으로 아랍 문자의 사용을 제거하였는데, 이는 중앙아시아 인구를 다른 지역의 이슬람으로부터 효과적으로 분리시켰다. 이같은 전략은 장기적으로 추진된 정책이었기 때문에 상대적으로 저항도 적었다. 이와 함께 이슬람의 위계적 질서를 대체하기 위하여 제도적으로는 중앙아시아에 이슬람위원회(Directorate)를 설치함으로써 "공식적 이슬람"의 통일적 질서를 인식하도록 만들었다. 이 위원회를 통하여 전통적인 이슬람 명절을 세속화하는 한편 그 이외의 사회주의를 기념하는 다양한 전통을 공식화함으로써 이슬람 의식(儀式)이 지니는 상징과 통합적 기능을 희석시켰다. 이같은 과정을 통해 사회적 상승을 원하는 엘리트들은 이슬람과 정치적 이데올로기 사이에서 갈등하다 점차 공식적 제도의 틀 안으로 들어올 수밖에 없었다. 이슬람은 문화적 후진성과 소비에트 체제에 대한 불충을 표출하는 것으로 표상화되었기 때문이다. 하지만 지방 공동체에서는 이슬람에 대한 신앙이 지속되었고, 이는 점차 "비공식적 이슬람"으로 변모해 갔다. 이러한 이슬람 신앙의 비공식화는 정치적 세력으로서의 이슬람의 기능과 지위를 철저히 차단하였고, 이슬람 결사나 운동은 지방 수준이나 마을에서 소규모로 이루어 질수 있을 뿐이었다. 소비에트의 이슬람 통제 체제는 이슬람을 세속화시켰으며 정치적 잠재력을 최소화시켰다(Luong, 2008).

한편 소련 시기 중앙아시아 사람들은 전통과 문명에 따라 무슬림이었지만 동시에 근대화된 세계의 사람들로 존재했고, 지방 공화국들이 지닌 민족적 전통은 새로운 소비에트 전통으로 점차 대체되었다. 브레즈네프 시기 기존의 행위와 가치관 그리고 정체성은 "전통"의 영역으로 포합되어 갔는데, 그 결과 이슬람에 따른 풍습은 "지방의"(local), "동방의"(Eastern) 그리고 "이슬람의"(Islam)라는 수식어가 따라 붙는 전통의 영역으로 간주하게 되었다. 이같은 소비에트 공식 제도의 정착과 생활 전반에 대한 안정적 영향력 강화 과정이 성공적으로 진행되면서, 1980년대에는 과거에 금지되었던 나르부즈(Navruz)와 같은 명절을 다시 기념할 수 있게 되었고, 마할라(mahalla)와 같은 이슬람적 요소를 내포하고 있는 지방 공동체가 다시 공식 행정체계와 연계되고 일정한 공동체적 자치의 면모가 되살아나기도 하였다(Kahild, 2007).

그렇지만 이러한 이슬람적 생활원리—혹자는 이를 생활 이슬람으로 부르기도 하는데—가 정치적 의미를 가지는 것에 대해서는 경계를 늦추지 않았다. 소련 정권은 이슬람을 관리하고 재구성하는 작업을 위하여 위계적인 조직과 관리 체계를 구축하였다. 소련 시기 만들어진 '중앙아시아와 카자흐스탄의 이슬람종무원'(이하, SADUM)은, 역설적이게도 이슬람의 부흥의 기운이 꿈틀대던 1989년 즉 페레스트로이카의 일환으로 추진된 사회개방화(glasnost')의 여파로 홍수같이 쏟아져 나온 다양한 비판으로 인하여 폐지되기까지 중앙아시아에서 이슬람 활동을 관리하는 공식기구로 활동하였다. 그 이외에도 1971년 타슈켄트에 저명한 이슬람 학자 이맘 알 부하리(Imam Al Buhari)의 이름을 딴 이슬람신학교가 종무원의 허가에 의해 설립되었다.[6] 하지만 이같은 기관이 소련 정권의 이슬람 통제의 기제로만 작동했다고 보기는 어렵다. 도리어 정치 엘리트들의 경우와 마찬가지로 이들 종교 엘리트들은 이슬람에 대한 소비에트적 통제를 인정했지만 그 틀 속에서 이슬람의 종교적 기능과 사회적 안정의 기능을 통해 인민들의 삶을 보호하려는 이중적 목표를 통하여 제한적인 의미에서나마 "종교인"으로서의 존재이유를 찾아가려는 힘겨운 노력을 한 것으로 보인다.

이같은 소비에트 정권에 의한 종교 통제와 문화적 전통으로서의 이슬람을 재생산하려는 정책적 지향 그리고 지방 및 지역 수준에서 엘리트들의 종교적 삶을 의례화하고 보호하려는 노력이 함께 작동하는 긴 과정을 통하여 소련시기 중앙아시아에서 거의 모든 이슬람 전통은 "민족의 전통"이 되었다. 기도 의식, 결혼식, 장례식, 코란 학습 등과 같은 이슬람에 기초한 의례들은 전통을 따르는 삶의 방식이 되었고, 이슬람은 민족적 유산의 일부가 되었다. 다른 나라에

---

[6] 이에 대한 자세한 내용은 보보호노프(Бобохонов, 2003)을 참조

서 온 외국인은 설혹 그가 무슬림이어도 현지의 전통을 모르기 때문에 외부 사람일 수밖에 없게 되었다. 개인의 신앙적 내지 신조적 선택에 의해서 무슬림이 되는 것이 아니라 그가 누구이든 우즈베크인, 타직인, 투르크멘인 이상은 무슬림이라는 인식이 정착된 것이다. 이런 식으로 이슬람은 우즈베크인의 정체성의 중요한 요소로 정착되었다(Khalid, 2007). 그래서 중앙아시아의 무슬림들은 중동에서와 같이 의례에 철저히 집착하는 모습을 보이지는 않는다. 우즈베크 사람들은 무슬림의 5가지 의무를 모두 알고 있지만 실제는 한두 가지 밖에 지키지 않는다. 그래서 이슬람 신조를 제대로 모르면서도 일상수준에서 이슬람의 전통을 지키는 이슬람 성직자(Imam)들도 적지 않다고 한다. 그들은 사람들이 무엇을 원하는지를 잘 알고 있기 때문이다. 그들은 본인의 이슬람, 즉 전통화된 이슬람 그리고 사회가 원하는 이슬람을 보존하고 있는 것이다(Seiple, 2005).

IV. 탈소비에트 시기 우즈베키스탄 엘리트의 전략과 이슬람

1. 이슬람과 신생 민족국가 우즈베키스탄의 민족주의

고르바초프(M. Gorbachev)가 종교에 대한 자유로운 선택을 허용한 이후, 우즈베키스탄 무슬림들은 '무슬림으로 사는 것'에 대한 질문을 다시 던지기 시작하였고, 이에 대한 논쟁은 확대되어 갔으며, 이는 곧 "이슬람의 부흥"의 문제와 연관되면서 그 파급력을 더하게 되었다. 1989년 이슬람 종무청의 수장 보보혼이 사퇴한 이후로부터 수년간의 시기는 우즈베크 역사상 종교 즉 이슬람의 "다원화"(Khaild, 2003: 584)가 가장 확대된 기간으로 평가해 볼 수 있을 것이다.

1980년대 후반 이후 이슬람의 부흥은 아래로부터의 이슬람운동의 성격을 띠게 되었다. 러시아에서 '비공식 단체'들이 우후죽순처럼 일어났다면, 우즈베키스탄에서는 종교적 부흥의 열정이 고조되었다. 물론 그들 가운데는 정치적 지향을 가진 그룹들도 존재했다. 이들 중 일부 비정부단체들은 자신들이 공적 영역에 참여해야 한다는 주장을 공개적으로 펼치기도 했다. 그들은 정부가 제시하는 민족주의적 담론을 넘어서서 민족적이며 문화적인 유산에 대한 새로운 모색을 시도하기도 하였다. 이것은 중앙아시아의 이슬람과 무슬림 문화를 재발견(혹은 재발명!)하고 소비에트 정권에 의해 단절되고 폄훼되었던 타민족과의 관계 및 외부 이슬람 세계와의 연계성을 다시 회복하는 것을 의미하였다. 나아가 소련 시기에 상실하였던 오래된 정신적 및 도덕적 가치를 추구하게 된 것을 의미하기도 하였다. 하지만 이러한 이슬람의 부흥은 국제주의나 보편주의로 나가기보다는 거의 모든 탈소비에트 신생국가들에게서 나타났던 종교적 부흥의 특징과 궤를 같이 하면서 민족적 정체성을 강화하는 방향으로 그 가닥을 잡아가게 되었다(Khaild, 2003: 583).

우즈베키스탄에서의 종교적 부흥에 대한 열기는 1988년 소련 정부가 종교 활동에 대한 감시망을 늦추면서 폭발적으로 분출하기 시작하였다. 비공식적 내지 독립적 코란교사(ulama)들과 그 지지자들은 '중앙아시아와 카자흐스탄 무슬림 종무원'(SADUM)에 대한 저항을 선동하였고, 1989년 2월 집회는 공식 이슬람의 위계(位階)의 정점에 있던 종무원장을 사퇴하게 만들었다. 이후 3년 동안 소비에트시기에 사라졌던 모스크들이 우후죽순처럼 다시 생겨났고 비공식적인 교사들 사이에서 비밀리에 전해지던 수피(Sufi)의 원리를 공개적으로 설파하는 교사들도 다수 등장하였고, 이전에 중앙아시아에 존재하지 않던 다수의 이슬람 분파들이 등장하였다. 이른바 이슬람의 다원화가 진행된 것이다. 특히 소위 이슬람 성물 내지 종교 관련 상품들이 우즈베크 전역에서 판매되는 변화가 나타났다. 그리고 마침내 1992년에 우즈베크어로는 처음으로 코란이 번역·발간되었다. 독립 이후 우즈베키스탄에서 사람들은 공개적으로 기도를 더 많이 하게 되었고, 라마단을 지키고, 메카 순례를 더 많이 다녀왔고, 결혼과 장례 등의 풍습은 보다 이슬람 방식에 따르는 방향으로 활성화되었다.

하지만 이러한 이슬람의 부흥이 일상생활을 변화시켰다는 증거를 찾기는 어렵다는 것이 학자들의 솔직한 평가이다. 술과 돼지고기의 소비는 줄지 않았고, 민족 전통에 대한 강조는 일상생활의 이슬람화보다 훨씬 더 중요한 관심의 대상이었다. 물론 이슬람적 신조에 충실한 사람들이 늘기는 하였지만, 대학 등의 젊은이들 가운데 "진정한 이슬람"에 대한 관심은 대단히 제한적이고, 공적 영역에서도 이슬람화가 획기적으로 진행되었다는 증거는 찾아보기 어려웠다. 그리고 이슬람 종교의 규칙을 엄격하고 독실하게 지키게 된 것이 직접적으로 정치적인 영향력으로 연결된다고 보기도 어렵다. 독립 이후 중앙아시아에서 나타난 이슬람으로의 회귀는 민족 문화를 탈식민화하고 계승하는 방편으로 이해되었다. 대다수의 국민들에게 이슬람은 신의 주권과 일상생활의 신앙화에 기초한 이상화된 미래를 보장하기 보다는 소련 시기의 부패와 부정을 떨쳐버리고 찬란했던 과거의 전통을 이상화하는 어떤 것으로 받아들여지게 된 것이다. 이런 방식으로 독립 이후 이슬람과 민족 그리고 전통은 우즈베키스탄의 사회적 현실 속에서 공존하게 되었다(Khalid, 2003: 586).

사실 소련이 붕괴된 이후에는 이슬람에 대한 관심이 많아졌지만 중앙아시아 신생독립국들의 지도자들에게 이같은 선택과 배제의 이중적 전략은 공통적 특징으로 나타났다. 이슬람을 끌어들이면서 동시에 관리를 하는 전략이다. 지도자들은 이슬람을 통해 역사와 전통을 되살리기 시작했지만, 동시에 타지키스탄 내전 등을 계기로 정부는 사원과 이슬람에 대한 강력한 관리체계를 재구축했다. 이로써 현대 중앙아시아 이슬람은 소련시기를 통해 형성해 온 역사적 유산으로부터 자유로울 수 없었고, 습관화 된 생활 이슬람은 국가 정체성과 함께 공존하게 되었으며, 탈(脫)이슬람화 된 정치적 영역에서 생존하는 길을 암중모색하고 있었다. 이슬람 보다는 도리어 민족주의가 국가건설 과정에서 정치 엘리트들에게 강력한 통치력의 확보와 유지의 방편으로 여겨졌다. 이에 중앙아 신생독립국들의 지도자들은 자신을 국가의 수호자로, 즉 국가의 이익과 명예를 지키는 사람으로서의 이미지를 빠른 시일 내에 구축했다. 이러한 과정에서 나타난 역설은 바로 민족주의를 통해 공산당 엘리트들이 계속하여 권력을 잡을 수 있게 되었다는 점이다(Khalid, 2007).

    소련으로부터 우즈베키스탄이 독립하는 과정을 전후하여 카리모프의 민족주의는 우즈베키스탄에서 문화화된 이슬람의 전통에 따라 우즈베크 민족의 관용(tolerance)과 개방성(openness)에 기초한 문화적 특징을 강조하였고, 위대한 우즈베크 민족의 선조들의 유산을 복원함으로써 국민들에게 국민성과 민족에 대한 자부심을 심어줌으로써 카리모프식 우즈베크 민족주의의 기틀을 다지려 하였다. 카리모프(Karimov, 2001)는 자신의 한 저술에서 이상적 인간상을 묘사하면서 우즈베키스탄의 정신적 유산을 간직하고 있는 이슬람 철학과 우즈베크 역사에 존재했던 훌륭한 지식인들의 사상을 본받는 인간상을 강조하였다. 그런데 카리모프가 우즈베크 민족주의의 정립과정에서 이슬람이 지니는 일정한 역할을 인정했지만, 이슬람을 "좋은 이슬람"과 "나쁜 이슬람"으로 나누어 긍정적 측면만을 선택적으로 결합하여 우즈베키스탄의 "국민 이슬람"의 전통을 창조하려는 노력을 기울였다. 하지만 이같은 노력의 반대편에는 카리모프 정부가 이슬람이 정치화되고 정부 정책에 반대할 수 있는 잠재적 요소를 차단하기 위하여 이슬람을 제한하는 구실로 활용될 수 있는 논리가 자리잡고 있었다(Rasanayagam, 2011). 결국 카리모프의 이슬람에 대한 선택과 배제의 이중주의적 특징을 보이는 접근법은 이슬람과 같은 문화적 정체성과 전통을 통치의 수단으로 활용하려 했던 과거 소비에트적 유산을 답습하는 것에 다름 아니었다.

    우즈베크의 새로운 민족주의는 티무르(Temur)를 정점으로 하여 중앙아시아의 황금연대를 이상화하는 한편 그들의 조상들 가운데 알 부하리(Al Buhari), 알 마투리디(Al Maturidi), 알 티르미디(Al Termidi) 등과 같은 위대한 이슬람 학자들의 유산을 강조하였다. 그리고 독립기념일 등의 국경절을 범국가적으로 경축함으로써 상징적 기재를 강화하였다. 구소련으로부터 독립한 국가에 우선적으로 필요했던 것은 전통적으로 지켜왔던 명절 등과 같은 풍습을 소환하고 재활성화시킴으로써 국민들의 지지를 이끌어내기 위한 기재를 강화하는 것이었다. 1990년 2월 24일 소연방 우즈베키스탄자치공화국 의회는 소련시기 있었던 민족적 전통과 문화에 대한 제약과 억압을 비판적으로 상기하면서 특히 전통 이슬람 명절로서 나브루즈 등을 민족적 수준에서 기념하지 못했던 점이나 이슬람 방식에 따른 전통적 장례식이 제한되었던 점 등을 들어 소련의 민족문화정책이 가지고 있었던 탈종교적 및 탈(脫)민족적 성격을 강력하게 비판하였다(Каримов, 2001: 113). 이 상황에서 향후 독립을 얻을 경우 우즈베키스탄에서 민족적 전통과 종교적 가치가 부흥하게 될 것이라는 기대는 어쩌면 당연한 논리적 귀결이었을 것이다.

독립 이후 우즈베키스탄 정부는 이슬람과 관련하여 지방의 이슬람 문화유산을 발굴 및 개발하고 수피즘을 우즈베크 민족의 인본주의적 전통으로 수용하는 등 적극적 정책을 취하였다. 수많은 모스크들을 문화재로 지정하였고, 성지순례를 국가가 나서서 지원하기도 하였다. 이슬람 조직의 정비를 위하여 SADUM을 대체하는 우즈베키스탄 무슬림 종무원을 1992년 신설하였으며, 이를 통해 이슬람 관련 교육을 통제하고 새로운 메드레세(이슬람 종교학원)를 관리하도록 함으로써 "공식 이슬람"을 강화해 나갔다(고가영, 2017: 1-34).

독립 이후 1990년대 중반까지 카리모프 대통령은 이슬람적 상징을 중시하면서 그것을 적절히 사용하려는 시도를 계속하였다. 그는 코란 위에 손을 얹고 대통령 취임 선서를 하였으며, 이슬람 성지 메카를 방문하는 하지(Hajii) 순례단을 조직해 직접 다녀오기도 했다. 공식적 수준에서 이슬람의 부흥이 일어나는 듯했다. 이러한 정황은 당시 우즈베키스탄에서 이슬람의 정치화에 대한 추측이 가능했던 증거들로 관측자들에게 받아들여졌다. 다른 한편에서 카리모프의 이같은 행보는 그가 대통령 선거에서 상대하여야 했던 버거운 경쟁자들을 따돌리기 위한 정치적 방편으로 이해하기도 한다. 1989년 이후 사회적으로 고조되고 있는 이슬람 부흥의 열기가 뜨거웠던 페르가나 지방의 지지를 얻는 한편, 그 이후 자신의 권력을 안정화해야 했던 상황에서 지방의 클랜들의 지지를 획득하기 위한 대응으로 해석하는 관찰자들도 있다.[7] 하지만 이러한 단순한 해석은 상황을 적절히 파악하는데 도움이 되지 못하다. 보다 정확히 말하자면 카리모프에게는 이슬람이 필요했지만 두려웠던 것으로 보인다. 이에 대해서는 다음 절에서 설명해 보기로 하겠다.

정리해 보면, 독립 우즈베키스탄 정부는 국가의 독립 이념과 연결시켜 마르크스주의와 레닌주의 이데올로기로부터 벗어나려는 정책을 추진하는 과정에서 이슬람을 국가 이데올로기와 결합시킴으로써 국가 정체성과 이념의 기초로 찾으려 했던 것은 사실로 보인다(Karagiannis, 2010: 46-61). 하지만 이것을 이슬람에 대한 국가의 의존을 의미하는 것으로 해석하기는 어려워 보인다. 도리어 카리모프 대통령은 기존 소비에트 엘리트들이 가지고 있었던 이슬람에 대한 우려를 공유하고 있었던 것으로 보인다. 그리고 이런 그의 사고는 우즈베키스탄 국가건설 과정에서 이슬람이 아니라 '민족주의'와 '국가성'에서 국가 및 정권의 정당성의 기초를 찾는데 대한 선호를 강화시켰을 것이다. 결국 이같은 우즈베크 민족주의는 소비에트시기에 성립되어 자리잡고 있던 "공화국 민족주의"에 기원을 두고 있다고 보는 것이 타당할 것이다.[8]

---

7 1988~90년대에는 비를릭(Birlik: Unity)하고 에르크(Erk: Freedom)라는 단체가 생겨서 우즈베키스탄이 소련에서 독립해야 한다는 주장과 함께 활발한 운동을 벌인다. 독립한 뒤에도 정권을 잡는 과정에서 카리모프는 이 두 개의 정당과의 힘겨운 대결을 벌었다.

8 한편, 중앙아시아의 신생국가들은 소련의 정치 및 경제 제도와 권력과 관련된 사회적 및 공식적 행위, 정부와 사회 간 관계 등의 거의 전 영역에서 소련의 유산으로부터 자유로울 수 없었다. 특히 전술한 바와 같이 정치적 및 경제적 자원을 관리하는 클랜(clan)들의 관계와 그 위상은 독립 후 우즈베키스탄의 정치를 이해하는 데에 여전히 중요한 요인으로 자리잡고 있다. 중앙아시아의 "부족정치"(clan politics)에 대해서는 콜린스(Collins, 2006)를 참조.

2. 이슬람으로부터 마나비야트(manaviyat)로

카리모프 대통령의 장기 집권과 강한 국가적 통제에 의한 안정이라는 경험은 우즈베키스탄의 정치 엘리트들로 하여금 정부가 원한다면 모든 종류의 종교적 활동에 개입을 할 수 있을 것이라는 확신을 가지게 만든 것으로 보인다. 국가 건설 과정에서 민족의 역사와 언어의 중요성을 강조하는 기조는 유지되었지만, 이슬람에 대한 엘리트들의 인식은 법 제도의 구축과정에서도 종교와 국가를 분리하게 만들었고, 특히 교육과정에서도 이슬람에 대한 명시적 교육을 금지하는 방향으로 교육과정과 내용을 통제하도록 만들었다(최아영, 2017).

카리모프 대통령의 종교에 대한 통제는 여기에 머물지 않았다. 그는 종교가 개인적 신앙의 차원을 넘어 정신적 가치뿐 아니라 정치적 의도를 추구함으로써 세력화를 지향하는 흐름을 정상적이고 건전한 종교와는 확실하게 구분하고자 하였다. 그리고 그는 이처럼 종교가 정치적 실천성을 지향하려는 시도가 보여주는 오류를 과학적 세계관과 높은 정신성으로 극복해야 한다고 강변하였다. 그리고 정부가 생각하는 "잘못된 이슬람"과 관련된 모든 행위는 가혹한 대가를 치르게 될 것이라고 엄중 경고하고 이를 실천하였다. 이런 카리모프 대통령의 급진적 변화는 정부의 문서에서 이슬람 종교를 연상시킬 수 있는 표현으로써 "종교적 가치"라는 문구를 삭제하고 "민족적 가치"라는 문구로 대체하도록 만든 조치에서도 발견된다.

카리모프(Каримов, 2011: 129-130) 대통령은 우즈베키스탄이 독립한 직후인 90년대 초반부터 젊은 세대 교육의 중요성을 강조하면서 특히 미래 세대에 대한 윤리적 교육이 중요하다는 점을 주장했다. 그는 기본적으로 이슬람을 위주로 한 종교가치보다는 전통과 역사를 되살려서 문화적이며 민족적인 가치들을 되살리는 것이 새로운 정체성에 기반한 국가건설 과정에서 대단히 중요한 역할을 할 것으로 기대하였다. 특히 이 시기 인접한 이웃 타지키스탄에서 이슬람 정당들이 관련되어 불거지고 격화된 내전은 우즈베키스탄의 안보적 불안을 고조시켰다. 당시 민족국가의 경계 획정이 다소 불분명한 상태로 남아있던 상황에서 타지키스탄의 내전은 우즈베키스탄의 안보에 직접적인 영향을 미치는 사안으로 인식되었다. 게다가 타지크 내전에서 활동하던 급진주의 이슬람 사상과 세력이 전파될 경우에 야기될 수 있는 사상적 도전은 국내정치 안정에 심각한 도전이 될 것으로 경계하였다. 이런 카리모프의 우려는 우즈베키스탄 국가 건설에 있어서 세속주의 원칙을 재확인하게 만들었고, 민주주의와 주권에 대한 심각한 도전을 야기하면서 민족 간 갈등과 분쟁을 일으키는 근본주의 이슬람에 대한 비판적 입장을 강화시켰다. 우즈베키스탄을 둘러싸고 있는 이웃국가들, 즉 타지키스탄과 아프가니스탄에서 발흥하고 있는 근본주의 이슬람 세력들이 스스로를 "진짜" 무슬림이라고 강변하지만 실제로는 이들이 무고한 시민들의 인명을 희생시키고 삶의 터전을 위협하고 있음을 강렬히 비난한다. 특히 카리모프(Каримов, 1997: 32-36) 대통령은 이슬람 근본주의 세력이 이슬람 문명권과 비(非)이슬람 문명권 사이의 갈등을 부추김으로써 국제사회에서 형성되는 이슬람에 대한 부정적 인식이 우즈베키스탄을 비롯한 이슬람 문화권에 속하는 신생 독립국가들이 외부 세계와의 교류를 증진하고 해외 투자를 유치하며 전격적인 개발정책을 추진하는데 심각히 부정적인 효과를 끼치고 있음을 강조하였다. 이처럼 카리모프 대통령의 저작과 연설문에서 읽히는 이슬람 근본주의에 대한 우려는 크게 군사안보, 정치안보, 사회안보, 지역정치 안정, 국제정치적 환경 등 거의 모든 수준에서 제기되고 있으며, 이슬람 근본주의의 영향력을 철저하게 차단하고 이슬람과의 거리를 유지하는 것은 대단히 중요한 정책적 우선순위로 부상하게 되었다.

　　문제는 이같은 국가의 안보와 미래 발전을 위한 총체적 위협으로서 이슬람 근본주의가 우즈베키스탄의 문화의 저변에 깔려있는 이슬람이라는 토양에서 급속히 확산될 수 있다는 점이다. 특히 새로운 젊은 세대가 경험한 종교적 자유는 기존 무신론 공산주의 세대에 대한 영향과는 다른 종류의 영향력을 이슬람 종교에 부여하는 효과를 가져왔다. 이에 독립 초반부터 카리모프(K аримов, 2011: 360) 대통령은 이슬람과 성직자들이 국민들의 윤리 교육과 관련하여 중요한 역할을 감당해야 함을 강조하였다. 초기 카리모프 대통령에게 있어서 이슬람을 비롯한 종교는 국가와 분리되어 존재하는 것이었지만, 문화와 전통 그리고 이슬람의 특별한 관계를 염두에 두고 보면 종교를 잘 활용하는 것은 중요한 정책적 지향이 될 수밖에 없었다. 그래서 종교적 명절인 '라마단 하이트'(Ramazan hayit), '쿠르반 하이트'(Qurbon hayit)를 법정 공휴일로 정하는 정책을 펼치기도 했다(Каримов, 2011: 369). 이런 의미에서 독립 초기 카리모프 대통령에게 있어서 이슬람 종교는 국가건설 및 민족화합의 중요한 정책적 수단으로 인식되고 활용되었던 것은 사실이다. 하지만 전술한 바와 같이 타지키스탄에서의 내전 발발과 우즈베키스탄 동부지역, 특히 페르가나 계곡에서 발흥하고 있었던 이슬람 근본주의 세력의 확산과 아프가니스탄의 정국 변화 등은 국가안보에 대한 커다란 위협의 근원으로 이슬람 근본주의를 인식하게 만들었고, 1999년 타슈켄트 테러는 이 같은 인식을 결정적으로 강화하는 계기가 되었다.

이러한 변화는 카리모프 대통령으로 하여금 우즈베키스탄 국민들의 인식과 가치에 대한 교육의 중요성을 부각시켰으며, 특히 젊은 세대에 대한 표준화된 가치의 교육 즉 소위 "국민윤리교육"의 필요성을 확증해 주었다. 이런 필요에 따라 카리모프 대통령은 일찍이 1994년 4월 23일 "마나비야트(manaviyat: "국민정신"이란 의미)와 마리파트(maripat: 윤리교육)"라는 국가사회센터를 설치하였고, 이를 통해 '마나비야트'를 화두로 우즈베키스탄의 새로운 이념적 기초를 정비하고 "우즈베키스탄인"으로서 국민 정체성과 애국심을 새롭게 정초하려는 노력을 시작하였다. 이후 많은 연설에서 카리모프(Каримов, 1999: 87)는 마나비야트에 대한 강조를 빼놓지 않았으며, 주변국의 혼란과 전쟁 등의 원인을 탈소비에트 공간의 혼란 속에서 생겨난 이념의 공백과 그를 보완할 교육과 문화의 부재에 있다는 점을 강조하였다.

마나비야트라는 개념은 굉장히 넓은 의미를 가지고 있는데, 이는 사람의 정신과 지성의 통합된 형태를 의미한다. 이념과 비슷한 의미를 가지고 있지만,

윤리적 가치관이나 문화라는 의미도 가지고 있다. 이 개념은 사람의 사회와 문화에 기반을 두며, 삶의 사회경제적 형성과 개혁 및 전진이나 후퇴를 결정한다. 사실 마나비야트라는 용어는 문화나 윤리 등의 개념과 거의 동일하게 사용될 수 있으며 이를 확대하면 이념과 정신의 의미를 가지고 있기 때문에, 이슬람 문화에서 이같은 정신성의 기초를 찾으려는 입장을 가지고 있었던 카리모프 대통령이 근본주의 이슬람의 위험성이 고조되는 상황을 직면하게 되자 이슬람에서 선회하여 "국가의 자주성"과 "국민적 정체성"을 정초하는 이념을 담아낼 적절한 어휘로 마나비야트를 선택했던 것이다. 국가의 자주성을 강조하는 독자적인 새로운 이념은 국가건설 과정에서 뿐만 아니라 이슬람 근본주의의 위협으로부터 국가안보를 지키며 우즈베키스탄 방식의 민주주의를 건설하는데 있어서도 중요한 사상적 기반으로 작용하게 되었다. 물론 이는 관제(官制) 이념으로서의 특성으로 인한 한계를 지니며, 또한 국민들에 대한 실제적 영향에 대한 평가는 차후에 엄정하게 이루어져야 하겠지만, 우즈베키스탄의 국가적 정체성과 자주성의 이념은 우즈베크 민족의 건실한 발전을 지향하는 마나비야트 전통과 세계관 그리고 정치문화에 기초를 기반으로 형성되어야 한다는 카리모프의 입장이 지속적인 국민윤리 교육의 기조가 되었다는 점은 분명하다. 그리고 이같은 정책적 기조의 영향은 공교육을 통하여 지속적으로 국민교육을 주입받은 젊은 세대에게 있어서 가장 컸을 것이라는 점도 비교적 자명하다.

우즈베키스탄 교육부는 1997년 미래 세대의 교육 수준을 향상시키기 위한 교육체계로서 '국가인재양성프로그램'을 개발하고 교육체제 전반을 개혁하였다. 이같은 국가인재양성프로그램의 도입에 있어서 강조점은 바로 전술한 마나비야트 교육을 강화하는데 있었다는 것은 당연한 정책적 귀결이었다. 1999년에는 마나비야트와 마리파트 국가위원회가 설치되었고, 이 위원회는 우즈베크 민족의 위대한 조상들과 위인들이 남긴 정신적 및 문화적 자본을 계승·발전시키고 이를 젊은 세대에게 교육하는 목적을 가지고 있다. 또한 이 기관은 "바른" 이슬람 종교가 가진 인도주의적 특성과 전통을 제대로 습득하고 바른 가치관을 정립할 수 있도록 교육하는 전반적인 국민교육의 체계를 주관하였다. 1999년에는 마나비야트를 고등학교의 정규 교과목으로 도입하였고, 이로써 청년 세대의 세계관을 "개혁"하고 국가에 대한 애국심을 고취시키려는 교육이 지속적으로 강화되었다. 그리고 2003년에는 최초로 마나비야트 교과서가 출판되기도 하였다.

마나비야트를 구성하는 중요한 기본적 이념 요소는 인도주의, 진보성, 국민성, 애국심, 평화를 중심으로 구성되어 있다. 이 가운데서도 카리모프(Каримов, 1999: 140) 대통령이 특별히 강조했던 부분은 우즈베크의 역사와 언어를 기반으로 우즈베크 민족이 가지는 특성과 자부심이며, 이를 바탕으로 강화된 애국심을 갖춘 국민의 형성이 강조되었다. 따라서 종교와 관련하여 마나비야트에서는 이슬람을 비롯한 다양한 종교의 공존에 대해서도 강조하고 있으며, 이슬람 이외에도 우즈베크 민족의 정신적 유산으로서 조로아스터교나 수피즘과 같은 다른 종교의 존재도 용인하고 인정하는 입장을 취한다. 카리모프 대통령은 마나비야트를 종교를 대신해 사용하려는 입장을 가지고 있었지만, 마나비야트는 우즈베크 민족의 문화적 및 정신적 기초로서 이슬람적 요소들뿐만 아니라 다른 종교들의 이념도 포용함으로써 이슬람 가치를 상대화시키는데 만족해야 했다. 따라서 마나비야트는 이슬람, 조로아스터교, 세계적 철학사조, 도덕, 윤리 등을 포함하는 광범한 정신교육의 형태로 발전되었다. 이를 기초로 카리모프(Каримов, 2002: 139) 대통령은 국제적인 테러 세력을 비판하고 이슬람을 잘못 해석하고 있는 세력들에게 제대로 된 이슬람을 교육하여야 한다고 주장하는 근거를 마련하였던 것이다.

우즈베키스탄 정부가 주도한 교조적 이슬람 내지 근본주의 이슬람과는 차별화되는 민족적 문화유산으로서 마나비야트 정신성에 대한 강조는 절대성 보다는 상대성의 개념으로 이해되는 이슬람을 제시함으로써 근본주의적 지향에 대한 견제의 의도를 확실히 하였다는 점에서 의의를 가진다 할 것이다.

결국 근본주의 이슬람에 대한 우려와 구체화되고 점증하는 안보적 위협 인식은 우즈베키스탄 정부로 하여금 교과서와 교육기관을 통해 젊은 세대에 대한 마나비야트 프로파간다를 적극적으로 추진하게 만들었고, 또한 일반 국민들을 향한 국민교육의 일환으로 지방 수준에서 소단위로 조직되어 있던 주민들의 자치공동체인 마할라를 통한 윤리교육도 적극적으로 나서게 만들었다. 더불어 전술한 바와 같이 종무원을 통한 이슬람 이맘들의 정기 강론에 대한 표준 강론 통제도 이같은 이슬람 근본주의 확산을 경계하고, 우즈베키스탄의 자주적 국가 정체성의 구축에 크게 일조한 것으로 이해해 볼 수 있을 것이다.

3. 이슬람 극단주의와 우즈베키스탄의 대응

한편 이슬람 극단주의에 대한 경계는 1990년대 후반부터 나타난 우즈베키스탄 이슬람 안보 정책의 중요한 특징으로 자리잡게 되었다. 앞서 짧게 언급하였듯이 그 계기는 타지크 내전, 아프간 사태와 탈레반의 확산, 우즈베키스탄의 이슬람정당(IMU)의 성립과 1999년 타슈켄트 테러사건 등이 연관되어 있다. 그 이후 2001년 9.11 테러의 발발은 중앙아시아의 정치 엘리트들의 이슬람 극단주의에 대한 경각심을 더욱 높였다. 이같은 상황은 국가건설 과정에서 고심하고 있던 중앙아시아의 정치 지도자들로 하여금 한편으로는 이슬람에 따른 문화유산과 도덕적 가치 등을 강조하면서 다른 한편으로는 잘못된 이슬람에 대한 적대감을 느끼도록 만들었다.

우즈베키스탄의 경우 나망간(Namangan) 지방의 아돌라트(Adolat) 당(黨)을 기초로 아프가니스탄에서 '우즈베키스탄 이슬람운동'(Islamic Movement of Uzbekistan: IMU)[9]이 구성되면서 더욱 민감하게 이 문제를 대하기 시작하였다. 물론 일부 중앙아시아 국가는 이슬람으로부터의 위협을 권위주의적 정책을 확립하는 데에 효율적으로 활용하기도 했다. 이슬람주의자들의 공격과 위협을 과장

9　IMU의 목적은 우즈베키스탄을 이슬람국가로 만들고 이슬람의 중심으로 만드는 것이었다.

하기도 했다. 우즈베키스탄도 예외는 아니었다. 아프가니스탄 테러 문제와 위협을 활용하여 우즈베키스탄 정부는 이러한 이슬람주의자들의 활동을 금지시켜야 한다고 강변하였다.

결국 우즈베키스탄 국경에 위치한 두 국가, 즉 타지키스탄과 아프가니스탄에서 벌어졌던 이슬람 정부 구축을 위한 운동과 투쟁은 우즈베키스탄에서 이슬람에 대한 통제를 강화시킨 결정적인 원인이 되었다. 세속주의 이슬람과 근본주의 이슬람의 대결이 본격화 된 것이다.

특히 1999년 2월에 우즈베키스탄의 수도 타슈켄트에서는 내무부를 비롯한 정부 건물과 은행이나 영화관과 같은 공공건물에서 다수의 테러 사건이 발생하였고, 13명이 죽고 100여 명의 부상자가 발생하는 참사가 벌어졌다. 이 테러 사건 이후에 카리모프 대통령은 국가의 안보와 관련된 보다 경직되고 강경한 정책을 추진하게 되었고, 특히 이념교육과 관련해서도 강화된 통제에 관심을 가지게 된 것으로 보인다. 1999년 타슈켄트 테러사건과 관련하여 카리모프(Каримов, 2000: 19-20) 대통령은 극단주의자들이 이슬람이라는 종교를 활용하여 사회적 혼란을 가중시킴으로써 국가의 민주화를 방해하고 안정적으로 번영하는 우즈베키스탄의 노력에 중대한 위해를 끼치고 있음에 대해 강력히 비판하였다. 카리모프의 인식에 중대한 영향을 끼친 것으로 보이는 타슈켄트 테러 사건은 이슬람 근본주의 세력들과 관련하여 국민들에게 그런 사상에 물들지 않도록 보호하는 것이 대단히 중요하다는 생각을 강하게 심어주었고, 특히 이웃한 타지키스탄에서 벌어진 내전이나 아프간 전쟁 등에 대한 관찰은 그로 하여금 이슬람 근본주의 이념의 확산이 가져올 수 있는 파괴적 결과에 대한 공포를 심어준 것으로 보인다. 그 결과 카리모프 대통령은 국민들의 정신교육에 관한 강력한 정책을 입안하고 실시하게 되었음은 전술한 바와 같다(소희바, 2018).

카리모프 대통령은 이슬람사원 및 이슬람 교육기관, 특히 마할라에서 이루어지는 국민들에 대한 종교적 교육을 관리할 필요성을 강하게 인식하였다. 그는 국가에 의하여 통제되지 않은 상황에서 이슬람 종교에 대한 국민들의 이해가 극단주의로 흐르는 것을 방지하기 위해 국민들의 이슬람 종교에 대한 이해를 관찰하고 확인하는 일이 필요하다고 생각하였다(Каримов, 2000: 14). 그래서 이슬람 이맘들에 대한 재교육과 통제 그리고 그들의 대중들을 향한 강론의 표준화를 위한 작업을 종무청을 중심으로 시행하도록 관련 체제를 구축하게 하였다.[10]

또한 카리모프 대통령은 "건강하고" 제대로 된 이슬람 교육의 기초를 마련하기 위하여 이슬람 성직자들을 배출하는 이슬람 신학교에 대한 종무원의 감독을 강화하고, 특히 젊은 세대의 이슬람에 대한 건전한 교육을 감당하고 그 같은 욕구를 해소해 줄 수 있는 이슬람대학교를 1999년 타슈켄트에 건립하였다. 이슬람대학교를 설립한 주요한 목적은 바로 젊은 세대에게 이슬람 종교의 문화적이고 정신적인 유산에 대해 정확히 학습할 수 있는 기회를 제공하고, 이슬람에 대한 연구와 그 지식의 확산을 통하여 이슬람 종교에 대한 국민들의 이해의 수준을 높이고, 변화하는 세계와 국가적 필요에 맞추어 이슬람 종교에 대한 지식과 전문성을 갖춘 젊은 이슬람전문가들을 양성하는 데에 있었다.[11] 이런 설립목적에 따라 이슬람에 대한 교육과 기타 대학 과정에서 요청되는 교과목을 가르치게 된 이 이슬람대학교에서는 이슬람 신앙교육이 아니라 세속적이며 현대화된 종교연구의 방법론에 기초하여 이슬람을 연구하고 교육하게 만듦으로써 청년 세대의 이슬람 종교에 대한 인식을 순화하고, 나아가 이를 확산시킴으로써 국민들로 하여금 근본주의 이슬람의 문제점 알고 경계하도록 만드는 효과를 가져왔다고 볼 수 있을 것이다.

이와 같은 근본주의 이슬람과 공식 이슬람의 차별화와 전자에 대한 경계심의 확산은 단순히 종교에 대한 문제로만 국한되지 않았다. 카리모프 대통령은 야당과의 관계에서 일부 야당이 다소 근본주의적 성향의 이슬람을 표방하

---

10 이에 대한 자세한 내용은 고가영(2017)을 참조.
11 "타슈켄트 이슬람대학교 건립"에 대한 1999년 5월 No. 224 우즈베키스탄 내각령을 참조.

는 것과 관련하여 이들과 테러조직의 이미지를 결부시킴으로써 국민들로 하여금 이 야당에 문제가 있는 것으로 인식하도록 만들었으며, 이들 가운데 근본주의 입장에서 이슬람국가의 건설을 당의 목표로 규정하고 있던 이슬람부흥당과 같은 야당들을 약화시키려는 노력을 펼쳤다. 정부 정책에 대하여 비판적이었던 거의 모든 야당들은 결국 테러와 연관된 조직이라는 인식을 확산시킴으로써 국가의 안전이라는 이름으로 야당을 철저히 통제하였고, 특히 이슬람이 정치화되는 것을 차단하기 위한 노력을 기울였다.

정리해 보면, 카리모프 대통령은 우즈베키스탄이 소련으로부터 독립한 직후 새로운 국가적 기초의 건설과정에서 요청되었던 이념적 공백을 채우기 위하여 재이슬람화 정책에 관심을 가지고 있었다. 이를 통해 민족국가로서 우즈베키스탄의 국가 정체성을 기초하고 이후에 추진하게 될 민족국가 건설 과정에 필요한 동원의 모티브와 이념적 추진력을 얻으려 하였던 것이다. 하지만 이웃 나라들에서 근본주의 이슬람 세력에 의해 추동된 내전이 악화되면서, 또한 그 여파로 우즈베키스탄 내에서의 이슬람 극단주의가 발흥되면서, 카리모프 대통령은 정치적 이슬람의 확산에 대한 위협을 강하게 인식하게 되었고, 이에 우즈베크 민족적 정체성의 문화적 기초로서 이슬람적 가치와 표현을 제한하게 되었으며, 점차 윤리적 의미에서 발명된 "정신성"(manaviyat)에 대한 강조를 통해 국민교육을 강조하는 방향으로 정치적 노선을 선회하게 되었던 것이다.

V. 맺음말

카리모프 대통령이 국가건설 과정에서 보여준 이슬람에 대한 전략은 이중적 성격을 가진 것으로 이해된다. 그는 국가건설을 위한 국민 형성 과정에서 중앙아시아, 특히 우즈베키스탄에 거주하는 주민들의 문화적 기반으로서 이슬람을 활용하는 것을 피할 수 없는 선택으로 여겼던 것으로 보인다. 하지만 급진 이슬람이 가지는 위험성이 현실화되는 가운데 이슬람국가 건설의 위험은 회피하면서 내면적 안정화의 도구로 문화와 종교를 활용하는 전략으로 선회하게 된 것이다. 즉 새로운 국민적 정체성을 위해서 이슬람적 요소를 활용할 수밖에 없지만, 그 이슬람 요소에 다른 형태를 덧씌움으로써 "마나비야트"라는 형식을 가진 국민교육을 강조하게 되었고, 이것이 우즈벡 국민 정체성을 형성하는 관제 이데올로기의 역할을 담당하게 된 것이다.

마나비야트는 국민들에 대한 교육을 통해 "발명된"(invented) 과거 역사를 이해하고, 이를 바탕으로 현재와 미래를 해석하는 기준을 제공해 준다. 이로써 국가건설 과정에서 인위적으로 획정되어진 국경과 갈려진 민족들 그리고 민족적 정체성의 구성과 연관된 복잡한 조건 속에서 연출되는 이슬람의 다양한 문화적이고 사회적인 모티브를 하나의 통일된 정신체계인 마나비야트로 결합시킴으로써 점증하는 근본주의 이슬람에 대응하고 국가적 통일성과 자주성을 지켜 내려는 것이다. 또한 마나비야트는 국가 내부적으로 정체성과 통일성을 강화하기 위하여 국민교육의 기본적 체계와 틀을 제공하였는데, 이로써 국민들의 정체성과 애국심을 강화시키고, 가족관계와 사회적 관계에 대한 윤리적 기준을 교육함으로서 정치적 및 사회적 안정을 추구하였다. 그리고 지방 수준에서 마할라라는 전통적으로 내려오던 지방자치조직의 위상을 새롭게 강화하여 사회 깊숙이 마나비야트가 도입될 수 있는 수단을 확보함으로써 종교와 국가가 만든 이념의 구분을 학습시키고 이슬람 근본주의의 침투에 대항하게 하였다.

마나비야트 교육은 종교교육이나 사회교육뿐만 아니라 미시적으로는 지극히 사적인 가족관계에 대한 윤리도 내포하고 있으며, 나아가 국가에 대한 이해와 역사적 위인들의 정신적 및 문화적 유산에 대한 계승·발전을 강조함으로써, 그리고 이슬람만이 유일한 정신적 유산이 아니라 조로아스터교 등 전통적 종교들의 핵심적 내용을 결합시킴으로써, 종교를 탈피한 세속적 국가주의의 이념적 기초를 형성하는 데에도 중심적 역할을 감당하게 되었다. 그리고 이를 바탕으로 카리모프 대통령은 국내정치적으로 이슬람적 요소를 강하게 표방하는 정당과 정치단체를 견제하고 이슬람 극단주의의 도전을 강력히 차단함으로써 국내정치를 안정시키고 장기 집권을 가능케 만든 기반을 구축하는데 성공하였다. 결국 카리모프 대통령은 이슬람의 정치화 가능성을 철저히 배격하여 이슬람이 종교의 영역에만 머물면서 정치화되는 것을 막았을 뿐만 아니라 종교로서의 이슬람의 기능도 일정 부분 제한함으로써 이슬람이 민주화와 결부되지 못하도록 견제하는 효과를 거두었던 것이다. 이런 정책이 가능하였던 것은 그가 종교로서의 이슬람 대신 국가주의에 기초한 이념을 기반으로 민족주의적 이념을 발명하는데 성공하였기 때문이라 결론지을 수 있을 것이다.

참고문헌

고가영. 2017. "2차 대전이 '중앙아시아 무슬림종무원(САДУМ)'의 설립과 활동에 미친 영향." 『슬라브학보』 32(1), 1-34.

김인성. 2002. "러시아 연방체제와 타타르스탄 민족주의." 『민족연구』 8, 126-139.

새뮤얼 헌팅턴, 로렌스 해리슨(공편). 2001. 『문화가 중요하다』. 서울: 김영사.

신범식. 2007. "민족주의와 문화: 타타르스탄과 체첸 공화국 비교." 『세계정치』 21(1), 152-193.

유수포바 소히바. 2018. 『카리모프의 자주 외교정책: 우즈베키스탄의 CSTO 가입과 탈퇴』. 서울대학교 대학원 석사학위논문.

최아영. 2017. "우즈베키스탄 역사교과서의 이슬람 서술 분석." 『슬라브학보』 32(1), 437-471.

Бобохонов Р. С. 2003. *История ислама в Центральной Азии*. Ташкент: Узбекистан.

Каримов, Ислам. 1997. *Узбекистан на пороге XX века: угрозы безопасности, условия и гарантии прогресса*. Ташкент: Узбекистан.

Каримов, Ислам. 1999. *Свое будущее мы строим своими руками*. Ташкент: Узбекистан.

Каримов, Ислам. 2000. *Наша высшая цель-независимость и процветание Родины, свобода и благополучие народа*. Ташкент: Узбекистан.

Каримов, Ислам. 2001. *Узбекистан на пороге достижения независимости*. Ташкент: Узбекистан.

Каримов И. А. 2002. *За безопасность и мир надо бороться*. Т: Узбекистан.

Каримов, Ислам. 2011. *Дальнейшее углбление демократических рефом и формирование гражданского общества - основной критерий развития нашей старны*. Ташкент: Узбекистан.

Collins, Kathleen. 2006. *Clan Politics and Regime Transition in Central Asia*.

Cambridge: Cambridge University Press.

Huntington, Samuel P., Lawrence E. Harrison (eds.). 2000. *Culture Matters*. New York: Basic Books.

Karagiannis, E. 2010. "Political Islam in the former Soviet Union: Uzbekistan and Azerbaijan." *Dynamics of Asymmetric Conflict* 3(1), March, 46-61.

Karimov, Islom. 2001. *Idea of national independence of Uzbekistan*. Tashkent.

Khalid, Adeeb. 2003. "A Secular Islam: Nation, State, and Religion in Uzbekistan." *International Journal of Middle East Studies* 32(4), November, 573-598.

Khalid, Adeeb. 2007. *Islam after Communism: Religion and Politics in Central Asia*. California: University of California Press.

Lake, David and Donald Rothchild. 1996. *Ethnic Fears and Global Engagement: The International Spread and management and Ethnic Conflict*. University of California at San Diego: Institute of Global Conflict and Cooperation, January.

Luong, Pauline Jones. 2008. *Institutional Change and Political Continuity in Post Soviet Central Asia*. Cambridge: Cambridge University Press.

Pfaff, William. 1999. "Economics Hatch a Disaster." *Boston Globe*, August 30.

Rasanayagam, John. 2011. *Islam in Post-Soviet Uzbekistan: The Morality of Experience*. Cambridge: Cambridge University Press.

Seiple, Chris. 2005. "Uzbekistan: Civil society in the Heartland." *Orbis* 49(2), Spring, 245-259.

Smith, Anthony D. (ed.). 1992. *Ethnicity and Nationalism -International Studies in Sociology and Social Anthropology, Volume LX*. New York: E. J. Brill, Leiden.

Young, Crawford. 1993. *The Rising Tide of Cultural Pluralism: The Nation-State at Bay?* Madison: University of Wisconsin Press.

제2장
우즈베키스탄 카리모프 정부의 이슬람정책:
1인 독재체제 구축을 위한 전략적 선택*

이선우

I. 머리말

이 글은 탈공산 체제전환 이후 우즈베키스탄 카리모프(Islam Karimov) 정부의 이슬람정책 채택 과정에 내재했던 정치적 동학을 분석하고, 이것이 1인 독재체제의 구축으로 이어져온 과정을 설명하는 것을 그 목적으로 삼는다. 우즈베키스탄은 전 인구의 90% 이상이 무슬림인 중앙아시아의 대표적인 이슬람 국가이다. 매우 오랜 시간 동안 이슬람은 본 공간 안에서 명목민족인 우즈베크인들을 포함해 대다수 구성원들의 전통적 종교였으며 민족정체성의 요체이기도 했다. 따라서 70여 년에 걸친 소련의 종교적 탄압에도 불구하고, 우즈베키스탄으로 하여금 러시아의 문화적 영향력으로부터 탈피하고 체제전환기의 이념적 공백

---
* 이 글은 『중소연구』 40권 3호(2016)에 게재되었던 논문을 본서의 편집 취지에 맞도록 수정·보완한 것입니다.

까지 극복하도록 해준 핵심 기제가 될 수 있었던 것이다. 현재 우즈베키스탄 각지에는 이슬람 사원이 즐비하며, 대중들은 '알라'와 '쿠란'에 대해 깊은 유대감을 가지고 있다. 카리모프 대통령 역시 취임 시 '쿠란'에 손을 얹는 상징을 연출하는 등, 설령 그것이 레토릭(rhetoric)에 불과할지언정 그 자신 또한 무슬림임을 공공연하게 밝혀왔다.

그러나 다른 한편으로 우즈베키스탄에서는 이슬람이 국가의 철저한 감시하에 놓여있으며, 따라서 주민들은 신앙의 자유에 상당한 제약을 받고 있다. 이맘(imam)과 같은 성직자들조차 아주 사소한 종교행위들에 이르기까지 당국의 통제를 받아야만 한다. 이는 카리모프 정권이 우즈베키스탄의 오랜 이슬람 전통을 인정하되, 이른바 '정교분리'의 원칙을 내세워 이를 최대한 세속화·비정치화시키는 정책을 고수했기 때문이다. 이에 따라, 또 다른 한편에서는 '이슬람운동'(The Islamic Movement of Uzbekistan)이나 '해방당'(Hizb ut-Tahir) 등 반체제 성향의 이슬람 급진주의 세력이 정권 차원의 강한 탄압을 피할 수 없었다. 잘 알려져 있다시피, 이들은 자주 와하비(Wahhabi) 등 급진 이슬람주의자라는 이유로 구금되고 고문 받으며 살해당하기까지 한다. 이는 이슬람 급진주의 세력의 응집성(cohesiveness)과 전투성(militancy)을 더욱 강화하는 데 일조하고 있는 양상이나, 그럼에도 불구하고 카리모프 정권은 이슬람 급진주의 세력에 대해 매우 억압적인 정책 기조를 계속 유지하였다.

요컨대, 탈공산이행 이후 우즈베키스탄 정부는 한편으로 이슬람의 존재를 포용하면서도, 다른 한편으로는 철저히 세속주의적일 뿐 아니라 억압적이기까지 한 이슬람정책을 구사했다. 문제는 이 가운데 카리모프 대통령이 권위주의 체제를 지속적으로 강화하고 나아가 그 자신만의 1인 독재체제를 구축할 수 있었다는 점이다. 따라서 본 연구는 상기한 이중적 성격의 이슬람정책이 카리모프 대통령의 1인 독재체제 확립을 위한 전략적 선택의 결과였다는 가설에 입각한 채, 그 채택 과정 및 정치적 효과를 경험적으로 분석하고자 한다.

이러한 목표를 지닌 본 장의 구성은 다음과 같다. II절에서는 탈공산 우즈베키스탄에서 시행되었던 대표적인 이슬람정책들을 소개한다. III절에서는 정권 차원의 전략적·의도적 이슬람정책 채택과 관련된 초기 조건들로서, 탈공산 이후 카리모프 대통령이 처해있던 정치적 상황과 우즈베키스탄 이슬람의 특징 등 두 요소를 꼽아 제시·설명할 것이다. IV절에서는 전술한 초기 조건 하에서 카리모프 정권의 이슬람정책 채택 및 강화의 정치적 동학을 설명하는 한편, 그 정치적 효과로서 권위주의, 특히 1인 독재체제가 강화됐던 과정을 분석하고자 한다. 그리고 V절에서는 본 연구를 요약하고, 그 함의 및 향후 전망을 제시한다.

II. 탈공산 우즈베키스탄의 이슬람정책

하나의 독립된 국가가 건설되고 민족이 형성되는 과정에서 종교정체성은 자주 정치적 정당화 및 동원의 중요한 원천들 가운데 하나로 부상한다. 따라서 상술했듯이, 탈공산 우즈베키스탄에서는 이슬람이 민족문화 재건의 핵심 요소일 뿐 아니라 사회주의 이데올로기의 공백을 메워주는 이념적 질료로 기능할 수 있었다. 카리모프가 이슬람의 수호자로서 '쿠란'에 손을 얹은 채 취임 선서를 한 데 이어, 1992년 1,200여 명의 무슬림들을 직접 이끌고 성지순례를 다녀온 것도 바로 이러한 사회문화적 맥락이 있었기 때문이다(Munavvarov, 1994: 141). 즉, 신생 우즈베키스탄에 있어 어떤 정권이든 이슬람을 다수 구성원의 지배적 정서로 인정하지 않고서는 국가건설을 시도할 수 없는 상황이었던 것이다.

그러므로 탈공산 이후 우즈베키스탄 무슬림의 절대 다수를 차지하는 수니파, 그중에서도 다수계인 하나피(Hanafi) 학파를 중심으로 공인 성직자들이 사회적 영향력을 유지하고, 나아가 소련 시기 이전 수준의 지위를 회복하고자 했던 것은 어느 정도 당연한 측면이 있었다. 실제로 탈공산 이행기 동안 '우즈베키스탄 종무원'(Muslim Board of Uzbekistan)의 최고성직자로 재위했던 유수프 (Muhammad Yusuf)는 국가로부터 독립적인 종무원을 재건하고자 노력하였다(현승수, 2009: 18; Khalid, 2007: 170). 하지만 우즈베키스탄의 이슬람정책은 종무원의 본래 계획과는 상이한 방향으로 진행되었다. 카리모프 대통령은 이른바 '우리의 이슬람'(Our Islam)이라는 구호 하에 종교성뿐 아니라 민족성 역시 우즈베키스탄 이슬람의 주요한 가치로 반드시 부각되어야 함을 강조했고, 특히 양자가 충돌할 시에는 아예 후자가 우선해야 함을 명확히 하였다. 이는 강한 정치적 통제를 통해 이슬람으로 하여금 국가에 종속적이게끔 만들겠다는 의도였다.

따라서 종무원은 독립 초기 가졌던 국가로부터의 종교적 자율성 확보에 대한 의지를 스스로 꺾을 수밖에 없었고, 1992년 이후로는 국가에 대한 종속성을 심화시키는 방향으로 급속히 진화해갔다. 특히 종무원은 우즈베키스탄의 역사, 전통, 문화 그리고 무엇보다도 정권의 지도 방침에 부합하는 종교행위들만을 수행하도록 강제되었다.[1] 따라서 우즈베키스탄에서 공인된 이슬람이란, 결국 국가에 순응하고 정권의 정당성을 강화시켜주는 범주 내로 현저히 제한되지 않을 수 없었다. 물론 개별 무슬림들이 누리는 신앙생활의 폭 또한 국가 통제하의 종무원 지도를 벗어나기가 근본적으로 어려웠다(Khalid, 2003: 586-587).

반면, 국가의 통제 밖에 존재하는 모든 이슬람 세력은 비공인 집단으로 간주되기 시작했다. 정권 측에서 판단했을 때 그 활동이 정치적·사회적 성격을 조금이라도 띨 시, 곧바로 급진주의 분파로 몰려 와하비로 낙인찍히게 된다. 종무원과 종무위원회 역시, 공인된 이슬람을 보급하는 공식 업무 이외에, 비공인

---

1 이러한 맥락에서 매우 흥미로운 점들 가운데 하나는, 우즈베키스탄 정부가 소련 시절 미개하고 광신적인 이슬람 분파로 지탄을 받았던 낙쉬반디야(Naqshbandiyya) 등 수피(sufi) 계열 종파들에 대해서도 우즈베크 민족의 전통 이슬람 내지 민속 이슬람(fork islam)으로 인정하고 승인을 해주었다는 사실이다(현승수, 2010: 166). 다시 말해, 수피계 종파들의 비정치성은 카리모프 정권이 허용하는 공인 이슬람의 영역 내로 포함될 수 있는 일종의 의도치 않은 자격조건이 되었던 셈이다.

이슬람을 배제하고 급진주의를 경계하는 일종의 감시자 역할을 결코 덜 중요하게 여기지 않는 것으로 보인다. 대표적으로 종무원은 이맘 등 공인 성직자, 모스크(mosques), 마드라사(madrasa) 등의 등록을 관할하는 권한을 통해 비공인 이슬람을 적발하고 처벌하는 기능을 수행한다. 무엇보다도, 본 기관은 이른바 '파트와'(fatwa)라 불리는 일종의 이단 선포를 통해 반체제적 비공인 종교인들을 배제하고 교리적으로 이를 정당할 수 있는 권위를 지니고 있다. 하지만 정작 '파트와'는 정부의 결정을 종무원이 그대로 이행하는 방식으로 집행되는 경우가 다수이다(현승수, 2009: 18-20). 즉 종교적 평가보다 정치적 판단이 더 우선시된다는 의미이다. 이와 관련하여 카리모프 정부는 1999년 지방행정 단위인 '마할라'(mahalla)[2] 관련 법제 또한 개정했는데, 비공인 종교 조직을 감시하고 정부에 이를 보고하며 심지어는 탄압할 권리 등까지 '마할라'에 새롭게 부여되었다(Human Rights Watch, 2003: 6). 이러한 종교 정책들은 모두 이슬람 급진주의 세력의 준동가능성을 사전에 차단하기 위한 시도의 일환으로 볼 수 있다.

물론 우즈베키스탄 내부적으로 이슬람 급진주의 세력의 위협은 실재해왔다(Karagiannis, 2010; Lischin, 2014). 이를테면, '이슬람운동'은 1999년 2월 16명의 사망자를 포함해 수백 명의 부상자를 냈던 타슈켄트(Tashkent) 차량 폭탄 테러를 시작으로, 우즈베키스탄과 키르기스스탄 남부 지역에 위치한 국경 검문소 및 라디오 송신소 등을 파괴하는 등 지속적으로 테러 활동을 감행해왔다(손영훈, 2008, 316-317; Baran et al., 2006, 47-50). '해방당' 역시 직접적인 무력 사용의 증거들은 발견되지 않았지만 꼭 비폭력 노선만을 고수하고 있다고 보기는 어려우며, 특히 그 분파 집단 가운데 하나로 알려진 아크로미야(Akromiya)의 경우 공공연하게 무력 사용을 통해서라도 칼리프(Caliph) 국가를 건설해야 한다고 주장

---

2 본래 소비에트 이전 시기의 '마할라'는 이슬람 의례와 경조사를 중심으로 조직된 수백여 명 단위의 주민공동체였다. 특히 '마할라'는 무슬림들에 대한 공동체 차원의 사회복지 기능인 '와크프'(waqf) 제도를 그 존재의 핵심으로 삼아왔다(강봉구, 2008a: 154-156).

해왔다. 따라서 카리모프 정부로서는 국내 안보 및 치안 차원에서라도 이슬람 급진주의 세력에 대한 방비를 철저히 하지 않을 수는 없는 입장이었다.

그럼에도 카리모프 정권이 권위주의 체제로 인지될 소지가 컸던 것은, 이슬람정책에 있어 전술한 와하비로의 낙인찍기가 확고한 종교적 기준에 의해 이루어지는 것이 결코 아니었기 때문이다. 애초에 '와하비'를 규정한 권위 있는 종교적 기준 같은 것은 우즈베키스탄에 존재하지 않았다. 오히려 정부는 헌법상 정교분리의 원칙하에 형법을 교묘히 왜곡함으로써, 매우 자의적으로 '와하비'를 적발하고 처벌해왔다(현승수, 2009: 22).[3] 주지하다시피, 이렇듯 비일관적인 이슬람정책은 한편으로 카리모프 정권으로 하여금 반체제 세력 또는 야권측의 잠재적 경쟁자들을 급진 이슬람 세력과 연계시켜 숙청하는 것을 가능토록 해주었다.[4] 그러나 다른 한편으로 더 흥미로운 점은, 이슬람 급진주의 세력에 대한 무분별한 탄압이 이들을 더욱 급진적으로 만드는 일종의 정책적 역효과를 낳기도 했다는 사실이다. 다시 말해, 정부 차원의 비공식 이슬람 세력에 대한 의도적인 주변화와 억압 정책은 이들로 하여금 오히려 급진주의 노선을 중심으로 더욱 강한 응집성과 전투성을 수반하게끔 만들 위험성 또한 상당 부분 노정해온 것이다(Rashid, 2002; Peyrouse, 2016).

요컨대, 탈공산 우즈베키스탄의 이슬람정책은 공인 이슬람을 통해 다수 무슬림들의 신앙을 국가정체성으로 인정하되 최대한 비정치화시키는 한편, 소수의 비공인 이슬람을 통제하고 급진주의자들을 탄압함으로써 이슬람 세력화

---

3   뒤에서 다시 살펴보겠지만, 우즈베키스탄에서는 1998년 이슬람 급진주의자들을 처벌하기 위한 법이 별도로 제정된다.

4   일례로, 1999년에 발생한 타슈켄트 폭탄 테러의 책임은 단순히 이슬람 급진주의 세력에게만 부여되었던 것이 아니다. 당시 카리모프의 정적으로 대표적인 야권 지도자였던 에르크(Erk) 당 당수 솔리흐(Mohammad Solikh) 역시 테러 공모의 혐의로 함께 구속된 바 있다. 솔리흐는 혐의를 강력하게 부인했지만, 재판에서 15년형의 중형을 선고받는 등 정치적 탄압을 피하지 못했다(Naumkin, 2005: 164).

의 거점이 형성되지 않도록 하는 이중성을 내포해왔다.[5] 이는 카리모프 정권이 정교분리 원칙을 철저히 시행할 목적하에 지극히 현실적인 논리에 충실한 이슬람정책을 폈음을 의미한다. 하지만 앞서 언급했듯이, 비공인 이슬람을 배제하고 급진주의 세력을 탄압하는 정책은 한편으로 이들의 반체제성을 더욱 강화하는 역효과 또한 야기하였다. 정권 입장에서는 체제 존속의 불확실성이 높아지는 부정적 측면도 없지 않았던 것이다. 그렇다면 카리모프 정부의 이슬람정책의 기저에 깔려있던 전략적 의도 및 그 정치적 효과는 좀 더 면밀히 분석되어져야 할 필요성이 있다. 이에 대해서는 이하에서 설명하고자 한다.

III. 초기 조건

1. 카리모프 정권 초기의 정치적 상황

소련으로부터 독립한 이후의 신생 우즈베키스탄은 사실상 사마르칸트(Samarkand), 타슈켄트, 페르가나(Fergana) 등 소수의 지역네트워크를 기반으로 한 씨족파벌들(clans)에 의해 권력이 과점 배분되어 있는 상태였다. 주요 정치적·경제적 자원들은 물론 대다수의 엘리트 직위 및 직책들 역시 대체로 상기 세 개 분파 출신들 위주로 채워져 있었다(Collins, 2002; 2003). 심지어 독립 초기 이들 지역 파벌들은 정부 자율성이 가장 강하게 요구되는 대외정책결정과정에까지 깊이 개입할 수 있을 만큼 비대한 권력을 보유하고 있었던 것으로 알려져 있다(박상남, 2008). 반면 카리모프 대통령의 경우, 비록 독립 이후 최대 분파세력이던

---

5 중앙아시아 정권들의 이러한 이중적 이슬람정책을 베버(Max Weber)의 '지배 정당성'(legitimate rule) 개념을 통해 설명하고자 한 학술적 시도로는 박상남(2013)을 참조

사마르칸트 파벌 출신으로 분류되긴 하지만, 해당 파벌 내 실력자가 아닌 전문 관료 출신으로 파벌적 대표성은 상대적으로 약한 인물이었다. 오히려 카리모프는 사마르칸트 파벌에 의해 해당 씨족이 이전부터 누려오던 경제적 이권을 보호해줄 적임자로 간택되고, 이에 대해 타슈켄트 파벌이 동의해준 덕분에 최고 지도자가 될 수 있었다는 것이 정설이다(Ilkhamov, 2004, 178-179; Saidazimova, 2005).

그러므로 독립 초기 카리모프는 각 지역네트워크에 기반한 씨족 분파들에게 상당히 의존하지 않을 수 없는 입장이었다. 상기했듯이 합의추대 형식으로 대통령직에 오르긴 했지만, 독자적 권력기반은 여전히 취약한 상태였다. 일례로, 1992년 카리모프 대통령은 당시 타슈켄트 분파의 지도자이던 미르사이도프(Shukrullo Mirsaidov)가 주도하고 비틀릭(Birlik)당과 에르크당 등 야권이 지원했던 탄핵 기도로 인해 권좌에서 끌어내려질 뻔한 위기에 처한 적도 있었다(방일권, 2012: 225). 비록 사마르칸트 파벌의 지원이 있었기 때문에 탄핵은 면할 수 있었지만, 카리모프는 이 위기를 통해 지역 파벌들 간 권력균형을 기하지 않고서는 자신의 직위를 유지할 수 없음을 깨달았을 공산이 크다. 그러므로 중앙정부 차원의 정치적·경제적 자원배분에 있어서도 상당 기간 동안은 세력 간 균형의 유지를 최우선시 하도록 유인되었던 것이다.

그럼에도 불구하고, 카리모프로서는 중장기적으로 체제 내 지배연합(winning coalition)의 규모를 축소하고 대통령에게로 권력을 집중시킬 유인 또한 갖지 않을 수 없었다. 물론 본인의 권력확대 의지가 가장 중요한 동기였을 테지만, 신생 독립국의 대통령으로서 자율적인 국정운영을 실시하기 위해서도 권력을 자신에게로 집중시켜야 할 필요가 있었기 때문이다. 하지만 각 지역네트워크를 기반으로 한 파벌들의 세력을 약화시키고 자신으로의 권력집중을 도모하기 위해서는 대통령의 권한 강화를 수반하는 제도적 변화 및 엘리트 인적구성의 쇄신이 반드시 이루어져야만 했다.

문제는 독립 초기부터 분열된 채 그 영향력이 급격히 약화되어온 야권 세력과 달리, 각 지역 파벌들의 경우 여전히 상당한 권력기반을 유지하고 있었다는 점이다. 그러므로 대통령에게로의 권력집중을 섣불리 시도하는 것은 이들과의 충돌가능성을 높이는 대단히 위험한 선택일 수밖에 없었다. 전략적 관점에서는 충성경쟁의 유발을 통해 모든 분파의 지지를 확보하고 그 중 하나의 파벌을 숙청한 후 다시 남은 파벌들을 동일한 방식하에 순차적으로 숙청해 나가는 지배연합 규모의 축소가 가장 고전적인 방식이나(한병진, 2013: 11-13), 이를 위해서는 통치자가 각 엘리트분파들을 능가할 수 있을 정도의 독자적 권력기반을 보유하고 있어야 한다는 중대한 전제가 요구된다. 특히 형식적으로나마 선거가 치러지는 체제하에서 통치자가 대중 차원의 지지기반을 공고히 하지 못한다면, 상기한 방식의 숙청작업은 자칫 급속한 권력누수로 이어질 위험성이 있다(이선우, 2016; Magaloni, 2008: 4-5; Van de Walle, 2008).

독립 초기 신생 국가의 대통령이던 카리모프 역시 지역네트워크에 기반한 씨족파벌들의 영향력을 제어하고 자신의 독자적인 권력기반을 확충하기 위해서는, 대중이 지역정체성 혹은 씨족정체성을 우회하여 자신에게 직접 충성도를 보이도록 유도해야만 했다. 이는, 뒤에서 다시 설명할 것이듯, 다수의 대중을 지역네트워크 세력들의 영향력으로부터 배리시키고, 대통령에게 유리한 다른 정치적 이슈들로 이들의 관심을 전환·집중시켜야 한다는 것을 뜻했다. 특히 대통령으로서는 자신이 주도할 수 있는 새로운 이슈들을 부각시킴으로써 대중이 여기에 매우 민감해지도록 만드는 한편, 본 이슈와 관련된 성과 또한 지속적으로 보여주는 전략적 행보를 취할 필요가 있었다.

통상적으로는 정부주도의 경제발전 하에, 혹은 유라시아지역의 여타 국가들에서처럼 국제 에너지가격 상승의 영향 하에 경제가 양호한 성장세를 이어갈 시, 정권에 대한 대중지지도가 제고될 개연성이 커진다. 우즈베키스탄 역시 체제전환 초기에는 다른 중앙아시아 국가들과 유사하게 심각한 경기침체를 피하지 못했다. 그러나 1996년 이후로는 꾸준히 4% 이상의 양호한 성장세를 보여주었고, 1997년부터는 인플레이션 또한 점차 완화되기 시작했다. 비록 점진적인 경제개혁과 국가 개입의 기조를 채택했다는 점에서 국제기구들로부터 높은 평가를 얻지는 못했지만, 그 거시경제적 성과는 무시하기 어려운 수준이었다(김영진, 2012). 특히 사회안전망 제공의 측면에서는 1990년대 중반 이후 상당한 성공을 거둔 것으로 평가되기도 했다(Pomfret et al., 1997: 97-115). 이는 카리모프가 일정 수준 이상의 대중적 지지기반을 다지는 데 꽤 용이한 위치에 설 수 있었음을 의미한다.

    그럼에도 불구하고, 우즈베키스탄의 경우 초기 경제성장을 가능케 했던 개입주의 정책이 경제구조 개선을 지연시킬 소지가 컸고 산업구조상 소비재의 과도한 수입의존도라는 한계 또한 내포하고 있었기 때문에, 초기 발전 단계 이후 뚜렷한 중장기 성장가능성을 보여주긴 어려웠다(Kotz, 2004). 무엇보다도 카리모프 대통령은 타슈켄트 파벌과 사마르칸트 분파에게 우즈베키스탄의 주력 경제자원인 목화와 수자원 부문에 대한 독점적 지대를 제공하는 대가로 통치권에 대한 지지를 획득하고 있었던 바(Ilkhamov, 2004: 178-179), 전국가적 차원에서는 지대추구의 만연과 심각한 빈부격차 등 적잖은 사회경제적 문제들이 야기되었다. 이는 결국 카리모프 대통령이 경제 성과에만 기대어서는 자신에게로 권력을 집중시키고 1인 독재체제를 구축하는 데 한계를 노정할 수밖에 없었음을 뜻한다 하겠다.

2. 우즈베키스탄 이슬람의 특징

전술했듯이, 우즈베키스탄 무슬림의 다수는 공식적으로 네 개의 수니파 계열 중에서도 하나피 학파의 종교적 형식과 내용에 따른 신앙생활을 영위하고 있다. 하나피 학파는 압바스 왕조의 후원 하에 지금의 우즈베키스탄 지역을 포함한 동방이슬람 세계 및 인도 대륙 등으로 확산되어온 것으로 알려져 있다. 특히 본 학파는 오스만 투르크의 공식 교단이었기 때문에 근세에 이르기까지 세계에서 가장 광범위한 신자들을 가진 이슬람 분파로 성장할 수 있었다(Hitti, 1970: 43). 한편 하나피 학파는 교리 해석에 있어 개인의 견해, 다시 말해 인간의 이성적 판단이 적용될 수 있는 여지가 상대적으로 넓다는 특징을 보인다. 따라서 여타의 수니 종파들에 비해 교리상의 해석이 상대적으로 유연한 편이며, 그 율법의 적용 또한 훨씬 덜 엄격한 편에 속한다(손주영, 2005; Farah, 2000: 191). 그러므로 하나피 학파는 다른 수니 4대 종파 가운데 하나로 가장 엄격한 교리 해석을 강조하며 매우 협소한 종교적 관용성만을 허용하는 한발 학파 계통의 살라피(salafi)들과는 그 종교적 입장이 상이할 수밖에 없다. 무엇보다도 칼리프국가 건립을 목표로 한 와하비들이 주로 이 한발 학파의 원리주의 계열에 기반하고 있다는 점에서, 양측은 대단히 이질적인 성향을 지닌다고 볼 수 있다.

또한 우즈베키스탄의 경우 하나피 학파를 중심으로 공식 이슬람의 제도적 테두리가 그어져 있는 것과는 별개로, 종교적 형식주의를 지양한 채 역사적으로 이 지역 이슬람의 확대에 기여해온 수피주의자의 비중 또한 상당히 높다(이희수, 2000: 275-276). 수피주의는 오랜 시간 동안 중앙아시아의 토착 신앙과 결합되어 존속해온 까닭에 우즈베키스탄에서도 일종의 전통 문화 가운데 하나로 자리매김해 왔다. 즉 우즈베키스탄 무슬림들은 공식적으로 하나피 학파의 교리를 따르고 공식적으로는 이에 입각한 종교교육을 받으며 신앙생활을 해나가지만, 관혼상제 등 일상생활의 차원에서는 다수 주민이 의식적으로든 그렇지 않든 수피일 가능성이 매우 높은 것이다. 소련의 종교적 탄압이 극심할 때조차 이 수피적 생활 이슬람 정서로 말미암아 우즈베키스탄 이슬람의 명맥이 유지될 수 있었음을 감안할 때, 수피주의가 적어도 이 지역의 전통적 생활 문화로 깊이 뿌리내려 있는 것만은 틀림없어 보인다.

상술했듯 수피주의가 비공인 이슬람에 속함에도 불구하고 카리모프 정부에 의해 묵인될 수 있었던 것 또한, 이처럼 전통 문화의 색채가 짙을 뿐 아니라 지극히 강한 개인주의적 성향을 보이는 탓에 정치화될 위험성이 근본적으로 높지 않았기 때문이다.⁶ 특히 앞서 언급한 '마할라' 제도의 경우 역시 독립 이후 우즈베키스탄 이슬람의 특성과 관련하여 수피주의가 재생산되는 데 적잖이 기여해온 것으로 보인다. 외형상으로는 카리모프 정부 역시 '마할라' 제도를 부활시킴으로써 본 지방행정기관의 전통적 기능인 주민들에 대한 기초사회보장 서비스를 제공하고자 했지만, 실상 이는 중앙정부의 지방공동체들에 대한 촘촘한 위계적 통제의 목적 하에 시행된 측면이 더 컸다. 즉 체제에 대한 이념적 정당화, 국가와 사회 간 연결, 국가의 사회 통제·침투 등 정권 차원의 정치적 목적들이 상당 부분 내재되어 있었던 것이다(강봉구, 2008a). 따라서 카리모프 정부는 '마할라' 제도를 통해 이슬람 급진주의가 지방공동체 내부로 침투할 틈을 최소화하는 동시에, 미시적 차원에서는 다수 주민들 간에 생활 이슬람으로서 수피주의가 일상화될 수 있게끔 장려하고자 했던 것으로 보인다.

그런데 문제는 살라피나 와하비 측에서 볼 때 수피주의는 이단에 가까운 교단에 불과한 반면, 수피주의자의 입장에서는 상기 원리주의자들이 정치권력에만 목적을 둔 과격한 비종교적 무장집단에 해당한다는 점이다. 따라서 중앙아시아를 포함한 유라시아지역의 곳곳에서는 양측의 괴리와 이에 따른 갈등이 상당한 수준으로 불거지곤 해왔다. 이를테면, 러시아에서는 다게스탄(Dagestan)과 체첸(Chechen)을 거점으로 한 살라피 또는 와하비 계통 저항지도자들의 대정부 테러 행위가 몇 차례 발생해왔으나, 해당 지역 다수를 차지하는 수피계 주민들로부턴 거의 아무런 지지도 받지 못했다(Cornell, 2001: 236). 또한 푸틴(Vladimir Putin) 러시아 대통령에 의해 발탁되어 2대에 걸쳐 체첸 대통령으로 재임해온 카디로프 부자의 경우 공히 지역 내 이슬람 급진주의 세력과 대립해 왔는데,

---

6 통상 소련의 이슬람에 대한 탄압과 통제 역시 우즈베키스탄을 비롯한 중앙아시아 이슬람의 비정치화 및 세속화에 크게 기여했던 것으로 간주된다. 이에 관해서는 르엉(Luong, 2002: 51-101)을 참조. 그렇다면 소련의 이슬람정책 또한, 이슬람에 대한 전반적인 배척성에도 불구하고, 중앙아시아 무슬림들의 생활 이슬람적 속성을 강화시킨 주요 요인들 가운데 하나였던 것으로 이해가능할 것이다.

아버지 카디로프(Ahmad Kadyrov)는 이 과정에서 암살당했으며 아들 카디로프(Ramzan Kadyrov)는 여전히 와하비 계열 종파들이 주도하는 테러 행위를 차단하는 데 온 힘을 쏟고 있다(Rezvani, 2014: 211-212).

그렇다면 우즈베키스탄 역시 생활 이슬람을 체화한 수피들이 무슬림의 다수를 차지하고 있는 점을 감안할 때, 수피와 와하비 간 긴장이 종교적 균열로 결빙될 가능성을 이미 오래 전부터 구조적으로 내포하고 있었다고 볼 수 있다. 사실 대다수의 우즈베키스탄 무슬림들은 칼리프정체 구축 등 정치적 목적이 발현되는 형태의 이슬람에 대해 매우 강한 이질성을 느낀다. 독립 이후 수피를 포함한 전통적 무슬림들과 정부에 의해 공인된 수니계 온건 이슬람 신봉자들이 공히 급진적 무슬림의 발흥을 경계하며 상호 합의된 정서를 공유할 수 있었던 것(정세진, 2008: 136) 역시, 이렇듯 우즈베키스탄 이슬람 내부적으로 강한 잠재적 균열선이 그어져 있기 때문에 가능했을 것이다.

우즈베키스탄에서 나타났던 정치적 성향을 내포한 이슬람 급진주의의 표출이란 것도 실상은 주로 나망간(Namangan)과 안디잔(Andijan) 등 페르가나 지역에 근거를 둔, 이른바 '페르가나 원리주의'로 지칭되는 분파에 국한되었던 현상에 가깝다. 오히려 전국적 차원에서 우즈베키스탄 무슬림들은 하나피와 한발학파 간의 교리적 차이조차 거의 인식하지 못하는 생활 무슬림일 개연성이 크며, 설령 이론적 관심을 어느 정도 가지고 있다하더라도 대체로 공인된 하나피 학파의 종교적 지도를 쫓아가게끔 유인될 소지가 크다. 그러므로 다수의 민중은 이슬람 급진주의에 대해 자연스럽게 반감을 가지도록 훈육될 가능성이 애초부터 높을 수밖에 없는 것이다(강봉구, 2008b; Hanks, 2007: 211).

물론 다른 한편으로 소련으로부터의 독립 및 체제전환 과정에서 우즈베키스탄 경제 역시 다른 유라시아 국가들과 유사하게 상당히 악화되었고, 특히나 극심한 빈부격차와 절대 빈곤의 증가세까지 나타남에 따라 무슬림 대중이 앞서 언급한 아크로미야 등 경제적 재분배를 강조하는 일부 급진 이슬람 세력에 점차 포섭될 가능성도 아예 배제할 수는 없는 상황이다(Baran et al., 2006: 24-25;

Peyrous, 2016: 3; Mann, 2002: 298). 아울러 지속적으로 억압의 정도가 심화되어 온 우즈베키스탄 권위주의 체제에 저항하고자 하는 정치적 반대파가 형성되는 과정에서, 비록 그 수가 많지는 않을지라도, 이슬람 급진주의 세력들이 강한 응집성과 전투성을 바탕으로 여기에 일시적으로나마 힘을 보탤 여지도 없지는 않다. 그럼에도 불구하고, 하나피 학파 주도의 공인 이슬람의 테두리 내에서 제한적인 신앙생활을 영위하면서 토착 신앙적인 수피의 뿌리 깊은 문화적 삶을 살아가고 있는 대다수의 우즈베키스탄 무슬림들이 와하비와의 이질성을 극복하고, 이슬람 급진주의 분파를 지지할 가능성은 여전히 낮아 보인다.

IV. 이중적 이슬람정책의 극단화와 1인 독재체제의 확립

1. 카리모프 대통령의 전략적 선택: 이중적 이슬람정책의 극단화

앞서 설명했듯, 카리모프 대통령이 독립 초기부터 확고한 1인 독재체제를 구축했던 것은 아니다. 오히려 소수의 지역네트워크를 기반으로 한 씨족 엘리트파벌들과의 권력공유를 통해서만 통치가 가능했다고 보는 것이 더 적절하다. 즉 일종의 엘리트 간 집단지도체제에 가까운 형태였던 것이다. 그러나 전술했던 것처럼 카리모프로서도 제도적 권력을 대통령직으로 집중시키고자 하는 욕망과 의지를 계속 자제하기는 어려울 수밖에 없었다. 비록 1990년 3월 처음 통치권을 획득하던 당시에는 공산당 최고회의에서 간선으로 선출된 대통령에 불과했지만, 1991년 12월 이후로는 명실상부하게 국민투표를 통해 권력을 위임받았을 뿐 아니라 그 득표율 또한 86%라는 상당히 높은 수치에 다다랐기 때문이다. 무엇보다도 전술한 타슈켄트 분파 주도의 카리모프에 대한 탄핵 기도 이후로는, 그 자신이 정치적 생존을 위해서라도 권력집중을 서두를 수밖에 없었을 것이다.

이에 따라 1992년 말부터 카리모프 대통령은 강력한 대통령제를 지향하는 헌법 개정 등 일부 제도적인 변화들을 단행해나가기 시작하였다. 1992년 9월 단행된 첫 개헌의 경우, 대통령이 국가원수와 행정부수반을 겸한다는 점이 명시된 것 이외에 특별히 초대통령제로 간주될 수 있는 조항들이 포함되지는 않았다. 하지만 1993년 정부조직법 개정을 통해 총리와 그가 이끄는 내각에 대한 대통령의 직접 통제력을 강화한 데 이어, 1995년에는 초대 대통령의 임기에 한해 5년 임기를 2000년까지 8년으로 연장하는 내용의 국민투표를 실시해 무려 99%에 달하는 찬성률로 통과시켰다. 그리고 카리모프는 이처럼 강력해진 대통령제를 기반으로 권위주의적 통치방식을 이어감으로써 야권을 탄압하고 국내 정치에 대한 통제력을 높여나갔다. 1994년의 총선 직전에 에르크와 비를릭 등 전통적인 야당들이 불법화된 것이 바로 그 대표적 예이다(Easter, 1997: 200-202). 즉 카리모프에 대한 높은 대중지지도는 그가 행정부로 제도적 권력을 집중시킬 수 있게끔 해주었고, 제도적으로 더욱 강력해진 대통령은 정치적 경쟁의 폭을 더욱 축소시킴으로써 정부에 대한 지지세가 극대화되도록 유도했던 것이다.

하지만 1990년대 후반에 이르기까지도 카리모프 대통령이 지역 파벌들의 영향력으로부터 탈피하여 1인 독재체제에 가까운 경성 권위주의 정권을 확립했던 것으로 보기엔 여전히 무리가 따른다. 이와 관련하여, 1999년에 발생한 타슈켄트 폭탄 테러 또한 타슈켄트 파벌과 사마르칸트 분파 간의 권력투쟁과 결부시켜 이해하는 분석이 적지 않다(Registan.net, 2013). 비록 외견상으로는 이슬람 급진주의자들의 테러 행위로 나타났던 사건이지만, 타슈켄트 분파의 수장인 이노야토프(Rustam Inoyatov)가 이끄는 국가안보처(SNB)와 사마르칸트 파벌의 지도자 중 하나인 아르마토프(Zakir Almatov)가 이끄는 내무부(MVD) 간 권력투쟁의 결과로 발생한 참사였던 것으로도 해석가능하다는 것이다. 특정 분파가 실제 테러의 배후에 있었는지 아니면 단순히 이를 묵인하는 수준이었는지는 여전히 분명치 않다. 그러나 본 테러 이후 사마르칸트 분파는 실각했던 옛 지도자 주라베코프(Ismail Jurabekov)를 대통령 보좌역으로 복귀시켜 최대 파벌로서의 입지를 재확인했고, 타슈켄트 분파 또한 이를 계기로 자파의 권력기반인 국가안보처의 예산과 권한을 현저히 증대시키는 데 성공하였다. 즉 지역 파벌들은 분명 이 테러의 결과로 상당한 정치적 이득을 본 것이다.

물론 본 테러를 기화로 사정기관들의 권력이 제고된 만큼 정권 차원의 억압 능력이 강화된 것 또한 부정하기는 어려운 바, 전반적으로 카리모프 대통령의 권력이 강화된 것으로 볼 여지도 없는 것은 아니다. 그러나 두 분파의 격화된 권력투쟁이 대통령을 죽음으로 몰 뻔했던 테러사건과 연결된 것으로까지 의심받는다는 점과, 결과적으로 두 파벌 각각의 독자적 권력기반이 강화된 점 등에 비춰볼 때, 당시까지도 대통령의 지역 파벌들에 대한 통제력이 공고했던 것으로 보긴 어렵다. 오히려 이는 카리모프가 타슈켄트 파벌과 사마르칸트 파벌 간 권력균형을 기하지 못할 시, 여전히 자신의 통치권을 안정적으로 유지하기 어려웠다는 것을 의미할 수 있다(Saidazimova, 2005).

따라서 카리모프 대통령으로서는 1990년대 후반 시점까지도 지역 파벌들의 권력을 약화시키고, 자신의 권력을 강화시키는 방안을 강구할 동기가 매우 강할 수밖에 없었다. 그리고 그는 이러한 필요성을 충족시키려는 정치적 목적하에, 서론에서 언급한 이중적 이슬람정책을 극단화하는 전략적 선택을 했던 것으로 보인다. 시기적으로도 카리모프 정부는 1998년을 전후해, 공식 이슬람의 경계 외부에 있는 다수의 독립적 무슬림들을 매우 자의적인 기준에 따라 와하비로 몰아 처벌하는 강경한 이슬람정책을 본격화하기 시작했다. 그리고 동년 5월에는 이슬람 급진주의 활동에 대한 처벌을 대단히 가혹하게 규정한 양심의 자유 및 종교조직에 관한 법률 또한 통과시켰다(Rashid, 2002: 145-146). 특히 '이슬람운동'이 1999년 2월 카리모프의 생명을 위협했던 타슈켄트 폭탄 테러에 조직적으로 개입한 정황들이 드러나고, 1999년에서 2000년 사이 본 조직의 연계 세력들이 아프가니스탄으로부터 키르기스스탄을 거쳐 우즈베키스탄으로 다시금 잠입해 들어오려 시도하자, 그 정책적 방향은 이전에 비해 훨씬 더 억압적인 성격을 띠어갔다(Collins, 2007: 17). 이를테면, 카리모프 정부는 2001년까지 '해방당' 주도의 은밀한 선전 및 지하문학 활동에 이슬람 탄압의 초점을 맞췄는데, 그 과정에서 무려 6,000에서 7,000명에 달하는 죄목조차 불분명한 무슬림들이 종교사범으로 적발돼 구속되었다(Human Rights Watch, 2004).

하지만 앞서 예상했던 것처럼, 정부의 강경한 탄압에 대한 반응으로 이슬람 급진주의 세력과 연계된 테러 행위는 오히려 증가하는 양상을 보였다. 2004년에만 3월과 7월에 연이어 자살 폭탄테러가 발생하는 등, 외형상으로만 보면 카리모프 정권의 억압적 이슬람정책은 급진주의 세력의 응집성과 전투성을 오히려 배가시키는 정책적 역효과를 낳고 있었다. 문제는 이러한 '계산된' 역효과가 역설적이게도 카리모프 대통령이 점점 더 극단적인 형태의 이중적 이슬람정책을 재생산하게끔 추동했다는 점이다. 물론, 카리모프 정부의 억압적 이슬람정책에는 일차적으로 사회 전반에 대한 통제력을 이전보다 더 용이하게 확보하려는 정권측의 의도가 강하게 배어있었다.

그러나 이러한 카리모프의 이슬람정책의 효과는 급진주의 세력이 반응적 저항을 지속하도록 자극함으로써 테러에 대한 위협인식이 확산되게끔 대중의 관심을 전환시켰다는 점에서 더 주요했다.[7] 즉, 카리모프 대통령은 본 전략적 선택을 통해 이슬람 급진주의 세력과 다수의 온건한 생활 무슬림 간 잠재

---

7 이와 관련해 이른바 '관심전환이론'에 따르면, 통치자는 인위적으로 전시 상황을 조성하고 군사력 사용까지 감행함으로써 국내적 위기를 해소할 가능성이 있다. 특히 지지기반이 약한 통치자일수록 의도적으로 분쟁을 일으킴으로써 유권자의 정치적 관심을 전환하고 정권에 대한 지지결집의 효과를 도모할 수 있다는 것이다. 이에 관해서는, 레비(Levy, 1988) 또는 정(Jung, 2013) 등을 참조. 그렇다면 카리모프 대통령 역시, '관심전환이론'에 따라, 독립 이후 우즈베키스탄에서 가장 뚜렷한 정치적 균열이던 지역 균열을 대체하고자 상기한 이중적 이슬람정책을 기획하고 이의 극단화를 통해 이슬람 급진주의 세력을 새로운 공공의 위협인자로 만들어버림으로써, 다수 무슬림들의 정치사회적 관심을 테러 이슈로 급속히 전환시키는 데 성공했던 것으로 볼 수 있을 것이다.

적 분할을 더욱 공고히 함으로써, 당시까지 우즈베키스탄 내부적으로 가장 주요한 정치적 균열이던 지역 균열을 희석시키는 동시에 종교 균열 혹은 대중-테러리스트 균열로 이를 대체하고자 했던 것으로 판단된다. 카리모프로선 권위주의 체제를 위한 정당성 확보의 차원에서 안보·치안 분야의 성과를 올릴 수 있는 계기들을 지속적으로 제공받을 수 있게 되었기 때문이다. 실제로도, 우즈베키스탄 정부는 상기한 2004년의 테러들이 모두 '해방당'과 '이슬람운동' 그리고 신생 무장단체인 '이슬람 지하드'(Islamic Jihad)의 소행임을 공식화하고, 이슬람 정책의 초점 또한 중단기적으로 반테러 관련 활동들에 대한 탄압에 집중시켰다.[8] 다시 말해, 카리모프는 지역 파벌들을 우회하고 자신만의 독자적 권력기반을 강화하는 데 활용할 수 있는 정치적 기제로서, 테러리즘에 의한 안보·치안 이슈의 부상 및 그에 따른 통치 업적의 축적이라는 새로운 틀의 정국을 조성하고자 했던 것이다.

2. '안디잔 사태'와 1인 독재체제의 구축

상술했듯이 변화된 정치적 환경 속에서, 예상대로, 카리모프 대통령은 각 지역 엘리트파벌들에 대한 대대적인 숙청 작업에 나서기 시작했다. 상대적으로 다른 지역·씨족 파벌들에 비해 영향력이 취약한 것으로 파악되어온 페르가나 분파가 그 첫 번째 대상이었다. 카리모프는 2000년 노랄리예프(Jora Noraliyev) 수르한다리야(Surkhandarya) 주지사를 지역 내에서의 권력남용 및 부정부패 혐의로 축출함으로써 지역 파벌 간 권력구도 재편의 포문을 열었다. 특히 2004년 5월에는 안디잔 주지사이던 오비도프(Qobijon Obidov)가 지역네트워크를 기반

---

8 2004년 3월과 7월에 발생한 테러 용의자들의 처벌과 관련해선, 미국 대사관으로부터 재판의 합리성과 공정성에 심각한 의문이 제기되는 등 카리모프 정권의 대처에 대한 국외의 우려가 불거지는 계기가 되었다고도 할 수 있다(Collins, 2007: 17).

으로 한 부정부패 혐의로 인해 해임되는 사건이 발생했는데, 이 사례는 이슬람 급진주의 세력의 위협이라는 새로운 정치적 균열의 축이 본격적으로 대통령 권력 강화에 활용되는 양상을 보여주었다. 카리모프는 오비도프를 해임한 직후 그와의 네트워크를 통해 지역경제를 주도해온 23명의 사업가들 역시 앞서 언급했던 이슬람 급진주의 분파인 아크로미야의 단원들로 규정해 구속하였다(Mc-Glinchey, 2010: 60-61; 2011: 142). 이는 지역 정치지도자 숙청의 정당성을 이슬람 급진주의의 위협으로부터 찾는 동시에, 본 파벌이 다시는 재기할 수 없도록 일종의 낙인을 찍어두려는 의도로 해석될 수 있었다. 나아가 여기에는, 만약 지역 네트워크를 통해 정치지도자와 경제인들이 중앙정부로부터 자율적인 영향력을 형성하려 할 시, 언제든 이슬람 급진주의 또는 테러리스트로 몰려 숙청당할 수 있음을 분명히 하는 효과 또한 있었다. 곧이어 2004년 10월 오타보예프(Alisher Otaboyev) 페르가나 주지사까지 주정부 차원의 중앙정부 지시에 대한 만성적 불이행 혐의로 제거되면서, 페르가나 분파는 오랜 동안 지역네트워크에 기반해 일정한 영향력을 유지해오던 씨족 엘리트파벌로서의 위상을 사실상 상실하였다.[9]

그러나 페르가나 파벌에 대한 카리모프의 숙청 작업이 가지는 보다 근본적인 차원의 문제는, 이것이 그가 1인 독재체제를 구축할 수 있게끔 해준 결

---

9 물론 페르가나 파벌이 숙청의 첫 번째 대상이 된 데는 상대적으로 약한 엘리트분파였다는 점과 함께, 지역 특성상 해당 씨족 파벌이 이슬람 급진주의 세력과 실제 연계되어 있을 가능성이 있다는 점, 그리고 꼭 그렇지 않더라도 양자를 엮는 정치적 조작을 감행하기가 비교적 용이하다는 점 등이 종합적으로 고려되었을 것으로 보인다. 따라서 당시 숙청당하거나 구속된 인사들 가운데 일부가 아크로미야 등 '페르가나 원리주의'와 연계된 급진주의 분파와 관련되어 있었을 가능성도 완전히 배제하기 어렵다. 또한 역사적으로 볼 때, 적어도 페르가나 파벌이 이슬람 급진주의 세력의 위협을 빌미로 자파의 영향력을 계속 확대해왔음은 분명하다(Kazantsev, 2016). 하지만 본 사례에서 보다 두드러지게 나타난 현상은 카리모프가 이슬람 급진주의의 위협을 확대재생산하고, 이를 정치적 균열로 교묘히 활용함으로써 지역 파벌들을 둘러싼 권력구도의 대대적인 재편을 시도했다는 점인 만큼, 그가 1인 독재체제 구축을 가속화하는 정치적 행보를 걷기 시작했음을 방증하는 측면이 특히 강했다.

정적인 계기가 된 이른바 '안디잔 사태'로 진화했다는 점이다. 주지하다시피, 2005년 2월 구속된 23명의 사업가들이 기소되자, 동년 5월 안디잔 지역에서는 수천여 명의 무슬림들이 카리모프 정부의 사건 조작 및 혐의 날조를 규탄하는 시위를 조직하였다. 그런데 이들이 단순히 체포된 사업가들의 석방만을 요구하는 것을 넘어 아크로미야의 지도자로 알려진 율다셰프(Akram Yuldashev)의 출소까지 요구함에 따라(Baran et al., 2006: 35-36), 상황은 오히려 카리모프의 전략적 의도대로 착착 진행되어 가는 양상을 보였다. 특히 정부가 시위 가담자들과 구속된 인사들의 가족까지 체포하는 등 탄압의 강도를 높여가자, 시위대는 시청, 경찰서, 교도소 등 관공서를 습격하고 심지어는 자체 무장까지 시도하였다. 시위대로서는 극심한 탄압에 대한 반응적 저항을 보인 것이다. 하지만 이는 정부 입장에서 이슬람 급진주의 세력이 테러에 상응하는 무장 시위를 주동하고 있는 것으로 상황을 규정할 수 있는 빌미를 준 것이나 다름없었다.

결국 5월 13일 카리모프 정부는 시위대가 이슬람 급진주의 세력과 연계된 테러집단에 의해 조종되고 있다는 공식 발표와 함께, 무차별 총격을 통한 학살에 가까운 진압을 단행하였다. 잘 알려져 있다시피, 이 사건 이후 지정학적·지경학적 이유들로 우즈베키스탄과 선택적 협력을 해오던 미국 등 서방측도 정권 차원의 인권 문제를 제기하며 카리모프 체제를 권위주의로 간주하고, 그에 상응하는 도덕적 비난을 가하기 시작했다. 하지만 다수의 무슬림 대중은 오히려 이 사태를 계기로 테러로부터의 위협을 더욱 심각하게 여기는 방향으로 유도되지 않을 수 없었다. 그리고 이는 이슬람 급진주의에 대한 지지를 약화시키는 한편, 카리모프 대통령의 절대적 권위를 정당화시키는 기반으로 계속 확대되는 양상을 보이게 된다(Omelicheva, 2007: 384).[10]

---

10 또한 실제 계량분석에 근거한 한 비교연구에 따르면, 인구의 대다수가 무슬림인 조사 대상 국가 14개 가운데서도 우즈베키스탄은 무슬림 대중의 테러에 대한 지지율이 가장 낮은 축에 속하는 국가로 조사되었다(Mesquita, 2007: 4-6).

한편, '안디잔 사태'의 정치적 파급 효과는 여기서 끝나지 않았으며, 지역 파벌들 간 권력구도 재편 및 카리모프 대통령의 개인권력 강화와 관련해서도 적잖은 영향을 미쳤다. 흥미롭게도, 사태 초반 아르마토프 휘하의 내무부 소관 경찰 병력이 아닌 이노야토프가 이끄는 국가안보처 소속 요원들이 시위 진압의 주도권을 잡게 되면서, 순식간에 후자가 이슬람 급진주의 세력 및 테러리스트들을 퇴치하는 주력 기관으로서 새로이 그 위상을 굳히는 계기를 맞은 것이다. 역으로 사태가 종결된 직후 카리모프는 아르마토프를 내무부장관직으로부터 사임시켰다(Registan.net, 2013). 비록 공식적으로는 개인건강 악화라는 사퇴의 이유가 붙었지만, 사실상 권력투쟁에서 패해 그 직위를 상실한 것으로 보는 시각이 더 지배적이었다(Pikalov, 2014: 302). 1년여 전 사마르칸트 분파의 또 다른 지도자인 주라베코프가 이미 비리 혐의로 실각했음을 감안할 때, 아르마토프의 사임은 사마르칸트 파벌의 정치적 영향력이 급감함을 뜻하는 것일 수 있었다.

이 국면을 계기로 주라베코프에 이어 아르마토프마저 중앙정치 무대에서 사라짐에 따라, 사마르칸트 씨족이 우즈베키스탄 파벌정치의 권력구도에서 완전히 밀려난 것으로 해석하는 데 대해서는 좀처럼 이견을 제기하기가 어렵게 되었다. 하지만 당시의 상황을 카리모프 대통령이 1인 독재체제를 구축한 것으로 보기보다, 타슈켄트 파벌의 독주가 시작된 것으로 보거나 꼭 그렇지 않더라도 적어도 카리모프와 타슈켄트 분파 간 공동정권이 확립된 것으로 보는 시각도 충분히 제기될 수 있었다.[11] 그럼에도 불구하고, 이미 중량감 있는 타슈켄트 파벌 인사 가운데 한 사람인 알모프(Timur Almov)가 대통령 보좌역으로부터 해임된 바 있고, '안디잔 사태' 이후인 2005년 11월 이 파벌의 지도자급 인사들 중 한 명인 굴로모프(Quodir Gulomov)까지 해임된 사실에 비춰볼 때, 본 참사를 전

---

11 아르마토프의 후임 내무부장관으로는 국가안보처 부처장 출신의 살리흐바예프(Anvar Salikhbaev)가 새로이 임명되었다. 이는 '안디잔 사태' 이후 사마르칸트 파벌의 몰락과 타슈켄트 파벌의 부상에 대한 주된 논거 중 하나로 제시되어 왔다.

후해 타슈켄트 파벌의 영향력이 더 강화된 것으로 보기는 어려운 측면도 분명히 있다. 이와 유사한 맥락에서, 영국 왕립국제문제연구소인 채덤하우스(Chatham House)의 닉세이(James Nixey) 소장의 분석에 따르면, 오히려 카리모프 대통령이 '안디잔 사태'를 계기로 우즈베키스탄의 오랜 파벌정치를 종결짓고 1인 독재체제를 구축하는 데 성공한 것으로 보는 게 더 적절할 수 있다(RFE/RL, 2006). 즉 2000년대 중반을 기점으로 우즈베키스탄에서는 상기한 엘리트 간 집단지도체제가 무너졌으며, 따라서 카리모프에 대한 궁중 반란의 가능성 역시 극히 낮아지게 된 것이다.

카리모프의 이중적 이슬람정책과 이를 통한 정치적 균열의 전환 전략이 성공을 거둠에 따라, 이것이 대통령으로 하여금 다른 씨족 엘리트파벌들을 압도할 수 있는 강력한 지렛대를 확보하게끔 해줄 것이란 본고의 가설 또한 어느 정도 입증이 된 것으로 보인다. 카리모프 대통령은 이슬람 급진주의 세력의 위협이라는 새로운 균열의 축과 이에 따른 안보·치안 측면에서의 업적 재생산을 효과적인 정치적 기제로 활용함으로써, 자신의 독자적인 권력기반을 지속적으로 강화할 수 있었다. 적어도 안보와 치안 문제에 관해서는 국가의 유일한 수호자와 같은 지위를 확립할 수 있었던 것이다. 반면, 소련으로부터 독립하기 이전부터 우즈베키스탄 정치사에서 강력한 영향력을 행사해왔던 지역네트워크에 기반한 씨족파벌들은 앞서 언급한 고전적인 1인 독재체제 강화의 원리에 따라 순차적인 숙청의 대상이 되는 운명을 맞을 수밖에 없었다.

V. 맺음말: 요약 및 향후 전망

카리모프 정권의 이슬람정책은 공인 이슬람을 통해 다수 무슬림들의 신앙을 최대한 비정치화시키는 한편, 소수의 비공인 이슬람을 통제하고 급진주의자들을 탄압함으로써 이슬람 세력화의 거점이 형성되지 않도록 하는 이중성을 내포하였다. 그리고 카리모프는 1990년대 중후반 이후 강력한 지역 파벌들의 영향력을 극복할 의도하에 이러한 이중적 이슬람정책을 극단적으로 밀어붙임으로써, 종교 균열을 우즈베키스탄의 주된 정치적 균열로 전환시키는 데 성공하였다. 즉 다수가 수피로 구성된 우즈베키스탄 이슬람의 초기 조건하에서, 무슬림의 정치세력화에 대한 무차별적 탄압을 통해 급진주의 세력으로부터 반응적 저항을 유인하는 한편, 다수의 생활 무슬림들로 하여금 이들을 와하비 또는 테러리스트로 인식하게끔 관심을 전환시킴으로써 이들 간 긴장이 국내 정치의 틀을 새로이 규정짓도록 만들었던 것이다. 이후 대통령은 이슬람 급진주의 세력의 테러를 둘러싼 '계산된' 비상시국을 주도하고 실제로 '안디잔 사태'라는 상당 규모의 반정부 시위까지 거치면서, 안보 및 치안 이슈를 장악하는 동시에 이와 관련해 지속적으로 높은 성과를 올리는 모습까지 연출할 수 있었다. 이에 따라 지역네트워크를 기반으로 한 씨족파벌들은 점차 그와의 권력경쟁에서 절대적 열위에 서지 않을 수 없게 되었다. 결과적으로 카리모프는 2005년을 전후한 시점에 1인 독재체제를 구축하는 데 성공하였다.

한편, 2016년 9월 3일자로 우즈베키스탄을 무려 25년 동안이나 통치해온 카리모프 대통령이 사망하였다. 그리고 현재는 사마르칸트 파벌 출신으로 카리모프 정부하에서 총리로 재직했던 미르지요예프(Shovkat Mirziyoyev)가 타슈켄트 분파의 리더격인 이노야토프 국가안보처장의 협조하에 2016년 12월 신임 대통령으로 당선되어 새롭게 국가를 이끌고 있는 상황이다. 본 장에서 살펴보았듯 강력한 지역·씨족 엘리트파벌들이 2000년대 중반까지 차례로 숙청당하며 이미 권력의 상당 부분을 상실했던 만큼, 카리모프 사후 특정한 하나의 정치세력이 자연스럽게 권력을 접수하는 것은 사실 쉽지 않은 상태였다. 물론 심각한 권력투쟁이 발생할 가능성도 결코 낮지 않았다. 따라서 양대 씨족파벌들로선 국가적 혼란 방지의 목적하에 중단기적으로나마 다시금 유사집단지도체제를 구축하지 않을 수 없는 상황이었던 것으로 보인다.

그런데 흥미롭게도 미르지요예프 대통령은 취임 이후 시민사회의 육성 및 시장경제의 확립을 국가발전의 주된 목표로 설정한다고 밝히고, 이에 따라 일부 개혁적 실천들 또한 시도하고 있는 중이다. 일단 카리모프와는 상당히 차별적인 행보를 보이고 있는 것이다. 하지만 그가 오랜 시간동안 우즈베키스탄의 정치와 경제 전반에 걸쳐 그 이해관계가 강하게 고착되어버린 지역·씨족 파벌들의 영향력을 효과적으로 제어하고, 실질적인 정치 및 경제개혁들을 성공시켜 나갈 수 있을지는 아직 의문이다. 심지어 카리모프 집권기동안 억눌려있던 다른 분파들이 현 정부를 향해 일제히 불만을 표시할 가능성도 배제하긴 어렵다고 본다. 물론 다른 한편으론, 그가 정책주도성을 확보할 목적하에 카리모프처럼 대통령으로의 권력집중을 시도하고 이를 통해 자신이 계획 중인 정책과제들을 일관되게 수행해나갈 가능성도 전혀 없진 않다. 하지만 이 경우, 우즈베키스탄은 다시금 1인 독재체제로의 진화가능성에 역으로 직면하지 않을 수 없게 되는 바, 이러한 미르지요예프의 딜레마가 어떻게 풀려나가게 될지는 좀 더 두고봐야할 것이다. 그리고 이에 따른 향후 미르지요예프 정부의 권위주의화 수준에 따라, 우즈베키스탄 이슬람정책의 방향 역시 적잖은 폭의 변화가능성을 보이지 않을 수 없게 될 것이다.

참고문헌

강봉구. 2008a. "우즈베키스탄 '마할라'(mahalla) 제도의 개혁과 성격 변화."『대한정치학회보』16(2), 151-175.

강봉구. 2008b. "우즈베키스탄 '민족국가의 발명'?: 우즈벡 종족-민족 정체성의 구성 요소들."『한국정치학회보』42(3), 415-437.

김영진. 2012. "우즈베키스탄의 체제전환과 경제발전: 경제성장의 역설?" 김영진 편.『유라시아의 체제전환과 경제발전』. 파주: 한울.

박상남. 2008. "중앙아시아 국가의 지방정치세력과 대외정책."『중소연구』32(3), 141-165.

박상남. 2013. "중앙아시아 지배구조의 정당성과 이슬람 요소: M. 베버의 '지배 정당성'(legitimate rule) 개념을 중심으로."『한국이슬람학회』23(1), 145-182.

방일권. 2012. "비공식 제도로서 씨족정치: 우즈베키스탄의 사례."『중소연구』36(1), 241-272.

손영훈. 2008. "중앙아시아 국가의 강압정책과 이슬람 저항운동 연구."『중동연구』26(2), 299-342.

손주영. 2005. "이슬람법과 법학파의 형성에 관한 연구."『한국이슬람학회논총』15(1), 49-80.

이선우. 2016. "경제위기와 선거권위주의 체제의 안정성: 러시아 푸틴 정권의 사례."『국가전략』22(2), 153-178.

이희수. 2000. "중앙아시아의 이슬람화 연구: 투르크족을 중심으로."『민족학연구』4, 259-279.

정세진. 2008. "중앙아시아 이슬람 원리주의의 급진적 특성에 대한 연구."『평화연구』16(1), 118-145.

한병진. 2013. "북한의 권력게임과 빗장전략."『현대북한연구』16(1), 7-36.

현승수. 2009. "우즈베키스탄의 정치와 종교 관계: 분석 개념으로서 '종무국 이슬람'과 공인-비공인 이슬람의 이항구도를 중심으로."『중동문제연구』8(2), 1-32.

현승수. 2010. "적대적 공존: 우즈베키스탄 정교 관계와 이슬람해방당."『한국이슬람학회논총』20(3), 155-184.

Baran, Z., S. F. Starr and S. E. Cornell. 2006. "Islamic Radicalism in Central Asia and the Caucasus: Implications for the EU." Central Asia-Caucasus Institute and Silk Road Studies Program, *Silk Road Paper*.

Bueno de Mesquita, E. 2007. "Correlates of Public Support for Terrorism in the Muslim World." *United States Institutes of Peace Working Paper*-1.

Collins, K. 2002. "Clans, Pacts and Politics in Central Asia." *Journal of Democracy* 13(3), 137-152.

Collins, K. 2003. "The Political Role of Clans in Central Asia." *Comparative Politics* 35(2), 171-190.

Collins, K. 2007. *Islamic Revivalism and Political Attitudes in Uzbekistan. The National Council for Eurasian and East European Research* (NCEEER)

Cornell, S. E. 2001. *Small Nations and Great Powers: A Study of Ethnopolitical Conflict in the Caucasus*. London and New York: RoutledgeCurzon.

Easter, G. 1997. "Preference for Presidentialism: Postcommunist Regime Change in Russia and the NIS." *World Politics* 49(2), 184-211.

Farah, C. E. 2000. *Islam: Beliefs and Observances*, 6th edition. New York: Barron's Educational Series.

Hanks, R. R. 2007. "Dynamics of Islam, Identity, and Institutional Rule in Uzbekistan: Constructing a Paradigm for Conflict Resolution." *Communist and Post-Communist Studies* 40(2), 209-221.

Hitti, P. 1970. *Islam, a Way of Life*. Minneapolis: University of Minnesota Press.

Human Rights Watch. 2003. *Uzbekistan, from House to House: Abuses by Mahalla Committees*. New York: Human Rights Watch.

Human Rights Watch. 2004. *Creating Enemies of the State: Religious Persecution in Uzbekistan*. New York: Human Rights Watch.

Ilkhamov, A. 2004. "The Limits of Centralization: Regional Challenges in Uzbekistan," in P. Jones Luong (ed.). *The Transformation of Central Asia: States and Societies from Soviet Rule to Independence*. Ithaca and London: Cornell University Press.

Jones Luong, P. 2002. *Institutional Change and Political Continuity in Post-Soviet Central Asia: Power, Perceptions, and Pacts*. Cambridge: Cambridge University Press.

Jung, S. C. 2013. "Foreign Targets and Diversionary Conflict." *International Studies Quarterly* 58(3), 566-578.

Kazantsev, A. A. 2016. "Central Asia: Secular Statehood Challenged by Radical Islam." *Valdai Papers* #2 (42).

Karagiannis, E. 2010. *Political Islam in Central Asia: The Challenge of Hizb ut-Tahir*. London: Routledge.

Khalid, A. 2003. "A Secular Islam: Nation, State, and Religion in Uzbekistan." *International Journal of Middle East Studies* 35(4), 573-598.

Khalid, A. 2007. *Islam after Communism: Religion and Politics in Central Asia*. Berkeley: University of California Press.

Kotz, D. 2004. "The 'Uzbek Growth Puzzle' and Washington Consensus." prepared for presentation at a session on "Issues in Economic Transition." sponsored by the Union for Radical Political Economics at the Allied Social Science Associations Convention, San Diego.

Levy, J. S. 1988. "Domestic Politics and War." *Journal of Interdisciplinary History* 18(4), 653-673.

Lischin, L. 2014. "The IMU Ascendant: How Uzbek Autocracy Empowers Terrorist Entrepreneurs." *Small Wars Journal*.

Magaloni, B. 2008. "Credible Power-Sharing and the Longevity of Authoritarian Rule." *Comparative Political Studies* 41(4-5), 715-741.

Mann, P. 2002. "Islamic Movement of Uzbekistan: Will It Strike Back?" *Strategic Analysis* 26(2), 294-304.

McGlinchey, E. M. 2010. "Searching for Kamalot: Political Patronage and Youth Politics in Uzbekistan." in S. N. Cummings (ed.). *Symbolism and Central Power in Central Asia: Politics of Spectacular*. New York: Routledge.

McGlinchey, E. M. 2011. *Chaos, Violence, Dynasty: Politics and Islam in Central Asia.* Pittsburgh: University of Pittsburgh Press.

Munavvarov, Z. I. 1994. "Uzbekisatan." in M. Meshabi (ed.). *Central Asia and the Caucasus after the Soviet Union.* Gainesville: University Press of Florida.

Naumkin, V. V. 2005. *Radical Islam in Central Asia: Between Pen and Rifle.* Lanham, MD: Rowan & Littlefield.

Omelicheva, M. Y. 2007. "Combating Terrorism in Central Asia: Explaining Differences in States' Responses to Terror." *Terrorism and Political Violence* 19(3), 369-393.

Peyrouse, S. 2016. "Does Islam Challenge the Legitimacy of Uzbekistan's Government?" *PONARS Eurasia Policy Memo* no. 419.

Pikalov, A. 2014. "Uzbekistan between the Great Powers: A Balancing Act or a Multi-Vectorial Approach." *Central Asian Survey* 33(3), 297-311.

Pomfret, R. and K. Anderson. 1997. "Uzbekistan: Welfare Impacts of Slow Transition." *Centre for International Economic Studies Seminar Paper* 97-15.

Rashid, A. 2002. Jihad: *The Rise of Militant Islam in Central Asia.* New York: Penguin Books.

Registan.net. 2013. "Rustam Inoyatov: SNB vs MVD," *Registan.net*(July 30, 2013)." http://registan.net/2013/07/30/rustam-inoyatov-snb-vs-mvd-2(검색일: 2016. 06. 18).

RFE/RL. 2006. "Uzbekistan: Karimov Appears to Have Political Clans Firmly in Hand." https://www.rferl.org/a/1070977.html(검색일: 2016. 07. 05).

Rezvani, B. 2014. *Conflict and Peace in Central Eurasia: Towards Explanations and Understandings.* Leiden and Boston: Brill.

Saidazimova, G. 2005. "Uzbekistan: Islam Karimov vs. the Clans." RFE/RL *Central Asia Report* (April 22).

Van de Walle, N. 2008. "Tipping Games: When Do Opposition Parties Coalesce." in A. Schedler (ed.). *Electoral Authoritarianism: The Dynamics of Unfree Competition*. Boulder, CO: Lynne Reinner.

제3장

카자흐스탄 나자르바예프 정부의 이슬람정책 변화와 그 정치적 요인들: 선거 권위주의 체제로의 진화와 지구적 '테러와의 전쟁'을 중심으로[*]

이선우

I. 머리말

이 글은 카자흐스탄 누르술탄 나자르바예프(Nursultan Nazarbayev) 정부의 이슬람정책 변화에 내재된 정치적 동학을 설명하는 것을 그 목적으로 삼는다. 주지하다시피, 소연방으로부터의 독립 이후 카자흐스탄의 이슬람정책은, 특히 접경국인 우즈베키스탄의 경우와 비교했을 때, 상대적으로 매우 온건한 양상을 보였다. 이는 무엇보다도 역사적으로 이 지역 이슬람이 세속적인 성격을 강하게 띠었고,[1] 우즈베키스탄과는 달리 독립 이후로도 상당 기간 동안 이슬람 급진주

---

* 이 글은 『슬라브硏究』 34권 1호(2018)에 게재되었던 논문을 본서의 편집 취지에 맞도록 수정·보완한 것입니다.
1 카자흐스탄인들 또한, 여타의 중앙아시아지역에서처럼 이슬람 수용 이전부터 이 지역에 존재해온 여러 전통 관습들 및 이교 문화 등의 혼재적 영향으로 인해, 율법에 민감하지 않은

의 운동 및 이에 기초한 테러리즘의 위협이 심각한 수준으로 고조되지 않았기 때문에 가능했을 것이다. 또한 나자르바예프 정부로선 이와 같은 안보·치안 차원에서의 동기 부재에 더해, 카자흐스탄 특유의 초다민족·다문화 사회를 안정적으로 관리하는 한편 막대한 자원 교역을 중심으로 비교적 개방적인 경제정책을 펴고자 했던 바, 이슬람 종교 활동과 관련해서도 상대적으로 자유주의적이고 다원주의적인 정책을 펼 수밖에 없게끔 유인되었던 측면이 있었던 것으로 보인다.

그런데 문제는 특정 시점부터 나자르바예프 정부가 독립 초기의 이슬람에 대한 온건한 대응책들을 약화시키는 동시에, 이를 강력한 억압 정책으로 대체해 나가기 시작했다는 점이다. 뒤에서 다시 자세히 설명하겠지만, 2000년대 초중반을 기점으로 나자르바예프 정부는 다수의 무슬림들을 '해방당'(Hizb ut-Tahir) 활동 등 이슬람 극단주의의 혐의를 걸어 체포·구속하기 시작했고, 2005년에는 '해방당'을 비롯한 이슬람 저항운동에 효과적으로 대응한다는 명목하에 반테러법까지 통과시킴으로써 반정부 성향의 이슬람 무장저항 운동의 등장을 철저히 봉쇄하고자 하였다(Omelicheva, 2011a: 251). 그리고 시간이 지날수록 이슬람정책은 기능적 필요 이상으로 점점 더 강압적인 형태를 띠어갔다. 물론 나자르바예프 정부 역시 이러한 정책 노선의 변경을 통해, 유사한 형태의 억압적 이슬람정책을 독립 초기부터 펴온 우즈베키스탄의 카리모프 정부와 마찬가지로, 정치적 반대파를 공격하기 위한 유용한 정치적 수단을 확보할 수 있게 된 측면이 없지 않았다.[2] 그럼에도, 나자르바예프 대통령이 독립 직후부터 꾸준히 권위주의적 정치체제의 수립을 지향해왔다는 점, 그리고 이 시기에 이르면 이미

명목상의 무슬림인 경우가 사실상 다수를 차지해왔다. 이에 관해서는 할리드(Khalid, 2007: 33), 오멜리체바(Omelicheva, 2011a: 245) 등을 참조.

2 우즈베키스탄 카리모프(Islam Karimov) 정부의 억압적 이슬람정책에 관해서는, 이선우(2016)를 참조.

영향력 있는 야권 세력들의 대다수가 사실상 주변화 되어버렸던 점 등을 두루 감안할 때, 그의 이슬람정책 노선이 이렇듯 특정 시점을 전후해 급격히 변경된 데는 단순히 통치자 본인의 권력확장 동기만으로 설명되지 않는 부분들 또한 분명히 있었다 하겠다.

우선적으로는 2000년대 초반을 전후해 카자흐스탄에서도 이슬람 급진주의 운동의 부상가능성이 현저히 높아졌고, 이에 따라 나자르바예프 대통령 역시 실제 정책의 차원에서 이에 대한 통제의 필요성을 이전보다 훨씬 강하게 인지하기 시작했던 것으로 추정가능하다. 하지만 대통령의 인지상 변화만으로는 이러한 정책적 선회 현상이 온전히 설명되기 어렵다. 오히려 상술한 카자흐스탄의 국정운영 여건으로 인해 독립 초기 정부가 상당히 온건한 이슬람정책을 펴게끔 강하게 유인되지 않을 수 없었음을 감안하면, 나자르바예프 정부의 입장에서도 이와 같은 큰 폭의 정책적 변화는 새로운 기회구조가 주어졌기 때문에 가능해졌을 공산이 크다. 따라서 본 장은, 2000년대 초반을 전후해 카자흐스탄에서도 이슬람 급진주의에 기초한 테러 위협이 실제 높아지고, 이와 함께 민족주의적 성격을 띤 선거 권위주의(electoral authoritarianism)[3] 체제의 부상이나 전지구적 '테러와의 전쟁'(War on Terrorism) 국면의 도래 등 독립 초기와는 상이한 정치적 조건들이 형성됨에 따라, 나자르바예프 대통령 역시 이전에 비해 강압적 이슬람정책을 펴기가 훨씬 용이해졌을 것이란 가설을 제기하고자 한다. 그리고 이를 통해 상기한 이슬람정책의 변화를 설명할 것이다.

이를 위해 이 글의 II절에서는 소련으로부터 독립한 직후부터 2000년대

---

3 선거 권위주의란 민주화 이후 공고화되지 못한 정치체제가 선거를 통해 정부를 수립하면서도, 수평적 책임성을 방기한 채 권위주의적 통치행태를 지속하는 경우를 주로 지칭한다. 선거 권위주의 개념과 현상에 관해서는, 셰들러(Schedler, 2006: 1-26), 자카리아(Zakaria, 1997), 레비스키 외(Levitsky et al., 2002) 등을 참조. 물론 모든 선거 권위주의 체제가 민족주의적 지향성을 내포하는 것은 아니다. 다만 뒤에서 설명할 것이듯, 나자르바예프 정부의 경우 그러한 특성이 있어 상기한 바와 같이 형용하였음을 밝힌다.

중반까지 나자르바예프 정부가 펴온 주요 이슬람정책들을 시계열적·비교적으로 서술한다. III절에서는 1990년대 후반 이후 카자흐스탄에서 나타나고 있는 이슬람 극단주의의 부상 및 이에 의해 정부가 직면하게 된 테러 위협에 관해 설명한다. IV절에서는 급진 이슬람의 부상가능성을 맞아, 2000년대 초중반 이후 나자르바예프 정부가 이전과는 달리 억압적 이슬람정책을 펼 수 있게끔 유인해 온 새로운 대내적·대외적 기회구조들을 분석한다. 그리고 V절 결론에서는 본 연구를 요약하고 간략하게나마 향후 전망을 제시할 것이다.

II. 나자르바예프 정부의 이슬람 정책 변화

1. 독립 초기 카자흐스탄의 이슬람정책

카자흐스탄은 소련으로부터의 독립 이후 국가건설 단계 때부터 적어도 이슬람을 국가정체성의 요체로 강조하는 정책적 입장을 견지하지는 않았다. 물론 카자흐스탄에서도 다른 중앙아시아 국가들의 경우와 마찬가지로 1989년 '중앙아시아와 카자흐스탄 무슬림 종무원'(SADUM) 최고지도자인 바바하노프(Shamsidin Babakhanov)의 퇴진 압력이 고조되자, 국가 차원의 이슬람 관리체계 수립에 대한 필요성이 제기되지 않을 수는 없었다. 그리고 그 이듬해인 1990년 초엽 소련 정부가 '카자흐스탄 무슬림 종무원'(Spritual Board of the Muslims in Kazakhstan: DUMK) 설립을 승인하면서 초대 종신 무프티(Mufti)로 니산바예프(Qazi Nisanbaev)가 선출되고, 250명의 대표자들이 본 조직에 관한 법령 채택에 동의함에 따라 이 국가에서도 최초로 독자적인 이슬람이 제도화될 수 있었다(김상철, 2017: 89). 그럼에도, 나자르바예프 정부는 신생 독립국가의 상징을 채택하는 과정에서조차 이를 표상하는 종교적 상징들을 거의 차용하지 않는 등, 여타의 중앙아시아 국가들과는 달리 신생국의 새로운 민족정체성의 요체로 이슬람을 활용하려는 의지를 강하게 내비치지 않았다(손영훈, 2014: 10; Podoprigora, 2003: 124-125). 이는 종교적 다원주의 노선하에 특별히 이슬람을 지배적 종교로 인정하지 않으려는 정책적 행보였던 바,[4] 세속 국가를 강하게 천명하면서도 이슬람 정체성을 국가건설 과정에서 적절히 활용하고자 했던 우즈베키스탄의 이슬람정책 노선과는 미묘한 차이를 보이는 것이었다.

그렇다고 독립 카자흐스탄이 이슬람의 제도화를 전혀 추진하지 않았던 것은 결코 아니다. 특히 이슬람 보급의 차원에서, '카자흐스탄 무슬림 종무원'은 미래의 무슬림 인력 육성을 목적으로 한 일련의 공식적인 교육체계 수립을 주도하였다. 일례로, 카자흐스탄에서는 매년 50여 명의 학생이 알마티(Almaty)에 위치한 종무원 산하 '무바라크 이슬람대학'(Kazakh-Egyptian Islamic University Nur Mubarak)의 2년제 이슬람 교육과정에 입학하며, 이를 수료한 이후에야 이맘(imam)이 될 수 있다. 그리고 이맘들은 영토 전역에 산개해 있는 모스크(mosque)들로 배치되어 공식 이슬람을 보급하는 역할을 맡는다. 최초에 종무원을 정점으로 한 이 같은 이슬람 교육체계는 초대 무프티였던 니산바예프의 친정부적 성향 및 행보와, 이에 따른 나자르바예프 정부의 정치적 지원 간 교환의 산물로서 수립될 수 있었다. 특히 당시 민족주의 성향의 주요 야당이던 알라쉬당(Alash Orda)이 니산바예프와 갈등 관계에 있었던 탓에 나자르바예프 정권의 입장에서는 그의 활용 가치가 유독 높았던 측면이 없지 않았다(Nurmanova et al., 2010: 287-288). 이후 제2대 무프티로 데르비살리(Absattar-Khadzhi Derbisali)가 지명되던 2000년대 초반까지도 종무원과 정부는 상호 매우 우호적인 관계였고, 이러한 환경 속에서 전자가 이슬람 보급을 주도할 수 있었던 것이다.

---

4   예를 들어, 카자흐스탄은 기독교(러시아정교) 신자가 최근까지도 전체 국민의 약 25%의 비중을 차지해온 것으로 집계되고 있다(Rotar, 2012).

하지만 당시 카자흐스탄의 이슬람정책이 우즈베키스탄에서처럼 나자르바예프 행정부의 위임하에 '카자흐스탄 무슬림 종무원'이 매우 위계적인 방식으로 이슬람의 원심적 확산을 통제하는 형태였다고 보긴 어렵다. 예를 들어, 많은 모스크들에서는 자체적으로 하위성직자 육성을 위한 프로그램들을 개발했으며, 소규모 종교교육 단체들의 수준에서도 개별적으로 이슬람에 관한 기초 지식 및 아랍어 교육 등을 실시하였다. 또한 종교자유법 제7조에 따라, 비록 교육부 등록이 요구되긴 했으나, 이슬람을 포함한 카자흐스탄의 모든 사립 종교단체들은 상당히 자율적으로 자체 교육시설들을 설립할 수 있었다. 그리고 심지어는 많은 종교단체들이 국가에 아무런 등록조차 하지 않은 채로도 독립적인 종교교육을 실시하곤 하였다(김상철, 2017: 93).

물론 다양한 이슬람 종교교육 단체들이 생겨나는 와중에도 성직자인 이맘을 양성할 수 있는 교육기관은 알마티의 '무바라크 이슬람대학'이 유일했던 만큼, 국가로부터 종무원으로 이어지는 위계적인 교육체계가 여전히 공식 이슬람 보급의 중심적인 축임은 부정할 수 없었다. 또한 카자흐스탄의 공식 이슬람체계 역시, 우즈베키스탄의 경우와 유사하게, 대체로 수니파 계열의 비교적 온건하고 세속적인 하나피(Hanafi) 학파의 사조에 꽤 충실한 편이었다(Yemelianova, 2014). 그러므로 대다수의 보통 카자흐스탄 시민들이 일상적으로 영위하는 이슬람의 내용 또한 전통 문화의 차원에서는 수피주의(Sufism)에, 그리고 공식 교육의 차원에서는 하나피의 교리에 가까웠던 바, 온건하고 세속적인 성격이 매우 강했다.[5] 그러나, 뒤에서 다시 언급할 것이듯, 나자르바예프 정부의 이러한

---

5 여기서 흥미로운 점은, 카자흐스탄 또한 우즈베키스탄과 마찬가지로 전통 이슬람 내지는 '민속 이슬람'(folk Islam)으로 볼 수 있을 수피주의가 일종의 문화 차원에서 사회에 깊이 뿌리 내려져 있었음에도, 후자에서는 정치적 잠재력이 약하다는 이유로 이슬람에 대해 통제적이던 카리모프 정부에 의해서도 용인이 되었던 것과 달리 전자에서는 독립 초기부터 소외되는 양상을 보였다는 사실이다. 물론 이는 나자르바예프 정부의 수피에 대한 특정한 입장으로부터 비롯되었던 것은 아니며, 오히려 독립 초기에 벌어졌던 무프티들과 수피주의자들 사이의

온건하면서도 종교적 다원주의 색깔이 짙었던 초기 이슬람정책은 이후 통제되기 어려울 정도로 다양한 교리 및 이념적 성격을 내재한 이슬람 종교단체들의 파생으로 이어지지 않을 수 없었다.

물론 카자흐스탄 정부 역시 상기한 비공식 이슬람의 다원적 확산 추세에 아무런 경각심을 가지지 않았던 것은 아니다. 이를테면, 2001년에 카자흐스탄 의회는 정부로 하여금 공식 이슬람의 영역 외부에서 활동 중인 단체들을 승인·감독할 수 있도록 하는 꽤 강력한 규제성 법안을 한 차례 발의했던 바 있다. 하지만 정작 나자르바예프 대통령측에서 해당 법안을 보류시킨 채 최종적으로 승인하지 않았다(Nurmanova et al., 2010: 292-294). 이는 2000년대 초반 시점까지도 이슬람 종교활동 전반을 사실상 자유화했던 독립 초기의 종교적 다원주의 정책 노선에 큰 변화가 없었고, 정부의 비공식 이슬람에 대한 탄압 의지 역시 별로 강하지 않았음을 방증한다.

요컨대, 독립 초기부터 꽤 오랜 시간 동안 나자르바예프 정부는 매우 온건한 이슬람정책들을 고수했다. 그 결과, 후술하겠지만, 카자흐스탄에서도 점차 통제되지 않는 비공식 이슬람분파들이 확산되어 갔고, 이러한 사회적 환경의 변화 속에서 와하비(Wahhabi)나 살라피(Salafi) 등 강경 수니파 계열의 급진 무슬림 규모가 확대될 가능성 또한 점차 예방하기 어렵게 되었다.

2. 2000년대 이후의 이슬람정책 변화들

상기한 카자흐스탄 나자르바예프 정부의 온건한 이슬람정책 노선은, 2000년대 들어 전술했던 바처럼 이슬람 단체들의 다원적 확산을 규제하는 법안이 시도되는 등 서서히 변화하는 양상을 보이다가, 2000년대 중반에 진입하면서 대단히

이슬람 내부 세력갈등이 그 주된 원인이었던 것으로 보인다(Yarbrough, 2014: 25)

억압적인 형태로 급격히 변모되었다. 이는 본 시점을 전후로 나자르바예프 행정부가 그동안 철저히 감시·통제하지 않은 결과 야기된 비전통적 이슬람 종교활동의 확산 및 이에 따른 이슬람 극단주의의 부상가능성을 본격적인 안보·치안 차원의 위협으로 인지하기 시작했음을 의미했다. 특히 2001년 나자르바예프 대통령의 생일에 맞춰 해방당이 주도했던 것으로 알려진 대규모 불법 유인물 유포 사건 등은 이러한 변화의 서막이나 다름없었다.

이러한 정책변화의 기조 속에서 나자르바예프 정부는 우선적으로 해방당 등 이슬람 급진주의 활동에 연루된 것으로 의심되는 무슬림들을 사법 처리의 방식으로 강하게 압박하기 시작했다. 즉, 여타의 중앙아시아 국가들에서와 마찬가지로, 카자흐스탄에서도 경찰과 정보부 등 사법당국들이 다수의 극단주의 운동원 또는 잠재적 활동가들을 불법 무기 및 급진주의 유인물 소지 등의 혐의를 걸어 체포하고 구속하는 양상이 부쩍 강화됐던 것이다(Yarbrough, 2014: 28). 구체적으로 나자르바예프 정부는 2004년 '해방당' 활동 유관 혐의로 남부 지역에서 60여 명의 무슬림들을 전격 체포한 후, 이들에게 민족적·종교적 적대선동, 불법 종교단체 가담, 그리고 국가전복 획책 등의 혐의를 걸어 대거 기소·구속하였다. 또한 2005년에는 카자흐스탄 남부의 켄타우(Kentau)와 알마티의 인쇄소들을 급습하여 다량의 불온 유인물 및 서적들을 적발·압수함으로써 '해방당'을 비롯한 이슬람 극단주의 활동의 억압을 위한 명분을 축적하기도 하였다. 또한 다른 한편으로 2003년에는 러시아인과 친러 성향 카자흐인들의 다수가 집거 중이던 카자흐스탄의 북부지역에서까지 '해방당' 당원들을 검거함으로써, 이슬람 급진주의 세력의 전국적 확산을 사전에 봉쇄하는 보습을 보였다(손영훈, 2008: 331-332; Karagiannis, 2007: 303).

나아가 나자르바예프 정부는 2004년 '우즈베키스탄 이슬람운동'(Islamic Movement of Uzbekistan: IMU)을 테러집단으로 명시하고 카자흐스탄 내 활동을 전면 금지시켰으며, 2005년에는 아스타나(Astana) 시법원이 '해방당'을 급진 이슬람 단체로 판시하였다. 더욱이 2006년 대법원은 알카에다(Al-Qaeda) 등 국제적 테러조직들은 물론 '동투르키스탄 이슬람운동'(East Turkistan Islamic Movement) 등 그간 카자흐스탄에서는 활동이 거의 포착되지 않았던 중앙아시아지역을 거점으로 한 단체들까지도 그 침투를 원천 차단하는 결정을 내렸다(손영훈, 2008: 332; Karagiannis, 2007: 304). 현재는 알카에다, 해방당, '우즈베키스탄 이슬람운동' 등을 비롯해 15개 급진 이슬람단체들의 활동이 모두 전면 금지되어 있는 상태이다. 이는 나자르바예프 정부가 이전과 달리 국내외의 이슬람 극단주의 조직들에 대한 경각심을 스스로 강화하고, 행정 및 사법 권력을 두루 활용함으로써 그 세력확장을 차단하는 방향으로 뚜렷한 정책적 선회를 해왔음을 시사한다.

아울러, 나자르바예프 행정부는 2004년 국가안보위원회(KNB) 산하에 새로이 대테러센터(Anti-Terrorism Center)를 설치했으며, 전술하였듯이 2005년에는 급진 이슬람 저항운동에 효과적으로 대처하고 국가안보를 수호한다는 명분하에 이전에 한 차례 그 채택을 유보했던 반테러법을 결국 통과시키기에 이른다. 주지하다시피, 이 반테러법에는 이슬람 극단주의 및 이에 기초한 테러활동 처벌 강화, 종교단체 및 정당의 등록 및 활동 규제 등 비공식적·비전통적 이슬람에 대한 법적·행정적 제약을 심화하는 조항들이 대거 포함되었다. 이에 따라 정부에 등록되지 않은 모든 종교단체들의 활동이 공식적으로 금지되었으며, 다수의 이슬람 단체나 정당들이 받아오던 외국의 재정지원 또한 일률적으로 불법화되었다(Azizian, 2005: 10). 본 법안의 세부 내용들을 감안할 때, 사실 이의 채택은 나자르바예프 정부가 이슬람 극단주의를 사실상 국가안보에 가장 심각한 위협 요소들 가운데 하나로 인지하기 시작했음을 뜻하는 것이었다. 따라서, 이를 기점으로 카자흐스탄 정부와 이슬람 사이의 관계 역시 정치적 갈등이 잠재된 상태의 새로운 전기를 맞게 된 것으로 볼 수 있었다.

한편, 나자르바예프 정부는 2000년대 중반 이후로 이렇듯 이슬람 급진주의 세력의 준동을 지속적으로 억제하는 정책적 기조를 이어가던 가운데, 2011년에 발생한 카자흐스탄 서부 도시 아티라우(Atyrau)에서의 테러 사건을 계기로 매우 통제적인 형태의 종교규제법까지 결국 통과키기에 이른다(Najibullah, 2011; Savchenko, 2015). 이전의 반테러법이 이슬람 등 종교 그 자체에 대한 규제 및 처벌을 목표로 한다기보다는 종교 극단주의의 테러 측면에서의 위협에 사실상 더 초점이 맞춰져 있었다면, 2011년 채택된 종교 그 자체에 대한 새로운 규제법은 이슬람을 명백한 안보 차원의 문제로 규정하는 데서 한발 더 나아가 국가로 하여금 모든 이슬람 종교 활동을 전면적으로 통제할 수 있도록 허용하기 위한 목적이 짙었다(Kulsaryieva et al., 2013: 1616). 즉, 카자흐스탄의 이슬람정책 역시 우즈베키스탄 카리모프 정부의 그것처럼, 정부측에서 '판단'할 때 그 이념 및 활동이 조금이라도 정치적·사회적 성격을 띨 시 즉각 와하비 등으로 낙인찍고, 이를 통해 전사회적 통제와 공포의 분위기를 조성할 수 있게끔 하는 방식으로 변질되고 있었던 것이다.[6]

요컨대, 나자르바예프 정부의 이슬람정책은 종교적 다원주의의 차원에서 실시되던 독립 초기의 온건 노선이 2000년대 중반을 기점으로 사실상 폐기되고, 안보·치안 차원에서 이에 접근하는 형태로 차츰 변형되어갔다. 그리고 급기야 2010년 이후가 되자 모든 이슬람 종교 활동을 잠재적 극단주의 행위로 간주하고 이에 과도하게 대응하는, 흡사 우즈베키스탄과도 유사한 수준의 통제적이고 제약적인 이슬람정책을 펴는 정도에까지 이르게 된 것이다. 상술하였듯, 이하에서는 카자흐스탄 나자르바예프 정부의 이슬람정책이 이렇듯 변화하게 된 원인을, 이슬람 급진주의의 부상가능성에 따른 위협 요인의 발현 및 정부의 대이슬람 억압을 둘러싼 기회구조 요인의 변동을 통해 설명하고자 한다.

---

6 이후로도 나자르바예프는 2013년부터 2017년까지를 종교 극단주의 및 이에 따른 테러리즘 억제를 위한 집중 단속기간으로 지정하고, 종무원을 중심으로 시민사회 수준에서의 자발적 예방이 이루어질 수 있게끔 하는 특별 조치까지 내리는 등 탄압 위주의 강경한 이슬람정책을 계속 이어갔다(McDermott, 2013).

III. 이슬람정책 변화의 정치적 요인 1: 이슬람 급진주의의 실제적 위협

1. 이슬람 부흥과 비전통적·급진적 무슬림의 증대

소련으로부터 독립한 이후 카자흐스탄 나자르바예프 정부가 취했던 종교적 다원주의 정책 기조는 전체주의 체제하에서 오랜 기간 동안 억압되었던 수많은 종교들의 재등장은 물론, 각 종교 내부적으로도 교리적 다양성을 강하게 촉진하는 결과를 낳았다. 그리고 이러한 종교적 자유주의의 추세 속에서 전술했듯이 카자흐스탄 이슬람 역시 매우 다양한 이념적 성향을 지닌 하부종파 세력들의 원심적 파생으로 이어지지 않을 수 없었다.

구체적으로 1990년대 후반에 제출된 '카자흐스탄 무슬림 종무원'의 보고에 따르면, 카자흐스탄에는 이 시기를 전후해 이미 3,000여 개의 합법 및 불법 이슬람 관련 종교단체들이 활동하고 있었다. 그리고 당시 수도인 알마티만 놓고 봤을 때에도, 종무원의 사실상의 묵인하에 1993년에서 1998년에 이르는 약 5년 동안에만 종교단체들의 수가 무려 12배가량 증가했고, 여기에는 카자흐스탄의 전통적·공식적 이슬람과는 상이한 이념적 성향을 지닌 조직들도 다수 포함되어 있는 것으로 추정되었다. 무엇보다도 이러한 단체들 가운데 상당수는 해외로부터 자금을 지원받고 그 활동 반경을 확대하고 있었던 바, 교리 및 행동지침 등에 있어 비전통적이면서도 급진적인 성격을 보일 개연성이 근본적으로 높을 수밖에 없었다(김상철, 2017: 94; Nurmanova et al., 2010: 290-325). 이는, 비록 해당 이슬람 단체들이 당장 나자르바예프 정부의 정치적 반대 세력으로 부상했던 것은 아닐지라도, 관련 국가기구나 종무원과 같은 관변 종교기관으로부터의 별다른 수직적 통제가 없었던 상황하에서 다양한 성향의 비공식적 이슬람 문화 및 조류가 형성되는 데 크게 기여하였다. 그리고 그 가운데는, 물론 정도의 차이는 있었겠으나, 종교 급진주의 및 이에 기초한 테러집단으로의 진화가능성을 내재한 조직들 역시 상당수 포함되지 않을 수 없었다.

더욱이 1990년대 후반을 기점으로 카자흐스탄 사회 내부적으로 일종의 이슬람 부흥의 분위기까지 고조됨에 따라, 기존 카자흐스탄의 전통적 이슬람의 범주를 벗어난 교리 및 활동 등이 주요 도시들을 중심으로 급속히 증가하는 양상을 보이기 시작했다. 특히 이러한 이슬람 부흥의 새로운 추세는 체계적인 이슬람 교육을 받지 않은 젊은 세대들이 대거 이슬람 극단주의의 교리들에 심취하고, 나아가 그 실천에까지 적극 가담하게끔 유도하는 중대한 계기가 되었다. 심지어 이 시기에 있었던 인터넷 등 통신기술의 비약적인 발전은 젊은이들이 주도하는 이슬람 부흥의 기저에 강한 네트워크적 토대까지 제공해줄 수 있었다. 이와 관련해 2014년의 한 보고에 따르면, 카자흐스탄 이슬람 극단주의 단체들의 경우, 그 구성원의 약 80%가 젊은 세대에 속하며 심지어 그 중 10% 정도는 연령이 고작 18세에도 이르지 않은 청소년들에 해당하는 것으로 집계되었다 (Metzel, 2011; Edelbay, 2014).

한편 카자흐스탄 젊은 계층의 이러한 종교적 급진화는 이 국가의 경제적 불평등 심화 추세로부터 직간접적인 영향을 받은 것으로도 분석이 가능했다. 카자흐스탄은 2000년대 초반 이후 국제 에너지가격의 급격한 상승세에 힘입어 거의 10여 년 동안 연평균 10%에 육박하는 높은 경제성장률을 계속 달성하였고, 이는 뒤에서 다시 설명할 것이듯 나자르바예프 대통령의 지지율 제고에 적잖이 기여하였다. 하지만 다른 한편으로, 전형적인 국제 에너지가격 상승으로부터 비롯된 이러한 경제발전 양상은 사회적으로 우려될 만한 수준의 빈부격차를 낳았고, 이는 부분적으로 상당수의 빈곤층, 그 중에서도 젊은 세대들이 이슬람 극단주의에 경사되도록 유인하는 요소가 될 수 있었다. 결과적으로 카자흐스탄은 세대교체가 본격화될수록 이슬람의 급진성 또한 중장기적으로 심화될 수밖에 없는 구조를 내재하게 된 셈이었다.

이렇듯 달라진 환경들 속에서 카자흐스탄 사회 저변에는 수피주의 등 기존의 전통적 이슬람 문화들을 부정하며 '쿠란'으로의 회귀만을 주장하는 쿠란주의자(Quranit)나, 대표적인 비전통 이슬람분파로서 칼리프(Caliph) 정체의 신정국가 건설을 위해서라면 무력사용 또한 불사하고자 하는 강경 수니파 계열의 살라피 혹은 와하비 등의 이념적 기반이 한층 강화될 수밖에 없었다. 특히 카자흐스탄 살라피들의 경우, 여전히 그 수가 많지는 않지만, 이 국가의 전통적 무슬림들에 대한 거부감이 클 뿐 아니라, 이른바 '진실하고'(true) '순수한'(pure) 이슬람 교리에 대한 집착 역시 과도하게 강한 것으로 알려져 있다. 비록 여전히 카자흐스탄의 다수 평범한 무슬림들은 물론 심지어는 같은 근본주의 계열인 쿠란주의자들로부터도 강한 경계와 배척을 받고 있는 실정이지만(Edelbay, 2014), 상기했듯이 이들의 확대 추세를 완전히 무시하기는 이미 어려워진 상황이다.

요컨대, 독립 초기 나자르바예프 정부의 종교적 다원주의 노선에 입각한 이슬람정책은 역설적으로 비전통적·급진적 이슬람의 세력확대를 결과하였다. 그리고 이는 카자흐스탄 내 이슬람 부흥의 기류와 함께 젊은 계층의 적극적 반응을 유도해내면서, 이슬람 극단주의 확산의 중장기적 추세를 조성하였다.

2. 국외 이슬람 극단주의 사조·세력의 유입

상술했듯이 카자흐스탄은, 여타의 중앙아시아 국가들과 비교했을 때, 독립 이후 상당히 오랜 시간 동안 이슬람 극단주의 운동 및 이에 기인한 테러리즘으로부터 자유로웠다. '타지키스탄 이슬람부흥당'(Islamic Renaissance of Party of Tajikistan), '우즈베키스탄 이슬람운동', '동투르키스탄 이슬람운동' 등과 같은 영향력 있는 중앙아시아판 이슬람 급진주의 무장단체가 부재했음은 물론, 앞서 설명했듯 살라피나 와하비 등 전형적인 수니파 계통의 극단주의 분파·사조의 내생적 성장 역시 시기적으로 비교적 늦게 시작되었다. 물론 그 규모도 상대적으로 큰 편이 아니었다.

더욱이 카자흐스탄은 중앙아시아 이슬람 원리주의의 발원지인 페르가나

(Fergana) 지방과 직접 국경선을 맞대고 있지 않기 때문에, 중앙아시아지역에 거점을 둔 이슬람 극단주의 무장단체들의 주된 활동 반경으로부터도 어느 정도는 분리될 수 있었다(Chausovsky, 2012). 이는 독립 이후 카자흐스탄이 상당 기간 동안 급진 이슬람의 테러 위협으로부터 안전할 수 있도록 해준 결정적인 지리적 변수가 되었다. 그럼에도 불구하고, 우즈베키스탄과 국경을 접하고 있는 카자흐스탄 남부지역의 경우, 이슬람 극단주의 및 그 정치화 운동 등에 상대적으로 우호적인 우즈베크인들이 집거하고 있어 잠재적 테러의 위험성이 전혀 없었다고 보긴 어려웠다. 실제로도 카자흐스탄 남부지역에서 활동 중인 '해방당' 조직은 최초 이 우즈베크인들의 주도하에 그 토대가 만들어졌던 것으로 파악되고 있다(손영훈, 2008: 331).

문제는 이렇듯 이슬람 극단주의에 대한 잠재적 취약성이 상존했던 조건 속에서, 1990년대 말엽을 기점으로 '우즈베키스탄 이슬람운동' 등 페르가나 지방을 거점으로 둔 이슬람 극단주의 단체의 조직원들이 이 지역으로 서서히 유입되기 시작했다는 점이다. 사실 페르가나 지방으로부터 이슬람 극단주의 단체가 직접 유입되긴 어렵더라도, 이는 결국 시간의 문제일 뿐, 중앙아시아의 지리적 특성상 인접 국가들을 통하거나 상기했듯 우즈베키스탄이나 타지키스탄 출신의 거주자들에 의해 매개될 여지는 결코 작지 않았다(박상남, 2010: 202). 실제로 1998년에 해방당 세력이 처음 카자흐스탄 남부지역으로 유입된 이후 2000년대 중반 즈음에 이르러선 이 지역에 상주하는 당원의 수가 무려 1,000여 명으로 늘어났으며, 그 민족 구성 및 활동 범위 또한 크게 확대된 것으로 보고되고 있다(Karagiannis, 2007: 302-303). 특히 '우즈베키스탄 이슬람운동' 등의 이 지역으로의 유입은, 그간 카자흐스탄에선 주로 이념적 사조 및 교리의 형태로만 잠재되어 있던 이슬람 극단주의의 기류가 실질적인 무장테러의 위협으로 급속히 전환되는 중대한 계기가 되었다는 점에서, 매우 주목되는 현상이 아닐 수 없었다.[7]

---

7 특히 공식적으로는 무력사용을 잘 천명하지 않는 '해방당' 당원들이 카자흐스탄 남부지역의

한편, 카자흐스탄 이슬람 극단주의 기류의 성장은 국토의 남부뿐 아니라 서부지역에서도 거의 동시적으로 조성되고 있었다. 특히 카자흐스탄 서부지역은 살라피 또는 와하비의 교리적 경향성이 다른 지역들에 비해 상대적으로 강하게 형성되어 왔는데, 이는 주로 아랍이나 카프카즈(Caucasus) 지역으로부터 온 선교사들 혹은 해당 지역 국가들에서 수학한 유학생들에 의해 급진 종교이념의 형태로 유입된 후 지속적으로 확대·재생산된 결과였다. 특히 대다수가 젊은 계층인 카자흐스탄 살라피들의 경우, 국외 기관으로는 아랍지역 그 중에서도 사우디아라비아의 여러 대학들로부터 급진적인 교리 교육을 받은 사례가 많았으며, 귀국한 이후에는 주로 망기스타우(Mangistau), 악추빈스크(Aktyubinsk), 아티라우 등 영토의 서부지역을 중심으로 그 세력을 확장해온 것으로 알려져 있다.[8] 즉, 독립 이후 카자흐스탄 영토의 남부지역이 주로 중앙아시아에 근거를 둔 이슬람 극단주의 운동에 많이 노출되었다면, 서부지역은 카프카즈와 아랍지역으로부터 연원한 강경 수니파 계열의 급진 이슬람 사조들로부터 적잖은 영향을 받았던 것이다. 물론 이들 서부지역의 살라피들 역시 언제든 극단주의 행동 등에 나설 수 있을 정도로 강한 정치적·종교적 의지를 지니고 있었던 만큼, 테러를 실행할 잠재성 또한 남부지역의 무장테러 활동가들에 비해 결코 더 작지 않았다.[9]

그러므로 2000년대 초중반 이후 나타났던 나자르바예프 행정부의 이슬람

이슬람 극단주의 기류를 한동안 지배해왔음을 감안할 때, '우즈베키스탄 이슬람운동' 등 정치적 성격을 강하게 띤 무장단체의 유입은 카자흐스탄 이슬람 급진주의 활동 방향의 전환에 결정적 분수령이 되었을 소지가 크다.

8 이전에 카자흐스탄 살라피들을 양성했던 주요 국내 기관으로는 알마티 소재의 마드라사(madrasah)와 심켄트(Symkent)에 위치한 '아랍-카자흐 대학'(Arab-Kazakh University) 등이 있었는데, 현재는 정부에 의해 모두 폐쇄된 상태이다(Edelbay, 2014).

9 특히 카자흐스탄 내 급진 이슬람의 세력 확대가 이렇듯 남부 및 서부지역에 집중되어 나타나기 시작했던 데는, 앞서 언급했던 경제적 격차의 부정적 영향이 꽤 유의미하게 작용했던 것으로 분석되고 있다. 이에 관해서는, 김태연(2017: 46-47)을 참조.

정책 기조상의 급격한 변화는, 물론 그 실행을 가능케 한 조건들의 경우 다음 절에서 자세히 설명될 것이지만, 근본적으로 이슬람 급진주의의 실제적 위협에 대한 정권의 민감도 상승에 의해 처음 동기화되기 시작했을 공산이 크다. 실제로도 카자흐스탄은 2000년대 후반 이후 더 이상 이슬람 극단주의에 의한 테러로부터 안전한 국가로 분류되기 힘들어졌다. 예를 들어, 2011년 5월 서부 도시 악토베(Aktobe)에서의 자살폭탄 테러를 시작으로 그 일주일 뒤에는 신수도 아스타나에서 차량폭발 테러가 발생했으며, 동년 7월 서부 카자흐스탄에서는 치안당국과 이슬람 극단주의자들 사이의 무장대치 국면 중 13명이 사망하는 사건이 벌어졌다. 그리고 그 얼마 뒤인 2011년 11월에는 앞서 언급했던 아티라우에서의 폭탄테러 사건이 발발했고, 같은 달 타라즈(Taraz)에서는 자살테러를 감행한 무슬림 급진주의자 본인을 포함해 총 8명이 사망한 사건이 발생하였다(Lillis, 2011). 2011년 한 해 동안만 이슬람 극단주의 무장단체의 소행으로 추정되는 테러가 무려 네다섯 차례 연속으로 벌어졌던 것이다. 그리고 이러한 테러 사건들은 현재까지도 간헐적으로 계속 이어지고 있다.

요컨대, 여타 중앙아시아지역 이슬람 극단주의 조직들과 카프카즈 및 아랍지역 수니파 근본주의 사조의 국내 유입이란 변수는 전술했던 급진파 무슬림들의 내생적 증대 경향과 상호작용함으로써, 2000년대 중후반 이후 카자흐스탄 내에 이슬람 극단주의에 기초한 테러리즘의 위협을 사실상 일상화시켰다. 따라서, 이 같은 테러 위협의 점진적 심화 추세와 병행적으로, 2000년대 초중반부터 나자르바예프 정부 역시 이슬람정책을 이전의 온건 노선에서 강압 기조로 전환하게끔 강하게 동기화되지 않을 수 없었던 것이다.

IV. 이슬람정책 변화의 정치적 요인 2: 나자르바예프 정부의 기회 구조 변화

1. 민족주의적 선거 권위주의 체제로의 진화

카자흐스탄이 소련으로부터 독립한 직후 나자르바예프 대통령의 권력은, 매우 억압적 이슬람정책을 시행하고 있는 현재와 비교했을 때, 새롭게 형성되고 있던 당시의 다양한 정치·시민사회를 강하게 통제할 수 있을 만큼 공고하지 못했다. 이를테면, 나자르바예프는 카자흐스탄 공산당의 마지막 제1서기 출신으로 독립 국면에서 자연스럽게 대통령직에 오를 수 있었으나, 정책결정과정에서는 의회 내 야권세력으로부터 빈번한 반대에 직면해야만 했다(김상철, 2012: 165-166). 특히 상술하였듯, 카자흐스탄은 독립 이후 전형적인 초다민족·다문화 사회를 배태하게 된 국가였다. 현재도 카자흐스탄에는 전체 인구 중 25% 내외의 비율을 점한 러시아계를 포함해 130개 이상의 다양한 민족들이 공존하고 있을 뿐 아니라, 명목민족인 카자흐계 역시 동남부, 중부, 서부지역 및 해당 지방들의 대표 씨족분파들(clans)에 그 토대를 둔 대·중·소 쥬즈(Zhuz) 세력들로 다시금 나뉘어져 있다. 더욱이, 독립 전후의 시기를 기준으로 볼 때, 이들 각각의 세력은 공히 일정 수준 이상의 독자적인 정치경제적 자원들까지 보유하고 있었다(박상남, 2010/2011; 엄구호, 2009; Collins, 2004: 257-260; Olcott, 2002: 100; Cummings, 2000: 22-23).[10] 심지어 카자흐스탄의 경우, 여타의 중앙아시아 국가들과는 달리, 무슬림이 상대적 다수를 점한 가운데 러시아정교를 비롯한 다양한 종교분파들까지도 일정 정도 이상의 사회적 비중과 영향력을 유지하고 있는 상황이다.

그러므로 독립 직후의 이러한 정치지형 속에서 나자르바예프 정부가 정치

---

10 특히 카자흐스탄 주요 씨족들의 경우, 독립 이전부터 보유하고 있던 그들의 영향력을 나자르바예프 대통령의 집권 기간 동안에도 계속 유지하며 정치권력의 한 축을 담당하였다.

적 다수파를 형성하고, 정책결정과정을 일사불란하게 주도하기란 결코 쉬운 일이 아니었다. 즉 대통령과 행정부의 정책자율성이 상대적으로 높지 않았던 것이다. 이를테면, 러시아 접경지역인 카자흐스탄 영토의 북부에는 다수의 러시아계가 집거해 왔는데, 독립 직후 이들을 자극할 소지가 큰 민족주의 정책 등을 실시한다는 것은 거의 불가능에 가까웠다. 1990년대 초반에 대대적으로 러시아어의 공용어지위 폐지 논쟁이 일고, 결국 한동안 유지되는 쪽으로 가닥이 잡힐 수밖에 없었던 것 또한 바로 이 때문이다(Dave, 2004: 128-132). 그러므로 이와 유사한 맥락에서 나자르바예프 정부로서는, 물론 독립 초기에는 그 필요성이 그리 크지도 않았지만, 앞서 설명했듯 설령 비전통적이고 급진적인 무슬림 통제를 목적으로 한 강경하고 억압적인 이슬람정책을 펴고자 했었더라도 근본적으로 한계에 부딪히지 않을 수 없는 상황이었던 것이다.[11]

그러나 역설적인 것은 강력한 씨족들을 포함한 다차원적 세력들의 공존이 나자르바예프로 하여금 이들 사이의 권력투쟁 및 충성경쟁을 유도하고, 그 결과로 정책결정과정을 주도하기 용이하게끔 해준 측면도 없지 않았다는 사실이다(박상남, 2010: 45; 2010/2011: 173-179). 실제 나자르바예프는 그만의 절묘한 권력운용을 통해 1995년 헌법재판소로부터 반행정부 성향의 의회에 대한 해산 명령을 받아냈을 뿐 아니라, 동년 대통령 권한의 대폭 확대를 골자로 한 헌법개정까지 이뤄낼 수 있었다. 특히 새 헌법은 대통령에게 총리를 제외한 각료들에 대한 임면권, 의회해산권, 그리고 법률적 효력을 갖는 포고령발포권까지 부여하는 등 제도적으론 준대통령제에 가까우나 실제 운영상으론 매우 강한 대통령제를 창출했으며, 심지어 초대 대통령에 한해서는 사실상 그 임기를 무기한 연장

---

11 우즈베키스탄 카리모프 정부의 경우에도 대통령의 1인 독재체제가 확립된 것은 2000년대 중반 이후의 일이며, 그 전까지는 집단지도체제의 성격을 강하게 띠었다. 이에 관해서는, 이선우(2016)을 참조. 그럼에도 불구하고 독립 초기부터 대단히 억압적인 이슬람정책을 사용했던 것에서 보듯 카리모프 정부는 전형적인 강성권위주의 정권이었다는 점에서 카자흐스탄 사례와는 일부 차이가 난다 하겠다.

하는 것까지 허용하였다(Olcott, 1997: 218-219; Isaacs, 2011: 117-120).

이후 상술했던 것처럼 2000년대 중후반까지 지속됐던 국제 에너지가격의 급격한 상승에 힘입어 연평균 10%를 웃도는 높은 경제성장률이 이어지고 대통령의 국정지지율 역시 이에 부응하자, 나자르바예프는 강한 행정부와 친여 성향의 의회를 적극 활용함으로써 야권의 정치적 기반을 허무는 제도적 변화들을 계속 시도해나갈 수 있었다. 예컨대, 2002년에는 새로운 정당법을 제정함으로써 민족·씨족·인종·종교 등에 기초한 정당의 설립을 전면 금지하는 동시에, 새 정당등록 요건으로 총 5만 명 이상의 당원을 모집할 것과 아스타나와 알마티를 포함한 14개 주에서 각각 700명 이상의 당원을 확보할 것을 법제화하였다(김상철, 2012: 175-177; 현승수, 2012: 117-120). 그 결과, 2007년 총선에서는 집권당이라 할 누르오탄당(Nur Otan)이 하원 비례대표분의 전석인 98석을 모두 석권하는 상황까지 벌어졌다. 아울러, 나자르바예프 정권은 이렇듯 행정부로 집중된 정치권력에 의존해 언론과 NGO를 향한 탄압을 본격화하는 등, 시민사회에 대한 억압의 강도 또한 지속적으로 높여나갔다. 이렇게 볼 때, 이 시기 탈공산 카자흐스탄은 분명 일종의 선거 권위주의 체제로 진화해나가고 있었던 셈이다.

한편, 나자르바예프 대통령은 정권의 권력이 계속 강화되어가는 데 발맞춰 초다민족·다문화 사회가 내재할 수밖에 없었던 원심적 잠재력 또한 제어해나가기 시작했으며, 카자흐계 중심의 체제재편을 위한 민족주의 정책들을 차츰 본격화하였다(Oka, 2009). 그 대표적인 예로, 1995년 대통령 자문기구인 '카자흐스탄 민족회의'(Assembly of Peoples of Kazakhstan)를 설치하고 정부에 우호적인 민족지도자들을 대거 이 기구의 구성원으로 포섭해냄으로써, 각각의 개별 민족들이 견고한 응집력을 지닌 하나의 정치적 단위로 부상하기 어려워지게끔 만들었다. 즉 특정 지역이나 민족으로부터 주로 지지를 획득하는 정당들을 포함해, 어떠한 비카자흐계 세력들도 중앙정부를 향해 도전할 수 없게끔 원천적인 봉쇄를 가하고자했던 것이다.

무엇보다도, 나자르바예프 정부는 독립 이후 지속적으로 러시아와의 외교분쟁 및 분리주의 움직임의 맹아가 되어왔던 북부지역 러시아계의 위험성을 사전에 예방할 목적하에 1990년대 후반부터 몇몇 중대한 조치들을 단행하기 시작하였다. 그 대표적인 예가 바로 1997년 시작된 북동부 소재 아스타나로의 수도 이전이었는데, 이를 통해 북부지역의 러시아계와 카자흐계 간 인구학적 비중을 인위적으로 조정하고, 전자의 자치 및 분리주의 움직임, 그리고 향후 이 지방의 러시아 영토로의 병합가능성까지도 최대한 억제하려했던 것이다(Dave, 2007: 122-123; Wolfel, 2002).[12] 특히 아스타나 천도는 소련 시기 카자흐스탄 공업화를 선도했던 북부지역의 산업기반 및 자원들에 대한 중앙정부측의 장악력을 높이고, 독립 이후 러시아계가 누려왔던 정치·경제·문화적 특권들을 축소시키는 데 적잖이 기여하였다(김상철, 2012: 174-175). 실제로, 불과 10년여 만인 2000년대 중반에 이미 카자흐스탄 전체 인구 대비 러시아계의 비중이 기존의 40% 선에서 20% 중반 수준으로 대폭 떨어졌다는 점, 그리고 이 시기를 즈음해 러시아계 출신들이 중앙정부 요직으로부터도 대거 밀려났다는 점 등을 두루 감안할 때, 분명 아스타나 천도로 대표되는 나자르바예프 정부의 일련의 민족주의 정책들은 상당히 성공적이라 할 수 있었다(박상남, 2010/2011: 176-177; Yermukanov, 2004).[13]

이렇듯 카자흐스탄에서도 대통령을 중심으로 한 민족주의 성향의 선거 권위주의 체제가 구축되고 최대 소수민족인 러시아계의 세력이 현저히 약화되는 등 초다민족·다문화 사회의 원심력마저 차단되기 시작하자, 나자르바예프 정부 역시 과거에 비해 훨씬 강압적인 사회통제 정책들을 보다 일상적으로 펼 수

---

12 또한 이후 아스타나는 카자흐계의 민족정체성을 표상하는 하나의 대표적 상징으로 발전하였다. 이에 관해서는, 코프바예바(Kopbayeva, 2013)을 참조. 한편, 비교적 최근인 2019년 3월 나자르바예프가 전격 사임한 이후, 아스타나는 국부의 위치에 오른 나자르바예프의 이름을 기념하는 의미에서 그 명칭이 누르술탄으로 다시 변경되었다.

13 아울러, 최근 카자흐스탄 정부는 카자흐어 사용 인구의 비율을 2020년까지 전체 대비 95%로 높이는 것을 주요 목표 중 하나로 삼고 있는 것으로 알려졌다.

있게 되었다. 그리고 바로 이 새로운 기회구조로 인해 1990년대 후반부터 확대 일로에 있던 급진 이슬람에 대해서도 매우 억압적인 통제 정책이 실시되기 시작할 수 있었던 것이다. 특히 이렇듯 강경한 이슬람정책은, 대통령의 입장에서는 정권 내외부에 상존하는 정적들을, 정권의 입장에서는 잠재적 반체제 세력들을, 자의적인 방식으로 억압하고 통제할 수 있게끔 해주는 유용한 정치적 수단으로 활용가능했기 때문에 나자르바예프 정부의 또 다른 정치적 이익에도 매우 잘 부합하였다.[14] 따라서, 이슬람 극단주의의 실제적 위협 요인과 함께, 이러한 정파적 이유로 인해서도 이미 한 차례 강압적으로 변한 이슬람정책의 기조는 이후 그 기능적 필요 이상으로 계속 확대재생산되지 않을 수 없었던 것이다.

요컨대, 2000년대 초중반에 이르자 민족주의적 선거 권위주의 체제의 수립 등 그 유의성이 한층 뚜렷해진 카자흐스탄 내 권력구도 및 정치지형상의 변화는 나자르바예프 정부가 억압적 이슬람정책을 시행해나가는 데 있어 결정적인 기회를 제공하였다. 그리고 이는 강압적 이슬람정책 노선이 현재까지도 지

---

14 한편, 우즈베키스탄 카리모프 정부의 경우와 유사하게 나자르바예프 정부의 억압적 이슬람정책 역시 급진 이슬람분파들을 자극하고, 이들이 무장 테러를 통한 반응적 저항을 시도하게끔 유도하는 역효과를 일부 보였다. 카리모프의 억압적 이슬람정책의 정치적 동기에 관해서는, 이선우(2016)을 참조. 이는 1인 독재체제를 구축할 목적하에 이슬람 극단주의의 부상을 어느 정도 의도적으로 불러내고자 했던 카리모프와 마찬가지로, 나자르바예프 역시 그러한 정책적 효과에 대한 기대를 부분적으로는 가지고 있었을 것이란 추정을 가능토록 한다. 특히 전술하였듯 나자르바예프 정권의 경우 2000년대 후반까지도 강력한 씨족에 기반한 엘리트분파들 간의 권력투쟁이 내부적으로 지속되었음을 감안할 때, 이러한 추론은 더욱 설득력을 가진다. 나자르바예프 정권 내부 엘리트분파들 사이의 권력투쟁에 관해서는, 클레인(Klein, 2013), 슈쇼프(Shustov, 2010) 등을 참조. 그럼에도 불구하고 나자르바예프 대통령의 경우, 1인 독재체제를 수립했다기보다는, 앞서 언급하였듯 독자적 권력을 계속 유지해온 씨족들의 존재로 인해 다층적 세력들 간 절묘한 세력균형을 유지함으로써만 자신의 권력을 지킬 수 있는 상황에 계속 놓여있었다. 그러므로, 비록 그 역시 강압적 이슬람정책을 체제 유지 및 공고화의 차원에서 활용하긴 했지만, 이를 통해 급진 이슬람 세력의 무장테러를 의도적으로 불러내고 이에 따른 치안 위기를 지배연합 축소를 위해 적극 활용하고자 했던 의도가 아주 강하지는 않았던 것으로 판단된다.

속될 수 있게끔 추동해온 가장 주요한 국내정치적 요인이 되고 있다.

2. 지구적 '테러와의 전쟁'과 역내 대테러 다자협력

카자흐스탄은 소련으로부터 독립한 이후 지속적으로 미국, 중국, 러시아 등 역내 강대국들과 복잡한 지정학적 연계를 맺어왔을 뿐 아니라, 한국, 일본 등 동북아 국가들 및 걸프만 국가들까지도 경제협력 등의 목적하에 경쟁적으로 그 진출을 시도해온 나라이다. 특히 카자흐스탄은 지리적으로 중국, 러시아 그리고 카스피해와 동시에 국경선을 맞대고 있어 유라시아·중앙아시아 국제관계의 핵심일 수밖에 없으며, 따라서 역내 강대국들이 첨예한 지정학적 계산에 따라 접근하고자 시도해온 대표적인 공간이다. 또한 그 원유보유량이 확인매장량 기준으로만 최소 90억 배럴 그리고 추정매장량 기준으로는 무려 920억 배럴에 달하는 중앙아시아 최대의 자원부국이기 때문에, 전지구적 차원에서 다수의 국가들이 교역 및 투자의 대상으로 적극 고려하지 않을 수 없는 나라이기도 하다.

상기한 조건들 속에서 독립 초기 카자흐스탄에 자국의 영향력을 투사할 목적으로 가장 활발히 움직였던 국가는 다름 아닌 미국이었다. 소련 해체 직후 체제전환을 수행 중이던 당시 러시아의 옐친(Boris Yeltsin) 정부에게는 이전과 같이 중앙아시아를 관리할 여력도 의지도 사실상 부재했다. 중국 역시 당시로서는 중앙아시아로의 진출을 아직 본격화하지 못하고 있던 상황이었다. 반면, 미국측은 이 새로운 지정학적·지경학적 요충지에서 자국의 영향력을 선제적으로 확장할 요량으로 카자흐스탄을 향해 매우 적극적이고도 우호적인 외교행보들을 펼쳤다. 이를테면, 미국은 1991년 자발적 핵무기 폐기에 대한 대가로 카자흐스탄측에 8억 7천만 달러 상당의 대규모 경제개발용 원조를 실시한 이래 계속 막대한 자본투자 및 기술지원을 이어왔으며, 심지어 통상에 있어서는 후자에게 최혜국 지위라는 막대한 특혜까지 부여해주었다(이홍섭, 2007: 96; Winstone et al., 2005: 20).

여기서 주목할 점은 이렇듯 미국을 필두로 한 서방과의 우호적 관계 및 이에 따라 조성된 유리한 대외경제적 환경들로 인해, 적어도 여타의 중앙아시아 국가들에 비해서는 나자르바예프 정부가 시장경제로의 전환 및 대외교역 확대를 추진할 유인을 더 많이 제공받지 않을 수 없었다는 사실이다.[15] 그리고 이는, 시장거래나 투자유치의 활성화 등 개방적 국가전략 목표의 차원에서, 앞서 언급했듯이 독립 초기의 다원화된 시민사회를 상대적으로 강하게 보존시키는 방향으로 정부정책 기조가 수립되게끔 유도했고, 이슬람정책 또한 범자유주의적 노선 속에서 해당 종교의 자율성을 최대한 유지시키는 방향으로 고안·집행되지 않을 수 없도록 제약하였다. 하지만 역시 앞서 반복적으로 설명하였듯, 카자흐스탄에서도 1990년대 말엽을 전후해 급진 이슬람 및 이에 연원한 테러리즘의 위협이 급속히 가시화됨에 따라, 나자르바예프 정부로서도 더 이상은 이전의 온건한 이슬람정책을 고수하기가 힘들어진 측면이 있었다. 그리고 상술한 국내 정치적 변화들은 강압적 이슬람정책이 실시되는 것을 부분적으로 가능토록 해주었다.

그러나 2000년대 초중반 이후 나자르바예프 정부가 기존의 온건한 이슬람정책을 강압 기조로 전환시킬 수 있었던 데는 대내적 요인들 외에도, 국제정치적 변화들이 제공한 기회들 역시 적잖은 역할을 했던 것으로 판단된다. 사실, 나자르바예프 정부 입장에서 기존의 경제발전전략을 유지해나가려면, 미국을 필두로 한 서방세계와의 에너지협력 등 전반적 교역 그리고 이들로부터의 지속적 투자가 여전히 필수적이었다. 이렇게 볼 때, 시장경제와 민주주의를 동시에 구축할 위험성이 큰 강경한 사회통제 정책들을 급격하게 실시하기는 상당히 부담

---

15   물론 나자르바예프 정부가 이 같이 시장경제로의 전환 및 대외교역 확대를 목표로 한 경제발전전략을 구사했다하여, 그 효과가 곧바로 나타났던 것은 아니다. 특히 가격자유화나 사유화 등 카자흐스탄의 체제전환 패키지는 오히려 독립 초기의 경제상황을 더욱 악화시킨 측면마저 있었다. 이에 관해서는 김영진(2009, 115-118)을 참조

스러울 수밖에 없었을 것이다. 하지만 2001년 9월 뉴욕에서 '9·11 테러' 사건이 발생하고 미국 부시(George W. Bush) 행정부가 이른바 '테러와의 전쟁'이란 명목하에 아프가니스탄 전쟁을 개시하자, 이슬람정책을 둘러싼 대외적 기회구조 또한 나자르바예프 정부에게 매우 유리한 방향으로 급속히 변화되었다.

　　미국이 주도했던 아프가니스탄 전쟁에는 미군을 비롯해 캐나다, 영국, 호주 등의 특수부대들이 참전했고 그 재건사업에는 무려 40여 개의 국가들이 함께 참여했던 만큼, 당시 '테러와의 전쟁'은 그야말로 전지구적 차원에서 수행됐던 작전으로 볼 수 있었다(주용식, 2010: 167-171; Khidirbekughi, 2003).[16] 무엇보다 이는 미국이 중앙아시아의 중요성을 재평가하고 미·러 양국이 그 안보적 이해를 공유할 수 있게끔 하는 중대한 계기가 되었다는 점에서(Mayners, 2003; Buckley, 2003), 비록 돌이켜봤을 때 양국 사이의 이러한 밀월은 이라크전과 '색깔혁명들'(Color Revolutions)을 계기로 깨지면서 결국 장기화되지 못했지만, 카자흐스탄과 이 국가의 급진 이슬람을 둘러싼 국제정세상의 미묘한 변동을 시사하는 것임에는 분명했다. 즉 나자르바예프 정부는 미국과 러시아 양측이 공히 지원하는 '테러와의 전쟁'에 대한 적극적 동참을 통해, 이전에 비해 훨씬 강압적인 이슬람정책을 펴는 것이 허용되는 매우 우호적인 대외환경과 조우할 수 있게 됐던 것이다. 실제로 2004년 부시 행정부는, 이미 강압적 이슬람정책을 펴기 시작한 카자흐스탄을 두고, 서방의 군사 및 여타 원조들을 받기에 충분한 수준의 인권보호 국가가 되었다고 평가하며 점차 억압적이 되어가던 정권측에 일종의 '면죄부'까지 제공하였다(Omelicheva, 2011b: 132).

　　한편 2000년대 중반 유라시아지역의 몇몇 국가들에서는 일종의 재민주화 현상으로서 '색깔혁명들'이 연이어 발발하였고, 역내 선거 권위주의 정권들 사이에서는 이 거대한 프로젝트의 배후에 미국이 있다는 강한 의심이 퍼져나갔다.

16　다른 한편 이러한 대테러전 양상은, 비록 이후 다양한 부침이 있긴 했지만, 현재 이슬람국가(IS)에 대한 글로벌 차원의 대응으로까지 이어졌던 것으로 볼 수 있다.

그리고 최초에는 나자르바예프 정권 또한 이들 가운데 예외가 아니었다. 하지만 2005년 카리모프 정권에 의해 자행된 안디잔(Andijan)에서의 무자비한 민중 탄압 사태를 계기로 미국과 우즈베키스탄 간 관계가 급속히 악화됨에 따라, 미국으로서는 중앙아시아 내에서의 카자흐스탄의 전략적 가치를 다시금 높게 설정하지 않을 수 없게 되었다. 즉 미국의 입장에서는, 비록 나자르바예프 정권 역시 유사권위주의 체제라고는 하나 상대적으로 카리모프 정권에 비해 연성임이 분명한 상황하에서, 우즈베키스탄과의 갈등관계를 보완할 역내 전진기지로서 이 국가가 지니고 있는 지정학적 이점과 역내 최대 자원부국으로서의 지경학적 위상을 평가절하하기가 결코 쉽지 않았던 것이다(이홍섭, 2007: 97; Nurgaliev, 2007).[17] 그리고 나자르바예프의 입장에서는 미국의 이러한 전략적 선택을 거부할 이유가 특별히 없었다. 결과적으로 이러한 양국 간의 전략적 협력관계는, 나자르바예프 정부가 '테러와의 전쟁' 국면을 틈타 채택했던 강압적 이슬람정책들을 일종의 권위주의적 지배의 도구로 변형시켜 계속 활용할 수 있게끔 허용한 또 하나의 중대한 대외적 기회가 되어주었다.

한편, 2000년대 중반에 발발한 유라시아판 '색깔혁명'을 계기로 중앙아시아 국가들이 급격히 미국과 거리를 두는 대신 오히려 러시아 쪽으로 다시금 경사된 대외정책을 펼치기 시작하자, 카자흐스탄 역시 친러·친중 외교행보를 한층 강화하는 행태를 보였다. 특히 나자르바예프 정부는, 전술했듯 미국과 상대적으로 우호적인 관계를 유지하는 가운데, 러시아 혹은 중국이 주도하는 다양한 역내 안보 및 경제 관련 다자협력기구들, 즉 '상하이협력기구'(SCO), '집단안보조약기구'(CSTO), '유라시아경제공동체'(EAEC) 등에도 적극 동참함으로써, 미국과 러시아·중국 사이에서의 전형적인 줄타기 외교를 상당히 성공적으로 수행해왔다고 평가받고 있다(Hanks, 2009).

17　또한 2005년 이후 미국은 심지어 카자흐스탄에게 '전략적 지역파트너'(Strategical Regional Partner)의 역할까지 맡기기에 이른다(Grozin, 2006).

그런데 여기서 주목해야 할 점은 이 지역 다자안보협력기구들 역시 그 대다수가 이슬람 극단주의에 토대를 둔 테러리즘 및 분리주의 세력들의 확산가능성 차단을 위한 회원국들의 공조를 각 조직의 가장 우선적인 안보과제로 강조하고 있다는 사실이다(Weitz, 2006). 이는 급진 이슬람에 대한 정부 차원의 우려와 그 예방에 대한 의지가 사실상 보편적인 역내 정책담론 및 공통의 플랫폼으로 공고화되어 있음을 의미한다. 따라서 중국과 러시아는 물론 중앙아시아 각국들 역시 적극적인 정책공조의 차원에서 점차 별 거리낌 없이 강압적 이슬람정책을 추진할 수 있게 되었을 뿐 아니라, 이에 의존해 권위주의적 통제를 한층 강화하는 효과 또한 일부 볼 수 있었다. 물론 우즈베키스탄의 경우에는 이러한 역내 대외환경이 카리모프 대통령으로 하여금 억압적 이슬람정책에 과도하게 의존하게끔 만들었던 나머지, 미국과의 관계 악화를 피할 수 없게끔 유도했던 측면이 있었다. 하지만 카자흐스탄의 입장에선, 오히려 나자르바예프 정부가 억압적 이슬람정책을 계속 강화해나가는 데 있어 매우 유리한 기회를 제공해주는 또 다른 추가적 대외 조건이 될 수 있었다.

요컨대, 2001년의 '9·11 테러' 이후 조성된 전지구적 '테러와의 전쟁' 국면 및 미국과 카자흐스탄 사이에 구축된 전략적 협력관계는 나자르바예프 정부가 기존의 온건한 이슬람정책 기조를 강경 노선으로 전환하고 이를 확대재생산할 있게끔 하는 중대한 대외적 기회가 되었다. 아울러 이와 함께, 나자르바예프 정부는 러시아와 중국이 주도하는 다수의 역내 다자안보협력기구들 속에서의 정책공조의 기회들을 통해서도 강압적 이슬람정책의 모멘텀을 계속 유지해올 수 있었다.

V. 맺음말

본 장의 분석에 따르면, 나자르바예프 정부의 이슬람정책을 독립 초기 온건 기조로부터 강압 노선으로 변화시킨 데 기여한 첫 번째 정치적 요인은 급진 이슬람의 실제적 위협 증대였다. 역설적이게도, 독립 초기 나자르바예프 정부의 종교적 다원주의 노선에 입각한 이슬람정책은 비전통적·급진적 이슬람분파들의 세력 확장이라는 의도치 않은 결과를 낳았다. 그리고 이는 카자흐스탄 내 이슬람 부흥의 새로운 기류와 함께 젊은 계층의 적극적 참여를 유도함으로써, 와하비 혹은 살라피와 같은 이슬람 극단주의 확산의 중장기적 추세를 조성하였다. 여기에 더해, 영토의 남부 및 서부를 거점으로 여타 중앙아시아지역의 이슬람 극단주의 조직들과 카프카즈 및 아랍지역의 수니파 근본주의 사조들까지 급격히 유입되기 시작하자, 2000년대 후반 이후로는 카자흐스탄 역시 이슬람 극단주의에 토대를 둔 테러리즘의 위협으로부터 더 이상 안전할 수 없게 되었다. 따라서 나자르바예프 정부로서도 이슬람정책을 초기의 온건 노선으로부터 강압 기조로 급히 전환하게끔 강하게 동기화되지 않을 수 없었던 것이다.

한편, 나자르바예프 정부의 이슬람정책이 전환되는 데 중대한 영향을 끼친 두 번째 정치적 요인은 정권이 처해 있던 대내적·대외적 기회구조의 미묘한 변화였다. 먼저 국내정치적 측면에서 보자면, 2000년대 초반을 전후해 최대 소수민족인 러시아계의 세력이 현저히 줄어드는 등 초다민족·다문화 사회의 원심력이 약화되고, 나아가 민족주의 성향의 선거 권위주의 체제까지 구축되기에 이르자, 나자르바예프 정부로서도 자연스럽게 이전과는 달리 매우 통제적인 이슬람정책을 펼 수 있는 기회를 맞게 되었다. 특히 강압적 이슬람정책은, 대통령의 입장에선 정권 내외부에 상존하는 정적들을, 정권의 입장에서는 잠재적 야권 세력들을, 자의적인 방식으로 숙청할 수 있게끔 해주는 효과적인 정치적 수단으로 활용될 수 있었던 바, 나자르바예프 정권의 정파적 이익에도 상당히 잘 부합하는 것이었다.

또 한편, 2001년의 '9·11 테러' 이후 조성된 전지구적 '테러와의 전쟁' 국면 및 미국과 카자흐스탄 사이에 구축된 전략적 협력관계는 공히 나자르바예프 정부가 독립 초기의 온건한 이슬람정책 기조를 강경 노선으로 전환하고, 이를 지속할 수 있도록 하는 데 유의한 영향을 끼친 중대한 국제정치적 기회가 되었다. 특히 미국의 입장에서는, 비록 나자르바예프 정권 역시 유사권위주의 체제라고는 하나, 이 국가가 지니고 있는 지정학적 이점과 지경학적 위상을 포기하기가 어려웠다. 아울러 이에 더해, 2000년대 중반 이후로는 러시아와 중국이 주도하는 다수의 역내 다자안보협력기구들을 통한 공동의 대테러정책 플랫폼 역시 나자르바예프 정부로 하여금 억압적 이슬람정책의 모멘텀을 지속해나갈 수 있도록 지지해준 또 다른 기회가 되었다. 결과적으로, 상기한 정치적 요인들로 인해 카자흐스탄의 나자르바예프 정부는 최근까지도 매우 강경하면서도 억압적인 이슬람정책을 계속 이어왔다. 이는 현재도 유효한 이슬람 극단주의 및 이로부터 연원한 무장테러에 대한 대응의 목적과 함께, 전술했던 정권 차원에서의 권력유지 및 확장에 대한 의지가 함께 반영됐던 결과로 풀이된다.

한편, 최근인 2019년 3월엔 매우 흥미롭게도 30여 년간 카자흐스탄을 통치해온 나자르바예프 대통령이 자신의 장기집권을 끝내고 스스로 권좌로부터의 사임을 결정했단 소식이 전해졌다. 그리고 이 권위주의적 통치자의 자발적 사임은 그 의도, 배경 그리고 향후 전망과 관련해서도 세간의 적잖은 관심들을 불러일으키고 있는 실정이다. 물론 나자르바예프는 사임 이후로도 '국가지도자'(The Leader of Nation)란 공식 직함을 지닌 채 군통수권을 비롯한 정책결정상의 많은 권한들을 행사할 뿐 아니라, 심지어는 불기소특권까지 보장받는다.[18] 일종의 국부이자 상왕으로 군림하게 되는 셈이다. 따라서 나자르바예프가 명실

---

18 "Nursultan Nazarbaev, Kazakhstan's Strongman, Resigns." *The Economist* (March 21, 2019).

상부하게 정치사회로부터 퇴장했다고 보기엔 현재로서는 다소 이른 감이 분명 있다. 그리고 이에 따라, 최근 새로이 집권한 토카예프(Kassym-Jomart Tokayev) 대통령의 경우는, 우즈베키스탄의 신임 대통령에 비해서도, 한동안 그 자율성에 있어 더 많은 제약을 받지 않을 수 없을 것으로 판단된다. 물론 나자르바예프의 나이가 곧 80세를 바라보는 만큼 그의 그늘 역시 오래 계속될 것으로 볼 수만은 없다. 그럼에도 적어도 당분간은 토카예프 대통령이 나자르바예프를 우회해 권위주의 체제를 대폭 이완하는 개혁정책들을 추진하기란 결코 쉽지 않아 보인다. 따라서 나자르바예프 정부의 강압적인 이슬람정책 기조 역시 어떤 방식으로든 가까운 미래에 근본적으로 바뀔 것으로 전망되진 않는다.

참고문헌

김상철. 2012. "카자흐스탄의 국가건설: 소비에트 국가에서 유라시아 신흥 중견국가로의 발전 과정을 중심으로." 한양대학교 아태지역연구센터 러시아·유라시아 연구사업단 엮음. 『유라시아의 체제전환과 국가건설』, 파주: 한울.

김상철. 2017. "카자흐스탄 이슬람 연구: 이슬람 종무기구와 교육제도를 중심으로." 『중동연구』 36(1), 69-101.

김영진. 2009. "카자흐스탄의 체제전환과 경제발전: 초기조건, 전략, 경제실적." 『슬라브연구』 25(1), 103-136.

김태연. 2017. "포스트소비에트 카자흐스탄과 키르기스스탄 급진 이슬람 운동의 동원 잠재력 비교연구." 『러시아연구』 27(2), 37-77.

박상남. 2010. 『현대 중앙아시아』. 오산: 한신대학교출판부.

박상남. 2010/2011. "권위주의 국가 엘리트 구조의 변화와 작동원리: 독립 이후 카자흐스탄 '후견 네트워크'를 중심으로." 『중소연구』 34(4), 165-190.

손영훈. 2008. "중앙아시아 국가의 강압정책과 이슬람 저항운동 연구." 『중동연구』 26(2), 299-342.

손영훈. 2014. "카자흐스탄의 국민형성 과정과 조직." 『중동연구』 33(1), 1-23.

엄구호. 2009. "중앙아시아 민주주의와 씨족 정치." 『세계지역연구논총』 27(3), 181-220.

이선우. 2016. "우즈베키스탄 카리모프 정부의 이슬람정책: 1인 독재체제 수립을 위한 전략적 선택." 『중소연구』 40(3), 269-301.

이홍섭. 2007. "카자흐스탄의 대외정책: '전방위 외교정책'의 모색." 『슬라브硏究』 23(2), 87-107.

주용식. 2010. "미국의 중앙아시아 정책." 대외경제정책연구원 편, 『전략지역심층연구 논문집 I 중앙아시아: 정치·문화』. 세종: 대외경제정책연구원.

현승수. 2012. "카자흐스탄 내 비카자흐계 민족 엘리트의 통제와 관리." 『중동연구』 31(1), 109-136.

Azizian, Rouben. 2005. Islamic Radicalism in Kazakhstan and Kyrgyzstan: Implications for the Global War on Terrorism. SCRC Discussion Paper No.05/56. September.

Buckley, Mary. 2003. "Former Superpower." in Mary Buckley and Rick Pawn (eds.). *Global Responses to Terrorism: 9/11, Afghanistan and Beyond*. London and New York: Routledge.

Chausovsky, Eugene. 2012. "Militancy in Central Asia: More than Religious Extremism." *Stratfor Worldview* (August 9).

Collins, Kathleen. 2004. "The Logic of Clan Politics: Evidence from the Central Asian Trajectories." *World Politics* 56(2), 224-261.

Cummings, Sally N. 2000. "Introduction: Power and Change in Central Asia." in Sally N. Cummings (ed.). *Power and Change in Central Asia*. London and New York: Routledge.

Dave, Bhavna. 2004. "A Shrinking Reach of the State?: Language Policy and Implementation in Kazakhstan and Kyrgyzstan." in Pauline Jones Luong (ed.). *The Transformation of Central Asia: States and Societies from Soviet Rules to Independence*. Ithaca: Cornell University Press.

Dave, Bhavna. 2007. Kazakhstan: *Ethnicity, Language and Power*. London and New York: Routledge.

Edelbay, Saniya. 2014. "The Islamic Situation in Kazakhstan." *The Daily Journalist* (January 7).

Grozin, Andrei. 2006. "Influence of the World Centers of Power on Kazakhstan and New Geopolitical Trends in Central Asia." *Central Asia and the Caucasus* 3(39).

Hanks, Reuel R. 2009. "'Multi-vector Politics' and Kazakhstan's Emerging Role as a Geo-strategic Player in Central Asia." *Journal of Balkan and Near Eastern Studies* 3(3), 257-267.

Isaacs, Rico. 2011. *Party System Formation in Kazakhstan: Between Formal and Informal Politics*. London and New York: Routledge.

Karagiannis, Emmanuel. 2007. "The Rise of Political Islam in Kazakhstan: Hizb

Ut-Tahrir Al Islami." *Nationalism and Ethnic Politics* 13(2), 297-322.

Khalid, Adeeb. 2007. *Islam after Communism: Religion and Politics in Central Asia*. Berkeley: University of California Press.

Khidirbekughli, Doulatbek. 2003. "U.S. Geostrategy in Central Asia: A Kazakh Perspective." *Comparative Strategy* 22(2), 159-167.

Klein, Alexander. 2013. "Kazakhstan: The Evolution of a Power Structure." *Stratfor Worldview* (January 7).

Kopbayeva, Diana. 2013. "Is Astana a Nationalistic Project?: The Role of Kazakhstan's New Capital in Development of the National Identity." The 1th Annual International Interdisciplinary Conference. Azores. April.

Kulsaryieva, Aktolkyn, Ainur Kulmanalyeva and Damira Sikhimbaeva. 2013. "The Religious Situation in Kazakhstan: The Main Trends and Challenges." *World Applied Science Journal* 25(11), 1612-1618.

Levitsky, Steven, and Lucan A. Way. 2002. "The Rise of Competitive Authoritarianism." *Journal of Democracy* 13(2), 51-65.

Lillis, Joanna. 2011. "Kazakhstan: Astana Jolted by Terror Incidents." Eurasianet.org (November 16).

Mayners, Charles Williams. 2003. "America Discovers Central Asia." *Foreign Affairs* 82(2).

McDermott, Roger. 2013. "Kazakhstan Unveils New Counter-Terrorism and Anti-Extremism Strategy." *Eurasian Daily Monitor* 10(179).

Metzel, Mikhail. 2011. "Kazakhstan's Growing Culture of Extremism." *Stratfor Worldview* (November 28).

Najibullah, Farangis. 2011. "Following Terror Attacks, Kazakhstan Hurriedly Tightens Religious Law." RFE/RL (September 29).

Nurmanova, Aitzhan, and Asilbek Izbairov. 2010. "Islamic Education in Soviet and Post-Soviet Kazakhstan." in M. Kemper, R. Motika and S. Reichmuth (eds.). *Islamic Education in the Soviet Union and Its Successor States*. New York: Routledge.

Nurgaliev, Marat. 2007. "Kazakh-U.S. Military-Political Cooperation in the Contest of U.S. Geopolitical Interests in Central Asia." *Central Asia and the Caucasus* 2(44), 52-61.

Oka, Natsuko. 2009. "Ethnicity and Election under Authoritarianism: The Case of Kazakhstan." *IDE Discussion Paper* No.194.

Olcott, Martha Brill. 1997. "Democratization and Growth of Political Participation in Kazakhstan." in Karen Dawisha and Bruce Parrott (eds.). Conflict, Cleavage, and Change in *Central Asia and the Caucasus*. Cambridge: Cambridge University Press.

Olcott, Martha Brill. 2002. *Kazakhstan: Unified Promise*. Washington, DC: Carnegie Endowment for International Peace.

Omelicheva, Mariya. 2011a. "Islam in Kazakhstan: A Survey of Contemporary Trends and Sources of Securitization." *Central Asia Survey* 30(2), 243-256.

Omelicheva, Mariya. 2011b. *Counterterrorism Policies in Central Asia*. London and New York: Routledge.

Podoprigora, Roman. 2003. "Religious Freedom and Human Rights in Kazakhstan." Religion, *State and Society* 31(2), 123-132.

Rotar, Igor. 2012. "Islamic Radicalism in Kazakhstan: Myth or Reality?" *Eurasian Daily Monitor* 9(125).

Savchenko, Anna. 2015. "Two-faced Religion and Regulations: Official Discourse on Islam in Kazakhstani 2011-2014." *Pulse of Central Asia* 10.

Schedler, Andreas. 2006. "The Logic of Electoral Authoritarianism." in Andrea Schedler (ed.). *Electoral Authoritarianism: The Dynamics of Unfree Competition*. Boulder. CO: Lynne Rienner Publisher.

Shustov, Aleksandr. 2010. "Kazakhstan: Tension between Clans Grows." *Strategic Culture Foundation* (October 26).

Weitz, Richard. 2006. "Terrorism in Eurasia: Enhancing the Multilateral Response." *China and Eurasia Forum Quarterly* 4(2), 11-17.

Winstone, Ruth, and Ross Young. 2005. "The Caspian Basin, Energy Reverses and Political Conflicts." *House of Commons Library Research Papers* 05/24 (March 16).

Wolfel, Richard L. 2002. "North to Astana: Nationalistic Motives for the Movement of the Kazakh(stani) Capital." *Nationalities Papers* 30(3), 485-506.

Yarbrough, Andrew Hastings. 2014. "Islamist Challenge Authoritarian Response: Politics and Policies towards Islamism in Kazakhstan and Uzbekistan in the Post-Soviet Era." *MA Thesis,* Seattle: University of Washington.

Yemelianova, G. M. 2014. "Islam, National identity and Politics in Contemporary Kazakhstan." *Asian Ethnicity* 15(3), 286-301.

Yermukanov, Marat. 2004. "Ethnic Policy in Kazakhstan Feeds Nationalism." *Eurasia Daily Monitor* 1(113).

Zakaria, Fareed. 1997. "The Rise of Illiberal Democracy." *Foreign Affairs* 76 (6).

"Nursultan Nazarbaev, Kazakhstan's Strongman, Resigns." *The Economist* (March 21, 2019).

II부

이슬람과 중앙아시아 사회

제4장 우즈베키스탄이슬람운동(IMU)과 타지키스탄이슬람부흥당(IRPT)의 발생 조건과 요인 비교연구 - 김태연

제5장 포스트소비에트 카자흐스탄과 키르기스스탄 급진 이슬람 운동의 동원 잠재력 비교연구 - 김태연

제6장 현대 카자흐스탄의 생활이슬람의 양상과 전망: 청년 무슬림의 종교 의식과 활동을 중심으로 - 오원교

제7장 공립학교 히잡 착용 금지 논쟁을 통해 본 현대 카자흐스탄 이슬람 - 최아영

제4장
우즈베키스탄이슬람운동(IMU)과 타지키스탄이슬람부흥당(IRPT)의 발생 조건과 요인 비교연구*

김태연

I. 머리말

1999년 2월 16일 우즈베키스탄 수도 타슈켄트 중심부에서 카리모프(Islam Karimov) 대통령을 겨냥한 폭탄 테러가 1시간 반에 걸쳐 6차례나 발생하여 적어도 16명이 사망하고 100명 이상이 부상을 당했다. 당국은 즉각 우즈베키스탄이슬람운동(Islamic Movement of Uzbekistan, 이하 IMU로 표기)을 사건의 주범 중 하나로 지목했지만, IMU 스스로 책임을 인정하지는 않았다(International Crisis Group, 2001: 5-6; Polat et al., 2000: 541-543). 같은 해 8월에는 IMU의 무장집단이 타지키스탄으로부터 자신에 대한 '지지의 온상'인 키르기스스탄 남부 지역으로 침투하여 키르기스인 관료들과 일본인 지질학자들을 인질로 잡은 후 키르

---

* 이 글은 『러시아연구』 26권 2호(2016)에 게재되었던 논문을 본서의 편집 취지에 맞도록 수정·보완한 것입니다.

기스스탄과 일본 당국으로부터 수백만 달러의 몸값을 받아내고는 타지키스탄 및 아프가니스탄으로 퇴각했다(Naumkin, 2003: 40-44; Rashid, 2002: 159-167). 이러한 활동 등으로 인해 중앙아시아 지역 안보의 최대 위협 요인으로 여겨졌던 IMU는 2000년 9월 미국 정부의 테러 조직 명단에 포함되었고, 2001년 9·11 테러 이후 부시 전(前) 미국 대통령은 대국민 연설에서 IMU와 빈 라덴의 연관성을 언급하기까지 했다(Mann, 2002: 294).

타지키스탄 내전이 진행 중이던 1993년 7월 13일 타지키스탄이슬람부흥당(Islamic Renaissance Party of Tajikistan, 이하 IRPT로 표기)을 중심으로 하여 아프가니스탄 북부 지역을 자신들의 본거지로 삼고 있던 반정부 무장 세력이 타지키스탄-아프가니스탄 국경을 지키고 있던 러시아 국경수비대를 공격하여 러시아 군인 27명이 사망했다. 이 사건은 러시아를 비롯한 주변국들이 내전의 확전 혹은 분쟁의 유출을 막기 위해 외교적·군사적 노력을 강화하는 계기가 되었다. 이러한 국제사회의 우려 섞인 대응에도 불구하고 1994년 상반기 동안 반정부 무장 세력은 아프가니스탄으로부터 타지키스탄 국경을 돌파하려는 시도를 129차례나 했고, 타지키스탄 내 러시아 국경수비대의 진지를 149회나 폭격했다(Naumkin, 2005: 225-227). 이처럼 격렬했던 타지키스탄 내전은 결국 1997년 6월 타지키스탄 정부와 타지크연합야당(United Tajik Opposition: UTO)이 평화조약을 체결하면서 끝났는데, 반정부 세력의 연합조직이었던 UTO에서 지도적인 단체는 IRPT였고,[1] 평화조약에 따라 UTO에게 할당된 정부 직위의 30% 가운

---

[1] 당시 IRPT 의장이었던 누리(Said Abdullo Nuri)가 UTO를 이끌었다는 데서 알 수 있듯이, UTO를 주도·대표한 단체는 IRPT였다. 보다 엄밀히 말하면 IRPT와 다른 이슬람 세력의 반정부 활동을 결합·조율하기 위해 1993년 타지키스탄이슬람부활운동(Movement for Islamic Revival in Tajikistan: MIRT)이 조직되었는데, UTO에서 '지배적인 집단'이 MIRT였고, MIRT의 핵심 단체가 IRPT였다는 점에서 IRPT는 UTO의 '리더'(leader)였다고 할 수 있다(이문영, 2004: 246; Collins, 2007: 85; Naumkin, 2005: 223; Olimova et.al., 2001: 27). IRPT는 내전기에 반정부 무장 세력을 통제했을 뿐만 아니라 1994~97년 평화협상이 진행되는 동안에 UTO의 활동을 조정하기까지 했다(Salimov, 2015: 24).

데 주요 부분을 차지한 단체 또한 IRPT였다(Karagiannis, 2010a: 19).

이 글의 목적은, 이처럼 폭력이라는 극단적인 수단을 사용하여 우즈베키스탄과 타지키스탄의 정치적 과정에 직접 개입했거나 개입하려 함으로써 급진 이슬람 운동이라는 평판을 얻었던 IMU와 IRPT의 발생 조건과 요인을 사회운동론에서 개념화된 분석 범주를 활용하여 비교적 관점에서 고찰하는 것이다. IMU와 IRPT의 활동이 극단적인 방식을 포함하고 있었다는 점 외에도 이 글이 이 두 단체를 비교연구의 대상으로 선정한 이유는 다음과 같다. 첫째, 소비에트 시기부터 중앙아시아 지역에서도 우즈베키스탄과 타지키스탄은 명목민족과 무슬림의 비율이 매우 높다는 인구적·종교적 특성을 공유하는, 즉 가장 '이슬람적인' 공화국이었다(Khalid, 2007: 71).[2] 둘째, 종교의 자유가 억압되었던 소비에트 시기에도 우즈베키스탄과 타지키스탄은 이슬람이 발전할 수 있는 제도적·비제도적 기반이 비교적 잘 갖춰진 공화국이었다.[3] 셋째, IMU와 IRPT는 자신

---

2 1989년 소비에트 우즈베키스탄과 타지키스탄에서 명목민족의 비율은 각각 71.4%와 62.3%였고, 이후로 두 국가에서 명목민족의 비율은 이보다 더 높아졌을 것으로 추정할 수 있다. 그리고 비록 단편적이기는 하지만, 다음과 같은 자료들은 소비에트 시기 우즈베키스탄과 타지키스탄에서 무슬림의 비율 또한 매우 높았음을 방증해준다고 하겠다. 1970년대 초 우즈베키스탄 북서부 카라칼팍 지역에서 실시된 조사에 따르면, 이 지역 남성의 77%, 여성의 80%가 자신들이 무슬림이라고 응답했다(Haghayeghi, 1995: 37). 또한 1989년 설문조사 보고서에 따르면, 타지키스탄 한 남부 지역 주민의 81%가 자신들이 이슬람의 영향을 받고 있다고 응답했는데, 이처럼 소비에트 시기 타지키스탄에서도 "모든 연령대와 다양한 사회적 범주의 주민 다수가 여전히 자신들을 무슬림으로 여기고 있다고 말해주는 증거가 상당히 있다."(Atkin, 1989: 606). 소비에트 정권의 이슬람 탄압으로 인해 중앙아시아에서 공적·제도적 영역과 담론은 '탈이슬람화'(de-Islamizaiton)되었지만, 그렇다고 해서 중앙아시아에서 이슬람이 사라졌다거나 많은 이들이 자신들을 무슬림으로 생각하지 않게 된 것은 아니다(Khalid, 2007: 82-83).

3 1943년 타슈켄트에 중앙아시아무슬림종무원(SADUM)이 소비에트 공식 이슬람 기구로 설립되었고, 1945년 미리 아랍 마드라사(Mir-i Arab Madrasah)가 부하라에서, 1971년 이맘 알부하리 이슬람 신학교(Imam al-Bukhari Islamic Institute)가 타슈켄트에서 소비에트 공식 이슬람 교육기관으로 각각 재개원 및 설립되었다. 또한 1979년 우즈베키스탄에는 약 150개의 모스크가 정식으로 등록되어 있었는데, 등록된 것이든 그렇지 않은 것이든 모스크는 사

의 명칭에 국명을 표기하여 적어도 활동 초기에는 그 국가에서의 권력 장악을 주요 목표로 내세우며 이를 달성하기 위해 분투했다는 공통점을 갖는다. 이처럼 IMU와 IRPT가 유사한 사회구조적·제도적 조건에서 유사한 수단을 사용하여 유사한 목표를 추구했다는 점에서 두 운동의 발생 조건과 전략적 선택 등에 대한 비교분석을 통해 드러날 두 운동의 차이점 혹은 공통점은 두 운동이 걷게 된 상이한 경로나 활동 양상을 설명해주는 요인이 될 수 있을 것이다. 말하자면 이 글은 많은 면에서 비슷한 점을 나타내는 사례들의 다른 점에 주목하는 일종의 최대유사체계 분석방법을 채택하려 하는 것이며,[4] 이때 그 다른 점을 분석하는 준거로서 사회운동론의 개념적 도구를 이용하려는 것이다.

    급진 이슬람 혹은 정치적 이슬람에 대한 국내외 학계와 언론의 높은 관심과 많은 논란에도 불구하고 중앙아시아 지역을 포함한 구소련 지역의 이슬람 운동을 비교분석한 연구물은 매우 드물다(Collins, 2007; Karagiannis, 2010b; Türker, 2011). 또한 사회운동론의 개념과 논의를 분석의 도구로 활용하여 중앙아시아 이슬람 운동을 연구한 결과물도 극히 제한적으로만 발견될 뿐이다(Karagiannis, 2006a; 2006b; 2010a; Türker, 2011). 물론 중앙아시아 이슬람에 대해 현지조사 및 인터뷰 등 세밀하고도 광범위한 연구를 수행하여 이를 바탕으로 집필한 저술(Naumkin, 2005; Rashid, 2002), 이 지역 전체 혹은 이 지역 내 특정 국가

    람들의 일상생활에 커다란 영향을 미치는 기구였다(Karagiannis 2006a: 262; Olcott et al., 2008: 33-34; Rasanayagam 2011: 80). 타지키스탄에서는 1970년대 이란의 이슬람 혁명 및 파키스탄의 이슬람화, 1980년대 아프간 무자헤딘의 대러 항쟁 같은 인접 이슬람 국가들의 정치·종교 상황이나 그 변화의 영향을 받아 정치적 이슬람이 성장할 수 있었고, 1982년 타지키스탄에서는 적어도 22개의 비공식 마드라사가 운영되고 있었다. 또한 1988년 타지키스탄에서는 17개의 공식 모스크와 1,000여 개의 비공식 모스크가 운영되고 있었다(Karagiannis, 2006b: 2; Niyazi, 1998: 43; Rashid, 2002: 97).

4 레이프하트(1995: 37)에 따르면, 다수의 변인들이 유사성을 지님으로써 이 변인들이 상수로 처리되어 통제될 수 있고, 소수의 상이한 양태를 나타내는 변인을 갖는 사례들이 있다면, 이들은 '비교가능성'이 높은, 즉 비교분석의 방법을 적용하기에 좋은 사례들이다.

의 이슬람 운동을 개괄적으로 정리한 연구물, 이 지역 내 특정 이슬람 운동 단체를 분석한 연구물 등은 매우 풍부하며, 이들은 중앙아시아 지역 급진 이슬람 운동의 역사적 배경과 흐름, 현재적 양상과 특징을 이해하는 데 크게 기여하는 성과물이다. 이 글은 이러한 기존의 다양한 선행연구를 본 연구의 수행을 위한 기초 자료로 이용하긴 하지만, 사회운동론의 이론적·개념적 도구를 분석 범주로 사용하여 두 이슬람 운동 단체를 비교연구한다는 점에서 기존의 연구물과 뚜렷한 차별성을 나타낸다.

II. 이론적 논의와 분석 범주

집단행동을 하는 행위자들이 사회적 변화를 추진하거나 혹은 이에 반대한다는 의미에서 다른 행위자와 갈등관계를 맺고, 이러한 '갈등적 집단행동'에 개인과 조직이 모두 관여한다는 점에서 이들이 일종의 '네트워크'에 연결되어 있으며, 이들 행위자들이 '집단적 정체성'을 공유할 때 이러한 집단행동은 사회운동으로 정의된다(della Porta et al., 2006: 20-22). IMU와 IRPT 모두 이슬람에 입각한 사회정치적 변화를 지향하면서 특히 국가와 갈등관계에 놓여 있었고, 특히 비공식 네트워크를 통해 운동조직과 일반 대중 사이에 연결망을 형성하고 있었으며, 그 멤버들 사이에서는 반정부 이슬람 세력으로서의 집단적 정체성이 공유되고 있었다. 이러한 점에서 IMU와 IRPT 모두 사회운동의 정의에 부합하는 단체였으며,[5] 따라서 사회운동론의 다양한 이론적 흐름과 개념이 두 단체의 출현

---

[5] IMU와 IRPT뿐만 아니라 "이슬람이 어떠한 방식으로든 국가와 연관될 것을 요구하는 근대적 정치 이데올로기"로서 이슬람주의를 주장하는 운동은 "사회운동의 한 형태를 구성한다."(Collins, 2007: 67).

과 활동을 설명해주는 유용한 분석 도구로 활용될 수 있다. 흔히 테러 집단이나 정치운동 같은 이슬람 운동·활동(Islamic activism)은 그 종교적·민족적·지역적·문화적 특성으로 인해 예외적인 혹은 독특한 집단행동으로 여겨지곤 하지만, 사실은 '이슬람'으로서의 특수성을 넘어서 다른 사회운동과 여러 공통점을 가지는데(Singerman, 2004: 143; Wiktorowicz, 2004: 2-3), IMU와 IRPT도 이러한 점에서 예외가 아니다.

이 글은 초기 사회운동론과 다수의 이슬람 연구에서 지배적이었던 구조기능주의적(structural-functionalist) 혹은 사회심리학적(sociopsychological) 접근법을 채택하지 않는다.[6] 그 대신 이 글은 합리적 행위자로서[7] 사회운동이 출현·활동할 때 처한 사회정치적 환경, 조직 구성 및 활동 전개를 위해 이용한 자원, 운동 외부와 상호작용할 때 진행된 의미화 작용을 의미하는 이론적 개념인 정치적 기회구조(political opportunity structure), 동원구조(mobilizing structure), 프레이밍 과정(framing processes)을 분석의 도구로 이용할 것이다. 집단행동과 이슬람에 대한 연구 모두 그 연구대상의 비합리성에서 합리성을 강조하는 방향으로 유사하게 발전하고 있는데(Wiktorowicz, 2004: 26-27), 이 글은 기존 사회운동론의 이론적 자원을 사용하되 선행연구에서는 좀처럼 시도되지 않은 두 이슬람

---

6 구조기능주의적 및 사회심리학적 사회운동론의 핵심적인 주장은 근대화나 경제 위기 같은 구조적 긴장(structural strains) 혹은 체계 불균형(system disequilibrium)이 심리적 불만(psychological grievance)을 낳고, 심리적 불만이 집단행동(collective action)을 낳는다는 단선적 해석이다. 이러한 접근법은, 사회 혹은 체계가 본질적으로 균형 상태에 있지 않다는 점, 모든 사회에 불만이 존재하지만 그렇다고 해서 모든 사회에서 사회운동이 일어나는 것은 아니라는 점, 사회운동은 단순히 심리적 대응기제가 아니라 정치적·조직적 차원을 가진다는 점, 운동의 참여자들은 불만을 품은 혹은 문제가 있는 이들이라기보다는 안정적인 혹은 이성적인 사회구성원이라는 점에서 비판을 받았다(Karagiannis, 2010a: 4, 75, 79; Türker, 2011: 55-56; Wiktorowicz, 2004: 6-9).

7 집단 수준의 급진 이슬람 운동은 물론 개인 수준의 운동의 참여자들 또한 자신의 선호를 극대화하려는 전략에 따라 행동하는 합리적 행위자 혹은 '전략적으로 사고하는 행위자'(strategic thinker)로 이해될 수 있다(Wiktorowicz et al., 2006).

운동의 발생 조건 및 요인에 관한 비교연구를 위한 분석 범주로 활용하려는 것이다.

정치적 기회구조란 사회운동론 가운데 정치과정론(political process theory)의 핵심적인 개념으로 운동의 가능성을 열어주거나 닫아버릴 수 있는 운동 외부의 사회정치적 환경 혹은 역사적 맥락을 의미한다. 여느 사회운동처럼 이슬람 운동 역시 특정한 정치적 맥락 내에서 출현·작동하기 마련인데, 이러한 정치적 환경은 이슬람 운동의 등장과 의제 설정, 그 발전 과정을 이해하는 데 있어서 핵심적인 요인이다(Singerman, 2004: 143-144). 이 글은 다양한 분류 및 논쟁을 낳고 있는 정치적 기회구조의 이론적 개념화 논의에[8] 참여하기보다는 포스트소비에트 중앙아시아 국가들의 권위주의적 성격으로 인해 사회운동에게 결정적인 기회 혹은 제약 요인으로 작용할 수 있는 정치체제의 개방성/폐쇄성 혹은 국가의 억압 능력을[9] 국내정치적 기회구조로 간주하여 이러한 요인들이 IMU와 IRPT의 발생 과정에 미친 영향을 살펴볼 것이다.

한편 다른 사회운동처럼 혹은 다른 운동보다 더욱 이슬람 운동은 국내적 환경에서뿐만 아니라 국제적·초국적 차원에서도 활동한다. 이에 더해 구소련 해체 이후 중앙아시아 이슬람은 소비에트 시기에는 차단되었던 주변 이슬람 지역 및 국가들과 접촉·교류할 기회가 확대되는 조건에 처하게 되었고, 이러한 변화는 포스트소비에트 중앙아시아 지역에서 이슬람의 부흥을 야기한 요인 중 하나였다(오원교, 2008: 349-355). 아래에서 살펴볼 것처럼, IMU와 IRPT도 이러

---

8 정치적 기회구조 개념은 "사실상 사회운동 환경의 모든 측면을 빨아들이는 스펀지" 혹은 "모든 것을 포함하는 조작인수(fudge factor)"가 될 위험이 있고, 따라서 "너무 많은 것을 설명하려다 결국 아무것도 설명하지 못할 수 있다."(Gamson et al., 1996: 275).

9 이 두 요인은 별개의 정치적 기회구조로 구분될 수도 있지만, 국가의 억압은 사회운동이 선거 등을 통해 정치체제나 제도에 접근하거나 참여할 가능성이 닫혀 있는 극단적인 형태일 수 있다는 점에서(Sikkink, 2005: 155) 이 둘은 서로 밀접하게 연관된 혹은 사회운동에 대해 유사한 의미를 갖는 정치적 기회구조라고 할 수도 있다.

한 국제정세 속에서 출현했고, 그 활동 역시 국제적·초국적 성격을 띠었다. 따라서 이 글은 국내정치적 기회구조와 상호작용하는 국제정치적 기회구조(Khagram et al., 2002: 18)[10] 또한 IMU와 IRPT가 등장한 과정에 작용한 주요 변수로 논의할 것이다. 이때 두 이슬람 단체의 국제정치적 기회구조는 해외 이슬람 국가나 기구에 포함되거나 참여하거나 이로부터 지원·동맹 세력 혹은 활동 자원을 얻을 가능성이라고 할 수 있다.

자원동원론(resource mobilization theory)과 정치과정론에서 체계화된 개념인 동원구조는 "사람들이 집단행동을 동원하고 이에 관여하는 데 이용하는 공식적이고 비공식적인 집단적 수단"을 의미한다. 정치적 기회구조의 확대는 확실히 사회운동의 출현에 유리한 조건이지만, 이는 집단행동을 위한 하나의 필요조건으로 공식적이든 비공식적이든 동원구조가 없으면 사회운동은 이러한 기회를 잡을 수 없다(McAdam et al., 1996: 3-4, 8). 이렇듯 동원구조가 사회운동의 조직 및 활동에서 중요한 역할을 함에도 불구하고 정치적 기회구조처럼 동원구조 개념 또한 지나치게 광범위하게 정의된다는 문제와 운동의 동원에 동원구조가 정말로 필요한지, 만일 그렇다면 어떠한 동원구조가 필요한지에 대한 의문이 제기될 수 있다(Goodwin et al., 2004: 20-21). 이러한 쟁점과 관련하여 비개방적인 혹은 억압적인 사회정치체제나 조건에서는 비공식 기구나 사회적 네트워크가 급진 이슬람 운동을 포함한 여러 사회운동에 대해 정치적·물질적·감정적 의미와 유용성을 갖는 동원구조가 될 수 있다는 논의는(Collins, 2007: 66; Olesen, 2009: 17-18; Singerman, 2004: 154-155; Wiktorowicz, 2004: 12-13) 이 글이 다루는 IMU와 IRPT가 이용한 동원구조를 이해하는 실마리를 제공해준다. 두 이슬람 단체가 출범·활동할 무렵 그 무대가 되었던 우즈베키스탄과 타지키스탄 모두 정치적 권리와 시민적 자유, 민주주의 지수 평가에서 비자유 및 권위주

---

10 국내정치적 기회구조와 국제정치적 기회구조를 각각 열린/닫힌 형태로 분류하여 그 상호작용을 유형화한 논의에 대해서는 시킨크(Sikkink, 2005: 154-165) 참조.

의 국가로 분류되었기 때문이다.[11]

자원동원론이 충분한 주의를 기울이지 않은 사회운동의 관념적·정서적 측면, 즉 구성주의적 성격에 주목하는 프레이밍 이론(framing theory)의 주요 개념인 프레임(frame)은 "사건이나 현상을 의미화하는 데 도움이 되고 이로써 경험을 조직하고 행동의 지침을 내리는 기능을 하는" "행동 지향적 신념 및 의미체계"로 정의될 수 있다(Benford et al., 2000: 614; McAdam et al., 1996: 5).[12] 프레임은 기회구조와 조직을 매개함으로써 사회운동의 등장에서 중요한 역할을 할 뿐만 아니라, 출현 이후 사회운동이 대항운동 혹은 국가와 프레이밍 경쟁을 해야 하게 됨에 따라 운동의 전개 및 성과가 결정되는 과정에 영향을 미치는 요인이기도 하다(McAdam et al., 1996: 8, 16-17). 무슬림 사회의 언어, 상징, 문화에 뿌리내리고 있기 때문에 정치적 배제, 경제적 박탈, 무능감 등을 겪는 주민들에게서 큰 반향을 일으키는 경향이 있는 이슬람 운동은 다른 사회운동처럼 효과적인 동원을 위해 운동 내부에서, 다른 운동과, 그리고 정권과 의미·가치 투쟁, 즉 프레이밍 경쟁을 펼치게 된다(Wiktorowicz, 2004: 16-19, 25). 물론 권위주의 체제하에서 활동하는 반정부 이슬람 운동은 프레이밍 활동을 위한 물리적·제도적 능력과 수단에서 제한을 받기 마련이고 정부보다 열세에 있을 수밖에 없다. 그렇지만 중앙아시아 국가들처럼 정권이 국가 건설, 국가·민족정체성 형성, 정당성 확보를 위해 이슬람에 의존하거나 이를 활용하지 않을 수 없다면, 언어와 상

---

11 프리덤하우스(Freedom House)의 정치적 권리와 시민적 자유 지수 평가에 따르면 우즈베키스탄과 타지키스탄 모두 1993년부터 2006년까지 비자유 국가로 분류되었고(박창규, 2006: 81), 같은 기관의 체제전환국 민주주의 지수 평가에 따르면 1999-2008년 우즈베키스탄은 공고화된 권위주의 체제, 타지키스탄은 반(半)공고화된 혹은 공고화된 권위주의 체제로 분류되었다. 우즈베키스탄 및 타지키스탄과 인접해 있고 한때 '민주주의의 섬'으로 불리기도 했던 키르기스스탄조차 반공고화된 권위주의 체제로 분류되는 등 중앙아시아 5개국은 모두 권위주의 체제에 속한다(엄구호, 2009: 187).

12 이러한 "프레임은 비난의 표적을 명확히 하고, 바람직한 세계관을 제시하며, 정치적 변화를 위한 전략을 제안하고, 집단행동을 자극하는 근거를 제공한다."(Karagiannis, 2006a: 273).

징과 이미지의 공간에서, 즉 프레이밍 과정에서 이슬람 운동은 정권의 그것과 다른 이슬람 및 관련 현실에 대한 해석을 제시함으로써 국민들의 불만과 좌절을 운동에 대한 지지로 연결시킬 가능성을 모색할 수 있다. 이러한 점에서 IMU와 IRPT의 프레임 및 프레이밍 과정은 두 이슬람 단체가 "어떻게 동원의 잠재력을 지지자의 실제적인 동원으로 전환시킬 수 있었는지", 즉 운동과 운동 외부의 역동적 상호작용 과정 및 그 결과의 양상이 어떻게 나타났는지를 살펴보려는 작업에서 유용한 분석 도구가 될 수 있다(Karagiannis, 2010a: 91).[13]

III. 국내·국제정치적 기회구조

IMU는 이념가 율다셰프(Tahir Yuldashev)와 군사 지도자 나만가니(Juma Namangani)가[14] 1998년 페르가나 계곡(Fergana Valley) 지역에서 설립한 이슬람 무

---

[13] 한편 프레임은 사회운동 지도부가 지지자를 동원하기 위해 메시지를 전달하려는 의도적인 방식을 강조한다면, 이데올로기는 신념 체계의 내용, 기원, 구성에 초점을 맞춘다는 점에서 프레임과 이데올로기가 구별된다는 논의가 있다. 이에 따르면 정치적 의제를 가지면 모든 이데올로기가 프레임이 될 수 있지만, 모든 프레임이 이데올로기인 것은 아니다(Karagiannis, 2010a: 5). 이 글은 IMU와 IRPT가 표방한 사상과 행동의 원칙이나 기조보다는 효과적인 동원을 위해 두 운동이 구성한 자신과 타자에 대한 이해·인식의 틀과 방식을 살펴본다는 점에서 두 단체의 프레임을 분석한다.

[14] 비공식 이슬람 성직자였던 율다셰프는 1990년 6월 러시아 아스트라한에서 출범한 (전연방)이슬람부흥당(IRP) 우즈베키스탄 지부의 초기 멤버로 참여했지만, 당이 이슬람 국가 수립 요구를 거부하는 온건 노선을 택하자 이에 실망하여 당과 결별한다. 본명이 호지예프(Jumaboi Khojiev)인 나만가니는 소비에트-아프간 전쟁 말기에 아프가니스탄에서 공수부대원으로 군 복무를 하는 동안 이슬람에 대한 관심과 아프간 무자헤딘에 대한 존경심을 갖게 되었다(Fredholm, 2006: 19-20; Rashid, 2002: 137-138).

장단체들의 연합조직이다. IMU의 기원은 이 두 인물이 1990년 우즈베키스탄 페르가나 계곡 지역에 위치한 나만간(Namangan) 시(市)에서 창설한 아돌라트(Adolat, '정의')로[15] 거슬러 올라갈 수 있기 때문에 IMU의 정치적 기회구조 역시 이 시기의 상황적 맥락에서부터 논의되어야 한다. 소비에트 말기는 고르바초프가 자유화 조치를 실행함에 따라 연방 및 지방 차원에서 정부의 억압이 약화되면서 사회운동의 정치적 기회구조가, 특히 우즈베키스탄에서는 이슬람에 대한 대중적 관심이 급증하면서 이슬람 운동의 정치적 기회구조가 크게 확대된 시기였다. 공공질서 유지, 부패 척결, 사회정의 실현 등을 자신의 목표로 설정한 저항운동 아돌라트가 출범할 수 있었던 것은 바로 이러한 사회정치적 환경의 변화가 뒷받침되었기 때문이다(Fredholm, 2006: 19; Gorenburg, 2003: 7-8; Rasanayagam, 2011: 127-128). 독립 직후에도 우즈베키스탄에서는 이슬람 활동의 자유 및 이슬람에 대한 관심이 지속되어 수백 개의 모스크와 마드라사가 건설·복구되고, 정부가 이슬람 성지를 재정비하거나 국민들의 메카(Mecca) 순례를 지원하는 등 다양한 이슬람 행사를 후원하면서 '우즈베크 국가의 재이슬람화'가 진행되었다(Haghayeghi, 1995: 160; Karagiannis, 2006a: 263).[16] 이러한 현상은 구소련 해체 직후에도 여전히 우즈베키스탄에서는 전반적으로 이슬람 운동의 출현

---

15 아돌라트가 운영하는 모스크와 마드라사가 안디잔과 페르가나 시(市) 등 우즈베키스탄 페르가나 계곡 지역에서뿐만 아니라 심지어는 키르기스스탄 오쉬에서도 생겨났고, 아돌라트의 멤버 수가 많게는 5천 명 정도로까지 추산되는 등 아돌라트는 페르가나 계곡 지역에서 광범한 지지를 받았다(Fredholm, 2006: 19; Naumkin, 2003: 21; Rashid, 2002: 139).

16 고르바초프 집권 이후 시작되어 구소련 해체 이후에도 이어진 이슬람 부흥은 비단 우즈베키스탄에만 국한된 현상이 아니라 중앙아시아 5개 공화국(독립국)에서 공히 나타난 변화였다. 이러한 중앙아시아 이슬람의 부활에 대해서 "소비에트 사회에서 이슬람의 계보는 결코 단절되지 않았"기 때문에 "'소비에트 이슬람'의 부흥은 1920년대에 중단되었던 과정이 연결된 것이었을 뿐"이라는 해석이 내려지기도 한다(Akcali, 1998: 267-268). 독립을 전후한 시기에 전개된 중앙아시아 이슬람 부흥의 구체적인 제도적·일상적 발현 양상과 그 요인, 특징과 한계 등에 대해서는 오원교(2008: 349-369) 참조.

및 동원에 유리한 국내정치적 기회구조가 지속되었음을 의미한다.

그러나 1989년 6월 우즈베키스탄공산당 제1서기로 공화국 최고 권력을 쥐게 된 카리모프가 1992년 소연방 해체 직후 우즈베키스탄의 국가적 독립성에 대한 국제적 인정을 받는 데 성공하자 국내의 정치적 반대 세력을 제도적·물리적으로 억압하고 서서히 자신의 파벌 세력을 강화하는 방식으로 대내외적으로 권력을 공고화하기 시작한다(이재영 외, 2010: 113-119; Hiro, 2009: 136-137, 147-150).[17] 이때 아돌라트가 이슬람주의의 색채를 강화하면서 샤리아에 기반한 법과 질서의 수립, 이슬람의 국교화 등을 정부에 요구하자 종교단체가 자신의 권위에 직접적인 도전을 제기한다고 간주한 카리모프 정권은 1992년 3월 아돌라트를 금지하고 그 지도자 체포령을 내리는 등 독립적인 혹은 저항적인 이슬람 운동에 대해서도 본격적인 탄압을 가한다(Mann, 2002: 295; Rasanayagam, 2011: 128).[18] 국가가 통제·관리할 수 있는 이슬람은 부흥의 기회를 맞게 된 반면에,[19]

---

17 인접한 타지키스탄에서 전개된 사태가 카리모프 정권이 국가의 억압을 강화하는 '이상적인 구실'을 제공해준 요인 중 하나였는데, 특히 1992년 당시 타지키스탄 대통령이었던 나비에프(Rahmon Nabiev)가 축출된 사건이 우즈베키스탄에서 정치적 억압이 시작된 것과 밀접한 관련이 있다고 논의된다(Horsman, 1999: 42).

18 1989~92년 우즈베키스탄에 도래했던 '관용과 온건의 시대'는 빠르게 끝났고, 정권의 이슬람 정책도 이러한 맥락에서 이해되어야 한다(Khalid, 2003: 586-587). 예컨대 1991년 1월 설립된 IRP 우즈베키스탄 지부는 페르가나 계곡 지역에서 많은 지지를 받았지만, 출범 초기부터 조직위원회 멤버의 체포·추방, 공식 정당 활동 금지 등 당국의 탄압을 받았고, 1992년 12월 우즈베키스탄 안보기관에 의해 납치·살해되었다고 추정되는 지도자 우타예프(Abdullah Utaev)가 실종된 이후에는 영향력을 크게 상실했다(Fredholm, 2006: 18; Haghayeghi, 1995: 89-90; Rashid, 2002: 102).

19 위에서 언급된 이슬람의 사회적 기반 및 실천이 활발해진 현상이 그 대표적인 예이다. 또한 전(前) 무프티(mufti) 유수프(Muhammad Sadiq Muhammad Yusuf)가 국가 개입으로부터 독립적인 이슬람을 지향하기도 했지만, 1993년 4월 그의 직위 해제 이후 국가의 엄격한 통제와 관리를 받게 된 우즈베키스탄무슬림종무원(Muslim Board of Uzbekistan)이 이슬람 교리 해석, 종교시설·교육 관리, 출판 및 대외활동 등 다양한 영역에서 왕성한 활동을 벌이고 있다는 점도 국가에 의한 이슬람 부흥의 사례 중 하나라고 할 수 있다.

이와 동시에 그렇게 할 수 없는 이슬람은 배제와 억압에 처하게 된 것인데, 이처럼 이슬람을 대하는 국가의 차별화된 대응에 따라 그 정치적 기회구조도 다르게 구성되기 시작한다. 국가의 억압이 반드시 저항운동의 약화를 낳는 것은 아니지만,[20] 정치적 저항 세력을 구성할 만한 인적·물적 동원의 잠재력이 충분하지 않았던 포스트소비에트 초기의 현실에서 율다셰프와 나만가니는 국가의 탄압에 직접 맞서기보다는 내전에 휩싸인 인접국 타지키스탄으로 도피한다. 구소련 말기 및 독립 직후 우즈베키스탄에서 이슬람과 관련된 여러 사회적 활동의 정치적 기회구조는 급속하게 확대되었지만, 이내 우즈베키스탄 정부가 억압적·권위주의적 성격을 강화하자 급진 이슬람 운동의 정치적 기회구조는 역시 빠른 속도로 축소된 것이다.

우즈베키스탄을 떠난 율다셰프와 나만가니는 타지키스탄 내전에서 이슬람 반정부 세력에 가담하여 투쟁하는데, 역설적이게도 닫혀버린 국내정치적 기회구조로 인해 우즈베키스탄에서 활동하지 못한 이 시기에 두 지도자는 이후에 IMU의 동원구조를 구축하는 과정에 유리하게 작용하는 열린 국제정치적 기회구조를 맞게 된다. 타지키스탄 내전기에 율다셰프는 아프가니스탄, 파키스탄, 사우디아라비아, 이란, 아랍에미리트, 터키 등지를 다니면서 다양한 이슬람 운동 및 기관, 사우디아라비아의 우즈베크 디아스포라와 접촉하고 이들로부터 자금을 지원받는 등 소위 '정치적 경력'을 쌓았다. 또한 자신의 전투원을 이끌고 타지크연합야당(UTO) 편에 가담하여 야전사령관으로서 내전에 참여한 나만가니는 타지키스탄에서 자신의 세를 불리고 IRPT의 군사·정치 지도자들과 친

---

20 국가의 억압과 운동의 저항 간의 상관관계 유형에 대해서는 부정적 영향, 긍정적 영향, U자형 곡선, 뒤집힌 U자형 곡선, 누운 S자형 곡선, 반대로 누운 S자형 곡선 등 매우 다양한 이론적 모델이 존재하는데(Koopmans, 1997: 150-152), 이러한 맥락에서 국가의 억압과 이슬람 운동의 동원 간에도 명확한 상관관계가 입증되지는 않았다(Collins 2007: 69). 1990년대 우즈베키스탄에서는 정부가 억압을 가할수록 오히려 이슬람 운동은 더욱 급진화되었다고 논의된다(Hunter, 2001: 77).

분을 맺고 활동 기지를 마련할 수 있었다(Fredholm, 2006: 20; Naumkin, 2005: 71; Rashid, 2002: 140-143). 소비에트-아프간 전쟁이 이에 참여한 중앙아시아 무슬림들에게 아프가니스탄에서 무슬림으로서의 연대의식을 느끼고 파키스탄의 군사캠프와 종교학교에서 학습·훈련·전투할 기회와 경험을 제공함으로써 중앙아시아 극단주의 이슬람의 산파 역할을 했듯이, 타지키스탄 내전은 IMU 등 이후에 중앙아시아 이슬람 무장단체의 지도자가 될 이들에게 이곳 무슬림들 사이에서 활동할 거점을 마련할 기회를 열어주었다(Akcali, 1998: 276-278; Hunter, 2001: 71-72, 76). 전쟁은 그 극단적·도착적(倒錯的) 속성으로 인해 급진주의 사상이나 운동이 펼쳐지는 공간이자 그 확산이 시작되는 진원이 되곤 하는데, 유사한 맥락에서 타지키스탄 내전도 해외 이슬람 세력과 접촉·교류하고 이를 통해 운동의 구성을 위한 인적·물적 동원 자원을 얻을 가능성을 제공해줌으로써 급진 이슬람 운동 IMU의 출현에 유리한 국제정치적 기회구조로 작용한 것이다.

IMU가 조직되는 과정에서 타지키스탄 내전이 열린 국제정치적 기회구조로 작용했음은 같은 시기 우즈베키스탄의 국내정치적 기회구조와 대비해 살펴보면 뚜렷하게 부각된다. 이 시기 카리모프 정부는 독립적인 혹은 급진적인 이슬람 세력에 대한 숙청을 본격화하는데, 그 몇몇 사례를 들면 다음과 같다. 1995~98년 동안 타슈켄트와 안디잔 등에서 국가에 대해 독립적인 입장을 표명한 이맘들이 연이어 실종되었고, 1997년 12월 나만간 주에서 발생한 경찰관 및 지방 관료 살해 사건과 관련하여 페르가나 계곡 지역에서 적어도 수백 명에서 많게는 1,000명 이상의 무슬림이 체포되었으며, 1998년 5월에는 소위 '극단주의' 활동에 대한 처벌이 가혹하게 규정된 양심의 자유와 종교조직에 관한 법이 제정되었다(Naumkin, 2005: 71-72; Rashid, 2002: 145-146; Shields, 2004: 21-24). 우즈베키스탄 내에서 국가의 억압이 물리적으로 가해졌을 뿐만 아니라 제도화되기까지 한 것이다. 이는 IMU의 발생 조건이 닫힌 국내정치적 기회구조와 열린 국제정치적 기회구조의 조합이라는 조건에서 후자가 전자를 벌충해주는 상황이었다는 점을 의미한다. 그러나 닫힌 국내정치적 기회구조와 열린 국제정치적 기회구조 속에서 운동의 활동이 국내정치적 기회구조의 확대 및 운동의 확장을 낳게 된다는 '부메랑 효과' 혹은 '나선형 모델'은(Sikkink, 2005: 154, 161-163) IMU의 정치적 기회구조에 적용되지 않는다. 부메랑 효과가 작동하려면 사회운동이 초국적 연합을 형성하거나 국제적 반향을 일으켜 이러한 외부의 움직임이 닫힌 국내정치적 기회구조가 열리도록 하는 압력으로 작용해야 한다. 그렇지만 IMU의 활동 이후 펼쳐진 카리모프 정권의 강도 높은 억압과 이분법적 이슬람 담론, '전 세계적 테러와의 전쟁'이라는 국제사회의 강경한 태도와 행동은 오히려 우즈베키스탄 내에서 IMU의 기회구조와 동원의 잠재력을 더욱 위축시켰다.

IMU의 정치적 기회구조가 이 단체의 일종의 전신(前身)이라 할 수 있는 아돌라트의 출범에서부터 논의되어야 하듯이, IRPT의 정치적 기회구조에 대한 분석 역시 이 정당의 모체에 해당하는 (전연방)이슬람부흥당(IRP)의 창설에서부터 시작되어야 한다. 언급된 바와 같이, IRP는 1990년 6월 출범했는데, 이 무렵 구소련 사회에서는 페레스트로이카의 실행 이후 자유화의 분위기 및 이의 진전에 대한 요구가 고조되어가고 있었을 뿐만 아니라, 같은 해 3월 공산당의 권력 독점에 관한 헌법조항이 폐지되면서 공식적으로나 비공식적으로 사회운동의 출현에 유리한 사회정치적 조건이 형성되었다. 구소련 무슬림이 코란의 요구에 부합하는 삶을 살게 하고 구소련에서 이슬람을 회복·부흥시키는 것을 목표로 하는 등 급진주의적·전통주의적·보수적 색채를 띠었던 이슬람 정당 IRP가(Akcali, 1998: 270-273) 조직될 수 있었던 것은 이러한 변화된 상황과 맥락이라는 열린 정치적 기회구조가 배경으로 작용했기 때문이다.

한편 소비에트 시기 가장 영향력 있는 이슬람 지도자였고 이후에 IRPT의 지도자가 되는 이들을 제자로 두었던 힌두스타니(Rustamov Hindustani)가[21] 주

---

21 소비에트 말기에 등장하게 되는 중앙아시아 급진 이슬람 운동의 토대를 마련해준 인물로 평가되는 힌두스타니에 관한 보다 상세한 내용은 프레드홀름(Fredholm, 2006: 9-10); 나움킨(Naumkin, 2005: 44-51) 참조.

로 두샨베에서 활동하는 등 타지키스탄은 지하 정치적 이슬람이 가장 발달한 소비에트 중앙아시아 공화국이었다(Rashid, 2002: 97-98).[22] 이러한 타지키스탄에서 소비에트 말기 및 포스트소비에트 초기 이슬람 운동이 처하게 된 국내정치적 기회구조는, 우즈베키스탄 이슬람 운동의 그것과 유사하게, 연방 차원에서 페레스트로이카의 실시로 인해 종교적 억압이 약화되었다는 점에서나 공화국 내에서 무슬림 인구 비율이 높고 이슬람의 사회적 영향력이 컸다는 점에서[23] 매우 유리한 것이었다. 이를 배경으로 하여 1990~1992년 약 1,000개의 모스크가 새로 열리고,[24] 이슬람의 정신적 유산이나 이슬람 교육에 대한 사회적 관심이 증가하는 등(Niyazi, 1998: 43-44; Rashid, 2002: 95) 타지키스탄 이슬람은 부흥의 기회를 맞게 되었다. 그리고 이 시기 타지키스탄에서는 종교적 자유화가 진행됨과 더불어 극심한 정치적 불안정이 이어졌는데,[25] 이러한 흐름 속에서 1991년 10월 IRPT는 당국의 불허에도 불구하고 두샨베 인근에서 창립총회를 개최

---

22 이러한 점과 관련하여 이미 소비에트 시기 타지키스탄에는 사회의 이슬람화를 위한 역사적·문화적 전제조건이 존재하고 있었다고 논의된다(Beshimov et al., 2011: 212).
23 소비에트 시기 타지키스탄에서 '반종교 투쟁'은 이슬람 전통에 심각한 피해를 입히지 못했고, 소비에트 시기 동안 특히 비도시 지역의 타지크인은 중앙아시아에서 가장 독실한 무슬림으로 알려져 있었다. 또한 소비에트 말기 다수의 주민들이 이슬람이 자신들의 생활양식의 일부이기를 원했기 때문에 타지키스탄에서 이슬람의 영향력은 지속적이었다고 할 수 있다(Atkin, 1989: 606; Karagiannis, 2010a: 16; Niyazi, 1998: 42).
24 이에 힘입어 1991년 말에 이미 타지키스탄에서는 130개의 금요기도회 모스크와 약 2,800개의 소규모 모스크 및 기도원이 운영되고 있었다(Niyazi, 1998: 43).
25 1991년 8월 소연방 차원에서 발발한 보수 쿠데타를 지지했던 마흐카모프(Qahhor Mahkamov) 타지키스탄 대통령이 대규모 항의 시위의 영향으로 사임했지만, 9월에는 과거에 공화국 공산당 제1서기를 지냈던 나비예프가 권력을 장악했고, 11월에는 직선제 공화국 대선에 의한 첫 번째 타지키스탄 대통령으로 선출되었다. 그렇지만 이듬해 3월부터 다시 반정부 대중 시위가 격화되면서 내전의 발발로 이어졌고, 결국 1992년 9월 나비예프가 임기 1년을 채우지도 못하고 축출되는 등 소비에트 말기부터 타지키스탄의 정치상황은 매우 혼란했다(Atkin, 1997: 610-612; Haghayeghi, 1995: 143-146).

하고, 같은 해 12월에는 정당 등록 허가를 받을 수 있었다.

이처럼 구소련 붕괴를 전후한 시점부터 IMU와 IRPT의 정치적 기회구조는 상이한 양상을 나타내기 시작하는데, 우즈베키스탄에서는 권력의 공고화에 착수·성공한 카리모프 정권이 국가의 억압을 강화한 반면에, 타지키스탄에서는 정치적 혼란 혹은 권력투쟁의 정세 속에서 정권이 강제력의 사용을 독점할 수 없었다거나 사회운동에 대해 억압을 가하더라도 그것이 효과적일 수 없었다는 점이 그것이다. 즉 IRPT는 국가 그 자체의 약화 및 그 결과로서 국가 억압의 약화, 변화의 흐름 속에서 다양한 이해관계를 표출하기 시작한 엘리트 연합의 불안정성이라는 열린 정치적 기회구조에 위치하게 된 것이다. 또한 두샨베에서 정치적 집회가 연이어지는 고조된 분위기에서 거리의 대중과 직접 접촉함으로써 동원의 잠재력을 확인할 수 있었던 IRPT에게 이 시기는 '의기양양한 시절'(heady time)이었는데(Rashid, 2002: 99-100), 이러한 시대적·사회적 배경 역시 IMU를 비롯한 다른 중앙아시아 이슬람 운동은 가지지 못했던 매우 유리한 정치적 기회구조였다고 할 수 있다.[26]

불안정한 정치상황의 연속선상에 1992년 발발한 타지키스탄 내전은 여러 의미와 범위에서 IRPT에게 정치적 기회구조의 확대와 축소를 동시에 의미하게 된다. 타지키스탄 내전은 이념, 종교, 민족, 지역, 파벌 문제와 얽힌 복잡한 갈등구도가 표출된 국내 분쟁이었을 뿐만 아니라 UN, 러시아, 우즈베키스탄, 아프가니스탄 등 국제기구와 주변국들이 개입한 혹은 관련된 국제적 이슈이자 초국적 전쟁이기도 했다(Rashid, 1994: 159; 2002: 103-104). 이처럼 타지키스탄 내전이 다양한 요인에 의해 발생하여 다양한 층위의 다양한 행위자들과 관계된 사건이

---

26 반정부 및 친정부 시위대의 충돌이 극심해지던 1992년 5월 당시 나비예프 정부와 반정부 세력은 연립정부 구성에 합의했고, IRPT 부의장이었던 우스몬(Davlat Usmon)이 부총리로 임명되었다. 이 연립정부가 오래 지속되지는 않았지만, 이는 중앙아시아 지역에서 이슬람 정당이 정부 구성에 참여한 첫 번째 사례였다(Haghayeghi, 1995: 145-147; Naumkin, 2005: 216-218).

었다는 점과 관련하여 이는 IRPT에 대해서도 다의적인 정치적 기회구조로 작용했다.

내전의 와중이자 일종의 권력 공백 상태였던 1992년 11월 구 공산주의 세력이 반정부 세력을 배제한 채 라흐모노프(Emomali Rahmonov)[27] 정부를 수립했는데, 라흐모노프 정권은 출범 초기부터 반정부 인사 체포·살해, IRPT를 포함한 야당 금지, 언론 장악 등 권위주의적 억압 조치를 취하기 시작했다.[28] 1994년 11월에는 라흐모노프가 러시아의 지원과 승인을 받아 직선제 대통령으로 선출됨으로써 부정선거와 권위주의에 대한 국제사회의 비판에도 불구하고 어쨌든 정권의 절차적 정당성을 주장할 수 있게 되었다(Atkin, 1997: 612-614).[29] 지역 강국 러시아를 등에 업은 권위주의 세속국가의 억압 강화는 정부에 저항하여 내전의 당사자로 참여하고 있던 이슬람 운동에게 공식적인 활동 무대의 축소라는 국내정치적 기회구조의 협소화를 의미하게 된다.[30]

---

27 2007년 3월 라흐모노프는 '문화적 근원'을 되찾아야 한다는 이유로 자신의 성(姓)을 라흐몬(Rahmon)으로 변경했지만(BBC, 2007/03/22), 이 글은 이 일이 있기 이전의 그에 대해 논의하기 때문에 변경 이전의 성을 표기하기로 한다.

28 라흐모노프는 집권 직후부터 자신에게 도전할 잠재력이 있는 인물들을 제압하면서 정권의 권위주의적 성격을 강화해나갔다. 예를 들어 내전이 진행되던 시기에 심지어는 여러 친정부 군 지도자들조차 명확치 않은 정황에서 살해되거나 다양한 명목으로 체포되었는데, 이러한 사건들은 정권과 무관하지 않았다고 논의된다(Hall, 2005: 25-27). 또한 라흐모노프 정부 및 친정부 무장 세력은 반정부 세력 지원 혐의를 받았던 민간인들에 대해서도 즉결 처형, 고문, 실종, 약탈 등 잔혹하고 무차별적인 탄압을 가했는데, 이는 반정부·급진 이슬람 운동을 자극한 요인 중 하나였다(Hafez, 2003: 101-103).

29 여러 부정행위와 안보기관의 '공개적인 협박'으로 얼룩졌던 1994년 11월 대선에서 대통령으로 선출된 이후 라흐모노프는 자신의 출신 지역 인물들로 핵심적인 직위를 채움으로써 권력의 공고화를 본격화하기 시작했다(Beshimov et al., 2011: 215; U.S. Department of State, 1995).

30 라흐모노프 정부 및 친정부 무장 세력이 두샨베를 장악한 1992년 12월 이후 이슬람 운동을 비롯한 반정부 세력은 타지키스탄의 중·동부 산악지역으로 흩어지거나 아프가니스탄으로 퇴각하여 주로 그곳에서 무장공격을 단행해야 했다(Gleason, 2001: 80; Roy, 2007: 141).

다른 한편으로는 이미 국민들이 종교적·지역적 정체성과 정치적 참여의 경험을 갖게 된 가운데[31] 라흐모노프 정권이 자력으로 내전을 종식시킬 수 있을 만큼 전국적인 권력 기반을 확보하지는 못했다는 점에서 내전 시기는 민족주의·민주주의·이슬람주의 세력이 반정부의 기치 아래 결집할 수 있는 상황적 배경이 되기도 했다. 다시 말하면 라흐모노프 집권 이후 이전에 비하면 억압을 가하는 '국가 능력'(state capacity)은 강화되었지만, '국가 자율성'(state autonomy)까지 확보된 것은 아니었다.[32] 이러한 점에서 내전 시기는 IRPT가 동맹 세력의 규합을 통한 집단적인 반정부 활동의 전개라는 '경합의 정치'(contentious politics)에 참여할 가능성을 열어준 국내정치적 기회구조로 작용한 것이다.

국제적인 차원에서도 타지키스탄 내전은 IRPT의 정치적 기회구조로서 유리함과 불리함이라는 양가적인 성격을 모두 나타낸다. 우선 IRPT로 표상된 이슬람 급진화 혹은 정치화의 확산에 대한 우려는 러시아와 우즈베키스탄이 타지키스탄 내전에 개입하는 표면적인 명분 혹은 구실이 되어(이문영, 2004: 256-257).[33] 두 강대국은 내전 기간 동안 라흐모노프 정부에게 일방적인 물질적·군

---

31 고르바초프의 개혁·개방 정책이 실시되면서 타지크인의 정신과 감정이 각성되었고, 이들은 자신들의 역사, 문화, 언어, 미래에 대해 활발하게 논의하기 시작했다(Beshimov et al., 2011: 212).

32 국가가 효과적으로 목표를 달성하거나 정책을 집행할 수 있는 역량을 뜻하는 '국가 능력'과 구분되는 '국가 자율성'이란 국가가 "사회 집단, 계급, 즉 사회의 요구나 이익을 단순히 반영하지만은 않는 목표를 수립하고 추구"할 수 있는 상태를 의미한다(Skocpol, 1985: 9, 15-16). 즉 '국가 자율성'은 국가와 사회의 관계성에 초점을 맞추는 개념으로 국가가 자신의 목표나 정책을 결정하는 과정에서 사회 세력의 영향으로부터 독립적일 수 있는 정도를 의미한다.

33 물론 급진 이슬람의 확산에 대한 우려가 러시아와 우즈베키스탄이 타지키스탄 내전에 개입한 주요 동인이기는 하지만, 그 외의 다른 의도나 목표도 이들 국가의 개입을 설명해주는 요인으로 논의되어야 한다. 러시아의 경우에는 구소련 지역에서 자신의 정치·경제·군사적 지위와 영향력을 유지·확대하려는 야심과 현실주의적 혹은 직접적 국익 개념을 넘어서는 심리적 요인, 전략적 고려, 전술적 필요 등이 개입의 동기로 작용했다(이문영, 2004: 260-263; Gleason, 2001; Haghayeghi, 1995: 150-151). 타지키스탄과 직접 국경을 맞대고

사적 지원을 제공했다. IRPT의 정치적 경쟁 혹은 투쟁의 상대였던 라흐모노프 정부가 국외의 강력한 지지 세력을 얻게 되었다는 점은 IRPT에게 불리한 국제정치적 기회구조로 작용하게 된다. 러시아 정부의 내전 개입 및 라흐모노프 정권 지원은 확실히 내전 결과뿐만 아니라 그 정권의 유지·공고화에도 직접적인 영향을 미쳤고(Gleason, 2001: 80; Haghayeghi, 1995: 148), 내전 초기였던 1992~1993년 타지키스탄 친정부 무장조직에 대한 우즈베키스탄 정부의 원조는 이 시기 내전의 결과를 판가름하는 데 있어서 결정적인 요인이었을 정도로(Horsman, 1999: 39) 내전 시기에 IRPT는 일종의 적대적 국가들의 연합전선이라는 국제정치적 환경의 제약에 처하게 된 것이다.

다른 한편으로는 타지키스탄 내전이 우즈베크 이슬람주의자들에게 열린 국제정치적 기회구조의 역할을 했듯이, IRPT에게도 해외 이슬람주의 세력의 도움을 얻고 동원 자원을 마련할 수 있는 기회의 공간을 열어주었다. 1992년 12월 라흐모노프 정부가 두샨베를 장악한 뒤 IRPT 지도자들은 정부군의 '소탕작전'을 피해 아프가니스탄, 파키스탄, 이란, 러시아 등지에서 일종의 망명 활동을 해야 했다. 그렇지만 타지키스탄 내전 문제는 러시아와 우즈베키스탄뿐만 아니라 타지키스탄과 종교적·민족적·문화적 친연성 혹은 전략적·지정학적 이해관계를 가졌던 국가들에게도 관심의 대상이었다. 이러한 맥락에서 내전 시기는 IRPT가 아프가니스탄, 파키스탄, 사우디아라비아의 정부나 단체들로부터 군사적·경제적 지원을 받는 환경이 될 수 있었다(Akiner et al., 2001: 20-21). 그 폭력의 극단성으로 인해 참여자들이 생존의 가능성을 보장받지 못하는 내전 시기에 IRPT는 국경을 넘나드는 자신의 반정부 투쟁을 후원해주는 여러 해외 이슬람주의 동맹 세력을 만나게 된 것인데, 이는 분명히 IRPT에게 유리하게 작용한 국제정치적 기회구조였다고 할 수 있다.

있는 우즈베키스탄의 경우에도 국내 정세 안정 및 억압의 정당화, 타지키스탄에서 자신의 기득권 보호 및 영향력 유지, 지역 강대국의 야심 등 다양한 동기에 의해 타지키스탄 문제에 관여했다(이문영, 2004: 257-260; Haghayeghi, 1995: 151; Horsman, 1999).

Ⅳ. 동원구조

앞 장에서 논의되었듯이, 1990년대 초중반 이후 이슬람 운동의 전개를 위한 우즈베키스탄의 국내정치적 기회구조가 점점 위축되어가는 가운데 1997년 6월 타지키스탄 내전이 종결되자 우즈베크 이슬람주의자들의 활동에 유리하게 작용했던 국제정치적 기회구조마저 닫혀버리게 되었고, 따라서 율다셰프와 나만가니는 이후 행동의 방향을 결정해야 하는 선택의 기로에 놓이게 되었다. 이러한 상황에서 이들이 내린 결정은 타지키스탄 이슬람 세력과 결별하고 카리모프 정부에 대항하는 지하드(jihad, 성전)를 수행하는 것이었고, 이를 위해 1998년 여름 이들은 결국 IMU를 결성했다. 이때 이들이 운동을 구성하고 활동을 이어나가는 데 이용한 동원구조는 타지키스탄 내전 시기의 유리했던 국제정치적 기회구조 속에서 구축한 비공식적인 국제적·초국적·지역적 네트워크였다.

타지키스탄 내전기에 초국적 차원에서 '정치적 경력'을 쌓은 율다셰프는 탈레반으로부터 은신처 및 거주지를 제공받아 아프가니스탄에 정착하게 되는데, 그가 나만가니와 회동하여 IMU의 수립을 선포한 곳도 바로 카불이었다. 우즈베키스탄 당국이 1999년 2월 타슈켄트 폭탄 테러 용의자로 율다셰프와 나만가니를 지목했을 때에도 탈레반 지도자들은 이들을 우즈베키스탄으로 인도할 것을 거부한 데서 알 수 있듯이(Weitz, 2004: 507), IMU와 탈레반의 관계는 매우 돈독했다고 할 수 있으며, 이러한 국제적 연대는 IMU에게 유용한 동원구조의 역할을 했다. 또한 율다셰프는 빈 라덴으로부터 IMU의 설립을 권유받고 이를 위한 상당한 재정 지원을 받은 것으로 알려져 있으며, 그 외에도 자신의 초국적 인맥과 유대관계를 활용하여 여러 해외 이슬람 단체 및 기구로부터 지속적으로 자금과 물질과 인력을 제공받았다(Fredholm, 2006: 21; Rashid, 2002: 147-148, 154).[34]

---

34 IMU는 공식적으로는 폭력의 사용을 부인하지만 실제로는 직간접적으로 폭력 행위와 관련

율다셰프처럼 나만가니도 파키스탄의 정보기관이나 이슬람 정당들로부터 인력·재정·거주 지원을 받는 등(Mann, 2002: 297; Weitz, 2004: 509) 국제적·초국적 관계망을 운동의 구성 및 활동을 위한 자원으로 이용했지만, 그가 보다 적극적으로 그리고 효과적으로 조직·활용한 동원구조는 지역적 차원에서의 비공식 네트워크였다고 하겠다. 소비에트-아프간 전쟁과 타지키스탄 내전에서의 풍부한 전투 경험을 바탕으로 전사들을 동원·조직하는 카리스마와 지지자 네트워크를 구축하는 능력을 보유한 나만가니는 타지키스탄 중부 타빌다라 계곡(Tavildara Valley) 지역에 훈련·병참·주둔 기지를 가지고 있었고, 현지 주민들의 신뢰를 받았을 뿐만 아니라,[35] 다른 중앙아시아 지역에서 이곳으로 찾아오는 지지자를 받아들이기도 했다(Rashid, 2002: 153-154, 157-158).[36] 2000년에는 미국 정부가 발표한 테러 조직 명단에 포함되기까지 하는 등(Mann, 2002: 294) 공개적·가시적 활동이 제한될 수밖에 없었던 IMU에게 이러한 비공식 지역 네트워크는 정치적·군사적·심리적 유용성이 매우 큰 동원구조였다.

　　한편 IMU에 가담한 이들의 출신 배경 및 이유를 살펴보면, 이들의 상당수는 1990년대 이후 비공식 이슬람에 대해 점점 강화된 카리모프 정부의 탄압을 피해 합류한 이들이었고, 그 일부는 페르가나 계곡 지역의 높은 실업률로 인해 경제적 불만을 가진 청년층이었으며, 순전히 경제적 유인 때문에 IMU에 가입한 이들도 있었다(Mann, 2002: 298). 일반적으로 사람들이 급진 이슬람 운동에

　　　되었던 이슬람해방당(Hizb ut-Tahrir al-Islami)과도 멤버를 공유하거나 공동으로 군사훈련을 실시하는 등 긴밀한 관계에 있었다(Rashid, 2002: 133; Weitz, 2004: 507-508).

35　이곳에 머무는 동안 나만가니는 남편이 타지키스탄 내전 중에 사망한 타지키스탄 동부 고르노-바다흐샨 지역 출신의 미망인과 두 번째 결혼을 했다. 이로써 그는 현지 여성과 결혼했을 뿐만 아니라 지하드의 미망인과 결혼하는 이슬람 계율을 실천한 셈이 되기도 했고, 이러한 점에 힘입어 그는 지역 주민들과의 유대관계를 강화하고 지역에서 자신의 명성을 높일 수 있었다(Mann, 2002: 298; Rashid, 2002: 158).

36　이러한 점과 관련하여 IMU는 '범(汎)중앙아시아 이슬람 운동'이 되어가고 있었다고 평가되기도 했다(Rashid, 2002: 110).

매료되는 데에는 이슬람에 대한 특정한 방식과 내용의 이해·해석이라는 이데올로기적 요인의 작용이 가장 중요하다고 할 수 있지만, 중앙아시아 지역, 특히 페르가나 계곡 지역의 열악한 사회경제적 조건 또한 IMU가 표방한 것과 같은 급진적 이념에 매우 수용적인 환경을 만들어낸다(Hunter, 2001: 77-78). 이는 특정 국가 혹은 지역에서 무슬림의 사회경제적 어려움이 극심한 상황은 급진 이슬람 운동에게 유리한 동원구조를 형성하거나 유지시킬 가능성이 높음을 의미한다.

    사회운동의 충원과 활동을 위해 매우 중요한 문제가 자금의 확보인데, IMU의 주요 재정적 동원구조 가운데 특징적인 것으로는 마약 거래를 통한 수입을 들 수 있다. 1999~2001년 IMU의 주요 재원 중 하나였던 마약 거래로 인한 수입액은 약 1,600만 달러로 추정되었는데, 이는 같은 기간 사우디아라비아 등의 우즈베크 디아스포라에게서 받은 재정 지원(약 2,400만 달러)에는 미치지 못했지만, 알카에다로부터 받은 자금(약 1,5000만 달러)보다는 많은 막대한 액수였다. 이 시기에 IMU는 아프가니스탄에서 중앙아시아로 마약이 유입되는 통로를 통제하고 있었고, 아프가니스탄 마약을 러시아 및 유럽으로 직수송하는 시스템을 구축하려는 시도를 하고 있었다(Mann, 2002: 297). IMU는 1999년 8월과 2000년 8월 연이어 키르기스스탄 및 우즈베키스탄 남부 지역에서 인질극을 포함한 군사작전을 단행했는데, 이때 IMU의 목표가 된 지역의 지리적 위치, 공격 시점, 전술을 고려할 때 이러한 침입의 동기는 마약 수송이었을 가능성이 높다고 논의되기도 한다(Cornell, 2005: 627-632).

    IMU가 극도로 위축된 국내정치적 기회구조로 인해 초국적 차원에서든 지역적 차원에서든 우즈베키스탄 외부에서 비공식 네트워크를 통해 동원구조를 구축했다면, IRPT의 동원구조 또한 비공식 네트워크에 의존했다는 점에서는 IMU의 그것과 유사했지만, IRPT의 동원구조는 보다 다변화된 비공식 네트워크를 활용한 것이었다는 차이점을 나타내기도 한다. 즉 주로 비공식적인 관계를 통해서이긴 했지만, IRPT는 정세와 조건의 변화에 따라 유연하게 다양한 공간에서, 다양한 세력에게서 동원의 자원을 구한 것이다.

전장에서 언급되었듯이, 소비에트 시기 타지키스탄은 지하 이슬람의 활동이 가장 활발했던 연방공화국이었는데, 이러한 기존의 비공식적인 이슬람 및 사회적 네트워크는 특히 IRPT의 초기 창립 과정에서 중요한 역할을 한 동원구조였다. 1991년 10월 IRPT가 당국의 금지 조치에도 불구하고 650명이 넘는 대의원이 참석한 창립총회를 열 수 있었던 것은, 1987년 아프가니스탄 무자헤딘을 지지하는 집회를 주도하여 투옥되기도 했던 누리(Said Abdullo Nuri)가 조직한 비밀 이슬람 청년단체와 누리가 속한 친족·지역 네트워크가 위치·거주하고 있던 타지키스탄 중부 카라테긴 계곡(Karategin Valley) 및 남서부 바흐쉬 계곡(Vakhsh Valley) 지역 주민들의 지지에 힘입은 바가 컸다.[37] 내전기에도 IRPT의 무장 기지 및 지원은 카라테긴·타빌다라·바흐쉬 계곡 지역 등 그 지도자들의 친족·지역 네트워크가 위치한 지역에 집중되어 있었다(Rashid, 2002: 103, 108). IRPT의 창설 및 활동에 동력을 공급한 동원구조로서 지역적 차원에서의 비공식 네트워크는 매우 중요한 역할을 한 것이다.

시간이 흐름에 따라 IRPT는 비공식 관계망을 더욱 확대하는데, 그 대표적인 예가 당시 타지키스탄 공식 이슬람을 대표하던 최고 무프티(mufti) 투라존조다(Qazi Akbar Turajonzoda)와 IRPT 지도자들 간의 친밀한 개인적 관계였다. 이는 중앙아시아 지역에서 정치적 이슬람 단체가 공식 이슬람 성직자와 손을 잡은 첫 번째 사례였고, IRPT가 타지키스탄에서 높은 대중적 관심을 받는 데 기여한 요인 중 하나였다(Naumkin, 2005: 214; Roy 2000: 9). 특히 내전 발발 이후인 1992년 12월 투라존조다는 정부의 압박을 피해 타지키스탄을 떠나 해외 각지를 다니면서 IRPT에 대한 지지를 청했는데, 국내외에서 권위와 학식과 인기가

---

37 이처럼 IRPT가 출범 초기에 이미 일정 정도의 인적 동원구조를 확보하고 있었다는 점과 관련하여 괄목할 만한 사실은 창립총회 개최 두 달 뒤 IRPT의 법적 등록이 허가되었을 때 그 멤버 수가 무려 2만 명에 달했다는 점이다(Collins, 2007: 85; Olimova, 1999; Rashid, 2002: 97-99).

높았던 그의 대외 활동은 IRPT의 대의 혹은 정당성을 진작시키는 데 크게 이바지했다(Fredholm, 2006: 16-17; Naumkin, 2005: 223; Rashid, 2002: 100-101). 그러나 1997년 내전이 끝나자 투라존조다와 IRPT는 결별했고,[38] IRPT는 그가 제공해준 전국적 정당성과 동원력을 이용할 가능성을 잃어버렸다(Collins, 2007: 89).

한편 1991년 11월 타지키스탄 대선에서 IRPT는 민족주의적 성향의 라스토헤즈(Rastokhez) 운동, 서구식 민주주의를 지향한 타지키스탄민주당(Democratic Party of Tajikistan), 타지키스탄 동부 고르노-바다흐샨 지역의 자치 확대 및 이곳 파미르인의 권리 보호를 주장한 랄리 바다흐샨(Lali Badakhshan)과 공동으로 후보를 내세웠고, 비록 패배하긴 했지만 30%가 넘는 높은 지지율을 획득했다. 이는 역시 중앙아시아 지역에서 이슬람 세력이 세속적 사회정치 세력과 연합하여 대선에 참여한 첫 번째 사례이자 이슬람 운동이 정치적 도전을 제기하기에 충분한 대중적 동원구조를 보유할 수 있음을 보여주는 계기가 되었다(Naumkin, 2005: 215; Rashid, 2002: 100). 대선 이후 1992년부터 내전이 시작되자 IRPT는 이들 세속 세력들과 함께 타지크연합야당(UTO)을 결성하여 반정부 무장투쟁에 나섰고, 강력한 반정부 연합조직이었던 UTO는 내전의 주요 교전 행위자이자 1997년 6월 평화조약을 체결한 당사자 중 하나였다. 이처럼 IRPT는 지지·동맹 세력을 구하는 데 있어서 종교적 교조성에 얽매이지 않았고, 따라서 초기 출현 및 활동 과정에서 그 동원구조의 외연을 확장하는 데 상당 정도 성공적일 수 있었다.[39]

---

38 처음부터 IRPT를 전적으로 신뢰하지는 않았던 투라존조다는 내전 종식 이후 1998년 3월 라흐모노프에 의해 제1부총리로 임명된 뒤 라흐모노프에 대한 지지를 이유로 IRPT에서 제명되었고, 2000년 2월에는 그의 온건 노선에 반대한 IRPT 강경파 소속으로 밝혀진 저격범들에게 암살을 당할 뻔하기까지 했다(Haghayeghi, 1995: 161-162; Rashid, 2002: 101-102, 108).

39 주로 지식인 계층이 주도한 다른 사회운동과 연합관계를 맺음으로써 IRPT는 두샨베에서 입지를 공고화할 수 있었고, IRPT와 결합함으로써 민족주의·민주주의 세력은 비도시 지역으로 진출할 통로를 얻을 수 있었지만, 그럼에도 불구하고 IRPT가 포함된 반정부 세력

내전 시기에는 IRPT도 IMU처럼 비공식 국제적·초국적 네트워크를 통한 동원구조의 구축을 모색하며 활동을 전개한다. 1992년 5~9월 타지키스탄 내에서 연립정부에 참여하고 있을 때만 하더라도 IRPT는 다른 이슬람 국가들에게 큰 관심을 보이지 않거나 대외 문제에 대해 신중한 태도를 취했다면, 같은 해 12월 아프가니스탄으로 후퇴한 이후부터는 적극적으로 지원 세력을 찾아 나서기 시작했다(Roy, 2000, 12-13, 19). 그 결과 IRPT는 당시 대통령과 국방장관이 타지크계 인물이었던 아프가니스탄 지도자들로부터 자국 영토 내 활동·훈련 허가 및 지원을,[40] 파키스탄, 이란,[41] 사우디아라비아 정부·비정부기구로부터 군사적·재정적 지원을 받았을 뿐만 아니라, 아프가니스탄으로 탈출한 10만 명이 넘는 타지크인 난민 가운데 수천 명을 충원하기도 했다(Naumkin, 2005: 223-225; Rashid, 2002: 103-104). 이러한 외부 지원 및 동원 자원 확보에 힘입어 IRPT는 아프가니스탄으로부터 타지키스탄 영토로 침투하여 중부 산악 지역에 거점을 마련한 후 정부군과 게릴라 전투를 벌일 수 있었다(Naumkin, 2005: 225). 반정부 무장투쟁을 전개함과 더불어 IRPT는 투라존조다를 중심으로 하여 국제사회의 지지를 얻기 위한 외교적 노력을 기울이기도 했다(Roy, 2000: 20-21). 전시가 아니더라도 권위주의 정권의 억압하에서는 반정부 세력이 장기간 존속을 보장받기 어려운 법인데, IRPT는 해외 지지·동맹 세력 네트워크라는 비공식 동원구조를 디딤돌 삼아 내전기에도 반정부 투쟁을 이어나갈 수 있었다.

은 남부 지역에 편향된 세력이라는 대중적 이미지를 극복하지는 못했다(Naumkin, 2005: 215).

40 이러한 지원에 힘입어 IRPT는 아프가니스탄에 3개의 본부와 훈련 캠프를 마련할 수 있었다(Roy, 2000: 18-20).

41 투르크계 수니파 무슬림이 주민의 압도적 다수인 중앙아시아 지역 문제에 직접 개입하는 데 한계가 있을 수밖에 없었던 이란은 IRPT의 지지자보다는 중개자가 되길 원했고, 따라서 내전 말기로 갈수록 이란과 IRPT의 관계는 소원해졌다(Roy, 2000: 15-16).

V. 프레이밍 과정

IMU의 이데올로기는 이슬람 국가의 건설이라는 이슬람주의였는데, 이때 IMU가 자신의 이데올로기를 대중에게 효과적으로 전파하기 위해 구성·제시한 프레임은 선악 대립 구도에 의한 피아 구분 및 사회정치 문제의 종교 문제화였다고 할 수 있다. 우선 1999년 2월 타슈켄트 테러 이후 발행한 문서에서 IMU는 자신을 다수의 우즈베크인들처럼 하나피(Hanafi) 학파를 신봉하는 '이슬람 대중운동'이라고 규정하고, 자신의 목적이 개인·사회·국가 차원에서 온전하게 이슬람적인 원칙과 가치를 실현하는 것이라고 명시했다(Naumkin, 2005: 74-75). 그리고 1999년 8월 발표한 문서를 통해 IMU는, 자신이 "우즈베키스탄의 압제적 정부"에 대해 "지하드를 선포하는 주요 목적은 샤리아 법이 적용되는 이슬람 국가를 수립하는 것"이라고 선언함으로써(Fredholm, 2006: 22) 이슬람 국가 건설이라는 이념적 지향뿐만 아니라 그 실현을 위한 폭력 사용의 불사라는 실천적 태도까지 분명하게 밝혔다. 나아가 IMU는 우즈베키스탄 정부, 특히 카리모프가 "우즈베키스탄에서 이스라엘 유대인들과 미국의 이슬람 적들의 정책을 수행"하고 있다는 독설에 가까운 표현으로 비난하고(Khalid, 2003: 589), '압제적 배교자들' 혹은 '위법자들'에 의해 우즈베키스탄 무슬림들이 살해, 투옥, 추방, 고문 등의 잔인하고 극단적인 억압을 받고 있다고 주장하면서 우즈베키스탄 정부에게 이러한 반(反)무슬림 투쟁을 그만둘 것을 경고했다(Fredholm, 2006: 22; Naumkin, 2005: 75). 이는 IMU가 반유대주의·반미주의 수사까지 동원하면서 카리모프 정권을 억압적 반이슬람 세력으로 범주화하고, 이를 통해 그 반대급부로서 반정부 무장투쟁을 실천하는 자신을 진정한 이슬람을 대표하는 운동으로 내세우는 극단적인 이항 대립적 프레임을 채택했음을 말해준다.

그리고 2000년 10월 미국 언론과의 인터뷰에서 율다셰프는 IMU의 활동 목적이 무슬림 형제들의 해방일 뿐만 아니라 억압과 부패와 불평등에 대항하는 투쟁이라고 강조하면서 이슬람 국가를 건설하기에 앞서 우선 이러한 억압으로부터 벗어날 필요가 있으며, "그렇기 때문에 우리는 지금 피를 흘리고 있는 것이다."라고 역설했다(Rashid, 2002: 148-149). 이는 국가의 탄압에 대한 반발적 대응이자 동시에 이슬람 국가 수립이라는 종교적 목표와 국가 억압의 타파라는 세속적·정치적 목표의 실현을 연결시킴으로써 사회정치적 불만을 품은 무슬림이 운동의 종교적 대의에 동감하여 운동에 참여하도록 유인하기 위한 프레임 설정이라고 할 수 있다. 다시 말하면 IMU는 사회정치 문제가 종교 문제와 분리될 수 없다는 현실 해석의 틀을 제시하고 정치적 투쟁에의 참여가 무슬림이 신성한 종교적 의무를 이행하는 하나의 방식이 될 수 있다는 일종의 행동 강령을 주장함으로써 동원의 확대를 의도한 것이다.

한편 사회운동의 프레임이 다루는 주제와 이념이 포괄적이고 유연할수록 다른 운동의 활동에도 영향을 미치는 '지배적 프레임'(master frame)으로 발전·기능할 가능성이 높아지고, 프레임의 포괄성과 유연성은 동원의 잠재력에도 영향을 미칠 수 있다고 가정된다(Benford et al., 2000: 618-619). 이러한 이론적 논의에 입각하여 IMU의 프레임을 살펴보면, 이는 사회정치 문제를 의제화함으로써 포괄성을 높이긴 했지만, 폭력적 정권 전복을 주요 목적과 수단으로 제시했다는 점에서 유연성을 나타내진 못했다고 할 수 있다. 타지키스탄 내전과[42] 9·11 테러로 인해[43] 이슬람주의 혹은 이슬람 테러리즘에 대한 지역적·세계적

---

[42] 타지키스탄 내전으로 인해 우즈베키스탄이 느꼈던 위협과 우려는 카리모프 정부가 새로운 민족·국가 정체성을 확립하고 권위주의 통치의 정당성을 확보하는 기회 혹은 구실이 될 수 있고, 실제로 카리모프 정부는 정치적 이슬람의 위험성을 강조하여 억압을 정당화하는 근거로 타지키스탄 내전을 빈번하게 인용했다(Atkin, 1997: 618; Horsman, 1999: 41-44).

[43] 9·11 테러 이후 대(對)테러리즘 공동전선을 구축할 필요는 일종의 당위가 되었고, 이슬람 테러리즘은 세계 주요국이 우려하는 문제로 부각되었다. IMU는 탈레반 편에 적극적으로 가담하여 미국이 주도한 군사 보복 작전에 격렬하게 저항했고, 그 과정에서 나만가니가 사망하는 등 막대한 인적·물적 손실을 입었다(Mann, 2002: 299; Тодуа, 2005: 45).

불안감과 경계심이 고조되어가던 분위기에서 IMU의 프레임이 나타낸 세속 정부 및 종교적 원칙에 대한 완강하고 강경한 입장은 점차 운동의 동원력을 약화시키는 요인으로 작용하게 된다.

IMU에 대한 지지의 하락은 IMU의 프레임 그 자체가 띠었던 경직성뿐만 아니라 프레이밍 경쟁, 즉 이슬람이 자신에게 정당성의 원천을 제공해준다고 간주하여 이를 민족·국가 건설 전략 및 이념으로 흡수 혹은 도구화한(Olcott et al., 2008: 13; Rasanayagam, 2011: 96) 카리모프 정부의 대항프레이밍(counterframing)[44] 과정에 의해서도 설명될 수 있다. 이때 흥미롭게도 마치 IMU가 표방한 프레임의 거울 이미지처럼 카리모프 정권이 구성한 이슬람 프레임도 이슬람에 대한 극단적인 이분법적 해석 및 담론이라는 특징을 나타냈다. 즉 카리모프 정부의 이슬람 프레임은 우즈베크인의 진정한 문화적·역사적 유산으로서 관용적이고 비정치적인 '좋은', '옳은' 이슬람과 중앙아시아인의 정신적 가치에 이질적이고 이슬람을 협소하게 이해한다는 점에서 비관용적이며 '종교와는 거리가 먼' 정치적 동기를 갖는 '나쁜', '잘못된' 이슬람을 뚜렷하게 구분하여 후자를 타자화하는 것이었다(Khalid, 2003: 587; Rasanayagam, 2011: 96, 104).[45] 물리력에서 압도적으로 우세한 정권이 1990년대 초중반부터 교육과 언론 등 자신의 주장

---

44 "개인이나 집단의 신화, 현실 설명, 해석적 틀을 반박, 약화 혹은 무효화하려는 시도들"이 일어나는 현상을 대항프레이밍 과정이라고 할 수 있다(Benford et al., 2000: 626).

45 예를 들어 대통령 고문을 지냈던 한 학자는 학술회의에서 명백하게 반정부 급진 이슬람을 가리키는 '잘못된' 이슬람 세력을 "자신들의 권력을 강화하기 위해 유사 이슬람적인 구호를 이용하는 무지하고 무식한 사람들 [...] 야만인들"이라고 표현했다(Khalid, 2003: 587). 우즈베키스탄 중등교육기관 교과서에도 급진 이슬람 세력은 "이슬람 종교로 위장한 파괴적 사조"이고, 이들의 행위는 "코란의 규정에 전적으로 모순된다."고 서술되었다(Носырходжаев et al., 2007: 76). 1998년 5월 의회 연설에서 카리모프는 "그런 사람들[이슬람주의자들]은 머리에 총을 맞아야 한다. 필요하다면 내가 직접 그들을 쏘겠다."고 발언했고, 타슈켄트 테러 발발 이후 두 달이 지난 1999년 4월에는 "내 아이가 그런 길[IMU 가담]을 선택한다면 내가 직접 그의 목을 따겠다."고 발언했는데, 이러한 극단적인 수사 또한 '나쁜', '잘못된' 이슬람을 적대시하는 프레임의 발로였다고 할 수 있다(Rashid, 2002: 146, 150).

을 정당화하고 전파하기 위한 기구와 제도를 장악하면서 유리한 위치에서 프레이밍 활동을 전개할 수 있게 됨에 따라 폭력이라는 극단적 수단의 사용으로 인해 애초부터 일정 정도 대중적 거부감을 감수할 수밖에 없었던 IMU의 프레임 및 활동에 대한 지지는 약화될 수밖에 없게 된다.

IRPT의 동원구조가 IMU의 그것보다 다양하고 폭넓었던 데서 유추할 수 있듯이, 자신의 이념과 대의에 대중을 동원하기 위해 구성한 IRPT의 프레임 역시 IMU의 그것보다 적어도 표면적으로는 온건하고 유연한 것이었다. 즉 목표나 정책의 제시에 있어서 IRPT는 "처음부터 변화하는 환경에 따라 주조될 수는 있는 탄력성을 가지고 있었다."(Saud, 2010). 반면에 타지키스탄 정국의 불안정 및 변동의 영향으로 IRPT의 프레임은 일관성을 유지하지 못하는 취약성을 드러내기도 했다. 운동의 프레임과 운동의 실제 행동이 일관적이지 못할 때 프레임의 신뢰성(credibility)과 반향(resonance), 즉 프레임의 동원력은 약화되는 경향을 보이게 된다(Benford et al., 2000: 619-620).

우선 1991년 IRPT가 내세운 목표와 과제를 살펴보면, 이는 타지키스탄인의 '영적인 부흥', 타지키스탄의 '경제적·정치적 주권', 이슬람의 '정치적·법적 권리', '이슬람 사상의 전파와 선전' 등이었다(Haghayeghi, 1995: 88; Naumkin, 2005: 209). IRPT의 궁극적인 지향이 타지키스탄 국가와 사회의 이슬람화였음에도 불구하고(Karagiannis, 2010a: 97; Saud, 2010),[46] IRPT는 자신의 목적으로 이슬람 국가의 수립을 공식적으로는 표명하지 않고 당시 공화국의 민심을 반영한 사회정치적 요구와 종교적 주장을 혼합한 프레임을 구성한 것이다.[47] 이

---

46 1991년 10월 창립총회에서 채택된 IRPT 강령에 따르면, 당은 '순수한 이슬람'에 기반하여 강령을 작성했고, "모든 정치 문제에서 이슬람은 당의 법이자 지침"이며, "IRPT의 궁극적인 목적은 신앙에 기반하여 세워진 사회를 건설하는 것이다."(Babak et al., 2004: 290).

47 1991년 당 강령에서 IRPT는 종교나 이념 문제에서뿐만 아니라 경제, 교육, 사회, 보건, 환경 등 다양한 영역에서 당이 지향하는 원칙과 과제를 구체적으로 밝혔다(Babak et al., 2004: 290-294).

러한 맥락에서 IRPT 지도부는 타지키스탄의 독립의 필요성을 강조하기도 했는데, 이는 타지크 대중 및 민족주의·민주주의 진영 사이에서 공감을 얻는 데 크게 기여한 요인이었다(Collins, 2007: 87). 또한 IRPT 창립총회에서 초대 의장으로 선출된 히마트조다(Muhammad Sharif Himmatzoda)는 기자회견에서 정당의 목적이 이슬람 국가의 건설이 아니라 법치를 지향하는 민주주의 국가의 수립이라고 발언했다(Naumkin, 2005: 215; Rashid, 2002: 99). 즉 IRPT의 프레임에서 표방된 운동의 지향이나 논의된 이슈 범위는 포괄성을 그 특징으로 나타낸 것이다. 그리고 소비에트 말기에 IRPT는 폭력적 이슬람주의를 거부한다고 강하게 주장했는데(Collins, 2007: 87), 이는 활동 수단 면에 있어서 IRPT의 프레임이 유연성까지 갖춘 것이었음을 말해준다. 즉 출범 초기에 IRPT는 자신의 프레임을 협소한 종교적 이슈에 국한시키려 하지도, 극단적 이슬람주의 이념에 고정시키려 하지도 않았다.

그러나 1992년 내전의 발발과 전개라는 구조적 조건은 IRPT의 프레임에 내재되어 있던 모순 혹은 딜레마를 노출시키는 환경으로 작용했다. 반정부 세력의 핵심 운동으로서 IRPT는 전쟁이라는 극단적인 현실이 강제하는 폭력의 사용에 의존하지 않을 수 없게 된 것인데, 이는 얼마 전 스스로 선언한 활동방식과 이를 바탕으로 하여 구성한 온건주의 프레임에 정면으로 위배되는 행동이었다. 또한 내전이 진행됨에 따라 IRPT 내에서 보다 급진적인 인물들의 영향력이 커지면서 이슬람 국가의 수립을 요구하는 목소리가 불거지기도 했다(Collins, 2007: 87).[48] IRPT가 무장 세력으로서 내전에 참여함에 따라 IRPT의 초기 온건주의 프레임은 폭력의 실행에 따른 언행 불일치라는 외적 모순과 내부 급진 세력의 대두로 인한 프레임 자체의 내적 모순을 모두 노정하게 된 것이다. 이러한 프레임의 비일관성은 운동에 대한 광범위한 혹은 전국적 지지의 결집을 제약하

---

48 2004년 당시 IRPT 부의장이었던 카비리(Muhiddin Kabiri)는 IRPT가 내전기에 지지자 동원을 위해 급진적인 이념과 구호를 내세웠음을 인정했다. 물론 이때 그는 그러한 수사의 사용이 그 시기에 '특유한'(unique) 행위였다는 단서를 붙였다(Kabiri, 2004: 77).

는 요인 중 하나로 작용한다.[49] 대부분의 타지키스탄인이 세속적 정치 이념을 선호하지 이슬람주의 이념에는 반대한다는 점을[50] IRPT 스스로 깨달았다는 점은 IRPT가 무력투쟁을 관철시키지 못하고 평화협상에 나서도록 만든 이유 가운데 하나이기도 했다(Olimova et al., 2001: 27).[51]

내전이 장기화됨에 따라 그 말기부터 누리를 비롯한 IRPT 지도부는 다시 온건주의 프레임을 표방하기 시작한다. 민주주의와 공존 가능한 자유주의적이고 비폭력적인 이슬람주의를 주장하기 시작한 것이다. 그리고 1997년 평화조약 체결 이후 IRPT의 프레임은 더욱 온건해지는데, 예를 들어 2006년부터 IRPT 의장직을 맡게 되는 카비리(Muhiddin Kabiri)는 2005년 영국 언론과의 인터뷰에서 "가까운 장래에 타지키스탄에서 이슬람 국가 혹은 공화국을 수립하는 것은 불가능하다 [...] 우리의 궁극적인 목표는 자유롭고 민주적이며 세속적인 국가를 만드는 것이다."라고 발언했다. 이러한 온건 노선으로의 선회로 인해 IRPT는 급진 세력의 지지를 상실했고, 강경론자들은 IRPT를 떠나 IMU나 이슬람해방당(Hizb ut-Tahrir al-Islami)에 가담했으며, 심지어는 온건 진영 내부에서 분열이 일어나기까지 했다(Collins, 2007: 87-88). 외적·내적 모순의 노출이라는 IRPT

---

49 내전기에 IRPT는 몇몇 지역에서는 강력했지만, 정부의 영향력이 컸던 다른 지역에서는 전혀 존재감이 없었다. 이러한 점과 관련하여 IRPT는 지역주의 문제를 극복하지 못했고, 결국 전국 정당이 되지 못했다(Rashid, 2002: 108).

50 타지키스탄에서 이슬람 근본주의에 대한 대중적 지지의 기반이 그다지 넓지 않다는 점은 1996년 11~12월 타지키스탄인 1,500명을 대상으로 하여 실시된 여론조사 결과를 통해 간접적으로 확인할 수 있다. 이에 따르면, 타지키스탄의 압도적 다수인 90%가 이슬람 신앙을 가지고 있다고 응답했음에도 불구하고, 하루에 1번 이상 기도하는 이들은 34%, 금요기도회에 참석하는 이들은 13%, 타지키스탄 대통령이 이슬람 국가들과 긴밀한 관계를 갖기를 원하는 이들은 14%에 불과했다(Wagner, 1997: 32, 37, 111).

51 1992년 IRPT가 폭력을 사용하기로 결정하고 전쟁에 참여하자 많은 타지키스탄인이 5만 명에서 10만 명으로 추산되는 사망자를 발생시킨 내전 시기의 유혈사태에 대한 책임을 IRPT에게 물었다(Collins, 2007: 88).

프레임의 비일관성이 재차 발현된 것이다.

프레임 변화와 관련하여 IRPT는, 특히 9·11 테러 이후 '전 세계적 테러와의 전쟁'이라는 국제사회의 분위기에 편승하여 IRPT를 포함한 정치적 이슬람에 대해 억압을 강화하는 라흐모노프 정권을(Karagiannis, 2010a: 20) 대할 때에도 난처한 딜레마에 처하게 되었다. 한편으로 IRPT가 정부에 대해 비판적인 태도를 취하면 급진 이슬람 세력으로 여겨져 국가의 탄압을 받을 위험에 처하게 되고, 다른 한편으로 대정부 비난을 삼가면 이슬람해방당 같은 급진 이슬람 세력으로부터 부패한 정권에 협력하는 비(非)이슬람 정당이라는 비난을 받게 된 것이다. 실제로 IRPT가 정부에 참여하면서 청년층 이슬람주의자 및 급진적 지지자 사이에서 이슬람 정당으로서 IRPT의 이미지는 훼손되기 시작했다(Karagiannis, 2010a: 99-101).[52] IRPT의 프레임 변화는, 사회운동의 프레임이 온건하고 유연하면 운동에 대한 지지의 확대에 기여할 수 있지만, 프레임이 일관성을 유지하지 못하면 운동의 정체성을 희석시키고 그 동원력을 약화시키는 요인이 될 수 있다는 점을 보여주었다.

VI. 맺음말

그 발생의 단초를 소비에트 말기로 거슬러 올라가 찾을 수 있는 IMU와 IRPT의 국내·국제정치적 기회구조와 동원구조와 프레이밍 과정을 비교분석한 결과와

---

[52] 내전 종식 이후 처음으로 치러진 총선이자 IRPT가 처음으로 참여한 2000년 2월 총선에서 IRPT는 지역구 선거에서는 1석도 얻지 못하고 정당명부 비례대표 선거에서는 7.3%의 지지율로 2석을 얻어 총 63석의 의석 가운데 2석만을 차지하는 부진한 성과를 거뒀다(OSCE/ODIHR, 2000: 23-24).

함의는 다음과 같다.

첫째, 고르바초프의 개혁·개방 이후 진행된 종교적 자유화는 우즈베키스탄과 타지키스탄의 이슬람 운동에게 공통적으로 국내정치적 기회구조의 확대를 의미했다. 그러나 독립 이후 우즈베키스탄에서는 카리모프 정권이 권위주의 체제를 공고화하고 비공식·정치적 이슬람에 대한 탄압을 강화하기 시작하면서 급진 이슬람 운동의 국내정치적 기회구조는 급격히 축소되었다. 그러자 우즈베크 급진 이슬람 세력은 타지키스탄 내전에 참여하여 주변 이슬람 국가를 다니면서 해외 이슬람 동맹 세력의 지원이라는 이후 IMU의 결성에 유리하게 작용하는 국제정치적 기회구조를 맞게 되었다. 우즈베키스탄에서와 달리 타지키스탄에서는 소비에트 말기부터 나타났던 정치적 불안정이 내전으로 이어졌는데, 내전 시기는 국내적으로나 국제적으로 IRPT의 정치적 기회구조로서 좋은 기회(chance)와 위험(risk)의 측면을 모두 나타냈다. 내전이 진행되고 있던 1992년 말 수립된 라흐모노프 정권이 전국적 권력을 온전하게 장악하지는 못했다는 점과 내전기에 타지크 이슬람 운동이 해외 이슬람 세력의 지원을 받을 수 있었다는 점은 IRPT의 유리한 국내·국제정치적 기회구조였다. 반면에 반정부 세력에 대한 라흐모노프 정부 및 친정부 무장 세력의 극단적인 억압과 러시아·우즈베키스탄의 일방적인 라흐모노프 정부 지원은 내전기에 IRPT가 처했던 불리한 국내·국제정치적 기회구조였다.

카리모프 정권과 라흐모노프 정권 모두 초기부터 권위주의적 성격을 노정했을 뿐만 아니라, 시간이 흐름에 따라 이러한 특성은 더욱 강화되었는데, 이러한 조건에서 국가의 억압은 사회운동의 기회구조로서 매우 중요한 의미를 갖는다. 그렇긴 하지만 다른 사회운동의 동원과 국가의 억압 간에서 일반적으로 그러한 것처럼, IMU와 IRPT의 활동 및 성과와 국가의 억압 간에서도 일정한 경향성이나 상관관계가 도출되지는 않는다. 포스트소비에트 초기 카리모프 정부의 억압으로 인해 우즈베크 이슬람주의자들은 자국 밖에서 활동할 수밖에 없었고, IMU의 창설 및 그 이후의 활동 또한 국외를 거점으로 하여 전개될 수밖에 없었던 데에도 우즈베키스탄 국가의 억압은 직접적인 영향을 미쳤다. 카리모프 정부만큼 전면적이고 체계적으로는 아니었다고 하더라도, 라흐모노프 정부 및 친정부 세력 역시 IRPT를 비롯한 반정부 세력에게 가혹한 물리적 억압을 가했는데, (준)국가기구의 군사력을 바탕으로 한 억압은 반정부 세력의 존재 및 활동을 크게 위협한 요인이었다. 그러나 3장에서 언급된 것처럼, 두 국가의 억압이 오히려 이슬람 운동의 급진화를 진전시켰다고 평가되기도 하고, 실제로 IMU와 IRPT가 강력한 반정부 무력투쟁을 전개하기도 했다는 점에서 IMU와 IRPT의 저항 활동과 우즈베키스탄 및 타지키스탄 국가의 억압 간의 상관관계는 일의적으로 해석·규정될 수 없다.

정치적 기회구조로서 내전 혹은 전쟁은 이에 참여하는 사회운동의 성격 혹은 위치에 따라 다른 의미를 갖는다. IMU는 타지키스탄 내전에 외부 세력으로서 참여했고, 그러한 IMU에게 내전기는 열린 국제정치적 기회구조로 작용했다. 반면에 전쟁의 한 당사자로서 내전에 참여했던 IRPT에게 내전기는 IMU에게 그러했던 것처럼 유리한 기회구조만을 의미하지는 않는다. 아무리 정당성이 취약한 권위주의 정권이라 하더라도 그 정부에 대적하여 무장투쟁을 벌이는 사회운동은 군사력의 열세에 따른 어려움을 감내해야 할 뿐만 아니라, 전쟁이 강요하는 무력의 사용 및 이로 인한 인적·물적 피해에 대한 국내·국제사회의 문책과 비난을 피할 수 없게 된다. 폭력의 실행은 그 행위자의 신뢰성 혹은 이미지를 실추시키기 마련인데, 이러한 국내·국제사회의 부정적인 시선은 폭력을 합법적으로 독점하는 조직으로서의 특성을 가지는 (근대)국가보다는 내전에 참여함으로써 그러한 국가의 속성 혹은 권위에 도전하는 국가 내부의 사회 집단에 세로 더 집중적으로 향할 수밖에 없다.

둘째, IMU와 IRPT의 출범과 충원, 재정의 확보와 저항의 지속을 가능하게 해준 가장 주요한 동원구조로는 공통적으로 비공식 네트워크를 들 수 있다. IMU는 타지키스탄 내전기라는 유리한 국제정치적 기회구조 속에서 구축한 비공식적인 초국적·지역적 네트워크를 기반으로 삼아 반정부·급진 이슬람 운동을 전개해 나갈 수 있었다. 유사하게 IRPT 역시 비공식적인 국제적·지역적 네트워크를 활용하여 내전기에 반정부 무장투쟁을 이어 나갔고, 그 외에도 친족 네트워크와 반정부 세력 연합 등이 운동의 조직과 강화에 기여한 동원구조였다. 이러한 사실은 중앙아시아 지역에서는 사회적 관계나 맥락, 의미 체계, 구조나 관행의 비공식성(informality)이 높은 비중과 중요성을 가진다는 점과[53] 연관된다고 할 수 있다. 따라서 권위주의 체제나 억압적인 환경에서는 비공식적인 사회적 기구나 네트워크가 이슬람주의 운동을 포함한 다양한 사회운동의 긴요한 동원구조로 기능한다는 일반적인 논의는 IMU와 IRPT의 동원구조에 대해서도 적용될 수 있다.

셋째, IMU는 카리모프 정권 전복과 이슬람 국가 수립이라는 명확한 목표를 제시하면서 극단적 대립 프레임을 설정했다. IMU의 프레임은 사회정치 문제와 종교 문제를 연결시킴으로써 프레임의 포괄성을 확보하려 했지만, IMU가 자신의 급진적 목표를 실현하기 위해 사용한 폭력적 수단에서 나타난 극단성과 강경함은 IMU의 프레임이 유연성 면에서는 한계를 가지는 것이었음을 드러내 보여주었다. 이와 대조적으로 적어도 활동 초기에는 IRPT는 포괄성과 유연성을 모두 포함하는 온건주의 프레임을 내세웠다. 그렇지만 내전 시기의 구조적 극단성 속에서 IRPT는 급진주의의 속박에서 자유로울 수 없었고, 내전 말기 및 그 이후로 IRPT는 다시 온건주의 프레임으로 회귀하는 모습을 보이고 있다. 정치적 기회구조로서 타지키스탄 내전은 IRPT가 프레임의 일관성을 유지하기 힘들게 만든 조건으로도 작용한 것이다. 한편 IRPT의 사례로부터 프레임 혹은 사회운동의 온건화가 반드시 지지의 확대를 보장해주지는 않는다는 사회운동의 딜레마를 확인할 수 있다.

마지막으로 논할 것은, 이 글이 IMU와 IRPT의 발생 조건 및 요인을 정치

---

53 포스트소비에트 사회에서 "새로운 제도적 변화의 과정은 아직 오래된 비공식 규범과 네트워크의 역할과 기능, 즉 과거의 유산을 차단시키지 못했다."(Misztal, 2000: 208).

적 기회구조와 동원구조와 프레임으로 나누어 분석하긴 했지만, 2장에서 언급되었듯이, 이들 요인의 작용과 영향은 글의 장(章) 구분처럼 그렇게 명료하게 분리되지 않고 상호성을 갖는다는 점이다. 국제전의 성격을 가졌던 타지키스탄 내전이라는 정치적 기회구조는 IMU와 IRPT에게 모두 운동의 주요 동원구조로서 초국적 네트워크라는 조직 자원을 얻을 수 있게 해준 무대로 작용하기도 했고, 국가의 억압이라는 기회구조는 두 운동에게 모두 자국 내에서 동원 자원을 확충하는 문제를 어렵게 만든 제약 요인의 역할을 하기도 했다. 정치적 기회구조와 동원구조는, 주로 전자가 후자의 조건으로 작용하는 방식으로 밀접하게 연관되는 것이다. 또한 IRPT의 초기 프레임이 포괄적이고 유연했다는 점이 광범위한 연합 세력이라는 동원구조를 구축하는 데 도움이 되었던 경우에서 알 수 있듯이, 정치적 기회구조뿐만 아니라 프레임 또한 동원구조의 형성에 유의미한 영향을 미칠 수 있다. 그리고 9·11 테러 이후 세계 각국과 특히 카리모프 정권이 그러했듯이, 이슬람주의 및 그 테러리즘을 악마화하거나 이슬람 세력이 개입된 분쟁의 위협을 반복 혹은 과장하는 국제·국내사회의 담론적 환경을 정치적 기회구조로 간주한다면, 이러한 정치적 기회구조는 이슬람 운동, 특히 급진 이슬람 운동의 프레임의 잠재적 동원력에 심각한 타격을 입힐 수 있다. 즉 정치적 기회구조는 운동의 동원구조 구축 과정뿐만 아니라 프레이밍 과정에도 개입·작용할 수 있다.

참고문헌

레이프하트, 아렌트. 1995. "비교정치연구와 비교분석방법." 김웅진·박찬욱·신윤환 편역. 『비교정치론강의 1: 비교정치연구의 분석논리와 패러다임』, 23-54. 서울: 한울아카데미.
박창규. 2006. "중앙아시아의 정치변동과 권위주의체제." 『평화연구』 14(2), 79-110.
엄구호. 2009. "중앙아시아의 민주주의와 씨족 정치." 『세계지역연구논총』 27(3), 181-220.
오원교. 2008. "중앙아시아 이슬람 부흥의 양상과 전망." 『러시아연구』 18(2), 347-381.
이문영. 2004. "현대 중앙아시아의 이슬람 정치세력화: 타지키스탄 내전과 러시아-우즈베키스탄 관계." 『러시아연구』 14(1), 243-269.
이재영, 김석환, 박상남, 손영훈. 2010. 『우즈베키스탄 지배집단과 권력 엘리트 연구』. 서울: 대외경제정책연구원.

Носырходжаев, С., М. Лафасов и С. Агзамходжаева. 2007. *Основы духовности. Учебник для академических лицеев и профессиональных колледжей*. Ташкент: Изд-во 《Turon-Iqbol》.
Тодуа, Зураб. 2005. "Радикальный ислам в Узбекистане: этапы становления и перспективы развития." *Центральная Азия и Кавказ* 1(35), 41-48.

Akcali, Pinar. 1998. "Islam as a 'Common Bond' in Central Asia: Islamic Renaissance Party and the Afghan Mujahidin." *Central Asian Survey* 17(2), 267-284.
Akiner, Shirin and Catherine Barnes. 2001. "The Tajik Civil War: Causes and Dynamics." in Kamoludin Abdullaev and Catherine Barnes (eds.). *Politics of Compromise: The Tajikistan Peace Process*. London: Conciliation Resources.
Atkin, Muriel. 1989. "The Survival of Islam in Soviet Tajikistan," *The Middle East Journal* 43(4), 605-618.

Atkin, Muriel. 1997. "Tajikistan: Reform, Reaction, and Civil War." in Ian Bremmer and Ray Taras (eds.). *New States, New Politics: Building the Post-Soviet Nations*. Cambridge: Cambridge University Press.

Babak, Vladimir, Demian Vaisman and Aryeh Wasserman (eds.). 2004. "Islamic Renaissance Party of Tajikistan." *Political Organization in Central Asia and Azerbaijan: Sources and Documents*. London: Frank Cass.

Benford, Robert D. and David A. Snow. 2000. "Framing Processes and Social Movements: An Overview and Assessment." *Annual Review of Sociology* 26, 611-639.

Beshimov, Baktybek, Pulat Shozimov and Murat Bakhadyrov. 2011. "A New Phase in the History of the Ferghana Valley, 1992-2008." in S. Frederick Starr, Baktybek Beshimov, Inomjon I. Bobokulov and Pulat Shozimov (eds.). *Ferghana Valley: The Heart of Central Asia*. Armonk: M.E.Sharpe.

Collins, Kathleen. 2007. "Ideas, Networks, and Islamist Movements: Evidence from Central Asia and the Caucasus." *World Politics* 60(1), 64-96.

Cornell, Svante E. 2005. "Narcotics, Radicalism, and Armed Conflict in Central Asia: The Islamic Movement of Uzbekistan." *Terrorism and Political Violence* 17(4), 619-639.

della Porta, Donatella and Mario Diani. 2006. *Social Movements: An Introduction*, 2nd ed. Malden, MA: Blackwell Publishing.

Fredholm, Michael. 2006. "Islamic Extremism as a Political Force: A Comparative Study of Central Asian Extremist Movements." *Asian Cultures and Modernity Research Report* No. 12.

Gamson, William A. and David S. Meyer. 1996. "Framing Political Opportunity." in Doug McAdam, John D. McCarthy and Mayer N. Zald (eds.). *Comparative Perspectives on Social Movements: Political Opportunities, Mobilizing Structures, and Cultural Framings*. Cambridge: Cambridge University Press.

Gleason, Gregory. 2001. "Why Russia in Tajikistan." *Comparative Strategy* 20(1), 77-89.

Goodwin, Jeff and James M. Jasper. 2004. "Caught in a Winding, Snarling Vine: The Structural Bias of Political Process Theory." in Jeff Goodwin and James M. Jasper (eds.). *Rethinking Social Movements: Structure, Meaning, and Emotion*. Lanham, MD: Rowman & Littlefield Publishers.

Gorenburg, Dmitry P. 2003. *Minority Ethnic Mobilization in the Russian Federation*. Cambridge: Cambridge University Press.

Hafez, Mohammed M. 2003. *Why Muslims Rebel: Repression and Resistance in the Islamic World*. Boulder, CO: Lynne Rienner Publishers.

Haghayeghi, Mehrdad. 1995. *Islam and Politics in Central Asia*. New York: St. Martin's Press.

Hall, Michael. 2005. "Tajikistan at the Crossroads of Democracy and Authoritarianism." in Birgit N. Schlyter (ed.). *Prospects for Democracy in Central Asia*. Istanbul: Swedish Research Institute in Istanbul.

Hiro, Dilip. 2009. *Inside Central Asia: A Political and Cultural History of Uzbekistan, Turkmenistan, Kazakhstan, Kyrgyzstan, Tajikistan, Turkey, and Iran*. New York and London: Overlook Duckworth.

Horsman, Stuart. 1999. "Uzbekistan's Involvement in the Tajik Civil War 1992-97: Domestic Considerations." *Central Asian Survey* 18(1), 37-48.

Hunter, Shireen T. 2001. "Religion, Politics, and Security in Central Asia." *SAIS Review* 21(2), 65-90.

International Crisis Group. 2001. "Central Asia: Islamist Mobilisation and Regional Security." *Asia Report* No. 14.

Kabiri, Muhiddin. 2004. "HT and the Islamic Revival Party of Tajikistan." in Zeyno Baran (ed.). *The Challenge of Hizb ut-Tahrir: Deciphering and Combating Radical Islamist Ideology*. Washington, D.C.: The Nixon Center.

Karagiannis, Emmanuel. 2006a. "Political Islam in Uzbekistan: Hizb ut-Tahrir al-Islami." *Europe-Asia Studies* 58(2), 261-280.

Karagiannis, Emmanuel. 2006b. "The Challenge of Radical Islam in Tajikistan: Hizb ut-Tahrir al-Islami." *Nationalities Papers* 34(1), 1-20.

Karagiannis, Emmanuel. 2010a. *Political Islam in Central Asia: The Challenge of Hizb ut-Tahrir*. London and New York: Routledge.

Karagiannis, Emmanuel. 2010b. "Political Islam in the Former Soviet Union: Uzbekistan and Azerbaijan Compared." *Dynamics of Asymmetric Conflict* 3(1), 46-61.

Khagram, Sanjeev, James V. Riker, and Kathryn Sikkink. 2002. "From Santiago to Seattle: Transnational Advocacy Groups Restructuring World Politics." Sanjeev Khagram, James V. Riker and Kathryn Sikkink (eds.). *Restructuring World Politics: Transnational Social Movements, Networks, and Norms*. Minneapolis: University of Minnesota Press.

Khalid, Adeeb. 2003. "A Secular Islam: Nation, State, and Religion in Uzbekistan." *International Journal of Middle East Studies* 35(4), 573-398.

Khalid, Adeeb. 2007. *Islam after Communism: Religion and Politics in Central Asia*. Berkeley and Los Angeles: University of California Press

Koopmans, Ruud. 1997. "Dynamics of Repression and Mobilization: The German Extreme Right in the 1990s." *Mobilization* 2(2), 149-164.

Mann, Poonam. 2002. "Islamic Movement of Uzbekistan: Will It Strike Back?" *Strategic Analysis* 26(2), 294-304.

McAdam, Doug, John D. McCarthy, and Mayer N. Zald. 1996. "Introduction: Opportunities, Mobilizing Structures, and Framing Processes - Toward a Synthetic, Comparative Perspective on Social Movements." in Doug McAdam, John D. McCarthy, and Mayer N. Zald (eds.). *Comparative Perspectives on Social Movements: Political Opportunities, Mobilizing Structures, and Cultural Framing*. Cambridge: Cambridge University Press.

Misztal, Barbara A. 2000. *Informality: Social Theory and Contemporary Practice*. London and New York: Routledge.

Naumkin, Vitaly V. 2003. "Militant Islam in Central Asia: The Case of the Islamic Movement of Uzbekistan." Berkeley Program in Soviet and Post-Soviet Studies Working Paper Series.

Naumkin, Vitaly V. 2005. *Radical Islam in Central Asia: Between Pen and Rifle*. Lanham, MD: Rowman & Littlefield Publishers.

Niyazi, Aziz. 1998. "Islam in Tajikistan: Tradition and Modernity." *Religion, State &Society* 26(1), 39-50.

Olcott, Martha Brill and Diora Ziyaeva. 2008. "Islam in Uzbekistan: Religious Education and State Ideology." *Carnegie Papers* No. 91.

Olesen, Thomas. 2009. "Social Movement Theory and Radical Islamic Activism." in *Islamism as Social Movement*. Denmark: CIR.

Olimova, Saodat. 1999. "Political Islam and Conflict in Tajikistan." in Lena Jonson and Murad Esenov (eds.). *Political Islam and Conflicts in Russia and Central Asia*. Stockholm: Utrikerspolitiska Institutet, http://www.ca-c.org/dataeng/11.olimova.shtml(검색일: 2016. 10. 10).

Olimova, Saodat and Muzaffar Olimov. 2001. "The Islamic Renaissance Party." in Kamoludin Abdullaev and Catherine Barnes (eds.). *Politics of Compromise: The Tajikistan Peace Process*. London: Conciliation Resources.

OSCE/ODIHR. 2000. "The Republic of Tajikistan: Elections to the Parliament 27 February 2000." *Final Report*.

Polat, Abdumannov and Nickolai Butkevich. 2000. "Unraveling the Mystery of the Tashkent Bombings: Theories and Implications." *Demokratizatsiya* 8(4), 541-553.

Rasanayagam, Johan. 2011. *Islam in Post-Soviet Uzbekistan: The Morality of Experience*. Cambridge: Cambridge University Press.

Rashid, Ahmed. 1994. *The Resurgence of Central Asia: Islam or Nationalism?* Karachi: Oxford University Press.

Rashid, Ahmed. 2002. *Jihad: The Rise of Militant Islam in Central Asia*. New Haven and London: Yale University Press.

Roy, Olivier. 2000. *The Foreign Policy of the Central Asian Islamic Renaissance Party*. New York: Council on Foreign Relations.

Roy, Olivier. 2007. *The New Central Asia: Geopolitics and the Birth of Nations*. New York and London: New York University Press.

Salimov, Oleg. 2015. "Tajikistan's Islamic Resistance Party Struggles to Survive," *Central Asia-Caucasus Analyst* 17(12), 24-25.

Saud, Adam. 2010. "Islamic Renaissance Party of Tajikistan Over The Years: Past, Present and the Future." *Central Asia Journal* 67, http://www.asc-centralasia.edu.pk/Issue_67/06_Adam_Saud.html(검색일: 2016. 10. 10).

Shields, Acacia. 2004. *Creating Enemies of the State: Religious Persecution in Uzbekistan*. New York: Human Rights Watch

Sikkink, Kathryn. 2005. "Patterns of Dynamic Multilevel Governance and the Insider-Outsider Coalition." in Donatella della Porta and Sidney Tarrow (eds.). *Transnational Protest and Global Activism*. Lanham, MD: Rowman & Littlefield Publishers.

Singerman, Diane. 2004. "The Networked World of Islamist Social Movements." in Quintan Wiktorowicz (ed.). *Islamic Activism: A Social Movement Theory Approach*. Bloomington: Indiana University Press.

Skocpol, Theda. 1985. "Bringing the State Back In: Strategies of Analysis in Current Research," in Peter B. Evans, Dietrich Rueschemeyer and Theda Skocpol (eds.). *Bringing the State Back In*. Cambridge: Cambridge University Press.

Türker, Tolga. 2011. "Radicalization of Islam in Central Asia: Theory, Trends and Prospects." *OAKA* 6(11), 51-74.

U.S. Department of State. 1995. "Tajikistan Human Rights Practices, 1994."

http://dosfan.lib.uic.edu/ERC/democracy/1994_hrp_report/94hrp_report_eur/Tajikistan.html(검색일: 2016. 10. 10).

Wagner, Steven. 1997. *Public Opinion in Tajikistan 1996*. Washington, D.C.: International Foundation for Election Systems.

Weitz, Richard. 2004. "Storm Clouds over Central Asia: Revival of the Islamic Movement of Uzbekistan (IMU)?" *Studies in Conflict & Terrorism* 27(6), 505-530.

Wiktorowicz, Quintan. 2004. "Introduction: Islamic Activism and Social Movement Theory." in Quintan Wiktorowicz (ed.). *Islamic Activism: A Social Movement Theory Approach*. Bloomington: Indiana University Press.

Wiktorowicz, Quintan and Karl Kaltenthaler. 2006. "The Rationality of Radical Islam." *Political Science Quarterly* 121(2), 295-319.

"Президент Таджикистана Поменял Имя." *BBC*(March 22, 2007). http://news.bbc.co.uk/hi/russian/international/newsid_6479000/6479695.stm(검색일: 2016. 10. 10).

제5장

포스트소비에트 카자흐스탄과 키르기스스탄 급진 이슬람 운동의 동원 잠재력 비교연구*

김태연

I. 머리말

포스트소비에트 중앙아시아 지역에서 급진 이슬람 운동의[1] 흐름은 다음과 같이 전개되었다. 1990년대 초중반에 중앙아시아 급진 이슬람 운동의 첫 번째 물결이 일었는데, 그 중심적인 단체는 타지키스탄이슬람부흥당(Islamic Renaissance Party of Tajikistan: IRPT)이었다. 타지키스탄 내전에 참여하면서 주변국 아프가니스탄과 긴밀한 관계를 가졌던 IRPT는 지역적·부족적 색채가 뚜렷한 단

---

* 이 글은 『러시아연구』 27권 2호(2017)에 게재되었습니다.
1 이 글은 이슬람 운동이 표방하는 목적이나 목적의 달성을 위해 이용하는 수단 가운데 하나라도 급진적 혹은 극단적이면, 그 운동을 급진 이슬람 운동이라고 간주할 것이다. 따라서 활동 수단으로 폭력이라는 극단적 방식을 사용하지 않는 혹은 사용하지 않을 것이라고 주장하는 이슬람 운동이라도 그 운동이 이슬람 가치와 원칙을 사회정치현실에 적용할 것, 즉 이슬람 이념에 입각한 국가 건설이라는 급진적 목표를 지향한다면, 이 글은 그 운동을 급진 이슬람 운동으로 간주한다.

체였고 권력 분점을 지향하는 특징이 있었다. 1990년대 중후반부터 2000년대 초반까지 이어졌던 중앙아시아 급진 이슬람 운동의 두 번째 물결을 주도했던 단체는 우즈베키스탄이슬람운동(Islamic Movement of Uzbekistan: IMU)이었다. 탈레반 및 알카에다와 협력하면서 우즈베키스탄과 키르기스스탄을 중심으로 활약했던 IMU는 민족주의적 성향을 띠었고 격렬한 반정부 테러 활동을 벌였던 지하드 운동 단체였다. 2000년대에 진행된 중앙아시아 급진 이슬람 운동의 세 번째 물결은 이슬람해방당(Hizb ut-Tahrir al-Islami: HT)이 이끌었다. 광범위한 국제적 네트워크, 오랜 선전 경험, 비폭력적 수단의 표방을 동원 자원으로 활용하여 중앙아시아 각국으로 진출했던 초국적 범(汎)이슬람주의 운동 단체 HT는 샤리아 법에 기반한 칼리프 체제 수립을 목표로 하는 활동을 펼쳤다(Azizian, 2005: 2-3).[2] 현재 IMU와 HT는 국제사회 및 각국 정부의 강력한 탄압과 지속적인 단속으로 인해, IRPT는 타지키스탄 제도권 정치로 편입되는 과정을 거치면서 조직적 역량과 사회정치적 영향력을 크게 상실했다(Azizian, 2005: 3; Karagiannis, 2016: 268). 따라서 현재 중앙아시아 지역 내에서 급진 이슬람 운동은 뚜렷한 주도단체 없이 소강상태에 접어든 듯한 모습이다.

세 차례에 걸쳐 급진 이슬람 운동의 물결이 포스트소비에트 중앙아시아 지역을 지나는 동안 카자흐스탄과 키르기스스탄은 그 흐름에서 중심적인 국가가 아니었다. 역사적 발전과정, 사회정치적 구조와 경험, 제도화 수준 등에 있어서 카자흐스탄과 키르기스스탄은 급진 이슬람의 출현에 필요한 전제조건이 결여된 사회였고(Omelicheva, 2010: 175-177), 이러한 점이 포스트소비에트 중앙아시아 지역에서 급진 이슬람 운동의 흐름이 전개된 과정에 반영된 것이다. 그렇지만 첫째, 급진 이슬람 운동의 첫 번째 및 두 번째 물결을 직접적으로 경험하지

---

2 오랜 역사를 갖는 국제적 조직으로서 그 이념과 지향의 공개성이 높다는 점 및 사실상 중앙아시아 전역을 무대로 하여 활동했다는 점과 관련하여 HT는 중앙아시아 이슬람주의 운동 가운데 국내외에서 가장 주목을 많이 받은 단체이다. 예를 들면 강봉구(2014); 현승수(2007); 카라기아니스(Karagiannis, 2005; 2007; 2010).

못했기 때문에 극단주의에 대한 대응기제가 발달하지 못했다는 점, 둘째, 이들의 전통적인 이슬람이 외부의 영향을 다루기에 허약하다는 점, 셋째, 다른 중앙아시아 국가들에 비해 이들이 상대적으로 민주적·개방적이라는 점, 넷째, 사회적 불안정이 존재하거나 선거 실시 결과에 따라 사회적 불안정이 발생할 가능성이 있다는 점들로 인해 카자흐스탄과 키르기스스탄, 특히 두 국가의 남부 지역은 이슬람 급진주의의 세 번째 물결에 취약한 곳이라고 평가된 바 있다. 즉 전통적으로 이슬람이 문화·정신·일상생활에 미치는 영향이 막대한 지역보다 오히려 이슬람이 깊이 뿌리내리지 못한 지역에서 급진 이슬람 운동이 등장할 위험이 높을 수 있다는 것이다(Azizian, 2005: 2-3).

이러한 진단의 타당성 여부를 떠나 실제로 1998년 카자흐스탄 남부 지역으로 HT 요원이 처음 파견된 이후 2000년대 중반 무렵에 이르면 이 지역에서 HT 멤버 수는 약 1,000명으로, 동조자 수는 그 이상으로 추산되었고, HT의 민족적 구성 및 지역적 활동 범위가 확대되는 추세를 보이고 있었으며, 이에 대해 일부 관료들은 우려를 표명하기까지 하였다(Karagiannis, 2007: 302-303). 유사한 시기에 키르기스스탄에서는 HT 멤버 수가 약 2,000~3,000명으로 추산되었고, 키르기스 안보기관 관리의 말에 따르면, 키르기스스탄 남부 지역 주민의 약 20%가 이 지역에서 매우 활발하게 활동하던 HT를 지지하고 있었다(Karagiannis, 2005: 138). 1990년대에는 우즈베키스탄과 타지키스탄을 중심으로 발흥했던 이슬람 급진주의가 2000년대에 이르면 카자흐스탄과 키르기스스탄에서도 등장·부상했다고 할 수 있게 된 것이다(Zhussipbek, 2013: 3).

이 글은 이렇듯 포스트소비에트 중앙아시아 지역에서도 급진 이슬람 운동의 사회적 발현이 비교적 늦은 시기인 2000년대를 전후하여 시작된 카자흐스탄과 키르기스스탄에서 급진 이슬람 운동이 앞으로 동원의 잠재력을 실현·확장할 가능성을 운동을 둘러싼 사회구조적 조건과 정치적·담론적 기회구조를 비교하여 살펴봄으로써 가늠해보고자 한다. 이 글이 중앙아시아 국가들 중에서도 카자흐스탄과 키르기스스탄을 비교 대상으로 선정한 이유는, 아래에서 논의될 것처럼, 이 두 국가가 이슬람과 관련된 역사와 현실에서 공통점이 많은 나라들이기 때문이다. 즉 카자흐스탄과 키르기스스탄의 이슬람은 통제될 수 있는 상수 요인은 다수인 반면에 변수 요인은 소수인 사회현상이라는 점에서 비교가능성이 높은 사례들인 것이다.

첫째, 현재의 우즈베크인 및 타지크인의 선조가 되는 트란스옥시아나(Transoxiana) 지역 정주민들이 7~8세기부터 이슬람을 수용하기 시작한 반면에, 투르키스탄 스텝 지역 유목민이었던 카자흐인과 키르기스인의 다수가 이슬람으로 개종한 것은 이들에게 이슬람이 전파되기 시작한 후부터[3] 오랜 시간이 지난 19세기 말이라는 상당히 늦은 시기였다. 게다가 이들 유목 사회에서 이슬람 관행은 이슬람 수용 이전의 이교 전통 및 관습법 아다트와 복잡하게 뒤얽히면서 카자흐인과 키르기스인은 이슬람법을 엄밀하게 준수하지 않는 명목상의 무슬림으로 알려지게 된다(Khalid, 2007: 33; Omelicheva, 2010: 175; 2011: 245). 카자흐 및 키르기스 사회는 중앙아시아 지역에서도 늦은 시기에 이슬람이 전파되었고 그 이후에도 이슬람의 사회적 구속력이 느슨했던 공간이라는 초기 이슬람화의 유사한 역사를 공유하는 것이다. 이처럼 두 사회에서 이슬람 도입과 관행의 상황이 비슷했다는 점은 현재 급진 이슬람이 제기하는 위협의 정도에 대한 두 국가의 인식이 유사성을 나타내는 데 영향을 미치게 된다고 논의된다(Omelicheva, 2007: 375-376).

둘째, 전체적으로 보아 소비에트 체제는 종교에 대해 억압적이었지만, 2차

---

[3] 카자흐인과 키르기스인에게 이슬람이 전파되기 시작한 시점은 다양한 견해가 제시되는 매우 논쟁적인 혹은 불분명한 이슈이다. 10~15세기부터 카자흐인의 이슬람화가 시작되었다고 논의되기도 하고, 그보다 늦은 시기인 13~14세기에야 카자흐 스텝 지역에 이슬람이 유입되었다고 논의되기도 하며, 더 늦게는 16~17세기에 카자흐인이 대규모로 이슬람으로 개종했다고 논의되기도 한다(Baizakova et al., 2015: 1; Yemelianova, 2014: 287; Yerekesheva, 2004: 581). 키르기스인의 이슬람화가 시작된 시점 역시 명백하게 밝혀지지 않았다고 할 수 있다(Gardaz, 1999: 277-278).

대전 시기 들어 스탈린 정권이 종교에 대해 완화된 태도를 취하기 시작하면서 중앙아시아 이슬람이 일시적으로 활력을 되찾게 되는데, 이때에도 이슬람의 활성화는 중앙아시아 지역에서 균등하게 진행되지 않았다. 즉 이 시기에 카자흐스탄과 키르기스스탄에서는 우즈베키스탄이나 타지키스탄에 비해 모스크를 개원·등록하려는 노력이 훨씬 약했고, 그 결과 1946년 소연방 전체에서 등록된 총 495개의 모스크 가운데 202개가 우즈베키스탄에 있었던 데 반해, 카자흐스탄에는 18개밖에 없었고, 1957년 키르기스스탄에서 등록된 모스크 수는 34개에 불과했다(R'oi, 2000: 62, 182, 185). 카자흐스탄과 키르기스스탄은 무신론적인 소비에트 국가의 종교적 억압이 약화되었던 시기에도 이슬람을 부흥시키려는 움직임이 그렇게 활발하게 일어나지 않은 사회였다는 공통점을 가지는 것이다.

셋째, 소연방 해체를 전후하여 중앙아시아 지역에서 이슬람 부흥의 기회 공간이 열렸고, 실제로 이 지역 국가들이 다양한 차원과 형태의 이슬람 부흥 현상을 다양한 정도로 경험하게 되지만, 이때에도 카자흐스탄과 키르기스스탄은 유사한 특징을 나타냈다. 단적인 예로 우즈베키스탄에서는 모스크 수가 1989년 300개에서 1993년 6,000개로 급증하고 타지키스탄에서는 1989~1991년 사이에 2,000개의 모스크가 개원한 반면에, 키르기스스탄에서는 1995년까지 모스크 수가 1,000개였고 카자흐스탄에서는 1990년대 말까지 그 수가 1,402개였다(Yerekesheva, 2004: 584-585).[4] 급진 이슬람 운동의 출현 및 활동과 직접적으로 연관되는 포스트소비에트 초기 이슬람 부흥의 양적인 혹은 제도적인 측면에 있어서 카자흐스탄과 키르기스스탄은 유사하게 그 발달이 늦은 시기부터 혹은 느린 속도로 진행된 궤적을 밟았다고 할 수 있는 것이다.

---

4 포스트소비에트 초기 이후 시간이 흐름에 따라 이러한 격차는 크게 줄어든다. 2007년에 통계에 따르면 등록된 모스크 수가 우즈베키스탄 2,052개, 타지키스탄 2,842개, 카자흐스탄 2,128개, 키르기스스탄 1,668개로 증가한 것이다(오원교, 2008: 350). 이에 따라 2000년대 이후로 적어도 수적인 면에서 카자흐스탄과 키르기스스탄의 이슬람 부흥이 우즈베키스탄과 타지키스탄의 그것에 비해 현저하게 뒤처진다고 말하기는 어렵게 되었다.

이처럼 역사적·제도적 발전에 있어서 카자흐스탄과 키르기스스탄의 이슬람이 유사성을 갖는, 즉 비교연구대상이 되기에 적절한 사례들임에도 불구하고, 두 국가의 이슬람에 대해 비교의 관점에서 접근한 연구물로는 설문조사 결과를 통해 양국 국민의 이슬람 인식 및 실천을 비교분석한 연구결과물이(Junisbai et al., 2017) 사실상 유일하다.[5] 또한 두 국가의 급진 이슬람 운동을 다룬 기존 연구물은 양국의 급진 이슬람 운동 그 자체보다 중앙아시아 지역 각국 차원에서 정부가 급진 이슬람 운동에 대해 가한 억압이나 취한 정책적·담론적 대응의 특성, 요인, 효과 등에 초점을 맞추어 논의를 진행한 연구물이 주종을 이룬다(Achilov et al., 2013; Baizakova et al., 2015; Khamidov, 2013; Marinin, 2015; Omelicheva, 2007; 2011; Tromble, 2014; Wolters, 2014; Yemelianova, 2014). 이들 선행 연구물이 카자흐스탄과 키르기스스탄 급진 이슬람 운동의 이해에 기여하는 바가 큰 성과물이기는 하지만, 운동을 둘러싼 다양한 조건 혹은 환경에 충분한 관심을 기울이지는 않는다는 점에서 앞으로 두 국가에서 운동의 동원 잠재력이 과연 어떻게 발현될지를 전망할 수 있게 해주기에는 분명한 한계를 지니고 있다.

위에서 언급되었듯이, 우즈베키스탄이나 타지키스탄에 비하면 과거에 카자흐스탄과 키르기스스탄에서 급진 이슬람 운동의 활동이 그렇게 활발하게 전개되진 않았지만, 그렇다고 해서 이러한 점이 앞으로도 이 두 국가에서 급진 이슬람 운동의 동원 잠재력이 크지 않을 것이라는 점을 담보해주지는 않는다. 설령 앞으로도 양국 급진 이슬람 운동의 활동성이 크게 높아지지는 않을 것으로 예상될 수 있다고 하더라도, 1990년대와 2000년대 이후의 양국 현실 및 주변 정황은 많이 달라졌기 때문에 이에 상응하여 양국 급진 이슬람 운동의 활동 또한 지금까지와는 다른 양상으로 전개될 가능성이 높다. 이러한 점에 착목하여

---

5 카자흐스탄과 키르기스스탄 이슬람 급진주의에 대한 정책적 대응 방향을 논의한 보고서(Azizian, 2005)는 양국 이슬람 급진주의의 현황을 개별적으로 살펴볼 뿐 엄밀한 의미에서 양국 이슬람 급진주의에 대해 비교연구의 방법을 적용·분석한 연구물이라고 하기는 어렵다.

이 글은 양국 급진 이슬람 운동 외부의 여러 구조적 요인들을 비교분석함으로써 이슬람과 관련하여 유사한 역사적·제도적 경험을 가졌던 두 국가에서 앞으로 급진 이슬람 운동의 동원 잠재력이 어떠한 방식으로, 어떠한 유사성과 차이점을 나타내며 실현될 것인지를 밝히려 한다는 점에서 연구대상·방법·목적에 있어서 기존연구와 뚜렷하게 차별된다.

II. 분석 범주

이 글은 포스트소비에트 카자흐스탄과 키르기스스탄에서 급진 이슬람 운동이 유의미한 사회정치적 영향력을 보유·행사하는 세력으로 부상할 가능성을 운동이 처해 있는 사회구조적 조건과 운동의 활동 및 성과에 영향을 미치는 외부 환경 혹은 맥락을 의미하는 기회구조에 대한 비교연구를 통해 고찰할 것이다. 이러한 비교분석을 위한 범주들을 보다 구체적으로 논의하자면 다음과 같다.

    카자흐스탄과 키르기스스탄 급진 이슬람 운동의 출현 및 동원 잠재력에 직접적·결정적 영향을 미친다기보다는 정치적·담론적 기회구조와의 결합을 통해 운동의 발생과 결과에 차이를 발생시킬 수 있는 일종의 매개변수로서 이 글이 주목하는 사회구조적 조건은 두 국가의 지역 균열 구도이다. 서론에서 언급되었듯이, 두 국가에서 급진 이슬람 운동의 활동은 특정 지역에서 활발했고, 앞으로도 활동은 그러한 방식으로 전개될 가능성이 높아 보인다. 왜냐하면 카자흐스탄과 키르기스스탄은 영토 등 여러 양적인 면에서 규모의 편차가 대단히 큰 두 나라이고,[6] 이에 따라 두 국가가 나타내는 지역 문제의 세부 내용과 성격

---

6 단적인 예로 카자흐스탄은 키르기스스탄보다 영토가 13배 이상 크고, 산출 기준에 따라

과 정도에서도 다른 점이 있을 수밖에 없지만, 그럼에도 불구하고 두 국가는 중앙과 지방의 격차 혹은 균열이라는 문제를 공통적으로 안고 있기 때문이다. 이러한 지역 문제의 존재 자체가 급진 이슬람 운동을 발생시키거나 그 성패를 결정짓는 요인은 아니지만, 지역 차원에서의 구조적 조건이 국가 차원에서의 운동의 기회구조와 결합할 때 기회구조가 운동의 전망에 대해, 특히 운동의 지역적 잠재력에 대해 가질 수 있는 의미와 영향은 다르게 구성될 수 있다. 구체적으로 이 글은 카자흐스탄과 키르기스스탄의 지역적 경제격차와 민족갈등의[7] 존재 여부, 양상, 정도를 살펴봄으로써 두 국가에서 급진 이슬람 운동의 사회구조적 조건 혹은 배경이 될 수 있는 지역 균열 구도를 논의할 것이다.

비교 범주의 선택과 관련하여 사회운동론의 여러 이론적 개념 가운데 운동이 조직과 활동을 위해 이용하는 결집 수단을 의미하는 동원구조(mobilizing structure)나 운동이 동원과 경쟁을 위해 구성하는 현실 해석 틀을 의미하는 프레임(frame)이 이 글의 분석 범주로 이용되기 어려운 이유는 다음과 같다.[8] 이 글의 목적은 과거에 활동했던 혹은 현재 활동하고 있는 특정 사회운동의 출현이나 전개 과정 혹은 그 결과를 설명하는 것이 아니라 운동의 발생이나 동원이 활발하지 못했던 국가들에서 그것이 활발해질 현재적·미래적 전망을 유사 사례 비교의 방법을 통해 분석·타진하는 것이다. 따라서 사회정치적 활동성이나 동원력이 크지 않았던(않은) 기존의 혹은 현존하는 사회운동의 내적 행위나 과

GDP가 20~30배 이상 많으며, 인구가 3배 가까이 많은 나라이다.

7 중앙아시아 지역에서 민족 요인과 급진 이슬람 운동의 상관성에 주목한 연구물로는 오멜리체바(Omelicheva, 2010)와 국제위기그룹(International Crisis Group, 2016)이 있다.

8 동원구조나 프레임 같은 이론적 자원을 사용하여 카자흐스탄과 키르기스스탄, 나아가 중앙아시아 지역 급진 이슬람 운동을 분석한 연구물이 있기는 하지만(Karagiannis, 2005; 2007; 2010), 이들은 HT라는 특정 운동 단체를 대상으로 하여 그 출현과 활동을 설명하는 사례연구였기 때문에 이 글과는 연구의 목적과 성격이 상이하고, 따라서 이 글에서는 분석 범주가 다르게 구성될 수밖에 없다.

정 혹은 운동과 그 외부와의 의미화 작용이나 관계와 연관되는 동원구조나 프레임을 분석하는 작업은 운동의 등장이나 활동 가능성을 조망하려는 이 글의 목적에 그리 잘 부합하지 않는다. 그보다는 운동 외부에서 운동에 대해 기회 혹은 제약으로 작용하는 여러 요인들을 살펴보는 작업이, 어떠한 조건과 과정 속에서 어떠한 동원구조나 프레임을 갖추어야 운동이 성공적인 동원을 이루어낼 수 있을지를 드러내는 데 효과적일 것이기 때문에 이 글은 운동의 정치적·담론적 기회구조를 분석 범주로 삼아 비교연구를 진행할 것이다.

이 글이 포스트소비에트 카자흐스탄과 키르기스스탄 급진 이슬람 운동의 동원 잠재력에 영향을 미치는 변수로 고찰할 첫 번째 기회구조는 정치적 기회구조(political opportunity structure)이다. 정치적 기회구조란 사회운동이 그 안에 위치하면서 유리한 기회 요인으로서든 불리한 위험 혹은 제약 요인으로서든 그 영향으로부터 자유로울 수 없는 구조적·제도적 조건이나 맥락을 의미한다. 비록 정치적 기회구조는 그 개념 정의가 지나치게 포괄적이라는 문제가 해결되지 않은 이론적 범주이지만, 다양한 정치적 기회구조 중에서도[9] 이 글은 이슬람 운동의 충원과 급진화를 설명하기에 유용한 구조적 혹은 정치적 환경 요인으로 논의되는 정치체제에 대한 접근성과 국가의 억압을(Olesen, 2009: 21-24) 중점적으로 살펴볼 것이다.

정치체제에 대한 접근성은 사회운동에 대한 제도적 정치체제의 개방성을 의미하며, 운동이 정치체제에 영향력을 행사하려 시도할 때 이용하는 공식·비공식 통로에 관심을 기울이는 개념이다(Olesen, 2009: 21). 그런데 이 글은 이 접근성 개념을 중앙아시아 지역에서 테러리즘과 극단주의로 불법화된 급진 이슬람 운동이 체제에 접근할 가능성이 아니라, 일반적인, 즉 급진적이거나 정치적

---

9 ① 정치체제의 개방성/폐쇄성 ② 엘리트 연합의 안정성/불안정성 ③ 엘리트 동맹의 존재/부재 ④ 국가의 억압 능력과 성향으로 정치적 기회구조를 분류·정리하여 이해하는 방식이 이에 대해 가장 널리 합의된 개념 규정 방식이라고 할 수 있다(McAdam, 1996: 26-27).

이지 않은 혹은 그렇다고 여겨지는 이슬람 단체·인물·활동 등이 체제에 의해 용인되는 정도라는 측면에서 살펴볼 것이다. 다시 말하면, 이 글은 전반적인 이슬람의 체제 접근성이 그 하위 범주라고 할 수 있는 급진 이슬람 운동의 정치적 기회구조가 될 수 있다고 간주하는 것이다. 예컨대 일반적인 이슬람의 체제 접근성이 확대되면, 이는 급진 이슬람 운동에 대해서도 마찬가지로 적용되어 그 활동공간을 열어주는 요인으로 작용할 수도, 반대로 국가가 급진 이슬람 운동을 일반 이슬람의 대립항으로 설정하여 이에 대한 배제나 억압을 강화하는 구실로 이용하면서 그 활동에 제약을 가하는 요인으로 작용할 수도 있다. 또한 이슬람의 체제 접근성은 해외 이슬람 단체나 기구가 국내에서 활동할 수 있는 기회공간이 열리거나 닫히는 문제와 직결되고, 이는 급진 이슬람 운동에 대한 외부 지원 통로의 확대 혹은 축소를 의미할 수 있다는 점에서도 이슬람의 체제 접근성은 급진 이슬람 운동의 동원 잠재력에 대해 구조적 조건의 역할을 하는 정치적 기회 요인으로 논의될 수 있다.

경찰이나 정보기관의 단속 행위 같은 치안 유지 활동(policing)뿐만 아니라 침투와 감시 활동도 포함하는 국가의 억압은(Olesen, 2009: 22) 중앙아시아 지역에서뿐만 아니라 세계적으로도 급진 이슬람 운동의 가장 중요한 정치적 기회구조라고 할 수 있다.[10] 5개 중앙아시아 국가들이 모두 권위주의 체제이고, 이들 모두 급진 이슬람 운동에 대해 물리적·법적·제도적 탄압을 가하고 있다는 점에서 국가의 억압은 급진 이슬람 운동의 활동과 결과에 차이를 가져오는 유의미한 변수로 작용하지 못할 것이라고 여겨질 수 있다. 그렇지만 다른 사회운동의 동원과 국가의 억압 간의 관계가 그러하듯이, 급진 이슬람 운동의 활동 및 그 결과와 국가의 억압 간에도 특정한 혹은 명확한 상관관계가 확정되지는 않았다. 다시 말하면, 국가가 급진 이슬람 운동을 억압하는 구체적인 방식과 강도, 특정

---

10 "당국이 급진 이슬람 활동을 어떻게 바라보고 이에 대응하는지는 행동과 전략의 형태 및 성공의 기회를 결정하는 데 있어서 매우 중대하다"(Olesen, 2009: 21).

한 맥락과 상황에 따라 국가의 억압은 운동의 출현이나 동원을 위축시킬 수도, 반대로 운동이 이를 자신의 정체성이나 정당성의 기반으로 삼아 동원 역량 강화의 발판으로 활용할 수도 있는 정치적 기회구조가 될 수 있는 것이다.[11]

이 글이 포스트소비에트 카자흐스탄과 키르기스스탄 급진 이슬람 운동의 활동 전망을 비교연구하기 위해 분석 범주로 이용할 두 번째 기회구조는 담론적 기회구조(discursive opportunity structure)이다. 담론적 기회구조란 운동이 자신의 메시지를 공적인 영역에 확산시킬 가능성을 결정지을 수 있는, 즉 의사전달·소통의 영역에서 운동에게 동원의 기회를 제공하거나 혹은 이를 제한할 수 있는 공적 담론이라고 정의될 수 있다(Koopmans et al., 2004: 199, 202). 담론적 기회구조는 어떠한 사회운동 프레임이 어떠한 환경에서 효과적일 수 있는지를 설명해주는 정치문화적·상징적 맥락 혹은 조건일 수 있다는 점에서(Koopmans et al., 1999: 228) 운동의 동원을 이해하는 데 있어서 정치적 기회구조를 보완해줄 수 있는 분석 도구라고 하겠다. 다른 중앙아시아 국가들에서처럼 카자흐스탄과 키르기스스탄에서도 이슬람이 정체성의 핵심을 이루고 있고 무슬림성이 다양한 방식과 실천으로 표현되고 있는 한편(Junisbai et al., 2017: 6), 이 두 국가에서 교리 혹은 교육 차원에서의 이슬람의 발달 수준은 높지 않다는 점은 (Borubaeva, 2013; Djalilov, 2013), 양국에서 이슬람에 관한 담론적 기회구조의 사회적 영향력이 클 수 있음을 시사한다. 즉 두 국가에서 지배적인 이슬람 담론의 지형이 어떻게 형성되는지에 따라 급진 이슬람 운동의 프레임 활동 및 동원 과정은 유리한 혹은 불리한 담론적 환경에 놓일 수 있는 것이다. 이 글은 카자흐스탄과 키르기스스탄 급진 이슬람 운동의 담론적 기회구조로서 이슬람에 관한 정

---

11 서론에서 기술된 것처럼, 이슬람 급진주의에 대한 중앙아시아 국가들의 억압 혹은 대응을 논의한 연구물이 적지 않음에도 불구하고, 이들 중 어느 것도 국가의 억압을 정치적 기회구조로 다루지 않는다. 이러한 사실은 중앙아시아 급진 이슬람 운동 연구에서 사회운동론의 여러 이론적 개념이 갖는 분석 범주로서의 유용성이 아직 충분하게 활용되지 못하고 있음을 말해준다.

권의 담론과 대중의 인식을[12] 살펴볼 것이다.

III. 사회구조적 조건: 지역 균열 구도

카자흐스탄은 1998-2013년 사이에 1인당 GDP가 9배 이상 성장하고 2000~ 2012년 사이에 빈곤율이 약 50%에서 5% 정도로 감소하는 등 성공적인 체제전환을 이루었다고 평가되는 국가이지만, 동시에 경제적 능력, 인간개발, 지속가능한 개발 면에서 지역 간 격차가 매우 클 뿐만 아니라 점점 확대되는 추세를 보이고 있는 나라이기도 하다(UNDP, 2017: 7). 예를 들면 카자흐스탄 서부 카스피해 연안에 위치한 주요 석유 채굴 지역인 아티라우(Atyrau) 주의 2015년 1인당 지역내총생산(GRP)은 남(南)카자흐스탄 주의 그것보다 7배 이상 많았고, 남카자흐스탄 주의 2014년 최저생활수준 이하 인구 비율은 아스타나 시의 그것보다 15배 이상 높았다(UNDP, 2017: 24, 27). 카자흐스탄의 14개 주와 2개 시 가운데 2010-2015년 평균 실업률이 가장 높게 기록된 곳이 남카자흐스탄 주와 서부 지역 만기스타우(Mangystau) 주라는 데서도 알 수 있듯이(UNDP, 2017: 30-31), 대체로 경제적으로 열악하거나 낙후된 상태에 있는 곳은 남부 혹은 서부 지역이다.[13] 한편 2015년 1인당 GRP가 가장 높은 아티라우 주, 아스타나(Astana) 시,

---

12 이 글은 서론에서 언급된 양국 국민의 이슬람 인식 및 실천을 비교분석한 연구물의(Junisbai et al., 2017) 저자들이 실시한 설문조사 결과를 양국 대중의 이슬람 인식을 보여주는 주요 자료로 이용할 것이지만, 이를 통해 드러날 대중의 이슬람 인식을 급진 이슬람 운동의 담론적 기회구조로 간주하여 분석할 것이라는 점에서 자료에 대한 접근법에 있어서 자료의 출처가 되는 위의 연구물과 차별성을 갖는다.

13 이러한 사실은 카자흐스탄인들의 주관적 인식과 선호에도 반영되어 나타난다. 예를 들면 2010년 9~10월 카자흐스탄인 1,233명을 대상으로 하여 실시된 설문조사에서 응답자들은

알마티(Almaty) 시가 지역 지니계수가 낮은 지역군(##)에 속하지 않는다는 점은 (UNDP, 2017: 26), 이들 지역이 다른 지역에 비하면 경제 수준은 높지만 지역 내에서는 소득불평등 문제를 안고 있는 지역임을 말해준다. 급진 이슬람 운동은 사우디아라비아처럼 부유한 국가나 사회경제적으로 발전된 사회에서도 출현할 수 있다는 점에서 사회경제적 어려움은 급진 이슬람 운동의 대두를 설명해주는 필요조건도, 충분조건도 아니다(Naumkin, 2005: 22; Omelicheva, 2010: 172). 그렇지만 지역 간 경제적 편차 혹은 지역 내 경제적 불평등 문제는 대중적 불만의 증가와 그 표출의 잠재성을 갖는 사회적 불안정 요인으로서 상황에 따라 급진 이슬람 운동이 동원을 위해 활용할 수 있는 자산이 될 수 있기 때문에 운동의 다른 조건과의 결합을 통해 그 동원 잠재력에 간접적인 영향을 미치는 매개변수로 작용할 수 있다.

카자흐스탄은 이처럼 경제 영역 혹은 문제에서는 일정 정도 지역 균열 구도가 존재하지만, 러시아 등 격렬한 민족분쟁을 겪었던 다른 포스트소비에트 국가들에 비하면 민족 문제와 관련된 지역 균열 구도는 상대적으로 두드러지게 나타나지 않는 국가라고 할 수 있다. 예를 들면 아직도 슬라브계 민족, 특히 에스닉(ethnic) 러시아인이 대규모로 거주하는 카자흐스탄 북부 지역은,[14] 1990년대 초반 나자르바예프(Nursultan Nazarbayev) 대통령이 러시아로 흡수될 가능성을 우려하기까지 했던 지역이었지만,[15] 1990년대 중반 이후 나자르바예프가 러

  카자흐스탄에서 가장 살고 싶지 않은 지역으로 키질오르다(Kyzylorda) 주, 남카자흐스탄 주, 잠빌(Zhambyl) 주, 만기스타우 주 등 남부 및 서부 지역을 지목했고, 이때 응답자들의 가장 중요한 판단 기준은 경제적 기회였다(Koch et al., 2016: 187-188).

14 2016년 초 카자흐스탄 전체 인구에서 에스닉 러시아인이 차지하는 비율은 20.6%이지만, 북부 지역에 위치하는 북(北)카자흐스탄 주, 코스타나이(Kostanay) 주, 파블로다르(Pavlodar) 주, 아크몰라(Akmola) 주 인구에서 에스닉 러시아인이 차지하는 비율은 39.8%로 올라간다(Агентство Республики Казахстан по статистике, 2016).

15 1990년대 초반 실제로 몇몇 러시아인 혹은 코사크인(Cossack) 민족단체들이 러시아어의 국어 지위 인정이나 민족적·문화적 자치권, 심지어는 러시아인이 많이 거주하는 카자흐스

시아인 엘리트 및 민족단체를 회유·포섭하고 이들의 세력 기반을 흔들면서[16] 이들이 국가권력에 저항하거나 민족갈등을 일으키거나 영토분할을 시도할 가능성은 차단되었다고 할 수 있다(박상남, 2010/2011: 176-177; 현승수, 2012: 131). 경제적 불만과 마찬가지로 민족갈등도 사회적 문제로 부상하거나 격화되면 급진 이슬람 운동이 자신에 대한 지지를 결집하기 위한 명분으로 이용하는 자원이 될 수 있고, 특히 '러시아인 문제'는 극단적인 경우에 기독교(정교회) 대 이슬람이라는 종교 대립으로 프레임화되거나 비화될 수 있는 민감한 이슈이기도 하다. 그러나 현재 카자흐스탄에서 러시아인에 의해 민족적 지역 균열 구도가 형성될 가능성은 크게 낮아졌고, 따라서 이들이 연관된 민족갈등 문제가 급진 이슬람 운동의 출현과 동원에 유의미한 사회구조적 조건으로 작용할 가능성도 매우 희박하다고 할 수 있다.

카자흐스탄 북부 지역이 러시아인과 관련된 지역 균열 구도의 가능성을 가졌던 지역이라면, 그 남부 지역은 우즈베크인과 관련된 갈등의 잠재성이 있는 지역이라고 하겠다. 카자흐스탄 전체 인구에서 우즈베크인이 차지하는 비중은 3.1%에 불과할 정도로 그리 크지 않지만, 카자흐스탄에 살고 있는 우즈베크인의 87.4%가 우즈베키스탄과 인접한 남카자흐스탄 주에 집중적으로 거주하고 있어 이 주 인구에서 우즈베크인이 차지하는 비율은 16.9%이다(Агентство Республики Казахстан по статистике, 2016). 이러한 카자흐스탄 남부 지역 우즈베크인이 연루될 가능성이 있는 민족갈등은 북부 지역 러시아인의 그것과는 전

탄 변경 지역을 러시아로 병합할 것을 요구하기도 했지만, 이들에게는 이러한 민족 자치나 분리주의 운동에 대한 대중적 지지를 규합할 조직적 능력도, 자원도 부족했다(Dave, 2007: 118, 125).

16 1997년 12월 나자르바예프가 알마티에서 아스타나로 수도를 이전한 여러 동기 중의 하나도 러시아인의 잠재적 분리주의 정서 및 운동을 견제·통제하고 러시아인에 대한 지속적인 근거리 관찰과 감독을 시행하려는 의도였다고 논의된다(Dave, 2007: 122-123; Wolfel, 2002: 492, 495-498).

혀 다른 성격을 갖는다고 할 수 있는데, 남부 지역 우즈베크인은 이슬람 문제와 직접적으로 상관되는 지역 균열 구도를 형성할 잠재적 가능성을 갖는다는 점이 바로 그것이다. 보다 구체적으로 말하자면, 북부 지역 러시아인과 달리 남부 지역 우즈베크인은 분리주의 움직임이나 정부에 대한 저항을 전혀 전개하지 않았지만(성동기 2013), 타지크 무슬림과 더불어 우즈베크 무슬림은 이슬람과의 오랜 접촉 및 이슬람적인 환경에서의 사회화 경험, 광범위한 종교적 네트워크 및 발달된 종교기구 체계 등을 갖추고 있어 급진 이슬람을 수용할 개연성이 높은 이들이라고 논의된다(Omelicheva, 2010: 177). 이러한 맥락에서 만일 이들이 민족적·전통적·개인화된 특성을 띠는 카자흐 이슬람과는(Omelicheva, 2011: 246-247) 대단히 이질적인 이슬람주의 이념과 교의에 지지를 보낸다면, 이는 대체로 카자흐 이슬람을 신봉하고 지지하는 카자흐인 다수나 카자흐스탄 정권과 이들 남부 지역 우즈베크인 사이에서 불만과 갈등의 소지를 발생시킬 수 있다. '우즈베크 문제' 자체가 사회적으로 표면화되지 않은 카자흐스탄에서 그 현실적 가능성이 높아 보이진 않지만, 일반적으로 이처럼 민족과 종교 요인이 개입되어 뒤얽힌 지역 균열 구도가 형성된다면, 이는 급진 이슬람 운동의 지역적 동원 잠재력과 밀접하게 연관되는 변수가 될 수 있을 것이다.

카자흐스탄처럼 키르기스스탄도 지역적 경제격차가 크게 벌어진 나라인데, 키르기스스탄의 지역적 경제격차는 북부와 남부 지역 간의 현격한 경제 불균형이라는 양상으로 나타난다. 예를 들면 키르기스스탄 북부 지역에 위치한 수도 비슈케크(Bishkek) 시의 2014년 1인당 GRP는 남부 지역 오쉬(Osh) 주의 그것보다 4배 이상 많았고, 같은 해 남부 지역 3개 주의 1인당 GRP는 모두 키르기스스탄 1인당 GDP 3,222달러의 58~63% 수준으로 국가 평균을 훨씬 밑돌았다(UNDP, 2016: 21, 172). 또한 2014년 키르기스스탄 전체 빈곤층 인구 비율이 30.6%이고 빈곤층 인구 비율이 가장 낮은 비슈케크 시(17.6%)를 포함한 북부 지역 4개 주의 빈곤층 인구 비율이 모두 국가 평균 이하였던 데 반해, 남부 지역 3개 주와 오쉬 시의 그것은 모두 국가 평균을 상회했다(UNDP 2016: 172-

190). 수명, 교육, 소득 등을 고려한 2014년 인간개발지수(HDI)에서는 수도 비슈케크와 여타 지역 간의 차이가 크게 났는데, 이때에도 남부 지역 3개 주의 지수는 국가 평균 이하의 하위권에 위치했다(UNDP, 2016: 21, 173-189).

이처럼 몇몇 수치를 통해 살펴본 바에 따르면, 키르기스스탄은 북부 지역과 남부 지역 간에 사회경제적 격차가 뚜렷하게 나타나는 국가라는 점에서 카자흐스탄과 마찬가지로 경제 영역에서 지역 균열 구도의 문제를 안고 있는 나라라고 할 수 있다. 그러나 카자흐스탄과 키르기스스탄의 지역적 경제격차에는 중요한 차이점이 존재하는데, 그것은 양국 경제규모의 차이와[17] 관련된다고 하겠다. 한 국가 내에서 지역 간 경제 불균형이 존재하더라도 전체적으로 국가경제규모가 커졌거나 커지고 있어 국가가 그 부의 일부를 지역개발·발전을 위해 투입할 수 있다면, 이는 지역적 경제격차로부터 야기될 수 있는 사회경제적 불만과 갈등의 표출을 완화하거나 억지하는 데 기여할 수 있다. 우즈베키스탄의 그것을 앞선 카자흐스탄의 경제발전이 남부 지역 우즈베크인에게도 혜택을 주어 이들이 카자흐스탄 정부와 마찰을 빚고 있지 않는 사례가(성동기, 2013: 199) 바로 이러한 경우에 해당한다고 할 수 있다. 그러나 카자흐스탄과 달리 키르기스스탄 정부는 지역 간 경제 불균형을 좁히거나 해소할 만한 충분한 경제력을 보유하고 있지 않을 뿐만 아니라,[18] 아래에서 논의될 것처럼, 의도적으로든 그렇지 않든 지역적 경제격차에 민족갈등까지 더해진 중층적인 지역 균열 구도를 형성하는 데 일정한 역할을 하는 듯한 행태를 보이고 있기까지 하다.

또한 카자흐스탄처럼 키르기스스탄도 그 남부 지역에 다수의 우즈베크인이 거주하고 있다는 인구적 특성을 나타낸다는 점에서도 민족적 지역 균열 구

---

17 2016년 추정치로서 구매력평가(PPP) 기준 카자흐스탄의 GDP는 4,513억 달러(세계 229개 중 42위), 키르기스스탄의 GDP는 215억 달러(세계 229개국 중 142위)이다(CIA, 2017).

18 키르기스스탄 정부는 교육, 보건, 실업, 부패 등 국가 차원의 기본적인 문제를 해결할 능력 자체가 심각하게 부족한 상태에 있어 국민들로부터 신뢰와 권위를 크게 상실했다(International Crisis Group, 2016: 3-7).

도가 형성될 잠재성을 갖는데, 카자흐스탄에서와 달리 키르기스스탄에서는 실제로 이들이 참여한 민족갈등이 발발한 선례가 있었고, 지금도 그 가능성이 잔존해 있다. 우선 키르기스스탄에서 우즈베크인이 차지하는 인구 비중을 살펴보면, 2009년 국가 전체 인구에서 이들이 차지하는 비율은 14.3%로 카자흐스탄에서의 그 비율보다 훨씬 높을 뿐만 아니라, 키르기스스탄에 살고 있는 우즈베크인의 대다수인 95.9%가 우즈베키스탄과 인접한 남부 지역에 속하는 4개 행정 단위에 거주하고 있어 이 지역에서는 이들의 인구 비율이 26.3%에 이른다는 점이 눈에 띈다(Национальный статистический комитет Кыргызской Республики, 2010: 109, 110, 112, 116). 또한 카자흐스탄 남부 지역 HT 멤버의 '1세대'는 주로 우즈베크인이었으나, 시간이 흐름에 따라 에스닉 카자흐인이 HT 멤버의 다수를 구성하게 된 데 반해(Karagiannis, 2007: 303), 키르기스스탄 남부 지역에서는 HT 멤버의 압도적 다수가 우즈베크인이라는(Karagiannis, 2005: 141; Naumkin, 2005: 168; Omelicheva, 2010: 179) 차이점도 발견된다. 이처럼 키르기스스탄 남부 지역 우즈베크인은 잠재적 가능성 차원에서가 아니라 실제 현실에서 급진 이슬람 운동을 수용하거나 이에 가담한 경험을 가지고 있는데, 이들이 앞으로도 이러한 태도를 견지하거나 그럴 가능성을 내비친다면, 이를 용인하지 않을 것이 분명한 키르기스인 다수나 키르기스스탄 정부와 이들 우즈베크인 사이에서 불화와 갈등이 생겨날 위험은 매우 크다고 하겠다.

키르기스스탄 남부 지역 우즈베크인은 이처럼 이슬람 문제와 관련한 지역 균열 구도의 형성에 개입할 가능성이 있을 뿐만 아니라, 대규모 민족 간 유혈충돌에 참여한 적이 있었고 아직도 그 여파에서 자유롭지 못하다는 점에서도 비록 이들이 의도하지는 않았더라도 지역 균열 구도를 더욱 복잡하게 만들 수 있다. 키르기스스탄 우즈베크인 대다수가 그 남부 지역에 거주하고 있고 키르기스스탄에 '우즈베크 문제'가 존재하고 있다는 점과 관련하여 키르기스스탄에는 민족 문제가 개입된 다층적 지역 대립 구도가 형성될 가능성이 내재되어 있는 것이다. 키르기스스탄 남부 지역 우즈베크인은 소비에트 말기였던 1990년 6

월에 이어 바키예프(Kurmanbek Bakiyev) 전(前) 대통령이 축출된 직후였던 2010년 6월에도 남부 지역 오쉬 시를 중심으로 하여 이 지역에서 키르기스인과 폭력 사태를 빚었고, 이로부터 막대한 인명과 재산의 피해를 입었을 뿐만 아니라 사태 이후에도 여전히 혹은 이전보다 더욱 키르기스 국가기구와 사회로부터 차별과 배제를 받고 있다(김태연 2017: 264-265). 키르기스스탄 정부가 민족 균열 구도와 중첩되는 지역 균열 구도의 형성 혹은 심화에 대한 일정한 몫의 책임에서 면제될 수 없는 것은 바로 이러한 점 때문이라고 할 수 있다.[19] 그러나 이 글이 주목하는 것은, 이러한 지역 균열 지형의 형성에 대한 원인과 책임이 남부 지역 우즈베크인에게 있는지 아니면 키르기스스탄 중앙정부에게 있는지, 있다면 누구에게 어느 정도나 있는지 등의 문제가 아니라, 이러한 지역 균열 구도가 급진 이슬람 운동이 처한 다른 상황이나 조건과의 결합 여하에 따라 그 출현 및 동원 잠재력과 상관관계를 갖는 사회구조적 요인이 될 수 있다는 점이다.[20] 카자흐스탄의 지역 균열 구도와 키르기스스탄의 그것 간의 가장 큰 차이점은, 바로 이처럼 키르기스스탄에는 이미 그 심각성이 상당한 수준에 이른 종교 및 민족 간 대립·갈등이 기저에 놓인 지역 균열 구도가 기존하는 사회현상이 되었을 뿐만 아니라 (종교적·민족적) 극단주의 움직임과 연계될 가능성이 높다는 점이라고 하겠다.

---

19 키르기스스탄에서 민족 문제와 종교 문제가 뒤얽히는 데에서도 정부의 역할이 문제시될 수 있는데, 예를 들면 신앙의 문제와 정치적 충성심·정체성을 연결시키려는 키르기스스탄 당국의 태도로 인해 종교적 주장과 구분이 민족갈등과 밀접하게 연관될 위험이 악화되고 있다고 지적된다(International Crisis Group, 2016: 2).

20 이미 2000년대 중반에 키르기스스탄 내부에서 깊이 파인 민족·지역 간 갈등의 골이 수반할 수 있는 종교적 위험성에 대해 "민족 간 긴장관계의 증가와 이슬람 급진주의자들의 활동 사이의 관련성은 간과될 수 없다"는 우려의 목소리가 제기된 바 있다(Rotar, 2006).

IV. 정치적 기회구조

우선 급진 이슬람 운동의 정치적 기회구조로 작용할 수 있는 일반적인 이슬람의 정치체제 접근성을 살펴보면, 카자흐스탄에서 이는 극히 제한적이 되어가고 있다는 점이 눈에 띈다. 1990년대 카자흐스탄에서 이슬람의 체제 접근성은 높았다고 할 수 있다. 예를 들면 이집트, 터키, 쿠웨이트 등의 해외 이슬람 정부나 재단의 지원을 받아 알마티, 타라즈, 투르키스탄, 심켄트에 고등교육기관이 설립된 데서 알 수 있듯이, 1990년대 카자흐스탄에서 교육, 출판, 모스크 건립 같은 영역이나 활동을 중심으로 이슬람 부흥이 일어난 데에는(Yemelianova, 2014: 290, 292)[21] 이슬람에 대한 제도적 개방성의 수준이 높았다는 점이 큰 역할을 하였다. 1990년대 카자흐스탄 정부는 '자유방임적인'(laisser-faire) 태도로 이슬람에 접근했고, 따라서 1990년대 중후반까지는 "종교조직이 국가구조로부터 거의 절대적으로 독립적인 시기"였다고 표현될 정도로(Marinin, 2015: 6; Yemelianova, 2014: 293) 정치체제에서 이슬람이 용인되는 범위가 넓었던 것이다. 또한 1992년에 채택된 종교법은 자유주의적인 성격을 띠면서 포스트소비에트 공간에서 가장 민주적인 것이자 국제적인 기준에 부합한다고 인정받기까지 하였다(Смагулов, 2011: 55; Marinin, 2015: 5). 이러한 점들과 관련하여 1990년대 카자흐스탄의 종교적 자유의 수준은 7개 탈공산주의 국가들 가운데 중간 정도로 평가되었다(Achilov et al., 2013: 21).[22] 이처럼 이 시기 카자흐스탄에서 이슬람의 체제

---

21 그렇지만 서론에서 논의된 것처럼, 카자흐스탄에서의 이슬람 부흥은 우즈베키스탄이나 타지키스탄에서의 그것보다 훨씬 약한 것이었다는(Yemelianova, 2014: 290) 전제하에 이해되어야 한다.

22 포스트소비에트 국가들 가운데 아제르바이잔, 우즈베키스탄, 타지키스탄의 종교적 자유는 낮은 수준으로 평가되었고, 종교적 자유의 수준이 높다고 평가된 탈공산주의 국가는 알바니아와 보스니아였다.

접근성이 높았던 조건을 기회 삼아 카자흐스탄에 진출한 해외 이슬람 활동가 중 일부는 명백하게 극단주의적인 활동을 펼쳤다고 논의된다(Смагулов, 2011: 53). 1990년대 카자흐스탄 이슬람의 체제 접근성 확대는 이슬람 급진주의의 맹아적 출현에 유리한 정치적 기회구조로 작용한 것이다.

그러나 2000년대 들어, 특히 2001년 9·11 테러 이후 카자흐스탄에서 이슬람의 정치체제 접근성은 크게 낮아진다. 예컨대 2003년 설립된 대(對)테러센터(Anti-Terrorist Centre)가 2003~2006년에 해외 이슬람 선교사 및 활동가 36명을 파키스탄이나 터키 등지로 추방하고, 2004년 교육부가 쿠웨이트 이슬람 단체의 재정지원을 받은 심켄트의 고등교육기관을 폐쇄하며, 2011년 10월 규제와 제약을 강화한 신종교법이 채택되면서[23] 2012년 등록이 허가된 이슬람 대학은 1개로, 마드라사는 5개로 줄어든다(Karagiannis, 2010: 32; Yemelianova, 2014: 293-294). 또한 2011년 설립된 종교문제국(Agency on Religious Affairs)이 약 2,000개의 웹사이트를 조사하여 이 가운데 950개를 차단하는 등 1990년대와 달리 2000년대 이후로 카자흐스탄 정부는 종교 활동이나 영역을 매우 엄격하게 통제하고 있다(Baizakova et al., 2015: 10-11). 2000년대 카자흐스탄 국가와 사회에서 이슬람 급진주의가 제기할 수 있는 위협이 커졌다는 인식과 그러한 위협에 대응해야 할 필요가 있다는 인식이 고조됨에 따라[24] 나타난 변화로서 그 이전에 비해 전반적인 이슬람 활동에 대한 체제와 제도의 개방성 수준이 현저하게 낮아진 것이다. 그러나 엄격해진 신종교법 도입에 항의하여 2011년 10월 아티라우에서 '칼리프 국 전사들'(Jund al-Khilafah)이라는 단체가 연쇄 폭탄 테러

---

23 이 법의 핵심적인 내용은 쥬씨프벡(Zhussipbek, 2013: 17-19)에서 확인할 수 있다.
24 예를 들면 2010년 4월 실시된 설문조사에 따르면 응답자의 63%가 카자흐스탄에서의 이슬람 극단주의의 증가에 대해 매우 혹은 다소 우려한다고 대답했고, 같은 해 10월 아티라우 주지사는 청년층 사이에서 종교적 극단주의가 성장하고 있는 현실에 대해 면밀한 모니터링이 필요하다고 발언했다(Achilov et al., 2013: 19).

를 일으킨 사실이 말해주듯이,[25] 일반적인 이슬람의 체제 접근성 축소가 반드시 급진 이슬람 운동의 활동 위축으로 이어지는 것은 아니다. 정치적 기회구조로서 일반 이슬람의 체제 접근성이 급진 이슬람 운동의 동원 잠재력에 일정 정도 영향을 미칠 수는 있지만, 이와 단선적인 상관관계를 갖는다고 할 수는 없는 것이다.

다음으로 급진 이슬람 운동의 동원 잠재력에 대해 보다 직접적인 변수로 작용하는 정치적 기회구조로서 국가의 억압을 살펴보면, 카자흐스탄에서 이슬람의 체제 접근성이 낮아진 것에 상응하여 급진 이슬람 운동에 대한 국가의 억압은 강화되고 있는 추세를 보인다고 할 수 있다. 1990년대 카자흐스탄은 성직자 및 종교 활동가에 대한 박해의 수준이 낮다고 평가된 국가였다(Achilov et al., 2013: 21). 반면에 2000년대 들어 급진 이슬람 운동이나 활동을 향한 카자흐스탄 국가의 직접적·제도적 억압은 운동의 사회정치적 비중이나 영향력에 비해 과도하다고 여겨질 정도로 그 강도가 높아졌다.[26] 예를 들면 2004년 60명 이상이 HT에 가담한 혐의로 체포되어 재판을 받았고, 2005년 3월 아스타나 시 법원이 HT를 극단주의 단체로 금지시켰으며, 2004년 10월 대법원이 4개 단체의 활동을 금지시킨 이후로 테러·극단주의 단체로 적시·금지되는 단체 수는 지속적으로 증가하고 있다(Azizian, 2005: 10; Baizakova et al., 2015: 14-15; Karagiannis, 2007: 304). 그러나 위에서 언급된 2011년 아티라우 사태에서 알 수 있듯이, 국가의 억압이 강화된 현실에서 오히려 급진 이슬람 운동은 이에 반발하여 이를

---

25 2011년 10월 31일 지역 정부 건물 및 검찰 건물 인근에서 일어난 두 차례의 폭탄 테러에 대해 '칼리프 국 전사들'은 자신의 책임을 주장했다. 그러나 이 단체의 존재 자체나 목표에 대해서는 불분명하고 의심스러운 점이 존재한다(Baizakova et al., 2015: 20-23; Wolters, 2014: 10).

26 이러한 점과 관련하여 주목할 만한 사실은, 퓨리서치센터(Pew Research Center, 2014: 53, 62)가 2012년 카자흐스탄 '정부의 종교 제약 지수'를 전년의 '높음'에서 한 단계 높아진 '매우 높음'으로 평가했다는 점이다. 세계 198개국 가운데 2012년 '정부의 종교 제약 지수'가 '매우 높음'으로 평가된 국가는 러시아, 우즈베키스탄, 타지키스탄 등 24개였다.

활동력 강화의 계기로 활용할 가능성이 있다. 또한 2011~2012년 악토베, 아스타나, 알마티, 타라즈 등지에서 일련의 총격·폭탄 사건이 발생했는데, 이들 사건과 급진 이슬람 운동의 관련성이 뚜렷하게 밝혀지진 않았지만, 이들 사건이 목표로 했던 대상이 주로 경찰이나 국가안보위원회(KNB) 같은 법집행기관이었다는 점은(Baizakova et al., 2015: 18-20, 23-29) 국가·사회에 대한 불만이 이들 폭력 사건의 주요 원인 중 하나일 가능성을 시사한다. 그리고 만일 카자흐스탄에서 늘어나고 있는 사회정치적 불만, 예를 들면 나자르바예프의 장기집권에 대한 불만이나 비판이 종교적 억압의 강화에 대한 반감과 연결된다면, 이는 이러한 불만과 반감을 결집·발산시킬 통로로서 급진 이슬람 운동이 지지와 활동의 기반을 확대하는 데 기여하는 조건이 될 수도 있다. 국가의 억압은 다른 상황 및 조건과 어떻게 결합하는지에 따라 사회운동의 동원에 불리하게 작용할 수도, 반대로 유리하게 작용할 수도 있는 정치적 기회구조라는 일반론적인 논의가 카자흐스탄 급진 이슬람 운동의 동원 잠재력에 대해서도 유효하게 적용될 수 있는 것이다.

특히 2000년대 들어 카자흐스탄 국가의 억압이 남부 지역에서 강화되고 있었다는 점과 관련하여 우즈베크 민족의 불만과 결합된 지역 균열 구도가 형성될 조짐이 엿보이기도 하였다. 예를 들면 2000년대 초중반에 국가와 밀접한 관계에 있는 카자흐스탄무슬림종무원이 남부 지역 모스크 이맘 대다수를 우즈베크인에서 카자흐인으로 경질하고, 당국이 우즈베크인 거주 지역에 대한 모니터링을 강화한 것이다(Omelicheva, 2010: 179). 3장에서 논의된 바대로, 카자흐스탄 남부 지역의 경제발전 수준이 여타 지역에 비해 낮은 데 더해 이 지역 우즈베크 민족이 국가의 종교적 억압이 자신들을 향한 것이라고 느낄 만한 상황이 조성된 것인데, 이는 특정 지역을 중심으로 경제적·민족적·종교적 불만을 집중시킴에 따라 지역 차원에서 급진 이슬람 운동이 동원의 잠재력을 확장할 가능성을 높인 조건이었다. 그러나 2011~2012년 일련의 폭력 사건이 남부 지역에서뿐만 아니라 사실상 전국적으로 발생한 이후 당국은 과잉 반응을 자제하면서 시민사회와의 협력 및 인식 제고 캠페인의 역할과 중요성을 강조하고 있으며, 이러한 맥락에서 종무원은 특히 카자흐스탄 서부 지역에서 '종교적 계몽' 활동을 활발하게 펼치고 있다(Baizakova et al., 2015: 30-33). 이처럼 이슬람 급진주의에 대한 카자흐스탄 국가의 억압이 그 강도를 높여 나가는 혹은 특정 지역이나 민족을 목표로 하는 듯한 행태에서 지속적으로 멀어진다면, 이는 국가적으로는 종교적 억압에 대한 반발로서의 급진 이슬람 운동의 출현을, 지역적으로는 중층적 불만의 누적으로 인한 급진 이슬람 운동의 동원 확대를 사전에 방지하는 데 효과적인 움직임이 될 수 있을 것이다.

　　키르기스스탄 급진 이슬람 운동의 정치적 기회구조를 살펴보면, 우선 전반적인 이슬람의 정치체제 접근성은 카자흐스탄에서의 그것과 유사하게 시간이 흐름에 따라 그 정도가 약화되는 양상으로 변화하고 있음을 알 수 있다. 예를 들면 키르기스스탄 독립 이후 모스크나 마드라사 건축을 위해 사우디아라비아와 터키로부터 막대한 자금이 유입되었고, 1993년 터키와 합작으로 오쉬국립대학교에 신학부가 설치되면서 학생들에게 2년간 터키에서 수학할 기회가 제공되고 코란, 아랍어, 이슬람 역사 수업 등이 개설되었다(Gardaz, 1999: 279-280). 1990년대 카자흐스탄에서와 마찬가지로 이 시기 키르기스스탄에서도 모스크와 신학교의 급증, '비공식' 성직자의 영향력 회복 같은 이슬람의 성장 혹은 부흥이 일어날 수 있었던 것은(Khamidov, 2013: 152, 154; Tromble, 2014: 531) 이처럼 이슬람에 대한 체제의 개방성 수준이 높았던 점에 힘입은 바가 컸다. 또한 바로 이 시기에 2개의 무슬림 축일이 국가 공휴일로 지정되고 이슬람 이슈를 다루는 2개 신문이 간행되었다는 점을 통해서도(Karagiannis, 2010: 34) 1990년대 키르기스스탄 체제의 종교적 환경은 이슬람에 대해 상당히 수용적인 것이었음을 확인할 수 있다. 이러한 점들과 관련하여 1990년대에는 카자흐스탄처럼 키르기스스탄 역시 종교적 자유의 수준이 탈공산주의 국가들 중에서는 중간 정도로, 포스트소비에트 무슬림 국가들 중에서는 높은 편으로 평가된 국가였다(Achilov et al., 2013: 21). 1990년대 초부터 키르기스스탄에서 이슬람 원리주의 혹은 근본주의와 친연성을 갖는 이슬람 개혁주의 혹은 순수주의 성향의 지도자들이 활동할 수 있었던 데에도(Anderson, 2002: 188)[27] 이처럼 이슬람의 높은 체제 접근성이라는 열린 정치적 기회구조가 중요한 역할을 하였다.

그러나 카자흐스탄에서 유사한 기구가 설립되기 훨씬 이전인 1995년 8월 키르기스스탄 정부 산하에 종교문제위원회(Committee on Religious Affairs)가 설치되어 키르기스스탄에 진출한 각종 종파의 현황을 보고하고 관련 정책을 마련하기 위한 활동을 벌이는 등(Gardaz, 1999: 280-281) 키르기스스탄에서는 1990년대 중후반부터 이슬람을 비롯한 여타 종교의 체제 접근성이 제한될 기미가 보이기 시작했다. 예컨대 1990년대 말 키르기스스탄에서 이슬람에 대한 제도적 통제의 강화는 키르기스스탄무슬림종무원의 업무에 대한 국가기구의 지나친 개입의 형태로 나타난 바 있었다(Anderson, 2002: 192-193). 그리고 역시 카자흐스탄에서처럼 키르기스스탄에서도 2001년 9·11 테러 이후 이슬람주의의 위협은 권위주의 체제를 강화하는 빌미가 되어(Islamic Human Rights Commission, 2003) 체제가 이슬람을 용인하는 폭이 매우 협소해진다. 그 예로 들 수 있는 일들로는, 2003년 5월 남부 지역의 한 지방 행정부 수반이 지방 내의 12개 모스크 중 7개를 폐쇄한 사건, 2008년 종교 단체 및 활동에 대한 매우 엄격한 통제를 규정한 신종교법이 채택된 것, 2009년 2월 교육부 장관이 공립학교에서 종교적 상징물의 착용을 금지하는 법령에 서명한 행위(Achilov et al., 2013: 22; Karagiannis, 2010: 35; Khamidov, 2013: 154) 등이 있다. 게다가 2010년 오쉬 사태 이

---

27 그 대표적인 예로 카말로프(Kamalov) 가문을 들 수 있는데, 키르기스스탄의 독립적인 초대 무프티(mufti)였던 사딕잔(Sadykzhan) 카말로프는 출생·장례 의식이나 성지 숭배 등을 왜곡된 이슬람 관행이라고 비판했던 인물이다. 그의 동생이자 남부 지역 카라수(Kara-Suu) 시(市)에서 높은 인기와 권위를 누렸던 이맘 무함마드라픽(Muhammadrafik) 카말로프는 HT 멤버들을 비호한다는 당국의 혐의를 받다가 2006년 8월 특수부대의 서투른 대테러작전에서 총격으로 사망했다(Anderson, 2002: 188; Khamidov et al., 2006; McGlinchey, 2009: 19).

후 당국의 압력으로 남부 지역의 많은 모스크 이맘이 우즈베크인에서 키르기스인으로 교체됨에 따라(Rotar, 2012) 최근에 키르기스스탄에서 이슬람의 체제 접근성 제한은 민족에 따라 차별적으로 적용되는 모습을 보이기까지 한다.[28] 그러나 하지(hajj) 운영, 사적인 종교 교육, 히잡(hijab) 착용, 기도 공간이나 시간 등의 문제가 키르기스스탄에서 매우 논쟁적인 이슈로 대두되었던 데서(Achilov et al., 2013: 22; Khamidov, 2013: 152; Zozulya, 2016) 알 수 있듯이, 이슬람 전반에 대한 체제의 개방성 축소는 종교 문제를 둘러싼 사회적·종교적 혹은 민족적 갈등과 불만을 야기하는 빌미가 되기도 한다. 또한 2000년대 중후반까지도 키르기스스탄 무슬림 공동체에서 HT가 대중적·가시적 활동을 이어갔다는 점은(Karagiannis, 2010: 69-70; Khamidov, 2013: 154), 카자흐스탄에서 그러했듯이 키르기스스탄에서도 일반적인 이슬람의 체제 접근성 축소가 반드시 급진 이슬람 운동의 약화로 귀결되는 것은 아님을 입증해준다.

다음으로 급진 이슬람 운동에 대한 키르기스스탄 국가의 억압의 양상을 살펴보면, 역시 카자흐스탄에서처럼 키르기스스탄에서도 2000년대 이후 국가의 억압이 점차 강화되고 있는 흐름이 눈에 띈다.[29] 1990년대 아카예프(Askar Akayev) 정부는 HT의 활동에 대한 대응에서 유연하고 관대하며 회유적인 반응으로 주변국 정권들과 차별화될 정도로 이슬람주의 세력에 대해 강도 높은 억

---

28 예를 들면 2006년 사망한 우즈베크인 이맘 무함마드라픽 카말로프의 뒤를 이어 카라수 모스크 이맘 직을 수행하던 그의 아들 라쇼드(Rashod) 카말로프가 급진 이슬람 이념이나 극단주의 단체로 금지된 HT를 지지하지 않음에도 불구하고 2015년 11월 오랜 구속과 재판 끝에 '종교적 적대감 선동' 및 '극단주의 자료 유포' 죄로 10년형을 선고받았다(*Ferghana News Agency*, 2015/11/26).

29 그럼에도 불구하고 2012년 키르기스스탄 '정부의 종교 제약 지수'는 카자흐스탄보다 한 단계 낮은 '높음'으로 평가되었다. 세계 198개국 가운데 2012년 '정부의 종교 제약 지수'가 '높음'으로 평가된 국가는 33개, '중간'으로 평가된 국가는 44개, '낮음'으로 평가된 국가는 97개였다(Pew Research Center, 2014: 53-54).

압을 가하지 않았지만,[30] 1999년과 2000년 연이어 IMU가 키르기스스탄 남부 지역으로 군사적 침투를 단행한 이후, 특히 2005년 바키예프가 집권한 이후 급진 이슬람 운동을 향한 키르기스스탄 국가의 억압은 국내 무슬림과 국제 인권 보호 진영의 광범위한 항의를 야기할 정도로 강경해진다(Khamidov, 2013: 152; Omelicheva, 2007: 373-374).[31] 예를 들면 2006년 7월 키르기스스탄 국가안보국(SNB)은 인권탄압으로 악명 높은 우즈베키스탄 안보기관과 합동 대테러작전의 수행에 관한 협정을 체결하여 급진 이슬람 운동 멤버들에 대해 대대적인, 때로는 무리한 압수수색 작전 및 체포 활동을 벌였다(Khamidov, 2013: 154). 그렇지만 경제적 조건의 악화와 지배 엘리트의 정당성 하락이라는 조건에서 종교적·정치적 반대세력에 대한 탄압의 강화는 중앙아시아인들 사이에서 극단주의 이념과 단체의 인기를 증가시켰다는 주장은(Omelicheva, 2007: 386) 키르기스스탄 급진 이슬람 운동의 활동 전망과 관련하여 중요한 시사점을 제시해줄 수 있다. 키르기스스탄은 이러한 조건과 요인을 충족시킬 가능성이 매우 높은 국가이기 때문이다. 즉 3장에서 논의된 것처럼, 키르기스스탄은 경제발전 수준이 낮은데다가 2005년과 2010년 두 차례나 반정부 시위에 의해 정권이 전복될 정도로 정치 엘리트에 대한 대중적 신뢰와 권위 또한 높지 않은 국가인데, 그러한 세속국가가 종교적 억압을 강화하고 있는 것이다. 위에서 언급되었듯이, 국가의 억압은 사회운동의 동원과 명확한 상관관계를 갖는 정치적 기회구조라고 할 수 없지만, 국가의 고강도 억압이 국가 능력 및 정당성의 결여, 불안정하고 유동적인 정치

---

30 이처럼 급진 이슬람 운동에 대해 아카예프 정부가 온건한 태도를 보인 데에는 이 문제를 바라보는 그의 시각이 영향을 미쳤다고 할 수 있는데, 1999년 7월 아카예프의 다음과 같은 언론 인터뷰 발언은 그의 인식을 잘 보여준다: "내가 종교적 극단주의라는 진짜 문제를 갖고 있지 않은데, 왜 내가 인위적으로 그것을 만들어내겠습니까?"(Omelicheva, 2007: 382).

31 바키예프 정부가 급진 이슬람 운동에 대해 단호하고 억압적인 태도를 취한 것은 인접한 강대국 중국 및 우즈베키스탄 당국의 격렬한 비판과 지속적인 압력의 영향을 받았기 때문이라고 논의된다(Omelicheva, 2007: 383).

경제상황과 결합된 키르기스스탄의 현실은 급진 이슬람 운동의 동원 잠재력을 증가시키는 구조적 조건이 될 수 있다.

한편 이슬람주의 활동이나 인물에 대한 키르기스스탄 국가의 억압은 남부 지역 우즈베크 무슬림 사회에 대해 특히 강도 높게 전개된다는 특징을 나타내는데, 이러한 억압의 양상은 민족갈등의 불씨가 남아 있는 이 지역에서 종교적 불만까지 더하여 지피면서 기존의 지역 균열 구도를 더욱 악화시킬 수 있다. 남부 지역 우즈베크 무슬림에 대한 키르기스스탄 국가의 억압이 극심하다는 점은, 2000년대 중반 안보 당국이 우즈베크 공동체에 대한 단속을 벌여 몇몇 우즈베크인을 체포영장 없이 구금하거나 일련의 대테러작전을 수행하여 이슬람 급진주의자라는 혐의를 받은 우즈베크인들을 살해한 사례를 통해 확인된다(Omelicheva, 2010: 178). 키르기스스탄 국가의 이러한 억압적 행동에 반응하여 우즈베크인들은 진압 작전의 계획과 실행에서 벌어진 차별에 대해 당국을 비난하거나 대테러작전이 우즈베크인들의 시민권 요구를 분쇄하기 위한 구실에 불과하다는 의혹을 제기했다. 또한 2006년 키르기스스탄 안보기관의 대테러작전 중에 사망한 우즈베크인 이맘 무함마드라픽 카말로프의 친구와 가족들은 카말로프가 이슬람주의자였다는 당국의 주장에 강하게 반발했고, 그의 사망 사건은 남부 지역 우즈베크인들 사이에서 반정부 감정을 고조시킨 결정적인 계기로 작용했다(International Crisis Group, 2016: 8; Khamidov et al., 2006). 지속적인 감시나 자의적인 체포 및 구금 등 '근본주의자'라는 혐의를 받는 우즈베크인에 대한 키르기스스탄 당국의 종교적 억압은 2006년 국제인권단체의 보고서에서 지적되기도 하였다(Tromble, 2014: 540). 이러한 가운데 3장에서 논의되었듯이, 2010년 6월 남부 지역에서 키르기스인과 우즈베크인 간에 대규모 유혈충돌이 발발했고, 사태 이후 키르기스 국가기구와 사회의 우즈베크인 의심 혹은 혐오, 즉 민족주의 정서가 더욱 격화되면서[32] 이 지역 우즈베크인의 경계적 상황은 더

32　예를 들면 2015년 4월 대통령 보좌관 중 한 명은, 우즈베크인이 키르기스어를 할 줄 모르

욱 극단화되고 있다(김태연, 2016: 209-225; 2017: 264-265, 273; International Crisis Group, 2016: 8-10). 즉 남부 지역 우즈베크인은 이미 존재하고 있던 마비에 가까울 정도의 키르기스스탄 국가 능력의 약화, 국가 내에서의 지역적 경제격차, 지역 내에서의 민족갈등 같은 현실적 문제뿐만 아니라 국가의 극단적인 (종교적·사회적) 억압에 수반되기 마련인 법과 정의에 대한 신뢰와 기대의 실추라는 정신적 상처까지 안게 된 것이다. 이처럼 마치 막다른 골목 같이 사회구조적 조건과 정치적 기회구조가 경색된 양상으로 결합되어 있는 상황에서 이들이 배제와 억압에 대한 위로와 보호를 구할 곳은 종교, 특히 현실적 어려움에 대한 직접적인 해답을 제시해주는 듯한 종교적 급진주의일 가능성은 높아 보인다.

V. 담론적 기회구조

카자흐스탄 급진 이슬람 운동의 담론적 기회구조로서 우선 나자르바예프 정권의 이슬람 담론을 살펴보면, 2000년대 이후 나타나는 그 가장 두드러진 특징은 이슬람에 관한 이분법적 사고라고 할 수 있다. 1990년대 카자흐스탄 정부는 자국이 종교적 급진화에 척박한 토양이고, 따라서 이슬람주의의 위협에 대해 안전하다고 주장했지만, 2000년대 들어 정권의 담론은 현저하게 달라진다(Omelicheva, 2011: 249). 9·11 테러 이후 세계 여러 나라에서 그러했던 것처럼, 2000년대 이후 카자흐스탄에서도 정권의 이슬람 담론은 '좋은', '옳은' 이슬람과 '나쁜', '잘못된' 이슬람 사이에 명백한 경계선을 긋고 후자를 카자흐 국가와 사회

면 사회의 "주변부에, 저임금 직종에, 종교적 극단주의자들의 충원을 위한 먹잇감으로" 남게 될 것이라고 경고함으로써 우즈베크인에 대해 적대적인 키르기스 국가와 사회의 분위기를 대변하는 듯한 발언을 하였다(International Crisis Group, 2016: 9).

에 이질적인 현상으로 배제·타자화하는 방식으로 변한 것이다. 이슬람에 관한 나자르바예프 정권의 공식 담론에서 옹호되는 '진정한' 이슬람은 전통적이고 문화적이며 평화롭고 비정치적인 이슬람으로 이는 국가와 민족의 통합에 기여하고 세속·현대국가의 원칙에 위배되지 않는 이슬람이다. 반면에 정권의 이슬람 담론이 이와 분명하게 차별화하는, 진정한 이슬람이 아닌, 심지어는 이슬람이라고 할 수도 없는 유형의 이슬람은 위험한 이슬람 근본주의로 이는, 나자르바예프의 표현에 따르면, '정치적 조작'에 불과하다(Omelicheva, 2016: 150-151). 나자르바예프 정권의 이러한 이분법적 이슬람 담론은 자연스럽게 이슬람 안보화 담론을 수반하는데, 이러한 담론에서 극단주의 이슬람은 국가안보에 대한 심각한 위협 요인으로 간주되고, 따라서 이에 대처하기 위해서는 '긴급하고 예외적인' 조치 혹은 국가 중심적 해결책의 적용이 정당화된다(Omelicheva, 2011: 249-250; 2016: 146). 한편으로 이슬람에 관한 나자르바예프 정권의 이러한 이원론적인 견해는 소비에트 시기에 공식 이슬람과 비공식 이슬람을 구분하던 담론을 계승한 측면을 갖는다. 다른 한편으로 소비에트 이슬람 담론에서는 민중 혹은 지하 이슬람이 비공식 이슬람에 속했다면, 포스트소비에트 카자흐스탄 정권의 이슬람 담론에서는 급진 이슬람이 공식 이슬람의 대립항으로 설정되어 소비에트 시기 비공식 이슬람의 자리를 대신하고 있다는 차이점이 나타나기도 한다(Omelicheva, 2011: 252; 2016: 157-158).

이러한 나자르바예프 정권의 이분법적 이슬람 담론, 이에 기반한 이슬람 안보화 담론 모두 '맥락 의존적'(context-dependent)인 것이자 '권력의 하중을 받은'(power-laden) 것이었다. 즉 이러한 담론은, 이슬람, 나아가 종교의 체제 접근이 용이했던 1990년대에 카자흐스탄에 진출한 다양한 해외 종교 단체의 범람을 우려한 무슬림종무원과 러시아정교회의 지지를 받는 것이었고, '현지' 이슬람과 '해외' 이슬람을 경험한 국민들이 갖게 된 종교에 대한 이해와 상식에 부합하는 것이었으며, 9·11 테러 이후의 국제정치적 환경에서 카자흐스탄 정부가 자국이 근대적 세속국가라는 대외적 이미지를 얻기에 유리한 담론이었다

(Omelicheva, 2011: 250-254). 또한 이는 이슬람의 체제 접근성이 낮아지고 있고 국가의 급진 이슬람 운동 억압이 강화되고 있는 2000년대 카자흐스탄의 정치 구조적 변화를 정당화해주고, 이로써 그러한 과정을 더욱 진전시키는 데 도움이 되는 담론 구조이기도 하다. 특히 국가와 종교의 분리 그리고 국가의 종교 문제 통제라는 소비에트 통치의 두 가지 모순적인 유산이 여전히 작동하고 있는 중앙아시아 국가들에서(Khamidov, 2013: 151) 이러한 담론은 카자흐스탄 정부가 표방하는 종교의 자유에 대한 수사와 실제로 수행하는 억압적인 종교 정책 간의 모순을 해소할 수 있게 해주는 담론적 도구의 역할도 한다(Omelicheva, 2011: 251-252). 이러한 정권의 담론이 갖는 유용성과 대중적 반향이 적지 않은 사회 정치적·담론적 환경에서 급진 이슬람 운동이 동원의 잠재력을 현실화하기 위한 프레임을 구성할 의미 공간이 없다고 할 수는 없겠지만 그리 넓어 보이지도 않는다.

다음으로 이 글은 2007년과 2012년에 카자흐스탄과 키르기스스탄에서 실시된 설문조사 결과를 분석한 연구물에[33] 의거하여 급진 이슬람 운동의 담론적 기회구조로 작용할 수 있는 이슬람에 관한 양국 대중의 인식을 살펴보고자 한다. 우선 중앙아시아인들에게 이슬람은 정체성의 핵심적인 요인이라는 일반적인 논의가 카자흐스탄인들에 대해서도 마찬가지로 적용될 수 있다는 점이 확인된다. 예컨대 2012년 설문조사 결과에 따르면, 카자흐인, 우즈베크인, 위구르인, 타타르인 등 카자흐스탄에서 전통적으로 무슬림으로 여겨지는 민족 집단 구성원의[34] 약 94%, 즉 거의 전부가 자신을 무슬림으로 정체화했다(Junisbai et al.,

---

[33] 중앙아시아 지역에서는 매우 드물게 같은 연구진에 의해 2007년 카자흐스탄에서 1,099명, 키르기스스탄에서 1,000명, 2012년 카자흐스탄과 키르기스스탄에서 각각 1,500명을 대상으로 하여 대중의 이슬람 인식 및 실천에 관한 설문조사가 실시되었다(Junisbai et al., 2017: 8).

[34] 설문조사 연구진은 소비에트 통치 이전에 이슬람을 받아들인 이러한 민족 집단 구성원을 '에스닉 무슬림'(ethnic Muslim)이라고 일컫는다. 카자흐스탄과 키르기스스탄에서 약 30개

2017: 4, 10). 2007년에 이들 카자흐스탄 에스닉 무슬림 가운데 자신이 무슬림이라고 대답한 이들의 비율이 80% 미만이었던 데 비해 5년 만에 그 비율이 큰 폭으로 높아졌고, 카자흐스탄 전체 인구에서 이들 에스닉 무슬림의 비중이 70%를 훨씬 상회한다는 점에서(Агентство Республики Казахстан по статистике, 2016) 카자흐스탄에서 급진 이슬람 운동의 잠재적인 인적 동원 자원은 풍부한 편이라고 하겠다. 또한 2007~2012년 사이에 좋은 정부나 통치를 위해서는 샤리아법이 중요하다고 생각하는 이들의 비율은 5%에서 13%로 증가하고 그렇지 않다고 생각하는 이들의 비율은 21%에서 17%로 감소했다는 점도(Junisbai et al., 2017: 10, 20) 카자흐스탄 급진 이슬람 운동이 자신의 동원 잠재력에 대해 낙관적인 전망을 가질 수 있게 해주는 대중의 인식이다.

그러나 카자흐스탄 에스닉 무슬림은 종교적 신념에 있어서는 인접국 키르기스스탄과 비교하여, 종교적 실천에 있어서는 비교의 관점에서나 그 자체의 추세에서나 종교성이 강한 이들이 아니라고 해석될 수 있는 설문조사 결과가 나오기도 하였다. 예를 들면 카자흐스탄 무슬림 중에서 내세, 천국, 지옥을 믿는 이들의 비율이 2007년 36~44%에서 2012년 52~61%로 대폭 증가했지만, 2012년 키르기스스탄 무슬림 중에서는 그 비율이 67~78%라는 데 비하면(Junisbai et al., 2017: 10-11), 카자흐스탄 무슬림이 급진 이슬람 운동을 지지하거나 이에 참여할 만큼 이들의 종교적 신념의 내면화 수준이 높아 보이진 않는다. 급진 이슬람 운동은 그 활동의 위험성으로 인해 충원의 대상이 되는 이들에게 현실에서의 고통이나 헌신, 때로는 희생을 감수할 정도로 강한 종교적 신념과 이로부터 비롯되는 행동을 요구하는 경향을 가질 수 있기 때문이다. 또한 2007~2012년 사이에 카자흐스탄 무슬림 가운데 일주일에 한 번 이상 종교의식에 참여한다는 이들의 비율은 16%에서 13%로, 일일기도를 수행한다는 이들의 비율은 23%에서 18%로 하락했다(Junisbai et al., 2017: 10). 이는 아래에서 논

의 민족 집단 구성원이 에스닉 무슬림에 포함된다(Junisbai et al., 2017: 9).

의될 키르기스스탄에서의 급격한 오름세와 반대되는 종교적 실천 양상의 변화이고, 급진 이슬람 운동의 동원 잠재력에 보탬이 되지 않는다고 해석될 수 있는 종교적 행태이다. 한편 종교적 실천을 설명해줄 수 있는 요인들에 관한 로지스틱 회귀분석 결과 민족 요인이 종교적 실천과 유의미한 상관관계를 갖는 것으로 나타났다. 즉 명목민족보다 소수민족의 종교적 참여의 가능성이 더 높다고 할 수 있는 결과가 나온 것이다. 이러한 결과가 소수민족은 사회정치적 안정성을 해칠 견해를 지닐 가능성이 높음을 의미하는지는 불확실하다고 하더라도 (Junisbai et al., 2017: 16, 19) 적어도 급진 이슬람 운동이 이들 소수민족 무슬림을 동원의 대상으로 주목할 가능성은 높음을 말해준다고 할 수 있을 것이다.

카자흐스탄 정권의 이슬람 담론에서처럼 키르기스스탄 정권의 이슬람 담론에서도 가장 두드러진 특징은 이슬람에 관한 이분법적 이해와 안보화 논리라고 할 수 있다. 그리고 역시 1990년대 나자르바예프 정권의 이슬람 담론에서처럼 1990년대 초반 아카예프 정권의 이슬람 담론에서도 외부 종교 세력이 제기하는 국가안보에 대한 위협은 주된 주제가 아니었지만, 이러한 점은 1990년대 중후반부터 달라지기 시작한다(Omelicheva, 2007: 382-383; Tromble, 2014: 532). 이슬람에 관한 키르기스스탄 정권의 공식 담론이 이분법적 이슬람 담론과 이슬람 안보화 담론의 특징을 나타내기 시작한 것이다. 이러한 정권의 공식 담론에서 '좋은' 이슬람은 소비에트 체제 붕괴 이후 발생한 이데올로기 공백을 메워줄 도구이자 민족정체성을 구성하는 핵심 요인이고, 1997년 아카예프의 표현에 따르면, "종교적 광신이나 이데올로기를 갖지 않는", "우리식 이슬람은 안정화와 공고화의 역할을 수행할 수 있는" 이슬람이다(Tromble, 2014: 531-532). 반면에 정권의 담론에서 '나쁜' 이슬람은 "키르기스스탄 국민과 국가체제에 이질적인 이념"인 해외 이슬람 근본주의로 "그 목적은 현존하는 정권을 전복하기 위해 정치상황을 불안정하게 만드는 것"이기 때문에 이에 대항하기 위해서는 '특별한 조치'의 사용이 정당화될 수 있다(Tromble, 2014: 533-534). 키르기스스탄 정권의 담론이 구분하는 두 가지 유형의 이슬람 사이에 넘을 수 없는 견고한 벽

이 서 있다는 점은 "진정한 이슬람은 종교적 극단주의 운동과 아무런 관련이 없다"는 2006년 바키예프의 단호한 발언에서(McGlinchey, 2009: 18) 확인된다. 정부와 긴밀한 협력관계에 있는 키르기스스탄무슬림종무원도 "정말로 신성한 '지하드'는 [...] 신과 천사들의 저주를 받은 '테러리즘'에 대한 투쟁"이라고 주장함으로써(Artman, 2016: 6) 정권의 이슬람 양분화 담론과 보조를 맞춘다. 한편 이러한 키르기스스탄 정권의 이분법적 이슬람 담론 및 이슬람 안보화 담론은 1999년과 2000년 IMU의 키르기스스탄 남부 지역 침입과 2001년 9·11 테러 이후 달라진 국내외의 담론적 환경에 부응하는 것이었다는(Tromble, 2014: 526, 532-534) 상황 혹은 맥락 의존성의 측면을 갖는다.

키르기스스탄 정권의 이슬람 담론에서 나타나는 또 다른 특징으로 논의될 수 있는 것은, 언론과 대중 사이에서 보다 널리 유포되고 있는 견해이긴 하지만, 정권의 이슬람 안보화 담론에서 파생된 사고 혹은 주장의 성격을 갖는 '민족(ethnicity) 안보화' 담론이(Tromble, 2014: 526-527) 일부 관료들의 발언을 통해 표출되고 있다는 점이다. 키르기스스탄에서 민족 안보화 담론이란 국가안보의 위협 요인인 '나쁜', 즉 급진 이슬람의 출현 및 발현이 남부 지역 정주민 우즈베크 민족과 밀접하게 연관되어 있다는 주장으로, 다르게 표현하면 '우즈베크 급진주의 담론'이라고 할 수 있으며, 우즈베크인 민족 구성원들에게는 '타고난 급진화 경향'이 있다는 원초주의적·본질주의적 서사이다(Tromble, 2014: 527, 538). 민족 안보화 담론이 키르기스스탄 정권 차원에서 이분법적 이슬람 담론이나 이슬람 안보화 담론처럼 공식적으로 표방되고 있는 것은 아니다. 그러나 예를 들면 2003년 내무부 차관이 "키르기스스탄 남부 지역은" 급진 이슬람이 유입되는 국가들에서 일어나는 사건들에 명백한 영향을 받는 "에스닉 우즈베크인 인구가 밀집된 지역이기 때문에 이곳은 키르기스스탄에서 가장 휘발성이 높은 지역"이라고 발언했다는 점은(Tromble, 2014: 538) 적어도 정권의 일각에서는 이러한 견해가 수용되고 있음을 의미한다고 하겠다. 또한 2006년 대테러작전에서 이맘 카말로프가 사망한 직후 정부 및 안보기관 관료들이 카말로프는 급진 이슬람 운동과 관련이 있었다는, 나중에는 잘못된 것이었다고 인정하게 되는 발표를 했다는 점도(Khamidov et al., 2006; McGlinchey, 2009: 19; Tromble, 2014: 534) 정권에 우즈베크 급진주의 담론이 일정 정도 배어 있음을 말해준다. 그리고 2011년 4월에는 국가안보국장이 오쉬 사태 이후 아프가니스탄과 파키스탄의 테러리스트 캠프에서 훈련을 받던 약 400명의 우즈베크 '분리주의자들'이 남부 지역으로 돌아왔다고 발언함으로써(Rotar, 2012) 우즈베크 민족과 급진 이슬람, 나아가 민족갈등을 동일시하고 위험시하는 태도를 드러냈다. 이처럼 정권의 이슬람 담론이 특정 민족의 종교적 성향을 급진주의와 연결시켜 이들을 타자화하는 경향을 나타낸다는 점은 급진 이슬람 운동의 동원 잠재력에 대해 양날의 검이 될 수 있다. 한편으로 이러한 담론은 우즈베크인에 대한 국가의 경각심과 억압적 정책을 정당화하여(Tromble, 2014: 540) 일시적으로 혹은 단기적으로 이들의 급진화를 억지하는 작용을 할 수 있다. 다른 한편으로 이러한 담론은, 4장에서 논의되었듯이, 그렇지 않아도 정치적·경제적·사회적 불만을 품고 있는 키르기스스탄 우즈베크인에게 종교적 낙인을 찍는 효과까지 일으킴으로써 이들의 분노와 불만의 출구를 더욱 급진주의 운동으로 근접·수렴시킬 수 있다.

키르기스스탄 급진 이슬람 운동의 담론적 기회구조로서 이슬람에 관한 키르기스스탄 대중의 인식을 역시 위에서 참고한 자료에 근거하여 살펴보면, 우선 이들 사이에서도 무슬림 정체성이 매우 강하게 표출된다는 점이 눈에 띈다. 예를 들면 2012년 설문조사에서 키르기스스탄 에스닉 무슬림의[35] 95%가 자신의 정체성을 무슬림으로 응답했다(Junisbai et al., 2017: 10). 카자흐스탄에서와 마찬가지로 키르기스스탄에서도 이슬람은 압도적 다수의 사람들에게서 정체성을 구성하는 중요한 원천임을 알 수 있다. 또한 2012년 키르기스스탄 무슬림의

---

35 2017년 초 인구통계에 따르면, 키르기스스탄에서 인구 비율이 높은 4개 에스닉 무슬림은 키르기스인, 우즈베크인, 회족(回族)으로도 불리는 둔간인(Dungan), 위구르인이고, 키르기스스탄 전체 인구에서 이들이 차지하는 비율은 90%를 넘는다(Национальный статистический комитет Кыргызской Республики, 2017: 101).

67~78%가 내세, 천국, 지옥에 대한 믿음을 표명함으로써 이들의 종교적 신념의 수준이 매우 높다는 점이 나타났다. 게다가 카자흐스탄 무슬림과는 반대로 2007~2012년 사이에 키르기스스탄 무슬림 중에서는 일주일에 1회 이상 종교 의식에 참여한다는 이들의 비율이 15%에서 33%로, 일일기도를 수행한다는 이들의 비율이 36%에서 56%로 급격하게 증가했다는 점에서 이들의 종교적 실천의 수준 또한 상당히 높은 편이라는 점이 입증되었다. 다만 샤리아 법에 대한 지지에 있어서는 이들의 지지율이나 지지율 증가폭이 카자흐스탄 무슬림의 그것에 미치지 못했다(Junisbai et al., 2017: 10). 이처럼 여러 면에서 키르기스스탄 무슬림의 종교성이 높은 수준으로 평가될 수 있다는 점은 급진 이슬람 운동이 동원구조를 마련하고 프레임을 구축하려는 과정에서 유리한 담론적 기회구조의 역할을 할 수 있다.

한편 키르기스스탄 정권의 이슬람 담론의 특징적인 유형으로 나타난 민족안보화 담론, 즉 우즈베크 급진주의 담론이 보다 활발하게 개진된 장(場)은 언론이었고, 비록 많지 않은 사례에서이긴 하지만, 인터뷰를 통해 키르기스스탄인들도, 심지어는 우즈베크인들 가운데 일부도 이러한 견해를 피력했다(Tromble, 2014: 532-540). 이슬람에 관한 키르기스스탄 정권의 담론에서와 마찬가지로 대중의 인식에서도 부정적인 사회현상으로서 이슬람 급진주의의 발현에 대한 책임을 우즈베크 민족에게 전가하려는 경향이 존재하는 것이다. 그리고 설문조사 결과에 따르면, 카자흐스탄에서처럼 키르기스스탄에서도 민족 변수는 종교적 실천에 영향을 미치는 요인이어서 종교적 실천에 있어서 명목민족보다 소수민족의 참여 수준이 더 높게 나타났다(Junisbai et al., 2017: 16, 19). 또한 키르기스스탄 무슬림의 샤리아 법에 대한 지지와 유의미한 상관관계를 갖는 변수는 이들의 거주 지역과 소득격차 인식이라는 점이 밝혀져 남부 지역 사람들과 키르기스스탄에서 소득격차가 지나치게 크다고 여기는 사람들이 샤리아 법을 중요하게 생각할 가능성이 높은 것으로 드러났다(Junisbai et al., 2017: 21-23). 이러한 점들은, 키르기스스탄 대중의 이슬람 인식에는 소수민족, 특히 남부 지역 우즈베크 민족의 피해의식이나 높은 종교적 실천성 혹은 일반 국민의 경제적 불만처럼 급진 이슬람 운동이 동원을 위해 이용할 수 있는 틈입의 지점이 많음을 의미한다.

VI. 맺음말

카자흐스탄과 키르기스스탄 급진 이슬람 운동의 동원 잠재력에 영향을 미치는 운동의 여러 외부 조건을 비교연구의 방법을 통해 분석한 이 글의 논의를 요약하면 다음과 같다.

카자흐스탄과 키르기스스탄은 급진 이슬람 운동의 동원 잠재력에 영향을 미칠 수 있는 사회구조적 조건으로서 지역적 경제격차라는 지역 균열 구도를 공통적으로 가지고 있다. 그렇지만 카자흐스탄은 이를 일정 정도 상쇄할 만한 경제력을 보유하고 있지만, 키르기스스탄은 그렇지 못하다는 차이점이 있다. 그리고 카자흐스탄에서는 민족갈등으로 인해 지역 균열 구도가 형성될 가능성이 높아 보이지 않지만, 키르기스스탄에서는 민족갈등이 발발했던 경험과 그러할 위험이 존재한다는 점에서 민족 문제와 중첩된 지역 균열 구도가 실재하고 있다. 다른 조건들도 고려되어야 하겠지만, 지역 균열 구도라는 사회구조적 조건만 놓고 단순하게 말하면, 카자흐스탄보다는 키르기스스탄에서 급진 이슬람 운동의 동원 잠재력이 현실화될 가능성이 다소 더 높다고 하겠다.

사회운동으로서 급진 이슬람 운동의 동원 잠재력과 보다 직접적으로 관련되는 정치적 기회구조로서 일반적인 이슬람의 체제 접근성이 카자흐스탄에서는 2000년대 들어, 키르기스스탄에서는 1990년대 중후반부터 낮아지고 있다는 공통점이 발견된다. 그리고 양국 국가의 급진 이슬람 운동 억압도 2000년대 이후 크게 강화되는 추세를 보이고 있다는 공통점을 나타낸다. 그렇지만 카자흐스탄 국가의 억압은 지역 균열 구도와 결합할 가능성이 높지 않은 반면에, 키르기스스탄 국가의 억압은 국가의 약한 경제적 능력, 지역적 경제격차, 민족갈등 문제와 결합하여 급진 이슬람 운동의 동원 잠재력을 증가시킬 위험이 있다. 사회구조적 조건과 정치적 기회구조가 결합한 양상 역시 카자흐스탄보다는 키르기스스탄 급진 이슬람 운동의 동원에 유리하게 작용할 수 있는 것이다.

급진 이슬람 운동의 담론적 기회구조 중 하나로서 카자흐스탄과 키르기스스탄 정권의 이슬람 담론은 이분법적 이슬람 담론과 이슬람 안보화 담론의 특성을 공통적으로 나타낸다. 이때 키르기스스탄 정권의 이슬람 담론에서는 민족 안보화 담론, 즉 우즈베크 급진주의 담론의 특성이 추가적으로 나타난다. 그리고 카자흐스탄 대중의 이슬람 인식에서 이슬람 정체성은 강하게 표현되지만, 종교적 신념과 실천의 수준은 높은 편으로 나타나지 않는다면, 키르기스스탄 대중의 이슬람 인식에서는 이들 모두 높은 수준으로 표현되며, 이들의 인식에서도 민족 안보화 담론이 표출된다. 양국 정권의 이분법적 이슬람 담론과 이슬람 안보화 담론은 급진 이슬람 운동의 동원 잠재력을 위축시킬 수 있는 담론적 기회구조이지만, 키르기스스탄의 담론적 기회구조에서 나타나는 민족 안보화 담론은 기존의 민족·지역 균열 구도와 결합하여 급진 이슬람 운동이 동원에 이용할 수 있는 틈새를 발생시킬 수 있다.

이러한 논의를 바탕으로 두 국가의 급진 이슬람 운동이 동원의 잠재력을 실현할 가능성이 있는 영역과 방식을 전망하자면, 이는 다음과 같은 것이 될 것이라고 예상할 수 있다.

카자흐스탄 급진 이슬람 운동이 동원의 잠재력을 현실화할 공간과 통로는 사실 그리 넓어 보이지 않는다. 그러나 급진 이슬람 운동이 카자흐스탄 경제발전의 어두운 이면 혹은 약한 고리라고 할 수 있는 지역 간 경제격차 및 지역 내 경제적 불평등 문제를 점증하고 있는 정치적 불만과 결합하여 이를 발전주의적 세속국가가 노정할 수밖에 없는 한계로 프레임화하고 이에 대한 대안을 이슬람적인 원칙 혹은 가치에 입각하여 제시할 수 있다면, 이는 운동의 동원에 효과적인 프레이밍 활동이 될 수 있을 것이다. 한편 국가의 억압이 강한 조건에서는 어느 사회운동이든 동원구조를 찾아내거나 만들어내기가 쉽지 않은 법이다. 따라서 이러한 환경에서 사회운동은 국가의 개입이 용이하지 않은 공간에서 동원구조를 마련할 필요가 있는데, 카자흐스탄에서 그러한 영역은 온라인 공간이 될 수 있을 것이다. 카자흐스탄의 경제발전 수준은 인터넷 인프라 구축을 뒷받침해줄 수 있는 수준에 있기 때문에 만일 인터넷 인프라 여건이 갖추어진다면 온라인 활동은 급진 이슬람 운동의 동원구조 건설에 유용하게 활용될 수 있을 것이다. 그리고 급진 이슬람 운동이 이러한 프레임과 동원구조를 만들어내어 동원의 잠재력을 실현 혹은 확장할 가능성이 있는 지역으로는 남부 지역보다[36] 오히려 서부 지역이 유력해 보인다.[37]

　키르기스스탄 급진 이슬람 운동의 여러 외부 조건은 카자흐스탄의 그것에 비해 동원 활동의 시작 및 전개에 대단히 유리하다고 할 수 있다. 지역적 경제격차와 민족갈등, 국가의 차별적인 억압, 정권과 대중의 민족주의적 담론이 향하는 대상이 남부 지역 우즈베크인으로 집중되어 있기 때문에 이들의 불만 혹은 불안은 높은 수준에 있을 수밖에 없다. 그렇지만 집단적 불만이 언제나 사회

36　그렇지만 2009년 카자흐스탄인 1,200명을 대상으로 하여 실시된 설문조사에서 보상이나 실질적 도움을 받는다면 급진적 종교 단체를 지지할 수 있다는 이들의 비율이 국가 전체적으로는 14.7%였지만, 지역 경제 수준이 낮은 남부 지역의 심켄트와 키질오르다에서는 그 비율이 각각 24.5%와 20%로 국가 평균 이상이었다는 점은(Onuchko et al., 2012: 130-131), 이 지역에서 급진 이슬람 운동이 지역적 경제격차를 이용하여 효과적인 동원 활동을 벌일 가능성이 전적으로 배제될 수는 없음을 말해준다.

37　이러한 점과 관련하여 자생적(home-grown) 테러 단체가 카자흐스탄 서부 지역에서 불법 석유 판매로 수익을 올리고 있다는 주장이 제기된 가운데 2016년 9월 국가안보위원회는 서(西)카자흐스탄 주에서 인터넷을 통해 IS로부터 지시를 받아 법집행기관에 대한 공격을 계획한 극단주의 단체를 감금하고 있다고 발표했고, 2017년 9월 의회 연설에서 나자르바예프는 정보 보안 프로젝트 '사이버 방패'(Cyber Shield)의 구축을 촉구했다(Sharip, 2017).

운동의 결성으로 이어지는 것은 아니다. 카자흐스탄에서처럼 키르기스스탄에서도 이들의 현실적 불만을 종교의 언어로 설명·해석해주고 불만에 대한 현실적인 혹은 이상적인 해법을 제시해줄 프레임의 구성은 급진 이슬람 운동의 동원 잠재력 실현을 위한 필수적인 요인이다. 한편 이들을 주요 목표로 하는 듯한 국가의 강도 높은 억압은 급진 이슬람 운동의 동원구조 구축을 매우 어렵게 만드는 조건이다. 온라인 공간의 활용이 여의치 않은 키르기스스탄에서 급진 이슬람 운동의 이용 가능한 동원구조로는 기존의 비공식 종교 모임·기구·네트워크 외에는 뚜렷한 대안이 없어 보인다. 이러한 상황은 급진 이슬람 운동이 동원의 잠재력을 실현할 물리적 공간을 국가 외부에서 찾게 만들 수 있다. 즉 키르기스스탄 국외에서 조직된 급진 이슬람 운동이 남부 지역 우즈베크인 혹은 키르기스인을 충원하거나 남부 지역 우즈베크인이 국외로 나가 급진 이슬람 운동을 결성하여 활동할 가능성이 있는 것이다.[38]

---

38 키르기스스탄에서 급진 이슬람 운동과 관련하여 최근에 일어난 테러 행위는 2016년 8월 30일 비슈케크의 중국 대사관에서 발발한 자살 폭탄 테러 사건이다. 이 사건에서 테러를 실행한 폭파범은 동(東)투르키스탄이슬람운동(ETIM) 위구르인 멤버였고, 테러를 지시한 인물로는 시리아에서 활동하고 있는 우즈베크인 위주의 급진 이슬람 운동 단체를 이끄는 키르기스스탄 남부 지역 출신 우즈베크인이 거론되며, 테러 공모 혐의로 구금되었던 키르기스스탄 시민들도 모두 남부 지역 출신이었다(Dzyubenko, 2016; Putz, 2017). 이처럼 이 테러 행위는 다양한 지역과 민족 출신들이 형성한 복잡한 관계망을 통해 구성된 것이었는데, 이때 키르기스스탄 남부 지역 출신들이 그 구성의 주요 마디에서 마치 이음매와도 같은 역할을 했다는 점은 의미하는 바가 크다.

참고문헌

강봉구. 2014. "중앙아시아 페르가나지역 안보와 급진 이슬람주의: '해방당'의 특성을 중심으로."『러시아연구』24(2), 1-32.
김태연. 2016. "2010년 오쉬 사태 이후 키르기스 국가와 사회의 반응을 통해 본 키르기스 민족주의."『중소연구』40(2), 203-247.
김태연. 2017. "경계인 개념을 통해 본 2010년 오쉬 사태 이전과 이후의 오쉬 우즈베크인."『중소연구』41(1), 253-292.
박상남. 2010/2011. "권위주의 국가 엘리트 구조의 변화와 작동원리: 독립 이후 카자흐스탄 "후견 네트워크"를 중심으로."『중소연구』34(4), 165-187.
성동기. 2013. "남카자흐스탄주 거주 우즈베크 디아스포라의 평화적 공존에 관한 원인 분석."『러시아연구』23(1), 187-205.
오원교. 2008. "중앙아시아 이슬람 부흥의 양상과 전망."『러시아연구』18(2), 347-381.
현승수. 2007. "중앙아시아 해방당의 활동 양상과 담론의 유형 분석."『슬라브학보』22(3), 223-250.
현승수. 2012. "카자흐스탄 내 비카자흐계 민족 엘리트의 통제와 관리."『중동연구』31(1), 109-136.

Агентство Республики Казахстан по статистике. 2016. "Численность населения Республики Казахстан по отдельным этносам на начало 2016 года." http://www.stat.gov.kz/faces/wcnav_externalId/publBullS14-2016;jsessionid=irakbRzWYaIkYZRtK5OxV_-X7t-jhSaNRjyJZKHAQHmPit6U5rtEi!625151365!1689359188?_adf.ctrl-state=19vtm5ezx4_106&_afrLoop=8442279604065897#%40%3F_afrLoop%3D8442279604065897%26_adf.ctrl-state%3Dgg-9d58553_4(검색일: 2017. 09. 21).
Национальный статистический комитет Кыргызской Республики. 2010. *Перепись населения и жилищного фонда Кыргызской Республики 2009 года. Книга II Миграция населения Кыргызстана.* Бишкек: Нацио-

нальный статистический комитет Кыргызской Республики.
Национальный статистический комитет Кыргызской Республики. 2017. *Демаграфический ежегодник Кыргызской Республики 2012-2016 гг.* Бишкек: Национальный статистический комитет Кыргызской Республики.
Смагулов, Кадыржан. 2011. "Современная религиозная ситуация в Казахстане." *Центральная Азия и Кавказ* 14(3), 53-73.

Achilov, Dilshod and Renat Shaykhutdinov. 2013. "State Regulation of Religion and Radicalism in the Post-Communist Muslim Republics." *Problems of Post-Communism* 60(5), 17-33.

Anderson, John. 2002. "Social, Political, and Institutional Constraints on Religious Pluralism in Central Asia." *Journal of Contemporary Religion* 17(2), 181-196.

Artman, Vincent M. 2016. "Contemporary Modes of Islamic Discourse in Kyrgyzstan: Rethinking the Moderate-Extremist Duality." *CAP Papers* 170.

Azizian, Rouben. 2005. "Islamic Radicalism in Kazakhstan and Kyrgyzstan: Implications for the Global War on Terrorism." *CSRC Discussion Paper* 05/56.

Baizakova, Zhulduz and Roger N. McDermott. 2015. *Reassessing the Barriers to Islamic Radicalization in Kazakhstan*. Carlisle: SSI and USAWC Press.

Borubaeva, Anisa. 2013. "The Situation of Religion and Education in Kyrgyzstan." in Ednan Aslan and Margaret Rausch (eds.). *Islamic Education in Secular Societies*. Frankfurt: Peter Lang GmbH.

CIA. 2017. "The World Factbook." https://www.cia.gov/library/publications/the-world-factbook/rankorder/2001rank.html(검색일: 2017. 09. 23).

Dave, Bhavna. 2007. *Kazakhstan: Ethnicity, Language and Power*. London and New York: Routledge.

Djalilov, Zaur G. 2013. "Islamic Education in Kazakhstan." in Ednan Aslan and Margaret Rausch (eds.). *Islamic Education in Secular Societies*. Frankfurt: Peter Lang GmbH.

Dzyubenko, Olga. 2016. "Kyrgyzstan Says Uighur Militant Groups Behind Attack on China's Embassy." *Reuters*(6 September), https://www.reuters.com/article/us-kyrgyzstan-blast-china/kyrgyzstan-says-uighur-militant-groups-behind-attack-on-chinas-embassy-idUSKCN11C1D-K(검색일: 2017. 11. 11).

Gardaz, Michel. 1999. "In Search of Islam in Kyrgyzstan." *Religion* 29(3), 275-286.

International Crisis Group. 2016. "Kyrgyzstan: State Fragility and Radicalisation." *Crisis Group Europe and Central Asia Briefing* No. 83.

Islamic Human Rights Commission. 2003. "Kyrgyzstan – The Increasing Failure of Askar Akayev." http://www.ihrc.org.uk/publications/briefings/7364-briefing-kyrgyzstan-the-increasing-failure-of-askar-akayev(검색일: 2017. 10. 14).

Junisbai, Barbara, Azamat Junisbai, and Baurzhan Zhussupov. 2017. "Two Countries, Five Years: Islam in Kazakhstan and Kyrgyzstan through the Lens of Public Opinion Surveys." *Central Asian Affairs* 4(1), 1-25.

Karagiannis, Emmanuel. 2005. "Political Islam and Social Movement Theory: The Case of Hizb ut-Tahrir in Kyrgyzstan." *Religion, State & Society* 33(2), 137-150.

Karagiannis, Emmanuel. 2007. "The Rise of Political Islam in Kazakhstan: Hizb Ut-Tahrir Al Islami." *Nationalism and Ethnic Politics* 13(2), 297-322.

Karagiannis, Emmanuel. 2010. *Political Islam in Central Asia: The Challenge of Hizb ut-Tahrir*. London and New York: Routledge.

Karagiannis, Emmanuel. 2016. "The New Face of Political Islam in Central Asia:

The Rise of Islamo-Democrats." *Journal of Muslim Minority Affairs* 36(2), 267-281.

Khalid, Adeeb. 2007. *Islam after Communism: Religion and Politics in Central Asia*. Berkeley and Los Angeles: University of California Press.

Khamidov, Alisher. 2013. "The Lessons of the 'Nookat Events': Central Government, Local Officials and Religious Protests in Kyrgyzstan." *Central Asian Survey* 32(2), 148-160.

Khamidov, Alisher and Alisher Saipov. 2006. "Anti-Terrorism Crackdown Fuels Discontent in Southern Kyrgyzstan." *EurasiaNet.org*(7 August), http://www.eurasianet.org/departments/insight/articles/eav080806.shtml(검색일: 2017. 10. 18).

Koch, Natalie R. and Kristopher D. White. 2016. "Cowboys, Gangsters, and Rural Bumpkins: Constructing the "Other" in Kazakhstan's "Texas"." in Marlene Laruelle (ed.). *Kazakhstan in the Making: Legitimacy, Symbols, and Social Changes*. Lanham: Lexington Books.

Koopmans, Ruud and Paul Statham. 1999. "Ethnic and Civic Conceptions of Nationhood and the Differential Success of the Extreme Right in Germany and Italy." in Marco Giugni, Doug McAdam, and Charles Tilly (eds.). *How Social Movements Matter*. Minneapolis: University of Minnesota Press.

Koopmans, Ruud and Susan Olzak. 2004. "Discursive Opportunities and the Evolution of Right-Wing Violence in Germany." *American Journal of Sociology* 110(1), 198-230.

Marinin, Sergey. 2015. "State Regulation of Religion in Kazakhstan: Reconsideration of Approaches." *Central Asia Security Policy Briefs* # 23.

McAdam, Doug. 1996. "Conceptual Origins, Current Problems, Future Directions." in Doug McAdam, John D. McCarthy, and Meyer N. Zald (eds.). *Comparative Perspectives on Social Movements: Political Opportunities, Mobilizing Structures, and Cultural Framing*. Cambridge: Cambridge University Press.

McGlinchey, Eric. 2009. "Islamic Revivalism and State Failure in Kyrgyzstan," *Problems of Post-Communism*, 56(3), 16-28.

Naumkin, Vitaly V.. 2005. *Radical Islam in Central Asia: Between Pen and Rifle*, Lanham: Rowman & Littlefield Publishers.

Olesen, Thomas. 2009. "Social Movement Theory and Radical Islamic Activism." in *Islamism as Social Movement*. Aarhus: Center for Studies in Islamism and Radicalisation, 7-33.

Omelicheva, Mariya Y. 2007. "Combating Terrorism in Central Asia: Explaining Differences in States' Response to Terror." *Terrorism and Political Violence* 19(3), 369-393.

Omelicheva, Mariya Y. 2010. "The Ethnic Dimension of Religious Extremism and Terrorism in Central Asia." *International Political Science Review* 31(2), 167-186.

Omelicheva, Mariya Y. 2011. "Islam in Kazakhstan: A Survey of Contemporary Trends and Sources of Securitization." *Central Asian Survey* 30(2), 243-256.

Omelicheva, Mariya Y. 2016. "Islam and Power Legitimation: Instrumentalisation of Religion in Central Asian States." *Contemporary Politics* 22(2), 144-163.

Onuchko, Marina and Elena Nechaeva. 2012. "Main Factors in Preventing Radicalization of Religion in Kazakhstan." in T. Dronzina and R. El Houdaigui (eds.). *Contemporary Suicide Terrorism: Origins, Trends and Ways of Tackling It*. Amsterdam: IOS Press.

Pew Research Center. 2014. "Religious Hostilities Reach Six-Year High." http://assets.pewresearch.org/wp-content/uploads/sites/11/2014/01/RestrictionsV-full-report.pdf(검색일: 2017. 10. 19).

Putz, Catherine. 2017. "3 Convicted for Chinese Embassy Attack in Bishkek," *The Diplomat*(30 June), https://thediplomat.com/2017/06/3-convicted-for-chinese-embassy-attack-in-bishkek(검색일: 2017. 11. 11).

Rotar, Igor. 2006. "The Islamist Underground in Southern Kyrgyzstan." *Terrorism Monitor* 4(23).

Rotar, Igor. 2012. "Situation in Southern Kyrgyzstan Continues to Smolder Two Years Since Ethnic Riots." *Eurasia Daily Monitor* 9(115).

R'oi, Yaacov. 2000. *Islam in the Soviet Union: From the Second World War to Gorbachev*. New York: Columbia University Press.

Sharip, Farkhad. 2017. "Encroaching Extremism in West Kazakhstan: A Challenge for 'Cyber Shield'." *Eurasia Daily Monitor* 14(112).

Tromble, Rebekah. 2014. "Securitising Islam, Securitising Ethnicity: The Discourse of Uzbek Radicalism in Kyrgyzstan." *East European Politics* 30(4), 526-547.

UNDP. 2016. *National Human Development Report: Trade and Human Development in Kyrgyzstan*. Bishkek: UNDP.

UNDP. 2017. *National Human Development Report 2016: Sustainable Development Goals & Capability Based Development in Regions of Kazakhstan*. New York: UNDP.

Wolfel, Richard L. 2002. "North to Astana: Nationalistic Motives for the Movement of the Kazakh(stani) Capital." *Nationalities Papers* 30(3), 485-506.

Wolters, Alexander. 2014. "The State and Islam in Central Asia: Administering the Religious Threat or Engaging Muslim Communities?" *PFH Research Papers* No. 2014/03.

Yemelianova, G. M. 2014. "Islam, National Identity and Politics in Contemporary Kazakhstan." *Asian Ethnicity* 15(3), 286-301.

Yerekesheva, Laura. 2004. "Religious Identity in Kazakhstan and Uzbekistan: Global-Local Interplay." *Strategic Analysis* 28(4), 577-588

Zhussipbek, Galym. 2013. "Religious Radicalism in Central Asia." *Rethink Paper* 12.

Zozulya, Mariya. 2016. "Kyrgyzstan: Islam and Secularism Clash Again," *IWPR* (21 June), https://iwpr.net/global-voices/kyrgyzstan-islam-and-secularism-clash-again(검색일: 2017. 10. 27).

"Kyrgyzstan: Popular Imam Kamalov's Conviction Increased to 10 Years." *Ferghana News Agency*(November 26, 2015), http://enews.ferganannews.com/news.php?id=3105&print=1(검색일: 2017. 10. 27).

제6장
현대 카자흐스탄의 생활이슬람의 양상과 전망: 청년 무슬림의 종교 의식과 활동을 중심으로*

오원교

I. 머리말: 현대 카자흐스탄 이슬람의 현황

소연방의 해체와 함께 다소 갑작스럽게 독립을 맞은 중앙아시아 국가들에게 공통적으로 제기된 역사적 과제는 다름 아닌 민족-국가 형성이었으며, 그 과제의 해결을 위한 근본적 토대로서 우선적으로 요구된 것이 바로 새로운 정체성의 모색과 확립이었다. 이런 상황에서 대부분의 중앙아시아 국가들에서는 탈(脫)러시아화로 상징되는 역사적 과거에 대한 청산과 더불어 민족의식의 바탕인 전통문화의 복원과 계승을 위한 노력들이 다채롭게 펼쳐졌다. 그리고 이 과정에서 두드러진 현상 중의 하나가 이른바 '이슬람의 부흥(Ренессанс Ислама)'이었다.

중앙아시아의 문화 정체성을 구성하는 가장 핵심적 요소 중의 하나인 이

---

* 이 글은 『러시아어문학 연구논집』 제64호(2019)에 게재된 논문을 본서의 편집 취지에 맞도록 수정·보완한 것입니다.

슬람[1]은 1300여 년의 역사 속에서 부침을 거듭했지만, 중앙아시아인들의 삶에 지워지지 않는 깊은 각인을 남긴 정신문화의 보고이다. 말하자면 이슬람은 사회적 삶의 강력한 조정자이고, 개인뿐만 아니라 중앙아시아 민족들의 종교적, 문화적 정체성의 고유한 벡터이며, 전통적으로 이 지역에서 민족적, 지역적 연대의 단일한 기초로서 작용해 왔다(오원교, 2017: 196). 요컨대 중앙아시아에서 이슬람은 통상적 의미의 종교에 국한되지 않는다. 그것은 정치, 경제, 역사, 철학, 윤리, 문화 등을 함께 아우르는 무슬림들의 고유한 삶의 양식이자 총체이다.

주지하다시피 이슬람에서는 경전과 교리의 차원에서 확고한 정통성이 강조되지만, 의식과 관례의 차원에서는 유연한 개방성이 또한 고유하다. 카자흐스탄에서 이슬람은 전래 초기부터 종교 그 자체라기보다는 일종의 복합적 문화로서 받아들여졌다. 이슬람은 당시 이미 존재하던 지역의 토착 민간 신앙과 전통 관례, 특히 샤머니즘, 애니미즘, 토테미즘, 조상숭배 등과 서로 결합되면서, 내적으로 혼합 종교적 색채를 띠고 외적으로 피정복지의 다양한 문화를 포용하는 복합 문화적 양상을 지니게 된다. 이러한 과정에서 이슬람 교리와 이교적 관례는 독특하게 상호적으로 혼합, 융합되어 하나의 독특한 총체(синкретизм)를 형성하며 대중의 삶 속에 뿌리내려 카자흐스탄 무슬림 사회의 문화적 본령이 된다.[2] 카자흐스탄 이슬람의 이러한 독특한 속성과 위상은 120여 년간 제정·소

---

[1] 중앙아시아의 문화 정체성을 구성하는 공통의 3요소는 언어(투르크어), 인종(투르크족), 그리고 종교(이슬람)인데, 이슬람의 유산을 간직하고 있다는 인식 혹은 무슬림이라는 자의식은 중앙아시아인들이 자기 정체성을 규정하는 가장 중요한 요소이다. 이들에게 인종과 언어는 이슬람에 비해 오히려 2차적인 역할을 한다고 간주되기도 한다. 이에 대해서는 쿠즈네쵸바(Кузнецова, 1995: 40-41) 참조.

[2] 말하자면 정통성(외래성)과 토착성(지역성)의 역동적 상호 혼융의 결과인 카자흐스탄의 이슬람은 이슬람 의식과 관례의 토착 신앙과 전통 관행에 대한 부단한 상호 작용을 통한 카자흐스탄 문화의 폭넓은 자기화이자 그 속으로의 지역적 맥락화이다. 이러한 독특한 총체로서의 이슬람은 생활이슬람(бытовой ислам, everyday Islam), 민중이슬람(народный ислам, popular Islam), 민속이슬람(folk Islam), 병행이슬람(parallel Islam), 언더그라운드이슬람

비에트 러시아가 지배했던 시기의 통제와 억압, 무신론적 반(反)이슬람 정책을 넘어 독립 이후 오늘에 이르기까지 나름의 역동적 진화를 거듭하며 살아있는 역사적 유산으로 면면히 계승되고 있다. 실상 독립 직후 거대한 물결처럼 밀어닥쳤고 비록 규모와 세기는 다소 줄어들었지만 현재에도 시대적 흐름의 하나로서 여전히 지속되고 있는 이슬람 부흥은 이에 대한 뚜렷한 증표로 간주된다.

많은 연구가들이 지적하듯이 카자흐스탄을 비롯한 중앙아시아에서 이슬람 부흥은 소비에트 체제의 몰락과 독립이라는 커다란 역사적 계기에 의해 외적으로 추동되었지만, 그것의 광범위하고 지속적인 전개는 중앙아시아의 무슬림 사회에서 내적으로 성숙되고 있었던 다양한 전제들에 근거하였다. 요컨대 이슬람은 우선 사회-이념적 차원에서는 사회주의 이데올로기를 대신할 대안 이념이자 통합의 도구이고, 정치적 차원에서는 민족-국가 형성에 필수적인 권력의 정통성과 대중의 지지력을 확보하는 수단이며, 경제적 차원에서는 취약한 구조와 심각한 사정의 극복 전망이고, 문화적 차원에서는 민족 문화의 뿌리이자 도덕적 가치의 중심이며, 나아가 국제정치적 차원에서는 주변 이슬람 국가들과 활발한 교류를 위한 공통의 기반으로 각광받았다.

다른 중앙아시아 국가들과 마찬가지로 카자흐스탄에서 이슬람 부흥은 이슬람 사원의 개원, 이슬람 교리와 아랍어 학습 열풍, 이슬람 의례와 관행의 확산, 각종 이슬람 매체(도서, 영상, 인터넷 등)의 증가, 성지와 성묘 순례의 재개 등 민간 차원의 자발적인 운동에서 시작되어, 이슬람 사원과 교육기관의 복원과 신축, 종교 활동과 조직 결성의 합법화, 종교적 축일의 기념과 공휴일 지정 등 국가 차원의 공식적인 지원에 의해 더욱 확산되었다. 특히 문화적 차원에서 이슬람 부흥 운동은 과거 소비에트 문화의 억압적, 통제적 집단문화와 현대 서구의 소비적, 향락적 물질문화에 대한 거부의식과 결합되면서 고유의 전통 문화와 가치에 기초한 새로운 민족 정체성의 확립에 대한 기대로 더욱 확장되었다.

(underground Islam) 등으로 다양하게 지칭된다(오원교, 2010: 141).

이슬람 부흥의 열기는 통계 수치로도 확인되는데, 다민족, 다종교 국가인 카자흐스탄에서는 2009년 국가 공식 통계상으로 전체 인구(16,009,600명)(2018년 9월 1일 현재 18,311,735명) 중에서 97%가 신자이고 3%가 불신자이다. 또한 전체 인구 가운데 무슬림이 70.19%(11,237,900명)로 대다수를 차지하고, 그 다음으로 기독교인 26.17%(4190,100명), 무신론자 2.81%(450,500명) 등의 순서이다.[3] 더불어 현재 카자흐스탄에는 당국에 공식 등록된 2,500여 개의 이슬람 사원[4], 9개의 메드레세, 1개의 이슬람 문화 고등교육기관('누르' 카자흐-이집트 이슬람대학)[5]이 존재한다.

독립 이후 카자흐스탄 사회에서 두드러지는 시대적 경향으로서 이슬람 부

---

3 여타의 중앙아시아 국가들과 마찬가지로 카자흐스탄도 전통적으로 무슬림이 지배적인 사회인데, 특히 명목민족인 카자흐인(98%)을 비롯하여 우즈베크인(99%), 위구르인(98%), 타타르인(80%), 터키인(99%), 아제르바이잔인(95%) 등이 그 중심을 이룬다. 하지만 통계에서 드러나듯이 그 비중은 여타 국가들에 비해 슬라브계 민족들―러시아인(1.4%), 우크라이나인(0.9%), 벨로루시아인(0.7%)―과 유럽 민족들―독일인(1.5%), 폴란드인(0.6%)―의 존재로 인해 압도적이지는 않다. 또한 무슬림들은 지역적으로 우즈베키스탄과 맞닿아 있는 카자흐스탄 남부와 카프카스와 이웃하고 있는 카자흐스탄 서부에 많이 분포하고 있다.

4 독립 이후 이슬람 부흥의 물결 속에서 이슬람 사원(모스크)의 수가 크게 증가하였는데, 1989년 46개에서 1998년 1,000개 이상으로 늘어났고, 현재 공식 등록된 사원의 수는 2,500여 개이지만, 미등록된 사원의 수를 합치면 전국에 걸쳐 5,000여 개가 운영되는 것으로 추정되고 있다. 이에 대해서는 오멜리체바(Omelicheva, 2011: 244) 참조.

5 독립 이후 주변 이슬람 국가들의 도움과 정부 당국의 주도로 이슬람 교육 기관이 많이 설립되었다. 1991년부터 카자흐스탄무슬림종무원(ДУМК) 산하에 이맘-하티프를 양성하는 고등이슬람연구소가 운영되고 있으며, 2001년에 누루-무바라크 이슬람문화대학이 설립되었고 2012년부터 누르 카자흐-이집트 이슬람대학으로 개칭되어 운영되고 있다. 2004~2011년까지 이 대학에서는 262명의 이슬람전문가-연구가가 배출되어 카자흐스탄 전역의 사원에서 이맘과 나이브-이맘(대리-이맘)으로 활동하고 있다. 또한 2002년에는 카자흐스탄 공화국의 이맘 양성을 위한 이슬람연구소가 개관하였다. 더불어 2012년에 최초의 이슬람 TV방송국 〈Асыл Арна〉가 개국하였다. 정부 당국은 이슬람 교육을 적극적으로 관장하는데, 2011년부터 이슬람학(исламоведение) 전공에 대한 국가 표준이 마련되었고 이미 2011년에 150명에게 해당 학위가 수여되었다.

흥은 지배적 민족 종교로서 이슬람을 신봉하는 카자흐 무슬림들의 종교 의식 전반에 걸쳐 커다란 영향을 끼쳤다. 달리 말하면 이슬람 부흥은 무슬림의 종교성의 전체적 흐름 속에서 감지되는 일정한 경향적 변화를 통해 분명하게 확인할 수 있다. 2007년과 2012년에 걸쳐 5년의 시간적 간격을 두고 실시된 두 차례 여론 조사[6]의 결과가 이 점을 직간접적으로 입증한다.

표 1 종교성의 흐름

항목	2007년 (606명)	2012년 (912명)
자신을 무슬림으로 인식	79.53	93.53
사후의 삶에 대한 믿음	36.30	51.54
지옥에 대한 믿음	41.58	57.24
천국에 대한 믿음	43.73	60.64
1주일에 최소 1회 종교 의례에 참석	15.51	12.72
종교 의례 외에 날마다 신에게 기도	22.94	18.20
좋은 정부는 오직 샤리아를 구현해야 한다는 점이 매우 중요하다고 믿음	5.45	13.04

출처: Junisbai et al., 2017: 10

여타의 선행 연구조사들과 마찬가지로 두 차례 여론 조사는 이슬람 부흥이라는 시대적 맥락 속에서 카자흐스탄에서 이슬람의 점증하는 중요성을 여실히 보여준다. 위의 표에서 드러나듯이 카자흐인들이 무슬림으로서 자기 정체성을 인식하는 비중은 5년 사이에 14% 포인트나 크게 증가하였다. 아울러 신앙의 인식적 토대로서 사후의 삶, 지옥과 천국에 대한 믿음도 2007년에 대비해 2012년에는 각각 15% 포인트 이상의 높은 증가율을 보였다. 반면에 종교성을 드러

---

6 해당 여론 조사는 2007년 606명, 2012년 912명을 대상으로 행해졌고, 구체적 대상자는 '민족적 무슬림', 즉 소비에트 지배 이전에 이슬람으로 개종했거나 이슬람이 민족문화의 중심적 요소로 기능하는 민족 집단의 구성원으로서 카자흐인으로 한정되었다. 이에 대해 자세한 것은 유니스바이 외(Junisbai et al., 2017: 10-13) 참조

내는 외적 지표로서 각종 종교 의례와 일일 기도(금요 예배 포함)를 수행하는 비율은 다소 축소되는 경향을 보였는데, 이것은 개인적, 사회적 여건―대표적으로 생활상의 곤란, 정부 당국의 감시와 통제 등―의 불충분성에서 복합적으로 기인하는 것으로 파악된다. 하지만 샤리아에 상응하는 이슬람적 법치에 대한 믿음이라는 견해는 두 배 이상 증가하였는데, 이러한 비중은 2007년과는 달리 2012년의 경우 함께 실시된 여론 조사에서 드러난 키르기스스탄의 10.34%를 능가하는 것으로서 적잖이 의미심장하다. 이처럼 독립이후 이슬람 부흥은 카자흐 무슬림들의 종교의식에 뚜렷한 각인을 남기고 있다.

이슬람 부흥이라는 시대적 흐름 속에서 오늘날 카자흐스탄의 이슬람 사회에서 가장 주목을 받는 변별적 현상 중의 하나는 이른바 '이슬람의 회춘(омоложение ислама)'이다. 2013년 실시한 설문 조사에 따르면 카자흐스탄의 청년 세대(18~29세)[7]는 전체 인구(1,691만 명) 중에서 세계 평균인 18% 보다 상대적으로 높은 22%(약 370만 명)의 비중을 차지하며, 그들 가운데 75.3%가 신자이며, 24.7%가 불신자로 나타났다. 이러한 청년 신자의 비중은 앞서 언급한 카자흐스탄 전체 인구 중에서 신자의 비중(97%)과 비교할 때 오히려 낮은 듯하지만, 실상 이와 같은 청년 신자의 비중은 10년 전인 2003년의 38.7%에 비하면 거의 두 배 가량 증가했다는 점에서 상당히 의미심장한 지표이다. 또한 청년 신자들의 14.3%는 정기적으로 사원, 교회, 예배당을 방문하며, 비록 응답자의 0.5%만이 새로운 종교적 관점(신흥 종교)을 지지하지만, 23%는 그들의 전통적 망딸리떼에서 벗어나는 새로운 종교적 관점과 신념에 대해 훨씬 민주적이고 개방적인 입장을 견지하는 것으로 드러났다(Джумабекова et al., 2016).

---

7 청년 세대(층)에 관한 국가별(혹은 기관별) 연령 기준은 다양한데, 카자흐스탄의 경우 2009년 인구조사에서는 14~28세(4,510,435명, 전체인구의 28%)를 기준으로 삼았다. 이에 비해 한국의 경우 대체로 19~30(34)세를 청년 세대로 인식한다. 본 연구에서는 무엇보다도 논의의 정합성에 주목하여 향후 인용하는 여론 조사 기관의 기준에 따라 청년 세대를 18~29세로 간주하고 2009년 인구조사 자료를 기초로 비중을 역추산하여 활용하였다.

이처럼 오늘날 카자흐스탄의 청년들 사이에서는 종교에 대한 관심이 전반적으로 크게 증가하고 있으며, 특히 그들 가운데 절대 다수를 차지하는 무슬림 청년들은 종교 의식이 상대적으로 훨씬 높은 것으로 나타나고 있다. 이런 상황 속에서 청년 세대와 종교의 상호 관계, 청년의 정신성(духовность)과 종교적 자의식(религиозное самосознание)을 포함하는 청년 세대의 종교적 인식과 실천의 문제는 현대 카자흐스탄이 당면하고 있는 정치적, 경제적, 사회적, 문화적 위기의 맥락에서 중대하고 실제적인 탐구 과제 중의 하나로 부상하고 있다.

이런 차원에서 본 연구는 이슬람 부흥이라는 지속되는 시대적 흐름 속에서 인구학적으로 상당한 비중을 차지하고 있는 청년(특히 무슬림 청년) 세대의 종교 활동, 특히 그 속에서 두드러지는 종교 의식 혹은 종교성의 점증적 강화라는 특이한 추세에 각별히 주목하면서 그것의 다면적 실상과 원인, 복합적 성격과 경향 그리고 가능한 전망과 과제에 대해 구체적으로 살펴보고자 한다.

II. 카자흐스탄 청년 무슬림의 종교 활동의 양상

1. 카자흐스탄 청년 무슬림들의 종교성의 실상

청년 세대는 사고와 행위에서 비판성과 적극성을 강렬하게 드러내고 삶의 의미와 존재의 가치를 끊임없이 추구하며 사회적 영향—이념, 이상, 시각, 취향, 가치, 관습 등—에 특유의 민감성을 간직한 독특한 사회 집단(계층)이다. 청년 세대는 특정한 역사와 문화의 산물이면서 그것의 역동적 추진력이자 변화의 잠재력이며 미래적 사회 가치의 추구자이자 담지자이다. 이런 의미에서 특히 카자흐스탄의 청년 세대는 전환과 변혁의 시대를 살아가는 이른바 과도기 세대로서 남다른 위상과 소명을 지니고 있다.

    체제의 전환기에 인생의 과도기를 살아가는 카자흐스탄 청년들은 누구보다도 정치적, 경제적, 사회적, 문화적 위기로부터 고통 받고 있으며, 사회 전반에 걸친 다양한 갈등의 한 가운데에 놓여있다. 특히 그들은 일상 속에서 교육, 주거, 일자리 등의 아주 실제적이고 절실한 문제에 직면해 있다. 이와 더불어 도덕적, 윤리적 가치를 포함한 정체성의 혼란이라는 정신적, 심리적 위기 또한 상당히 심각한 상태이다. 이런 다기한 주객관적 요인들로 인해 청년들은 사회 속에서 본래의 적극적 위상을 적지 않게 상실했으며, 자신들의 긍정적 잠재력을 실현할 기회조차 충분히 얻지 못하고 있는 실정이다. 이런 와중에 오늘의 카자흐스탄 청년들에게 이슬람은 그 어느 때보다도 새로운 의미와 소중한 가치로 다가오고 있다.

    앞서 간략히 언급했듯이 독립 이후 중앙아시아 전역에서 진행된 이슬람 부흥은 다양한 외적 계기와 내적 전제에서 비롯된 일종의 시대적 흐름이었다. 이처럼 당대에 고유한 역사적 맥락 위에서 성장한 이슬람은 카자흐스탄의 독립 이후 신세대인 청년들에게는 특별한 위상과 다기한 의미를 지니게 된다.

    이슬람에 대한 청년들의 관심과 요구 역시 다차원적이다. 무엇보다도 청년 세대는 한편으로 이슬람 부흥의 내외적 전제와 계기를 공유하면서도 다른 한편으로 자기 세대에 고유한 인식과 가치를 가감 없이 이슬람에 투사한다. 따라서 이슬람에 대한 청년 세대의 관심과 이해는 이른바 '공식 이슬람'을 대표하는 정부 당국이나 무슬림종무원의 입장과는 적지 않은 거리를 지니며, 일상 속에서 풀뿌리 이슬람(생활 이슬람)을 실행하는 기성세대의 태도와도 일정한 차이를 갖는다. 말하자면 오늘날 청년 세대에게 새로운 국가 이데올로기—이른바 '카자흐스탄성(Kazakhstaness)'—를 구성하는 핵심적 종교문화적 요소이자 세속 국가의 수월한 통치 도구로 활용되는 이슬람은 적잖이 낯설며, 오히려 여전히 공백 상태인 정신적-도덕적 갈망을 채워주는 전통적 규범과 현대적 가치의 이념적-사상적 담지체로서 이슬람이 훨씬 친숙하다. 또한 청년 세대에게 이슬람은 민족 문화의 근간을 형성하는 전통 종교이자 일상적 삶의 규범으로서 민족적, 개인적 정체성을 구성하는 핵심적 요소로 인식된다. 나아가 이슬람은 국가적 차원에서 해결의 실마리를 찾지 못하고 있는 가난과 실업으로 대표되는 일상의 사회경제적 문제들을 극복할 수 있는 나름의 대안적 전망으로 적지 않은 관심을 끌고 있다. 더불어 집단적 소속감을 드러내고 세대의 변별성을 표현하는 일종의 유행(мода) 혹은 트렌드(тренд)로서 주목 받기도 한다. 이처럼 보편성과 개별성을 동시에 간직한 청년 세대의 특수성이 이슬람에 대한 그들의 (이해) 관계를 중층적으로 규정하고 있다.

일반적으로 '청년 세대와 종교의 상호 관계'에 대한 과거의 사회 여론은 대체로 거의 상반되는 두 가지 부류로 쉽사리 나뉘어 졌다. 한 부류에서는 대부분의 청년들이 종교에 쉽사리 심취할 것이라고 다소 막연하게 기대하는 반면에, 또 다른 부류에서는 종교는 청년들의 관심을 크게 끌지 못하며 대신에 그들은 음주, 마약 등의 여러 가지 죄악에 빠져들 것이라고 짐짓 비판적으로 진단한다.

하지만 카자흐스탄의 청년 세대를 대상으로 최근에 행해진 일련의 여론 조사 결과는 현재의 상황이 과거의 그것과는 사뭇 다르다는 점을 보여준다. 말하자면 청년 세대의 종교적 현실은 상투적인 이원론적 사고로 결코 재단할 수 없을 만큼 훨씬 복잡하고 다면적이다. 대표적 예로서 〈현대 카자흐스탄 청년들의 종교에 대한 입장〉[8]과 〈카자흐스탄 청년들의 종교 의식, 종교 지식 그리고

---

[8] 해당 여론 조사는 카자흐스탄 문화정보부의 의뢰에 따라 사회재단 〈민족-정치와 인문 연구 센터〉의 주도로 2007년 9월 5일~10월 5일 알마틔와 아스타나, 14개 주(州) 전역에 걸쳐 18~29세 사이의 1,550명의 카자흐스탄 청년들의 대상으로 이뤄졌다. 대상자들은 거주지와 사회-직업적 지위에 따라 선별되었다. 응답자들은 민족별로 카자흐인 63.8%, 러시아인 23.8%, 우즈베크인 5.6%, 타타르인 1.7%, 독일인 1.4%, 우크라이나인 0.8%, 고려인 0.8%, 위구르 0.5%로 구성되었다(참고로 2007년 1월 1일 국가 통계에 따르면 카자흐스탄의 인구 구성은 카자흐인 59.2%, 러시아인 25.6%, 우즈베크인 2.9%, 우크라이나인 2.9%, 타타르인 1.5%, 위구르 1.5%, 독일인 1.4%, 기타 5%이다. 여론 조사와 인구 통계에서 민족별 구성 비율은 러시아인, 타타르인, 독일인은 거의 일치하며, 카자흐인과 우즈베크인은 청년을 대상

종교적 실천)⁹에 대한 여론 조사는 그와 같은 색다르고 복합적인 정황을 분명하게 반영한다.

2007년 9~10월에 행해진 〈현대 카자흐스탄 청년들의 종교에 대한 입장〉에 관한 여론 조사에 따르면, 우선 청년들은 카자흐스탄 사회에서 종교의 역할이 상당히 중요하다고 이해하고 있다. 또한 그들은 카자흐스탄에서 종교의 영향이 증대하고 있다는 점을 충분히 인식하고 있으며, 더불어 대다수(44.1%)는 그 점을 긍정적으로 평가하고, 이에 비해 부정적 평가의 비중은 훨씬 작으며, 응답자의 1/3은 해당 물음에 대답하기 힘들다는 입장을 나타냈다.¹⁰

해당 여론 조사에서는 카자흐스탄 청년 세대의 종교적 자의식도 확연하게 드러나는데, 응답자의 2/3(77.3%)가 자신을 신자로 간주하여 상당히 높은 비중을 보여주었다. 또한 비록 신자는 아니지만 종교에 긍정적 태도를 지닌 청년들도 1/5(19%)를 차지했다. 그들은 전통에 따라 혹은 단순히 신자들의 종교적 감정을 존중하는 것으로 나타났다. 그리고 나머지 3.7%는 무신론자이거나 불가지론자에 속했다. 특히 응답자 가운데 대학생의 86.4%, 지역별로는 남카자흐스탄 주의 90%, 키즐오르다 주의 82.5%, 그리고 알마틔 시의 84.6%가 신자로 드

으로 이뤄졌기에 상대적으로 비중이 높으며, 위구르인의 경우 주로 알마틔시와 알마틔주에 거주하기에 전국을 대상으로 이뤄진 여론에서는 비중이 낮았다.). 해당 여론 조사의 결과는 http://kazislam.kz에 실린 자료(Г. Т. Телебаев, "Отношение к религии современной казахстанской молодежи: некоторые особенности") 참조

9   2014년에 실시된 여론 조사로 http://kazislam.kz에 실린 자료(Г. Д. Каиржанова, "Религия и молодежь (по результатам социологических исследований 2014 года)") 참조

10 종교의 역할에 대한 긍정적 평가는 민족에 따라 차이가 보이는데, 우즈베크인은 82.7%, 위구르인은 71.5%, 타타르인은 57.7%, 카자흐인은 56.7%가 긍정적인 입장을 보였고, 독일인은 31.8%, 우크라이나인은 38.5%가 동일한 입장을 드러냈다. 여기서 입장의 미묘한 차이는 무엇보다도 동양과 서양의 망딸리떼의 차이에서 비롯되는 듯한데, 전통적으로 동양 민족들은 문화 전통(종교도 포함), 윗사람의 권위, 집단주의를 우선시하지만, 서양 민족들은 개인주의, 개인의 자유, 의식적 선택을 중요시하는 경향이 있기 때문이다.

러났다.

　대체로 청년들의 종교 의식 자체는 상대적으로 높지 않은데, 전반적으로 5주를 비롯한 외적 종교 활동에 대한 참여 수준이 낮으며, 대신에 종교 의례와 관행의 준수와 종교 지식의 습득을 필요로 하지 않는 신앙의 내적 지향이 두드러졌다. 따라서 종교적 규범과 계율의 준수와 종교적 의례와 관행의 실천이라는 측면에서 청년 신자의 대다수(66.6%)는 '소극적' 신자로 분류되었다.[11]

　민족에 따라 신자의 비중은 다소 차이가 나는데, 우즈베크인(93.1%), 위구르인(85.7%), 카자흐인(78.3%)의 대다수가 신자이고, 특히 우즈베크인의 32.2%, 위구르인의 28.6%는 자신을 '적극적' 신자로 간주했다.

　또한 청년 세대 가운데에서도 연령이 낮을수록 종교 활동에 더욱 적극적인 것으로 드러났다. 예컨대 적극적 신자는 26~29세의 8.4%, 23~25세의 11.2%, 18~22세의 13.4%를 각각 차지하였다.

　지역에 따라 적극적 신자의 비중도 다르게 나타났는데, 남부 지역이 북부 지역보다 상대적으로 높게 나타났다. 예컨대 남카자흐스탄 주는 20.3%, 알마틔 주는 18.4%, 잠블 주는 15.7% 그리고 알마틔 시는 14.6% 였지만, 파블로다르 주는 적극적 신자가 아무도 없었으며, 코스탄나이 주는 1.1%, 북카자흐스탄 주는 1.5%를 차지했다. 이러한 양상의 주요한 원인은 무엇보다도 남부 지역의 경우 이슬람을 비롯한 전통 종교를 믿는 동양계 민족들이 상대적으로 많이 거주한다는 점에서 우선적으로 찾을 수 있다.

　최근 청년들 사이에서 개종이 늘어남에도 불구하고 민족적 정체성과 종교적 정체성의 연관성이 여전히 강하게 남아있는 것으로 파악되었다. 여론 조사에서는 카자흐, 우즈베크, 위구르의 청년들은 이슬람을, 러시아, 우크라이나, 벨

11　여론 조사에서 종교성의 적극성/소극성은 1) 사원/교회의 방문, 2) 기도의 수행, 3) 종교적 의례의 실행, 4) 종교 서적의 탐독, 5) 신의 계율에 따라 살아가려는 노력 등의 범주를 기준으로 실행의 규칙성/간헐성에 따라 구분된다.

로루시의 청년들은 정교를 신봉하는 것으로 나타났다. 따라서 카자흐스탄 청년들 사이에서 무슬림이 63.4%, 정교도가 22.3%를 차지하는 것은 특별히 놀라운 일은 아니다.[12]

한편 '사상과 양심의 자유', 혹은 종교 선택(개종까지 포함)의 자유에 관해서는 민족(조상) 종교의 존재를 주장하는 보수주의적 입장과 신앙의 자기 선택의 가능성을 주장하는 자유주의적 입장 사이에 일정한 차이가 존재한다. 전체적으로 가족이나 친척들의 종교를 믿어야 한다는 입장이 45.4%로 종교 선택의 자유를 찬성하는 입장인 35.9%를 다소 앞서는 것으로 나타났다. 응답하기 어렵거나 관심이 없다고 대답한 비중이 18.6%를 차지한다는 점을 고려한다면 종교 선택의 자유에 관한한 찬반양론이 엇비슷하게 맞서고 있는 것으로 판단할 수 있다. 우즈베크인의 69%, 카자흐인의 56.6%가 민족 종교를 지지했으며, 반면에 독일인의 72.7%, 고려인의 66.7%, 타타르인의 61.5%는 개종에 찬성했다. 요컨대 우즈베크인과 카자흐인, 남부와 서부 지역의 거주자들, 남성들과 시골 거주자들은 민족(조상) 종교를 중요하게 인식한다.

이상의 여론 조사의 결과를 종합해보면, 카자흐스탄의 청년들은 사회에서 종교의 영향이 증대하고 있다고 인식하며 그것을 긍정적으로 평가한다. 또한 청년들의 2/3는 신자이고 1/5은 종교와 신자를 긍정적으로 대하며, 신자의 대부분은 소극적 신자이지만, 연령이 낮을수록, 남부와 서부 지역에 거주하는 청년들에게서 적극성이 두드러졌다. 종교에 관해 동양과 서양의 망딸리떼 사이에는 일정한 차이가 존재하는데 동양계 민족들은 더욱 종교적이고 개종에 대해 덜 관용적이다. 그리고 우즈베크인과 카자흐인, 남부와 서부 지역의 거주자들, 남성들과 시골 거주자들은 민족(조상) 종교의 존재를 찬성하는 것으로 나타났다.

---

12   하지만 향후 언급하겠지만 민족적 정체성과 종교적 정체성의 상호연관성은 다원주의적 경향과 '사상과 양심의 자유'라는 시대적 조류 속에서 점진적 변화를 겪게 된다. 아울러 민족 종교의 개념도 다민족, 다종교, 다문화 국가인 카자흐스탄에서는 일정하게 영향력을 잃어가고 있다.

2014년에 실시된 〈카자흐스탄 청년들의 종교 의식, 종교 지식 그리고 종교적 실천〉에 관한 여론 조사도 앞서 살펴본 2007년의 여론 조사에 드러난 청년 무슬림들의 독특한 경향을 재차 확인시켜 준다.

청년 신자들의 압도적 다수는 이슬람과 정교를 신봉하는데, 종교 활동의 적극성은 이슬람 신자(무슬림)들과 비전통적 신앙의 신자들에게서 상대적으로 높게 나타났다. 예컨대 무슬림 청년들 가운데 종교 활동에 규칙적으로 참여하는 비중은 30.5%, 간헐적으로 참여하는 비중은 59.1% 그리고 나머지 10.4%는 참여하지 않는 것으로 나타났다. 또한 사회경제적으로 어렵거나 도시에 거주하는 청년들이 더욱 적극적으로 종교 활동에 참여하는 것으로 드러났다.

이상의 여론 조사에서 드러나듯이 현대 카자흐스탄의 청년 세대에서는 종교에 대한 관심이 크게 증가하고 있으며, 특히 중심 집단인 청년 무슬림들 사이에서는 종교 의식의 전반적 확산이 상대적으로 두드러진다. 그렇다면 현대를 포함한 인류 역사 속에서 종교의 고유한 정신문화적 역할의 진화적 양상을 고려할 때, 특히 오늘날 카자흐스탄의 청년 세대가 일종의 대안적 구심으로서 이슬람을 비롯한 종교를 선택하는 구체적 이유들은 무엇일까?

앞서 언급했듯이 오늘날 이슬람에 대한 카자흐스탄 청년 세대의 관심은 체제 전환의 과정에서 정치, 경제, 사회, 문화 등의 거의 전 영역에 걸쳐 지속적으로 발생하는 다양한 위기와 갈등에 대해 개인적, 집단적 차원에서 해결을 모색하는 과정에서 주관적·객관적 요인들에 의해 생겨나게 되었다(오원교, 2008: 353-355). 인생의 과도기를 살아가는 청년 세대들은 사회 전반에 걸친 제반 갈등의 한 가운데에 놓여 있고 누구보다도 다양한 위기로부터 고통 받고 있으며 따라서 그것의 조속한 해결을 당대적으로 거의 유일무이한 대안인 종교, 특히 그것의 지배적 조류로서 이슬람을 통해 갈망하고 있는 것이다.

첫째, 이념적 차원에서 이슬람은 과거의 지배 이념이었던 소비에트 사회주의 이데올로기의 붕괴와 카자흐스탄의 전통적 가치의 현대적 복원의 미비라는 정신적-도덕적 공백 상태를 채워줄 새로운 대안적 가치 체계로서 부상하였다.[13] 카자흐스탄 정부는 새로운 국가 이데올로기를 창출하여 국민 통합과 발전을 시도하고 있지만 그러한 인위적 작업의 실효성은 여전히 논란거리이다. 이처럼 정신적-도덕적 요구를 충족시킬 수 있는 건전한 세속적 이념이 부재한 상황에서 특히 청년 세대는 자유, 평등, 정의 등의 보편적 가치에 대한 요구를 이슬람을 비롯한 종교 영역에서 구현하고자 한다.

둘째, 정치적 차원에서 카자흐스탄 정부는 민족-국가 형성에 필수적인 권력의 정통성과 대중의 지지력을 확보하는 도구로서 이슬람을 전략적으로 선택하였고 민족 정체성을 구성하는 핵심적 요소인 이슬람을 일종의 민족(국가) 종교로서 격상시켜 체제 내화하였으며 독립 직후 이슬람 부흥을 재정적, 제도적으로 지원하였다. 하지만 국내외적으로 급진적 이슬람주의와 테러주의의 위협이 증가하면서 카자흐스탄 정부는 이슬람의 제반 활동에 대해 정책적 결정을 내리는 바, 카자흐스탄무슬림종무원(ДУМК)을 통해 관리 가능한 하나피 법학파[14]의 수니 이슬람(суннизм ханафитского масхаба)으로 대표되는 공식(전통) 이슬람을 적극 권장하고, 생활(민중) 이슬람을 널리 감독하며, 과격하고 급진적인 정치적 이슬람을 철저하게 억압하게 된다.[15] 급기야 일부 이슬람을 체제 위

---

13 실상 오늘날 카자흐스탄 사회에는 종교를 대체할 대안적 이데올로기가 존재하지 않는다. 고등 교육 기관에서도 윤리학, 미학, 논리학, 철학 등에 관한 정당한 관심을 기울이지 않는다.

14 수니 이슬람의 4대 법학파 중에서 하나피 법학파는 다른 3개의 법학파에 비해서 지역적 전통과 관습의 인정과 존중, 율법 해석의 합리성과 유연성, 세속적 정치권력에 대한 관대와 조화 등이 특징적이다. 하지만 카자흐스탄에서 하나피 법학파의 전통성, 유일성, 진리성, 궁극성 등에 기초한 공식성은 정치권력과 무슬림종무원의 지속적 노력에도 불구하고 무슬림 대중의 완전한 동의 혹은 절대적 지지를 얻지는 못하고 있다.

15 예컨대 카자흐스탄 대통령 나자르바예프(Н. Назарбаев)는 2017년 12월 8일 카자흐스탄무슬림종무원장이자 최고 무프티로 선출된 세리크바이 카즈 오라즈(Серикбай кажы Ораз)와 환담에서 유행에 따라 사원을 방문하고 짧은 바지를 입으며 수염을 기르는 청년 무슬림들에 대하여 우려를 표하고 그들에 대한 이슬람의 기초에 대한 올바른 해명의 필요성을 역설하면서 "카자흐스탄 무슬림들에게 하나피 법학파의 전통적 성격"과 "파괴적 조류들과의 차별성"을 각별히 강조하였다. 이에 대해서는 https://www.nur.

협 세력으로 간주하는 이른바 '안보화' 전략을 수립하여 담론적, 법적 차원에서 실행하면서 공식/비공식, 토착/외래, 전통주의/원리주의, 온건/급진, 좋음/나쁨 등의 고루한 이원론적 구별에 입각한 포용과 배제라는 양면 정책을 구사하고 있다. 하지만 카자흐스탄 이슬람의 복합적 현실을 단순화하는 이분법적 논리와 이슬람에 대한 지원과 통제라는 이중 정책은 오히려 이슬람의 대한 청년 세대의 관심을 증폭시키는 데 일정하게 기여하고 있다.[16]

셋째, 경제적 차원에서 체제 전환의 부정적 산물들, 특히 높은 인플레이션, 실업율의 증가, 생활수준의 하락, 빈부격차의 심화는 '위대한 예언자 마호메트와 4대 정통 칼리프 시대의 공정한 사회적 경제적 질서의 구현'을 약속하는 이슬람에 대한 청년 세대의 관심을 더욱 촉발하였다. 이를테면 청년 세대가 교육, 주거, 일자리 등에서 겪는 어려움은 실제로 심각하며, 이에 대해 정부 당국이 합리적 대안을 제시하지 못하는 상황에서 종교 단체의 정신적, 물질적 지원은 청년 세대에게 유력한 구원의 빛으로 다가오는 것이다.[17]

---

kz/1704632-nazarbaev-nuzhno-molodezhi-pravilno-r.html 참조

16 비(반)공식적 이슬람을 국가에 대한 위협으로 규정하고 그것의 출현을 방지하기 위한 억압적 조치들의 채택은 역설을 낳았다. 요컨대 카자흐스탄 정부는 급진적 이슬람에 대한 두려움을 표현하면서도, 공식 담론과 정책을 통해서 이슬람의 급진화를 부추기고 있다. 후에 상술하겠지만 '이슬람의 안보화'는 종교 영역에 대한 당국의 개입으로 독실한 무슬림들의 분노를 야기하여 이슬람 신앙의 건전한 부흥을 방해하고 있다. 더구나 이슬람의 급진화를 방지하려는 과격한 조치들은 실제로는 종교적 보수주의를 원리주의로 변화시키는 계기가 되고 있는 것이다.

17 급진적, 비전통적(사이비, 신흥) 종교 단체들은 생활상의 다양한 곤란을 겪고 있는 취약한 청년 계층을 대상으로 정신적, 물질적 지원이라는 실용적 방식을 통해 이른바 '종교적 단원 모집 활동(религиозный рекуртинг)'을 조직적이고 체계적으로 펼치는 것으로 알려져 있다. 카자흐스탄의 경우 이슬람 단체들이 벌이는 유사한 활동은 특히 남부와 서부 지역에서 어렵지 않게 목격할 수 있다고 한다. 이에 대해서는 https://www.caravan.kz/news/religioznost-kazakhstanskojj-molodezhi-nakhoditsya-na-kriticheski-vysokom-urovne-ehkspert-384248/ 참조.

넷째, 문화적 차원에서 독립 이후 전체주의적 소비에트 문화에 대한 반감과 소비적 서구 문화에 대한 거부의 움직임은 자연스럽게 전통 문화에 대한 폭넓은 관심으로 이어졌고, 이러한 맥락에서 이슬람은 러시아 지배 하에서 억압되고 왜곡되었던 민족 문화의 회복 혹은 뿌리 찾기의 원류로서 여겨졌다. 이런 가운데 이슬람은 청년 세대에게 개인적, 민족적 정체성을 좌우하는 정신적-도덕적 가치의 중심으로 자연스럽게 부상하고 있다.

다섯째, 사회환경적 차원에서 정보통신기술의 발달과 대중매체와 인터넷의 영향을 빼놓을 수 없다. 현대 사회에서 최신의 지식과 정보를 제공하고 획득하는 대표적 수단은 바로 정보통신기술의 획기적 발달에서 비롯된 대중매체와 인터넷이다. 특히 청년 세대는 사이버 공간에서 누구보다도 자유롭게 활동하며 이슬람을 비롯한 종교에 대한 새롭고 다양한 지식과 정보를 손쉽게 공유한다. 요컨대 디지털 시대는 그것의 주인공인 청년 세대에게 보다 자유롭고 활발한 종교 활동을 펼칠 수 있는 완전히 새로운 공간을 제공하고 있다.[18] 더구나 최근에는 특히 급진적이고 과격한 종교 세력들이 인터넷과 SNS를 적극적으로 활용하여 단원의 모집과 활동을 훨씬 조직적이고 체계적으로 광범위하게 전개하고 있다는 점에 각별히 주목해야 한다.[19]

마지막으로 이슬람에 대한 청년 세대의 관심과 요구는 위와 같은 객관적

---

18 파블로다르에 소재한 3개의 중등학교에 다니는 15~18세 연령의 334명 학생들을 대상으로 종교적 지식의 습득 수단에 대한 여론 조사(복수 응답 가능)에서 TV: 46.7%, 인터넷: 40%, 부모: 36.2%, 학교: 25.1%, 친구: 13.8%, 친척: 12.6%, 도서: 4.8%, 교회 혹은 사원: 1.2%, 성경 혹은 코란: 0.6% 등으로 나타났다. 요컨대 종교에 관한 정보의 중요한 원천은 미디어, 부모, 학교이며, 특히 최근에는 TV, 인터넷 등의 대중매체가 커다란 역할을 하는 것으로 드러났다(Kabidenova et al., 2016: 4).

19 카자흐스탄에서 활동 중인 대표적인 이슬람 급진주의 단체들로는 《Хизб-ут-Тахрир》, 《Джамагат моджахедов Центральной Азии》, 《Джунд аль-Халифат》, 《Таблиги Жамагат》 등이 있다. 카자흐스탄에서 급진 이슬람 운동의 현재성과 잠재성에 대해서는 김태연(2017) 참조.

요인들 외에도 주관적 요인들에 의해 적지 않게 추동된다. 청년들에게는 고유한 세대(연령)적 특수성이 존재하는데, 예컨대 사고의 미성숙성과 민감성, 행위의 적극성과 극단성(최대주의)이 대표적이다. 또한 사고와 행위에서 드러나는 비판성과 과단성 못지않게 그것에 수반되는 상대적으로 낮은 수준의 법적, 종교적 문해성(грамотность)은 삶에서 부딪히는 문제들에 대한 해결책을 일종의 대안적 영역인 종교에서 쉽사리 구하려는 풍조를 낳기도 한다. 그로 인해 청년들은 정신적-도덕적 가치와 자기 존재의 의미를 추구하는 과정에서 국내외적으로 과격한 원리주의적 입장을 지닌 종교 조직(집단)과 연루되는 경우가 적지 않게 발생하기도 한다.

이처럼 카자흐스탄의 이슬람은 과거의 지난한 역사 과정 속에서 고유한 '지역적 맥락화'를 겪었다면, 독립이후 현대의 복잡한 역사 과정 속에서는 색다른 '시대적 맥락화'와 함께 특히 청년 무슬림들 사이에서 특수한 '세대적 맥락화'에 놓여 있다.

2. 카자흐스탄 청년 무슬림들의 종교성의 경향

앞서 언급했듯이 독립이후 카자흐스탄의 무슬림 사회에서는 종교 의식 혹은 종교성의 뚜렷한 변화가 감지된다. 무슬림들의 일상생활 속에서 세속적 요소는 적지 않게 유지되고 있을지라도 종교적 요소는 상당히 변화하고 있다. 특히 종교적 삶의 방식의 수용과 실천이 확대되면서 생활 속에서 종교적 전통과 세속적 일상의 혼합 현상이 더욱 강화되고 있다. 주지하다시피 독립 이후 카자흐스탄에서 이슬람은 새롭게 부활하는 사회문화적 제도일뿐만아니라 유력한 통치 이데올로기의 하나로서 격상되었다. 이러한 과정에서 이슬람은 카자흐스탄의 자주성의 부활과 새로운 정체성의 구축에서 중요한 역할을 하는 핵심적 요소로서 작용하고 있다.

인류의 문화사적 경험은 아무리 합리적 정치 체제도, 훌륭한 경제 모델도, 준엄한 법적 체계도 종교라는 사회공동체의 근본적인 정신적-도덕적 기초를 대신할 수 없다는 점을 분명하게 말해준다. 최근의 연구들과 사례들에서 드러나듯이 현대 카자흐스탄의 정치적, 경제적, 사회적, 문화적 위기의 맥락에서 특히 청년들 사이에서 이슬람에 대한 관심과 요구가 점증하고 있다는 점은 이에 대한 또 다른 실증이다. 요컨대 현대 카자흐스탄에서는 전반적으로 세속성이 강화되는 추세에도 불구하고 개인과 사회의 삶 속에서 대표 종교로서 이슬람의 역할과 기능은 확대·심화되고 있다. 이런 와중에 새삼 특별한 주목을 끄는 것은 청년 무슬림들의 종교 의식 혹은 종교성 속에서 표출되는 몇 가지 의미심장한 경향들이다.

첫째, 청년 무슬림의 양적 증가와 종교 의식의 질적 저하라는 복합적인 양상이다. 앞서 살펴본 여론 조사에서 드러나듯이 독립 이후 카자흐스탄 청년 세대에서 신자의 양적 규모는 괄목할만한 성장을 이루었다. 이에 비해 신자의 대부분은 종교 활동에서 적극적이기 보다는 소극적인 태도를 취하는 것으로 드러나고 있다.[20] 이슬람의 규범과 계율에 대한 준수라는 측면에서 적극적 이슬람이기보다는 소극적 이슬람(пассивный ислам)에 가까운 이러한 경향은 특히 낮은 신앙심과 높은 주변성 그리고 도덕적·이념적 중심의 부재가 특징적인 청년 세대에게서 두드러진다. 예컨대 상당수의 청년 무슬림들은 소위 경전적 이슬람에 대한 특별한 종교적 지식이나 이해 없이도, 심지어 그것의 기본적인 의례와

---

[20] 일반적으로 종교성(종교 의식)은 4가지 형태, 즉 종교적 교리(의례와 관행 포함)에 대해 충분히 심취하고 이성적으로 실행하는 '의식적 종교성', 노동과 시간과 금전이 소요되지 않는 의례와 관행을 실행하는 '선택적 종교성', 시대와 환경 등에서 비롯된 일상적 사정과 추세를 따르는 '유행적 종교성' 그리고 급진적이고 과격한 원리주의를 추종하는 '급진적 종교성' 등으로 나눌 수 있는데, 여론 조사에 따르면 카자흐스탄의 청년 무슬림들의 경우 의식적/급진적 종교성이 30.5%, 선택적/유행적 종교성이 57.3% 그리고 기타가 11.4%로 각각 나타났다.

관행에 대한 준수 없이도 자신을 쉽사리 무슬림으로 여기고 이슬람을 자신들의 삶의 뿌리로서 간주하는 것이다. 심지어 그들에게 이슬람은 단순히 일종의 유행이거나 트렌드로 여겨지기도 한다.[21] 정신적 영역에서 종교적 도그마의 강화를 허용하지 않은 노마드적 유산과 소비에트 러시아의 전투적 무신론 그리고 통제와 포용에 기초한 현대 카자흐스탄 정부의 이슬람에 대한 이중 정책이 복합적으로 작용하여 생겨나는 이러한 현상은 일종의 '종교적 최소주의(religious minimalism)'[22]로도 칭해지는 부정할 수 없는 오랜 전통적 경향 중의 하나이다(Privratsky, 2001: 54-57).

둘째, 청년 무슬림들에게서 드러나는 이슬람의 내면화 혹은 개인화 현상이다. 청년 무슬림들 사이에서 무슬림성(muslimness)에 대한 자의식과 절대자(알라)의 존재와 사후 세계(천국과 지옥)에 대한 내적 믿음은 경향적으로 증가하

---

21 이러한 성격으로 인해 카자흐스탄 청년 세대의 이슬람은 온건한 이슬람(умеренный ислам), 전시적 이슬람(демонстрационный ислам)으로도 칭해지기도 한다. 이런 의미에서 카자흐스탄 청년 무슬림들의 종교 의식, 즉 그들의 무슬림성은 본질적으로 이슬람의 일상적 실행인데, 그것은 삶 속에서 이해되고 경험되며 체화되는 것이다. 대다수 평범한 청년 무슬림들의 종교 활동은 실상 의식적 차원에서 대단히 심각하거나 도발적이기보다는 일상적 차원에서 상당히 자유롭고 유희적으로 이뤄진다. 따라서 최근에 논란의 대상이 되고 있는 턱수염, 짧은 바지, 히잡 등의 청년 무슬림들의 용모와 복장이 급진적 이슬람주의(극단주의와 테러리즘)의 뚜렷한 표징이라는 세속주의 국가 카자흐스탄 정부의 강경한 주장에는 선뜻 동의하기 어렵다.

22 하지만 종교적 최소주의가 카자흐인들을 비롯한 중앙아시아인들이 자신들을 무슬림으로 인식하지 않는다는 점을 의미하는 것은 결코 아니다. 공동체와 관습과 전통을 이슬람에 관련시키는 '역사적이고 관례적인 이슬람'은 그들이 이슬람을 이해하는 지배적 방식이다. 소비에트 시대 이전에 이미 중앙아시아의 이슬람은 중동, 남아시아, 남동아시아, 아프리카의 이슬람과 상당히 달랐다. 이러한 독특성은 소비에트 시대의 경험, 즉 종교의 거부와 박해, 모든 종교, 특히 근대화와 근대성에 모순되는 것으로서 이슬람에 대한 교조적 인식에 의해 강화되었다. 중앙아시아인들은 소비에트 시대에 이른바 세속화(근대화) 이데올로기의 막대한 영향을 받았고, 독립 이후에도 근대성에 대한 믿음을 지속적으로 간직하고 있다. 이슬람으로 대표되는 종교적 요소가 그들의 삶의 통합적 요소가 되었지만 근본적으로 세속적인 지향을 일정하게 간직하고 있다. 이에 대해서는 할리드(A. Khalid, 2007: 121-122) 참조

지만, 5주를 비롯한 전통적 종교 의례와 관행에 대한 외적 준수는 경향적으로 감소하고 있다. 소극적 종교성과 밀접하게 연관되는 이러한 현상은 무엇보다도 종교성에 대한 개별적 욕구의 확대에도 불구하고 그것을 충족시켜 줄 수 있는 사회적 여건이 제대로 조성되지 못하기 때문에 일차적으로 생겨났다. 물론 현대의 다른 무슬림 세계에서와 마찬가지로 카자흐스탄에서 무슬림의 종교성을 5주로 대표되는 이슬람적 의례와 관행의 준수만으로 평가할 수는 없다. 더구나 청년 무슬림들 사이에서 5주와 그것의 준수 여부는 무슬림성을 드러내는 배타적 지표로 심각하게 인식되지 않는다.[23] 오히려 상당수의 청년 무슬림들은 마음속에 신(알라)에 대한 절대적 믿음을 간직하는 것을 중요하게 인식한다. 더불어 이슬람이 민족 문화의 중심적 요소인 민족 집단의 후손으로 태어난 것, 즉 태생적 무슬림성이 또한 커다란 의미를 지닌다. 예컨대 카자흐스탄 남부 지역에 거주하는 무슬림 학생의 전언에 따르면 비록 5주를 완전하게 알지 못할지라도 상당수의 청년 무슬림들은 여전히 자신의 무슬림성과 무슬림적 삶의 방식에 대해 편안하고 일관되게 말하며, 자신들의 삶 속에서 항상 이슬람이 존재하는 것을 경험한다(Privratsky, 2001: 243)고 한다. 이처럼 이슬람의 내면화는 신앙의 실천에서 보다 개별적 방식과 그것의 다양화를 낳고 결과적으로 이슬람의 개인화를 촉진한다. 이처럼 신에 대한 개인적 믿음의 소유와 삶의 가치와 존재의 의미의 추구뿐만 아니라 규범과 윤리의 개인적 실행에 대한 강조는 카자흐스탄에서 이슬람 규율과 의례에 대한 엄격한 준수로서가 아니라 인간의 삶의 양식이자 총체로서 무슬림성이라는 개념을 낳았다. 또한 역사적으로 그것은 금욕적, 헌신

---

23 그럼에도 불구하고 무슬림 5대 덕목으로서 쿠란과 무함마드의 가르침 중에 나타나는 5가지 의무를 뜻하는 5주는 독립 이후 카자흐스탄의 대중들에게 러시아 지배 하에서 억압적으로 망각되었던 이슬람적 정체성, 즉 무슬림성을 복원하고 강화하기 위한 일상의 기본 규범이라는 점을 감안할 때, 이러한 양상은 일부 청년 무슬림들의 종교성의 피상성을 드러내고 동시에 이슬람 자체의 실제적 영향력을 의심스럽게 한다는 점에서 문제적이라는 지적도 적잖이 존재한다.

적 생활과 신비주의적 체험에 근거하는 수피즘 전통과 관련되는데, 이런 차원에서 카자흐스탄의 생활이슬람에서도 개인적 경건주의와 함께 환상적, 주술적 경험[24]이 점차 강조되면서 성인 숭배와 성지(성묘) 순례[25]와 같은 종교적 의례가 또 다른 특징으로 자리 잡았다. 요컨대 청년 무슬림들에게서 나타나는 이슬람의 내면화 혹은 개인화는 카자흐스탄의 생활이슬람의 전통 속에 또한 나름의 뿌리를 두고 있는 것이다.

셋째, 청년 무슬림들의 종교 의식에서 드러나는 피상성이다. 청년 세대에서는 종교적 의례와 관행을 철저하게 수행하거나 종교적 지식을 의욕적으로 탐구하지 않는 신앙의 내적 지향이 두드러지고 가정이나 사회에서 이뤄지는 종교 활동에 대한 상대적으로 낮은 참여가 특징적으로 드러난다. 또한 청년들은 사회에서 종교의 역할에 대해 긍정적이며 그것의 영향을 강화해야 한다고 생각한다. 그리고 종교적 소속감과 민족적 소속감을 연계시키며, 종교를 일종의 민족문화적 전통으로 간주한다. 예컨대 카자흐인은 무슬림이고, 러시아인은 정교

---

24 현대 카자흐스탄에서는 정신적 정화, 치료, 교육을 강조하는 '악졸(Aq Jol, Pure Way)'이 대표적 예이다. 이 운동은 이슬람 관행과 토착적 의례의 접합과 동화를 통해 경전적 이슬람과 민속적 전통을 풍부하게 결합한다. 악졸의 단원과 치료사들은 대부분이 자신들을 무슬림으로 규정하지만, 이 운동은 여타의 다양한 종파에도 개방적이다.

25 이러한 의례는 제도화된 종교적 관행이 유목 사회에 실제로 존재하지 않았던 수세기 이전으로 거슬러 올라간다. 그 시대에는 무슬림 정체성을 신성한 계보를 지닌 개인들에 대한 헌신을 통해 규정했다. 현대의 카자흐스탄에서 성자는 평범한 신자와 하느님 사이의 중개자로 인식되는데 공동체적 삶의 전통적 방식의 수호자로서 행위 한다. 이러한 성자들의 무덤은 신성한 순례지, 즉 성시로 되어 카지흐 공동체의 무슬림 정체성을 지속적으로 형성하고 규정하고 있다. 공동체의 정체성은 반대로 축일의 집단적 기념, 생애주기 의례(출생, 할례, 결혼, 장례)의 실행 그리고 조상 숭배를 통해 형성되어진다. 이런 식으로 공동체의 가치와 전통, 사회적 도덕과 윤리는 나름의 방식으로 무슬림적으로 된다. 이슬람의 토착화와 지역 관습과 전통의 이슬람화라는 상호적 과정은 카자흐 공동체와 카자흐 개인들이 자신을 '자연스럽게' 무슬림으로 간주하게 만들었다. 이에 대해서는 할리드(A. Khalid, 2007: 22, 33) 참조.

도를 의미한다고 인식한다. 또한 그들은 종교적 삶의 방식을 지닌 사람들에 대해 관용적이고 중립적-무관심한 태도를 지닌다. 이처럼 종교적 최소주의와 이슬람의 내면화 등의 경향들과 직간접적으로 연관되어 있는 청년 무슬림들의 종교 의식의 피상성은 종교적 인식의 빈약화로 귀결될 수 있고 결과적으로 종교적 자의식이 유사종교와 사이비종교 혹은 급진적이고 과격한 이슬람주의 운동으로 선회할 수 있다는 점에서 적지 않게 문제적이다.

넷째, 청년 무슬림들의 신앙생활에서는 독특한 혼합주의(синкретизм)를 발견할 수 있다. 그것은 정통 이슬람과 토착 신앙의 결합이었던 과거의 혼합주의와는 달리 이슬람과 외래 사상(현대적 사고)의 상호적 경쟁과 융합이다. 새로운 혼합주의는 일상생활 속에서 종교적 요소와 세속적 요소의 공존과 혼합이라는 차원에서 생활이슬람에 고유한 역동성의 표현으로 이해되며, 그런 의미에서 일부에서는 카자흐스탄의 '창조적 청년(молодежный креатив)'이 지니는 덕목으로 상찬되기도 한다. 실상 급격한 체제 전환과 글로벌 시대의 도래라는 거역할 수 없는 시대의 흐름 앞에서 카자흐스탄의 이슬람은 변화하는 환경에 대한 올곧은 응전이라는 새롭고 중차대한 역사적 과제를 부여받고 있다. 바야흐로 카자흐스탄의 이슬람이 당면한 과제는 과거의 정신문화적 가치의 복원과 계승이라는 '전통주의(традиционализм)'뿐만 아니라 정치-경제적, 사회-문화적 개혁의 토대를 이루는 종교적 혁신, 요컨대 이슬람의 철저한 쇄신으로서 일종의 '현대화(модернизация)'와 밀접하게 관련된다. 나아가 이슬람의 당면 과제는 오늘날 카자흐스탄의 모든 사회 영역에서 분출되고 있는 '전통적인 것'과 '현대적인 것'의 균형 있는 조화와 결합의 요청에 다름 아니다. 그러나 "정직과 청렴, 마음의 정화 그리고 연장자에 대한 존경에 관한 이슬람의 가르침은 물론 의문의 여지가 없다. 하지만 나는 아직 젊고 자신의 삶을 즐겨야 하며 따라서 아직은 이슬람의 율법에 따라 살아갈 수는 없다!"라는 카자흐스탄 한 대학원생의 고백[26]처

---

26   할리드(A. Khalid, 2007: 11)에서 재인용.

림 오늘날 청년 무슬림들의 일상적 삶 속에서 '전통적인 것'과 '현대적인 것'의 창조적 융합이라는 혼합주의는 결코 간단치 않은 문제임에 틀림이 없다.

다섯째, 청년 무슬림들의 종교 의식 속에서 작동하는 '신앙의 민족화 혹은 민족의 신앙화' 현상이다. 이것은 민족적 정체성과 종교적 정체성의 상호 관계의 문제로서 종교적·민족적 귀속성의 접합 혹은 신앙과 민족의 상호결정성이라는 관념과 긴밀히 관련된다. 카자흐스탄에서 이슬람의 규정적 특질 중의 하나는 이슬람의 이론과 실천보다는 민족적 정체성과 문화적 전통과 자주 연관된다는 것이다. 카자흐인들에게 민족적 정체성은 무슬림 정체성이다. "카자흐인이라는 것은 무슬림이라는 것이다." 무슬림이라는 것은 무슬림이라고 인식하는 공동체에 속한다는 것을 의미한다. 역설적이게도 소비에트 시대의 민족 정책은 이러한 종교적·민족적 자기 인식을 강화했다. 소비에트 후기에 무슬림 정체성은 카자흐 민족성의 고유한 일부로 이해되고 권장되었으며, 이러한 일치는 포스트-소비에트 시기에도 일정하게 유지되고 있다. 카자흐스탄 대중들의 의식 속에는 민족성과 종교성이 혼용되어 하나의 동일한 현상으로 나타나는 것이다.[27] 앞서 지적했듯이 대부분의 카자흐인들은 성서적 지식과 5주의 실행을 무슬림 정체성의 배타적 표지로 인식하지 않는다. 대신에 무슬림으로 태어나거나 이슬람이 삶의 중심 요소를 구성하는 공동체의 후손이라는 점이 카자흐인들의 무슬림성의 보다 적합한 지표로 간주된다.[28] 하지만 오늘날 청년 세대에서는 점

---

27 상당수의 카자흐인들은 카자흐인은 반드시 무슬림이어야 한다는 신념을 지니고 있으며, 자신의 종교를 바꾸는 것(개종)을 자기 민족과 그것의 정신적 가치와 신성한 것에 대한 배반으로 간주한다. 요컨대 카자흐스탄에서 이슬람은 변형된 형태의 단일신교(генотеизм)로 이해되기도 한다.

28 실상 카자흐스탄에서는 소위 '전통 종교'로서의 공식적 법적 지위를 지닌 이슬람과 러시아 정교는 여타의 비(非)전통적 종교에 대해 여러 측면에서 배타적 특권을 누리고 있으며, 특히 무슬림종무원이 대표하는 공식이슬람은 민족 종교적 성격마저 지닌다. 하지만 이러한 명목민족을 중심으로 한 국가의 종교적 단일성이라는 현상—이슬람의 카자흐스탄화(казахстанизация ислама)로 칭할 수 있는—은 다민족, 다종교 국가인 카자흐스탄의 중립, 관용, 평등의

차적으로 이러한 종교적 정체성과 민족적 정체성의 일치 현상이 완화되고 있으며, 오히려 국가적 정체성이 강화되고 있다(Ro'i et al., 2009: 306). 예컨대 "당신은 누구인가?"라는 질문에 대한 청년들의 대답은 카자흐스탄의 시민(72.1%), 특정 종교인(10.5%), 특정 민족인(10.2%), 대답하기 곤란함(7.2%) 등의 비율로 나타났다(Kabidenova et al., 2016: 4). 이처럼 청년들은 종교적, 민족적 정체성에 비해 시민적 정체성을 보다 분명하게 드러내고 있으며, 이런 맥락에서 다민족, 다종교 국가인 카자흐스탄 정부가 주도하는 새로운 국가 정체성의 창조와 확산을 위한 노력이 일정한 성과를 거두고 있다고 말할 수 있다.

여섯째, 청년 무슬림들 사이에 종교적 극단주의와 테러리즘에 대한 관심이 일정하게 존재한다. 이러한 관심은 청년 세대가 겪고 있는 소외성과 주변성을 반영하는 것으로 사회적 비판과 저항의 형식 혹은 복잡한 현실의 위기 상황에 대한 반응의 일환으로 간주할 수도 있다. 카자흐스탄에서는 이슬람주의 세력의 이념과 조직의 실체에 대한 정보가 충분하게 대중적으로 공유되지 않으며, 따라서 또 다른 사회적, 종교적 갈등의 요인으로 작용할 여지가 있다.[29] 여론 조사에 따르면 청년들의 과반수 이상(53.1%)은 이슬람주의 세력에 대한 국가 당국의 조치가 불충분한 것으로 인식하며, 40% 이상의 청년들은 시리아의 이슬람 국가(IS)에서 활동하는 카자흐스탄 출신의 자원병에 대해 들어본 적이 있다고 대답하였다.[30] 이런 상황 속에서 특히 정부는 청년 무슬림들에 대한 급진적이고

원칙에 부합하지 않으며, 이로부터 생겨나는 특정 종교의 타종교에 대한 폐쇄성, 배타성은 자기 고립은 물론이고 사회적 갈등을 낳아 궁극적으로 정치적 혼란을 초래할 수 있다.

29 실상 카자흐스탄에서 급진적이고 과격한 이슬람 운동은 상대적으로 미약하며, 카자흐스탄 당국도 토착적 테러리스트와 종교적 극단주의자의 존재를 부정하고 있다. 하지만 최근에 카자흐스탄의 집권세력은 이슬람을 세속화하기로 결정하고 이른바 '안보화' 전략을 통해 이슬람의 위협에 대해 지나치게 과장하고 거칠게 대응하여 오히려 이슬람의 급진화를 부추기고 있다는 평가를 받기도 한다.

30 이슬람 국가와 같은 급진주의 이슬람 세력에 대한 청년들의 인식은 이들을 급진적·원리주의적 이슬람 조직과 범죄·강도 집단으로 바라보는 비판적 입장(32.6%), 이들을 직업,

과격한 이슬람 세력의 부정적 영향에 대해 주목하고 있는데, 그것의 주요한 원천으로 대중매체와 종교 단체(조직)를 지목한다. 예컨대 보안당국의 집계에 따르면 2017년 1분기에만 카자흐스탄의 인터넷에서는 테러리즘과 급진주의 이념을 설파하는 10만 개 이상의 자료가 발견되어 삭제조치 되었고, 2016년의 경우 6개월 동안 유사한 내용과 관련되는 315개의 위법 행위가 적발되었으며, 12개의 급진적 행위가 사전에 적발되었다고 한다. 또한 종교적 극단주의와 테러리즘을 방지하기 위한 당국의 조치를 통해 2013~2017년 동안 전체 인구의 90%에 대한 보안 점검이 이뤄졌다. 이 과정에서 70여 명 살라피 지도자와 활동가들이 국가에 대한 충성을 맹세했고, 123명이 위법 행위로 체포되었다고 한다.[31] 한편 상대적으로 온건한 법적 토대로 인해 카자흐스탄에는 다양한 비(非)정통적·비(非)전통적 유사·사이비종교 조직(단체)들이 난립하고 있는데 비공식적 자료에 따르면 50만 명 이상의 카자흐스탄인들이 해당 종파들에 속해있고, 그들 가운데 80%가 청년들인 것으로 파악되고 있다.

III. 맺음말: 카자흐스탄 청년 무슬림의 종교 활동의 전망(과제)

이상에서 살펴보았듯이, 현대 카자흐스탄의 이슬람 사회가 지닌 변별적 특징

금전, 전망이 부재하여 범죄 집단의 영향을 받은 평범한 사람들로 간주하는 동정적 입장 (39.3%), 대답하기 어렵다는 입장(24.3%) 그리고 이들을 이슬람의 방어를 위해 싸우는 진정한 무슬림으로 생각하는 옹호적 입장(3.8%)등과 같이 크게 4부류로 나눠진다. 다소 역설적이지만 이러한 견해의 차이에서도 카자흐스탄 청년들의 이슬람에 대한 인식의 피상성 혹은 빈약성을 엿볼 수 있다.

31 이에 대해서는 http://www.islamsng.com/kaz/interviews/12380 참조.

중의 하나는 청년 세대에서 이슬람에 대한 관심과 요구가 점증하고 있다는 점이다. 또한 그러한 추세는 무엇보다도 청년 세대에서 이슬람을 신봉하는 무슬림들의 양적 팽창이 괄목할만하다는 사실에서 뚜렷이 확인된다.

청년 세대의 이슬람을 비롯한 종교에 대한 관심과 요구의 증대는 다양한 차원에서 작동하는 주·객관적 요인들이 복합적으로 상호작용하여 생겨났다. 요컨대 카자흐스탄을 비롯하며 중앙아시아 전역에서 펼쳐졌던 이른바 이슬람 부흥의 내외적 계기들과 전제들이 역사적 맥락으로 적지 않게 기여하고 있다면, 카자흐스탄 청년들에게 고유한 세대적 속성과 당대적 갈망이 구체적 동인으로 상당하게 작동하고 있다.

아울러 현대 카자흐스탄의 청년 무슬림들이 간직한 종교 의식 속에는 주목할 만한 경향적 특징들이 감지된다. 예컨대 종교적 최소주의(소극적 종교성), 이슬람의 내면화(개인화), 종교 의식의 피상성, 독특한 혼합주의, 신앙과 민족의 상호결정성 그리고 종교적 급진주의와 테러리즘의 영향 등이 대표적이다. 앞서 언급했듯이 실상 이러한 경향적 특징들은 카자흐스탄 이슬람의 지난한 역사 속에서 형성된 고유한 종교적 문화유산과 체제 전환기에 인생의 과도기를 살아가는 청년 무슬림들의 독특한 세대적 속성들이 상호 작용한 결과물에 다름 아니다.

그럼에도 불구하고 현대 카자흐스탄에서 이슬람이 지닌 역사적 소명과 권위적 위상을 염두에 두고 동시에 무슬림 사회에서 청년 세대가 지닌 실질적 비중과 잠재적 가능성을 고려할 때, 청년 무슬림들의 종교 의식과 활동 속에서 드러나는 경향적 특징들은 카자흐스탄 이슬람이 시급하게 해결해야할 중요한 당대적 과제들이라 할 수 있다. 아울러 그것들은 카자흐스탄의 무슬림 사회에서 점차 분출되고 있는 이슬람의 총체적 혁신 혹은 현대화에 대한 염원과 직간접적으로 맞닿아 있다.

독립 이후 이슬람의 부흥의 물결은 물론이고 이슬람에 대한 청년 세대의 관심과 요구의 증대가 무엇보다도 카자흐스탄이 직면한 정치, 경제, 사회, 문화 등 국가의 거의 전 영역에 걸친 위기에 대한 대응의 일환이었다는 점을 감안할 때, 이슬람의 혁신은 국가 사회의 총체적 개혁과 맞물려 진행되어야 하며, 무엇보다도 무슬림 개인뿐만 아니라 사회 전체에 유망한 전통의 유산과 현대의 요망에 동시에 부응해야 한다. 이런 의미에서 독립 이후 카자흐스탄의 역사적 경험은 이슬람의 현대화가 우선 새로운 기초 위에서 전통의 혁신적 부활, 즉 고루한 도그마의 거부와 합리적 핵심의 보존 속에서 종교적 토대(교리와 계율, 의례와 관행)와 지향의 변화를 통한 종교적 지성의 고양을 모색할 것을 요청한다.

청년 무슬림들의 종교 의식의 소극성과 피상성에서 유추되듯이 역사 속에서 이슬람의 세속화는 의식과 관례의 형식주의적 고수와 도덕적·정신적 가치와 규범에 대한 무관심과 몰이해를 낳았다. 실상 이슬람 세계에서 종교적 사고는 끊임없이 발전하고 심화되었지만, 불행히도 카자흐스탄에서 이러한 과정은 러시아의 식민지배로 인해 외부의 이슬람 세계로부터 고립되고 자디드운동과 같은 내부적 혁신 노력도 억압되었기에 순조롭게 진행되지 못했다. 고립과 억압 속에서 카자흐스탄의 이슬람은 이른바 근대화로부터 뒤처졌던 것이며, 따라서 무슬림 대중의 종교적 사고는 많은 경우 초보적이고 제한적으로 남겨졌다. 이것이 오늘날 이슬람이 본래의 건설적이고 창조적인 역할을 수행하지 못하는 주요 원인 중의 하나라고 할 수 있다. 종교적 인식이 시대에 뒤떨어져 있는 한 통합적 잠재력을 지닌 종교도 사회의 분열적 요소로 전락할 수 있다. 화석화된 종교적 사고는 종교적 극단주의와 타문화에 대한 편협 그리고 사회적 불안의 야기로 쉽사리 이어지는 것이다.

이런 맥락에서 이슬람 부흥 운동이 낳은 외적 성장에 걸맞은 이슬람의 내적 혁신에 대한 촉구는 이론적으로나 실천적으로 정당하다. 그것은 종교의 의미에 대한 재인식과 위상의 규정, 종교의 현대적 기능에 대한 이해, 국가와 종교의 호혜적 관계의 정립, 이슬람 교리와 경전의 현대적 해석과 이슬람법(샤리아)의 현대화, 토착(유목) 문화와 이슬람 문화 그리고 현대 문화의 상생과 발전의 추구 등을 포함하는 종교 문화의 점진적이고 전면적인 개혁이다. 특히 청년 무슬림들의 종교 의식의 고양을 위해 이슬람에 대한 폭넓은 학습과 깊은 이해를 제공할 수 있는 종교 교육의 개선과 합리화가 필수불가결하다. 이와 함께 종교적 최대주의를 지향할 필요는 없지만 이슬람의 의식과 관례에 대한 형식주의적 고수에서도 탈피해야 한다. 이러한 내적 혁신을 통해 진실한 무슬림성을 획득할 때 카자흐스탄의 이슬람은 순응주의와 신비주의라는 해묵은 비판으로부터도, 급진주의와 테러리즘의 일시적 선동으로부터도 자유로운 실질적이고 유망한 대안 세력으로 거듭나게 될 것이다(오원교, 2017: 234).

이슬람의 현대화는 다민족 다종교 국가라는 카자흐스탄의 정체를 전제하고 타 종교에 대한 배타적 차별과 최종적 진리로서 억압적 대립을 지양해야 한다. 이슬람을 비롯한 모든 종교의 권리와 자유를 보호하고 제반 활동에 평등한 조건을 부여하며 분리정책을 통한 특정 종교에 대한 배타적 지원이나 차별을 배제한다는 헌법적 규정을 무엇보다도 국가의 정책적 차원에서 공정하게 실현해야 한다. 말하자면 다른 종교 기관이나 단체의 내부 문제에 대한 불간섭 혹은 세계관적 중립, 다른 종교적 신념에 대한 존중이나 관용 그리고 모든 종교에 대한 법적 평등 혹은 균형 등의 원칙들을 상호 준수하면서 국가와 민간 차원에서 화해와 협력을 위한 조치들을 함께 실행하여 건설적이고 우호적인 관계들을 정립해야 한다.[32] 그럼에도 불구하고 토착/외래, 전통주의/원리주의, 공식/비공식, 온건/급진, 좋음/나쁨 등의 상투적 이분법에 입각한 이슬람에 대한 국가의 포용과 배제라는 분할통치 방식, 특히 카자흐스탄 당국의 핵심적 정책인 '이슬람의 안보화'는 합리적 논리는 물론이고 객관적 토대마저 의심스럽기에 철저한 반성적 성찰이 요구된다.

앞서 언급했듯이 카자흐스탄에서 이교적 형식을 지닌 이슬람의 지배는 지

---

32 이런 의미에서 최근 카자흐스탄의 정부 대표자들과 이슬람 지도자들이 중심이 되어 종교 간의 화해와 민족 간의 협력을 위한 자발적 노력들을 경주하고 있다는 점은 고무적이다. 종교 간의 화해와 협력, 상생과 발전을 위한 대표적 노력으로는 〈세계·전통종교지도자총회〉(2003년부터 3년마다 개최, 2018년에 10월 6차 총회)의 주관, 〈이슬람협력기구(ОИС)〉에 참여 등이 있다.

역적 전통들의 장기간의 불균등한 이슬람화 과정과 경전적 이슬람의 토착화의 결과이다. 역사적 요인들로 인해 이슬람은 카자흐인들의 전통적 삶의 과정과 그런 전통이 지배하는 공동체와 연관되어 있다. 요컨대 독창적인 유목 문화 전통—특히 샤리아(shariat)가 아니라 아다트(adat)—에 기반한 이른바 '이슬람의 지역적 맥락화(토착화)' 현상이 두드러진다. 하지만 최근에는 이른바 이슬람의 안보화'[33] 현상이 거세지고 있는바, 이러한 과정은 이슬람과 안보에 대한 공식적 담론의 부상과 카자흐스탄에 대한 위협으로서 이슬람의 담론적 틀짓기와 관련된다. 카자흐스탄에서는 온건하고 대체적으로 비정치적인 이슬람의 발현에도 불구하고 최근 국가의 공식 담론은 몇몇 이슬람 단체를 국가의 안정과 안보를 위협하는 것으로 간주하고 있다. 정부 당국에 의해 이러한 단체들은 분명하게 규정되지는 않았지만, 일반적으로 무슬림종무원에 의해 인정되지 않은 종교 집단들의 관행들과 관계된다. 실상 카자흐스탄에서 일종의 중요한 정치적 행위(프레이밍)로서 이슬람의 안보화는 세기 전환기에 시작되었다. 국가 지도부, 안보 전문가 그리고 주요한 종교 단체의 대표들이 이슬람의 위협에 관한 수사를 퍼트리기 시작하였다. 1990년대 카자흐스탄 정부는 이슬람의 위협으로부터 국가의 안전을 확신하면서 종교적 급진화의 토대가 빈약하다고 공언하였지만 2000년대에 들어 이러한 국가 담론은 확연하게 변화했다. 카자흐 정부는 급진적 이슬람을 국가에 대한 실제적 위협으로 선언하였고 급성장하는 종교 영역에 대해 점차 불안을 드러내었다. 다양한 인권, 선교 단체들이 위장한 급진 이슬람 단체들로 의심을 받았고, 카자흐스탄에도 정치적으로 동기화된 종교적 폭력을 초래

---

33 안보를 연구하는 코펜하겐 학파에서 유래한 '안보화' 개념은 정치적 공동체 내부에서 어떤 실존적 위협을 다루기 위해 간주관적 이해가 구성되는 담론적 과정을 의미한다. 달리 표현하면 안보와 불안은 객관적 사실이라기보다는 써지고 말해져서 생겨나는 사회적 구성물이다. 안보화의 성패는 항상 맥락에 달려있는데, 그것을 불러일으키는 정치적, 사회적, 역사적 상황의 전체 혹은 부분에 따라 성패가 결정된다. 더불어 그것은 대중의 심리-문화적 기질과 공명한다.

할 수 있는 어떤 조건들과 요소들이 존재한다는 시각들이 등장했다.

카자흐스탄 대통령 나자르바예프는 중앙아시아의 국가 정상들과 만남에서 종교적 극단주의와 광신주의에 반대한다는 견해를 반복해서 표명했다. 예컨대 2005년 대국민연설에서 나자르바예프는 테러리즘, 정치적 불안 그리고 종교적 극단주의를 21세기의 가장 중대한 위협이자 국가의 경제적, 사회적, 정치적 현대화에 대한 심각한 장애물로 규정하였다. 이에 상응하여 국가보안위원회(KNB)와 군당국은 종교적 극단주의와 테러리즘을 카자흐스탄의 실제적이고 중대한 위협으로 제시하였다.[34]

한편으로 안보화의 담론은 지역 이슬람과 외래 이슬람에 대한 대중의 경험과 종교에 대한 일반적 지식에 상응하며, 다른 한편으로 이슬람에 대한 이원론적 해석들은 특히 러시아인들에 대립하는 카자흐인들의 민족적, 지역적 정체성을 주장하고 조정하기에 그러한 해석들에는 일정한 편리함이 존재한다. 또한 종교와 민족(인종) 사이의 밀접한 연관 때문에 정부 당국과 일반 대중은 전통적 이슬람을 보다 커다란 민족 이념의 일부로서 열정적으로 포괄한다. 바로 지역적, 문화적 혹은 전통적 이슬람은 카자흐 민족을 단단하게 결합시키는 매개가 되는 것이다. 따라서 카자흐인들에게 낯선 비전통적 형식의 이슬람에 대한 안보화는 카자흐 민족의 통일성을 강화하는데 일정하게 기여하고 있다.

또한 카자흐스탄에서 이슬람의 안보화는 국제적 맥락에서 생겨났는데, 9·11테러 이후 이른바 테러와 전쟁의 맥락에서 국제 사회와 상황도 이슬람과 관련하여 안보를 호소하는데 일조했다. 하지만 이러한 과도한 불안을 조장하는 객관적인 토대는 실질적으로 거의 없다. 카자흐스탄은 이슬람 전사들의 표적이 되지 않았으며, 테러리즘으로 규정될 수 있는 어떠한 활동도 관측되고 있지 않

---

34 카자흐스탄에서는 종교에 대한 집단적, 개인적 이해와 소비에트 시대의 이슬람 정책 그리고 독립 이후의 종교적 르네상스를 포함하여 이슬람에 대한 역사적, 이념적, 사회·정치적 맥락은 이슬람의 안보화에 일정하게 부합해왔다.

다. 국가의 공식보고서도 카자흐스탄에서는 어떠한 테러 공격도 성공한 적이 없다고 적시하고 있다. 카자흐스탄에서 고유한 역사적, 사회문화적 토대 덕분에 급진적 이슬람은 대다수의 카자흐 무슬림들에게 낯설고 심지어 적대적으로 느껴진다. 말하자면 카자흐스탄은 온건하고 전통적인 이슬람의 근거지(보루)인 것이다.

이런 상황 속에서 실상 카자흐스탄 정부는 민족 이념으로서 이슬람의 지원과 세속국가로서 위상의 설정 사이에서 일정하게 타협을 해야 하는 딜레마에 부딪혔다. 또한 종교적 다원주의와 종교적 차별 사이의 진퇴양난에 빠지기도 했다. 이러한 문제들을 해결하는 적절한 수단이 바로 이슬람의 안보화 정책이었다. 국가가 전유한 전통적 이슬람은 현대 국가로서의 위상을 침해하지 않았는데, 카자흐스탄의 이슬람은 항상 민족 정체성과 문화적 전통의 구성 요소이기 때문이다. 이슬람의 이원론적 구별과 전통적 이슬람의 선택은 정치 엘리트들에게 무슬림 대중으로부터 일정한 신뢰를 얻게 했다. 이슬람의 안보화는 공식적이고 전통적인 이슬람의 의미와 가치를 구성하는 과정에 국가의 개입을 가능하게 하였고, 그것은 비전통적 외래 이슬람의 확산에 대한 정부의 통제를 정당화하는데 역시 활용되고 있다.[35]

하지만 이슬람의 안보화 전략이 구사하는 과장된 논리와 지나친 대응은 특히 이슬람의 급진화를 초래하고 청년 무슬림들의 극단주의와 테러리즘에 대한 관심을 추동하고 있다. 이런 맥락에서 민족적, 문화적 정체성의 형성에서 이슬람의 역사적 역할과 잠재성에 대한 재인식에 기초하여 카자흐스탄 국가 당국의 정책적 변화와 실천적 노력이 한층 폭넓고 심도 있게 경주되어야 한다.[36]

---

35 종교적 다원주의에 입각한 다소 온건한 입장에서 이슬람국가로 상징되는 급진적 이슬람 세력에 대한 매우 억압적인 노선으로 선회하는 나자르바예프 정부의 이슬람 정책의 변화 동인들에 대해서는 이선우(2018) 참조.

36 예를 들어 〈종교시민사회부〉를 중심으로 카자흐스탄 국가 당국은 국가 발전을 위한 미래 세대의 육성이라는 차원에서 건전한 세속주의(секуляризм)와 건설적 청년 정책을 실행하

주지하다시피 독립 이후 다양한 종교 집단의 출현은 정부 당국은 물론이고 카자흐스탄무슬림종무원을 불안하게 만들었고 종교 영역의 통제 불능에 대한 우려를 자아냈다. 이에 따라 무슬림종무원은 이슬람을 안보화하고 종교 관련 법규와 규정을 강화하려는 정부의 종교 정책에 부응해왔다. 실제로 카자흐스탄무슬림종무원은 위협 세력으로 간주되는 다양한 형태의 대안적 이슬람 운동들—이른바 '비전통적 조류와 파괴적 종교 집단'으로 칭해지는—로부터 도전을 받고 있다. 무슬림종무원은 기본적으로 카자흐스탄의 현대적 이슬람의 흐름에 역행하는 신앙에 관한 보수적이고 가부장적인 입장을 고수하고 있다. 요컨대 무슬림종무원은 이슬람의 내외적 혁신 혹은 현대화에 대한 일반 무슬림 대중의 요구와 갈망에 부합하기 보다는 오히려 훨씬 개방적이고 대안적인 방식으로 신앙생활을 추구하는 무슬림 대중, 특히 청년 무슬림들에게 견제와 감시의 눈초리를 보내고 있는 실정이다.

이처럼 중앙아시아의 여타 국가들에서와 마찬가지로 카자흐스탄에서 이른바 공식이슬람의 대표 기관인 무슬림종무원은 무슬림 대중의 이해와 요구의 진정한 대변자라기보다는 국가로부터 조종되는 지배 이데올로기의 선전 도구이자 반체제 세력을 탄압하는 통제 기구로서 예속적 지위에 여전히 머물러 있다.[37] 이러한 문제적 상황은 러시아의 식민 지배가 낳은 부정적 유산과 현재의

고 있는데, 그것의 법적 토대로서 「종교 활동과 종교 단체에 관한 법」과 「국가 청년 정책 관한 법」을 제정하고 대통령 산하 〈청년정책위원회〉 설치하기도 하였다.

[37] 지배정권과 무슬림 대중 사이에서 카자흐스탄무슬림종무원의 애매모호한 입장은 이슬람에서 여성들이 종교적 정체성을 표현하는 중요한 매개물 중의 하나인 히잡을 둘러싼 최근 논란에서도 거듭 확인할 수 있다. 무슬림종무원은 이른바 '공립학교에서 히잡 착용 금지'라는 쟁점에 대해 처음에는 침묵하거나 불분명한 태도를 보였으나, 2016년 정부 관계부처들의 합의로 중등학교에서 교복 규정이 강화되면서 종교적 상징의 착용이나 부착이 금지되고 이에 따라 여학생들의 히잡 착용이 사실상 금지되자 이를 수용하는 입장을 취하게 된다. 이를테면 2018년 9월 히잡 착용 금지에 항의하는 일부 학부모들이 자녀들을 학교에 보내지 않는 사태가 발생한 악토베 시를 방문한 무슬림종무원장이자 최고 무프티인 세리크바이

권위주의 정권의 통치 전략에서 비롯되었기에 결코 간단히 해결될 수는 없다. 하지만 카자흐스탄 무슬림 공동체의 올바른 미래 모색을 위한 낡은 과거의 청산과 모순적 현재의 지양이라는 관점에서 우선적으로 공식(좋은) 이슬람과 비공식(나쁜) 이슬람)이라는 고루한 이원론을 무슬림종무원이 앞장서서 극복해야 한다. 이를 위해서는 카자흐스탄의 이슬람 지도자들이 협소한 공식의 경계를 넘어 광활한 비공식 영역에 방치되어 있는 무슬림 대중과 대화적으로 소통하고 그들의 관심과 이해에 복무하며 진정한 이슬람의 갱생을 위해 최대한의 노력을 기울여야 할 것이다.

앞서 강조했듯이 카자흐스탄의 청년 무슬림들의 종교 의식과 종교 활동 속에서 드러나는 다양하고 복합적 문제들을 발전적으로 지양하기 위해서는 무엇보다도 국가 당국, 무슬림종무원 그리고 청년 무슬림들이 함께 참여하는 역사적 과거에 대한 진지한 성찰에 기초한 이슬람 공동체의 총체적 혁신이 요청된다.

덧붙여 말하자면 카자흐스탄 이슬람의 총체적 혁신은 근본적으로 종교적 다원주의와 합리적 현실주의에 근거해야 한다. 무슬림들은 이슬람이라는 신앙 공동체의 구성원일 뿐만 아니라 카자흐스탄이라는 한 국가의 시민이다. 그리고 바로 무슬림들의 종교성의 고양은 사회 전체의 융성을 위한 필수적인 조건이다. 이런 의미에서 이슬람의 현대화를 통한 카자흐스탄을 이끌어갈 미래의 주역으로서 청년 세대들의 정신성과 도덕성 함양을 위한 교육의 실행은 가장 핵심적

카지 오리즈(Серикбай кажы Ораз)는 "아이들의 미래에 해를 끼치지 않는 공동의 해결을 위해 교사들과 학부모들은 타협해야 한다"라고 언급하면서 동시에 "종교적 토대를 파괴해서는 안된다"라고 덧붙였다. 또한 이 문제와 관련하여 교육과학부장관 에를란 사가디예프(Ерлан Сагадиев)는 국가 전역에서 교복의 단일한 표준의 준수를 강조하였고, 이에 부응하여 무슬림종무원은 성인이 되기 전까지 소녀들의 히잡 착용 금지를 공표하였다. 이에 대해서는 http://kazislam.kz의 관련 페이지("Верховный муфтий РК обратился к родителям девочек, которые носят хиджаб.") 참조.

과제이다. 주지하다시피 객관적이고 정확한 정보에 기초한 올바른 종교 인식은 청년 세대의 종교성의 성장을 촉진하는 기본 토대이다. 이런 차원에서 대중매체, 학교, 가정 등에서 올바른 종교 교육은 더욱 중요해진다. 특히 청년 세대에 대한 TV 및 인터넷을 비롯한 대중매체의 영향력을 감안할 때 사이버 공간에서 종교에 관한 객관적이고 정확한 정보를 제공할 수 있는 환경의 조성이 시급하다. 또한 학교를 비롯한 인문·사회 영역에서 올바른 종교 교육의 실현은 사회적 안정과 유대를 강화하고 극단주의와 테러리즘을 방지하는데 중요한 역할을 한다.[38] 아울러 문화적, 규범적 통합의 맥락에서 청년 세대의 사회화를 위한 중요한 매개인 종교 교육 속에서 길러져야하는 자질은 원리주의자들이 주장하는 급진적이고 과격한 교조들이 아니라 이슬람이 간직하고 있는 인본주의적이고 도덕적인 가치들―자유, 정의, 평등, 평화, 연대, 관용, 나눔, 조화 등―이다.

궁극적으로 여타 종교들과 마찬가지로 카자흐스탄의 이슬람은 현대화를 통해 개인들의 삶에서 정신적·도덕적 지주로서 본래의 위상을 재정립해야 한다. 동시에 그것은 사회적 삶에서 화합과 상생을 위한 종교적·문화적 토대로서 '따로 또 같이(единство в многообразии)'라는 시대적 사명을 실현해야 한다.

---

38 이런 맥락에서 교육기관에서는 이슬람을 비롯한 종교 교육이 점차 현실화되고 있다. 예를 들어 초등에서 고등에 이르기까지 종교 교육을 강화하고 있는바, 2009년부터 9학년에 『종교학 기초』(후에 『세속성과 종교학의 기초』로 명칭 변경), 고등교육과정에 『종교학』이 정식 교과목으로 도입되었고, 종교에 관한 일반 대중 강좌에도 관심을 기울이고 있다. 한편 〈종교시민사회부〉 주관으로 문화-계몽을 위한 인터넷 홈페이지 〈E-islam〉 구축, 종교정보상담센터 〈Горячий линии - 114〉 개소, 지역의 종교담당기관에 종교문제연구센터 개설, 인터넷을 통한 급진주의 이념에 대한 반(反)선전 활동, 종교적 급진주의와 테러리즘의 예방을 위한 지역행정기관의 활동에 대한 총체적 보장 등의 사업도 전개되고 있다.

참고문헌

김태연. 2017. "포스트소비에트 카자흐스탄과 키르기스스탄 급진 이슬람 운동의 동원 잠재력 비교연구." 『러시아연구』 27(2), 37-77.

오원교. 2008. "중앙아시아 이슬람 부흥의 양상과 전망." 『러시아연구』 18(2), 347-381.

오원교. 2010. "중앙아시아의 민족적, 지역적 소통과 상생의 토대로서 '생활 이슬람'." 『아시아연구』 13(3), 139-173.

오원교. 2017. "현대 우즈베키스탄의 생활이슬람의 양상과 전망." 『러시아연구』 27(1), 195-242.

이선우. 2018. "카자흐스탄 나자르바예프 정부의 이슬람정책 변화와 그 정치적 요인들: 선거권위주의 체제로의 진화와 지구적 '테러와의 전쟁'을 중심으로." 『슬라브研究』 34(1), 82-113.

Джумабекова К.Г.,Тулемисова С.Б., Игибаева А.Г., 2016. Сборник методических рекомендаций по осуществлению инновационной деятельности в воспитательном процессе учреждений образования. Көкшетау. http://sc0015.esil.akmoedu.kz/documents/view/cd899f3af7125d073747256fec3c5b26.html(검색일: 2018. 08. 15).

Каиржанова, Г. Д. "Религия и молодежь (по результатам социологических исследований 2014 года." http://kazislam.kz(검색일: 2018. 08. 15).

Кузнецова, С. 1995. "Соотношение мусульманской религии и национализма в государствах центральной азии." *Россия и Мусульманский мир*. No. 10(40). М., 40-48.

Телебаев, Г. Т. "Отношение к религии современной казахстанской молодежи: некоторые особенности." http://kazislam.kz/(검색일: 2018. 08. 15).

Junisbai, B., Junisbai, A., and Zhussupov, B. 2017. "Two Countries, Five Years: Islam in Kazakhstan and Kyrgyzstan through the Lens of Public

Opinion Surveys." *Central asian affairs* 4. 1-25.

Kabidenova, Z. D., Rysbekova, S. S., Rysbekova, G. E., and Duisenbayeva, A. 2016. "Contours of Attitude of Adolescents towards Religion and Religious Identification in Kazakhstan." *Global Media Journal*. Vol. Special Issue №. S 2(9). 1-6.

Khalid, A. 2007. *Islam after Communism: Religion and Politics in Central Asia*, Berkeley: Univ. of California Press.

Omelicheva, M. Y. 2011. "Islam in Kazakhstan: a survey of contemporary trends and sources of securitization." *Central Asian Survey* 30(2). 243-256.

Privratsky, B. G. 2001. *Muslim Turkistan: Kazak religion and Collective Memory*. London: Psychology Press.

Ro'i, Y., Wainer, A. 2009. "Muslim identity and Islamic practice in post-Soviet Central Asia." *Central Asian Survey* 28(3). 303-322.

"Верховный муфтий РК обратился к родителям девочек, которые носят хиджаб." http://kazislam.kz(검색일: 2018. 10. 15).

"Назарбаев: Нужно казахстанцам правильно разъяснять основы ислама." https://www.nur.kz/1704632-nazarbaev-nuzhno-molodezhi-pravil-no-r.html(검색일: 2018. 05. 15).

"Религиозность казахстанской молодежи находится на критически высоком уровне." https://www.caravan.kz/news/religioznost-kazakhstanskojj-molodezhi-nakhoditsya-na-kriticheski-vysokom-urovne-ehkspert-384248(검색일: 2018. 05. 15).

제7장
공립학교 히잡 착용 금지 논쟁을 통해 본 현대 카자흐스탄 이슬람*

최아영

I. 머리말

히잡(hijab)[1]은 샤리아(Shariah)가 규정하는 이슬람 여성들의 복장을 통칭한다. 좁게는 무슬림 여성들의 머리와 목을 가리는 복장이라는 의미로 통용되기도 한다. 코란 33장 59절에는 "예언자여 그대의 아내들과 딸들과 믿는 여성들에게 베일을 쓰라고 이르라. 그때는 외출할 때라. 그렇게 함이 가장 편리한 것으로 그렇

---

* 이 글은 『노어노문학』 제30권 제4호(2018)에 게재된 논문을 본서의 편집 취지에 맞도록 수정·보완한 것입니다.
[1] 히잡은 서구에서는 베일(veil)이라고 번역되기도 한다. 히잡 또는 베일은 머리를 가리는 것과 얼굴을 가리는 것, 전신을 가리는 것으로 대별해 볼 수 있고, 국가나 지역, 시대를 따라 모양이 매우 다양하다(조희선, 2009: 204-205).
이 글에서 다루고 있는 히잡은 머리와 목을 가리는 스카프 형식의 무슬림 여성 복장을 의미한다.

게 알려져 간음되지 않도록 함이라"고 기록되어 있다.[2]

이렇듯 히잡은 무슬림 여성들이 자신의 종교적 정체성을 표출하는 수단이었으나, 근대에 이르러 서구인들은 히잡을 여성 억압의 상징으로 보았다. 또한 히잡은 이슬람 원리주의의 부상과 더불어 서구사회에서 '이슬람 혐오'(Islamophobia)가 확산되는데 영향을 미치고 있다. 한편 이슬람 세계에서 히잡 착용은 샤리아가 정한 종교적 의무를 수행하는 경건한 무슬림 여성의 의무이자 여성들을 보호하는 수단으로 이해되었고, 정치적으로는 서구 문명과 식민통치 체제에 대한 저항과 반발의 기표로 작동하기도 했다. 히잡, 즉 베일쓰기를 고수함으로써 민족적 정체성을 지키는 길을 선택한 것이다(오은경, 2014: 113).

이렇듯 무슬림 여성들의 히잡 착용은 한 사회의 역사적 배경과 정치 및 사회문화적 맥락에 따라 다르게 해석되며, 히잡이 생산하는 이슈와 논쟁에서 형성되는 담론의 성격도 다르게 나타난다. 예를 들어 다수의 무슬림 이민자들이 거주하는 프랑스에서 교내 히잡 착용 금지법이 채택된 것은 프랑스의 공화주의 전통에 입각한 엄격한 정교분리 원칙의 승리이나 그 기저를 살펴보면 이 법에 프랑스인들이 무슬림 이민자들을 바라보는 시각이 내재되어있다고도 볼 수 있다.[3]

한편 터키는 1925년 탈종교정책의 일환으로 공공기관에서 히잡 착용 금지

---

[2] 이밖에도 무슬림 여성의 의복과 관련한 코란의 구절은 다음과 같다. "믿는 여성들에게 일러 가로되 그녀들의 시선을 낮추고 순결을 지키며 밖으로 나타내는 것 외에는 유혹하는 어떤 것도 보여서는 아니 되니라. 그리고 가슴을 가리는 머리 수건을 써서 남편과 그녀의 아버지, 남편의 아버지, 그녀의 아들, 남편의 아들, 그녀의 형제, 그녀 형제의 아들, 그녀 자매의 아들, 여성 무슬림, 그녀가 소유하고 있는 하녀, 성욕을 갖지 못한 하인 그리고 성에 대한 부끄러움을 알지 못하는 어린이 외에는 드러내지 않도록 하라. 또한 여성이 발걸음 소리를 내어 유혹함을 보여서는 아니 되나니 믿는 사람들이여, 모두 하나님께 회개하라. 그리하면 너희가 번성하리라"(코란 24장 31절).

[3] 프랑스 공립학교에서의 히잡 착용 금지 논쟁과 프랑스의 공화주의와 무슬림 이민자 문제를 대하는 프랑스 정부와 프랑스인들의 인식에 대해서는 다음의 논문을 참조한다(박단, 2005; 2018).

를 법제화했지만, 친이슬람 성향의 에르도안(R. T. Erdoğan)정권은 히잡 착용 금지 규정을 폐지했고, 군대, 병원, 체육계, 학교 등에서 여성들의 히잡 착용을 허용하면서 무스타파 케말 아타튀르크(Mustafa Kemal Atatürk)의 세속주의 전통을 종식시키고 있다.

한편 카자흐스탄의 초대 대통령 나자르바예프(H. A. Назарбаев)는 신생 독립국으로 국가 정체성을 세우는 과정에서 가시적으로 이슬람을 활용하는 길을 선택했다. 나자르바예프 대통령은 1994년 사우디아라비아 방문 중 메카의 이슬람 성지를 방문했다. 또한 알 파라비(Abu Nasr al-Farabi)와 같은 중앙아시아에서 추앙받는 이슬람 학자들의 초상화를 화폐 문양으로 넣기도 했다. 그러나 카자흐스탄 정부는 정교분리의 원칙을 분명히 하면서 이슬람을 비롯한 종교 정당 창설을 법으로 금지했고, 공공장소에서 무슬림의 5대 의무 중 하나인 기도하는 행위도 금지시켰다. 특히 정부가 공립학교에서 히잡을 착용하는 것을 사실상 금지하여 히잡을 쓴 여학생들을 수업에 참여시키지 않는 사건이 계속해서 발생하고 있고, 이에 대한 해당 학부모들과 학생들의 반발과 고소도 잇따르고 있다. 카자흐스탄 교육과학부는 2006년부터 사실상 히잡 착용을 불가능하게 하는 교복 착용을 의무화하고 있지만, 이를 위반하는 사례는 계속해서 발생하고 있다.

이 글은 무슬림 인구가 절대 다수이고, 이슬람을 카자흐 민족정체성 형성을 위한 중요한 축의 하나로 활용하고 있고, 중앙아시아의 다른 국가들에 비해 상대적으로 이슬람에 대해 유화적인 정책을 펼쳤던 카자흐스탄에서 교내 히잡 착용이 금지되고, 종교적 색채를 완전히 배제한 교복 착용이 의무화된 원인과 과정을 살펴보고자 한다. 또한 교내 히잡 착용 금지를 세속주의에 의거한 결정이 아닌 '소비에트식 무신론' 정권의 횡포라고 여기는 일부 카자흐 무슬림들과 정부, 그리고 카자흐스탄 무슬림 종무원(Духовное управление мусульман Казахстана: ДУМК)사이에 벌어지고 있는 히잡 금지 찬반 논쟁과 이와 관련한 담론 생산의 과정도 살펴볼 것이다. 이를 통해서 현재 카자흐스탄에서 히잡을 쓴다는 것은 어떤 의미이고, 국가에게는 이것이 어떤 현상과 의미로 해석되는지를 짚어봄으로써 카자흐스탄 이슬람의 현재적 상황과 정체성을 모색할 것이다.

이를 위해서 카자흐스탄에서 히잡 논쟁이 본격적으로 시작된 2000년대 후반부터 생산된 이 문제의 발단과 추이를 다룬 언론 보도 자료, 카자흐스탄 무슬림 종무원의 파트와(fatwa), 종교 문제를 담당하는 카자흐스탄 정부 기관이 제작한 영상 교육자료 등을 분석할 것이다.

교내 히잡 착용 금지 논쟁에 주목한 이유는 바로 이것이 카자흐스탄 국가가 이슬람의 역할에 대해 어떤 정의를 내리고 있으며 이를 범주화하는 논리를 비교적 선명하게 보여주기 때문이다. 1995년 이슬람협력기구(Organization of Islamic Cooperation: OIC)에 가입한 카자흐스탄에는 이슬람개발은행(Islamic Development Bank: IDB)이 활동하고 있고, 할랄(halal) 인증을 받은 식료품 생산 업체들의 상품들도 늘어나면서 샤리아에 기초한 이슬람 경제 활동이 중앙아시아의 타 지역보다 활발하게 이루어지고 있다.

그러나 카자흐스탄 정부는 국민들, 특히 청소년들이 일상의 공간 뿐만 아니라 공적 공간에서 히잡이나 부르카를 쓰는 등 무슬림으로서 종교적 의무를 실천하고자 하는 경우가 늘어나는 현상에 대해서는 예민한 반응을 보이고 있다. 카자흐스탄 정부는 살라피즘(Salafism)과 와하비즘(Wahhabism)을 "비전통적 이슬람"(нетрадиционный ислам)이라 하고, 이를 추종하는 것을 "종교적 문맹"(религиозная неграмотность)으로 인식하면서 전통이라는 필터에 걸러지지 않는 '다른' 이슬람에 카자흐스탄의 젊은 세대가 노출되는 것에 매우 민감한 반응을 보인다.

또한 히잡 논쟁은 카자흐스탄 국민들 사이에 존재하는 세대 간의 문제를 선명하게 보여준다. 히잡 논쟁의 단초를 제공한 사람들은 대부분 10대 여학생과 여대생 그리고 10대의 자녀를 둔 젊은 학부모들로서 대부분 독립 이후 태어나거나, 독립 시기에 사회화 과정을 거친 카자흐스탄의 독립 1세대들이다. 히잡 논쟁은 이슬람을 통해 자신들의 정체성을 찾기를 원하는 젊은 카자흐인들과 '소비에트식' 정교분리, 공식-비공식 이슬람의 구분 짓기의 원칙에 여전히 익

숙한 소비에트 세대의 충돌을 보여주며 카자흐 이슬람의 세대 단절을 선명하게 드러내고 있다.

이렇게 히잡 논쟁의 담론을 분석함으로써 아래로부터의 카자흐스탄 무슬림 정체성의 형성 과정을 추적해 볼 수 있고, 이것이 이슬람을 적극적으로 통제하려는 위로부터의 국가의 행보와 어떤 양상으로 충돌하는가를 살펴볼 수 있을 것이다. 이로써 카자흐스탄 이슬람의 현재적 정체성을 가늠할 수 있을 것이다.

II. 공립학교 히잡 착용 금지 논쟁의 전개

이 장에서는 2000년대 후반부터 카자흐스탄의 공립학교에서 발생했던 여학생들의 히잡 착용과 관련한 마찰과 논쟁의 지형과 구도를 분석하기 위해 카자흐스탄 언론에 보도된 몇 가지 사례를 살펴보고자 한다. 여학생들과 학부모 그리고 학교 사이에 벌어진 히잡 착용과 관련된 사건들은 주로 알마티, 누르술탄과 같은 대도시와 심켄트, 타라즈와 같은 남부 카자흐스탄과 악토베, 아티라우 등 서부 카자흐스탄의 학교에서 발생하고 있다. 이 도시들 중 심켄트, 타라즈 등 남부 카자흐스탄의 도시는 카자흐스탄에서 전통적으로 이슬람이 강한 지역이다. 1990년대에 카자흐스탄에서 이슬람 신학교를 통한 종교 교육은 알마티, 타라즈, 심켄트, 메르케, 루고보이에서 이루어졌는데, 상당수가 남부 카자흐스탄에 위치하고 있었다(김상철, 2017: 94).

또한 카자흐스탄 석유산업의 중심지인 서부 지역은 2016년 악토베에서 이슬람 급진주의 무장 세력이 군부대를 습격한 사건이 발생하는 등 2000년대 들어 카자흐스탄 이슬람주의자들의 출현이 목격되는 곳이기도 하다. 악타우, 아티라우를 비롯한 서부 카자흐스탄의 도시는 우즈베키스탄 등지에서 귀환 이주한 카자흐인, 즉 오랄만(оралман)이 주로 정착하는 지역 중 하나로 이들 중에는 다른 지역 카자흐인들에 비해 이슬람의 계율을 엄격하게 지키며, 살라피즘과 같은 급진 이슬람을 따르는 경우가 많기 때문이다.

한편 교내 히잡 착용과 관련한 사건들이 전통적으로 카자흐인들이 주로 거주하고 이슬람이 상대적으로 강한 남부 뿐 아니라 누르술탄, 알마티와 같은 대도시에서도 발생하고 있다는 점은 주목할 만한 사실이다. 독립 직후에는 소비에트 시기 유산에 따라 여전히 도시에는 교육받은 세속적 카자흐인들이 많이 거주하고, 농촌에는 이슬람의 종교적 의식과 관행을 보다 잘 지키는 사람들이 거주한다는 기존의 이분법적 구분이 가능했다(Shahrani, 2010: 342). 그러나 현재 카자흐스탄의 대도시에서도 히잡을 쓰고 다니는 여성들이 적지 않고, 학교 히잡 착용과 관련한 사건이 빈번하게 발생하고 있다는 사실은 상기한 기존의 지역별 이슬람 분포 구도가 점차 변화하고 있음을 보여준다.

현재 카자흐스탄에서는 이슬람의 종교적 계율을 지키는 사람의 비율은 스스로를 무슬림이라고 여기는 사람의 10% 정도로 추산되고 있다. 정부도 히잡 또는 스카프를 머리에 쓰고 등교하는 여학생의 비율이 높지 않기 때문에 이 문제가 사실상 그렇게 심각한 수준에 도달하지는 않았다고 평가하고 있다. 그러나 2000년대 후반 이후 현재까지 카자흐스탄에서 여학생들이 히잡을 쓰고 등교하면서 학교와 마찰을 빚은 사건은 끊임없이 발생하고 있고, 이를 언론이 비중 있게 보도하면서 히잡 찬반 논쟁이 계속되고 있는 것도 사실이다.

교내 히잡 금지와 관련한 논쟁이 언론의 조명을 받은 것은 2009년 무렵이었다. 2009년 9월 아티라우시 15번 학교 4학년에 재학 중이었던 한 여학생은 개학하는 날 히잡을 쓰고 등교했다는 이유로 교사에 의해 교실에 들어가는 것을 제지당했다. 이 여학생은 방학 기간에 아티라우 중앙모스크 부속 메드레세(медресе)에 다니면서 이슬람에 대해 배우고, 이슬람식 기도인 나마즈(намаз)를 시작했던 터였다. 여학생의 어머니가 딸은 자신이 원해서 자발적으로 히잡을 쓴 것이고, 학교 당국이 종교적인 가정에서 자라난 딸에게 히잡 벗기를 강요한 것은 헌법 22조가 정한 종교의 자유를 침해한 것이라며 학교 당국의 처사에 반발했다. 이에 학교 당국은 여학생의 어머니에게 교복과 관련한 학칙을 보여주었지만, 히잡의 허용 또는 금지에 대한 규정이 명시되어 있지는 않았다. 이 여학생은 전학을 종용하는 학교에 맞서 히잡을 쓰고 계속 등교했고, 이 과정에서 교사들은 끊임없이 히잡을 벗도록 요구했다. 결국 여학생은 심리 치료를 받아야 하는 상황에 이르렀다.[4]

여학생들이 히잡을 쓰고 등교를 하면서 마찰이 빚어진 사건이 언론에 조명되기 시작했던 2009년만 해도 카자흐스탄의 교육부와 법무부는 학생들의 히잡 착용에 대한 상반된 의견을 내놓아서 혼란을 가중시켰다. 당시 카자흐스탄 교육부 장관은 "학교에서는 교복을 착용하는 것이 바람직하며 특정 종교를 표출하는 복장은 금지되어 있다"고 했다. 한편 카라간다시의 한 학교 교장이 여학생으로 하여금 히잡을 벗도록 지시했을 때 당시 법무부 장관 투숩베코프(P. T. Тусупбеков)는 "카자흐스탄 법은 교육기관에서 학생들의 복장에 제한을 가하는 것을 규정하고 있지 않다"고 설명했다(Bissenova, 2016: 215). 이러한 상황에서 매년 새 학기가 시작되면 히잡을 쓰고 등교한 여학생들의 수는 꾸준히 늘어났고, 학교와 학생, 학부모간에 히잡 착용과 관련한 충돌은 끊임없이 일어났다.

2010년 심켄트의 66번 학교에 다니던 여학생들은 히잡을 썼기 때문에 대학 입학 시험을 준비하는 과정에서 불이익을 당했다고 주장했다. 이 학교의 여학생 두 명은 히잡을 쓰고 대학 입학 시험장 출입증에 사용할 사진을 찍으러 갔지만, 학교장은 히잡을 벗으라고 명령했다. 이에 여학생들은 "히잡을 입으려면 메드레세에 가서 종교 공부를 하라"는 교장의 말에 "히잡은 썼다가 아무 때나 벗을 수 있는 것이 아니다"라고 반박했다. 결국 이 여학생들은 입시에서 불이익을 당할 것을 두려워하여 교장의 명령을 따를 수밖에 없었다.[5]

---

4 "Камнем преткновения стал хиджаб четвероклассницы." http://azh.kz/ru/news/view/3385(검색일: 2018. 05. 12).

5 "Шымкентских школьниц в хиджабе не допустили к ЕНТ." http://vesti.kz/founda-

한편 학교와 해당 교육청의 히잡 착용 금지 결정에도 불구하고 자녀들이 무슬림 복장을 할 수 있는 권리를 찾기 위해 적극적으로 투쟁하는 경우도 있다. 아티라우시 2번 중학교에 다니는 5학년 여학생의 어머니 아이술루 유수포바(Айсулу Юсупова)는 "나와 내 딸은 이슬람을 따르고, 규율에 따라 내 딸은 7살 때부터 머리에 스카프를 썼다. 헌법에 따르면 딸은 학교에서 교육받을 권리와 스스로 종교를 선택할 자유가 있다"며 교사가 급우들 앞에서 딸의 히잡을 강제로 벗겨 모욕감을 주었다는 이유로 학교를 고발했고, 지역 아동 권익위원회에 딸의 권리를 지켜주도록 요청했다.[6]

학부모와 학교의 충돌로 인해 부모들이 자녀를 학교에 보내지 않는 경우가 발생하기도 했다. 히잡 착용을 허용하지 않는 학교 측의 논리는 카자흐스탄 교육법 제3조 제4항에 카자흐스탄의 교육의 원칙은 세속주의에 기초한다고 명시되어 있고, 히잡 착용은 특정 종교, 즉 이슬람을 선동하는 행위이며 이것은 세속교육체제에서 허용되지 않는다는 것이다. 이와 함께 히잡 착용이 학습 행위를 방해한다고 주장한다. 히잡을 쓴 여학생들은 수영 등 히잡을 벗어야 하는 운동을 배우는 체육시간에 수업에 참여하지 않거나 수동적으로 행동한다는 것이다.

해당 학부모들은 학교 히잡 착용 금지 문제를 지역 모스크의 이맘(Imam)에게 상담하기도 하지만, 이맘들은 많은 경우 정확한 답변을 피하고 애매한 답을 제시하고 있다. 한 예로 아티라우 중앙 모스크의 이맘은 "만일 내가 학교에서 히잡을 금지시켜야 한다고 말한다면 나는 종교 지도자로서 이슬람 율법에 어긋나는 말을 하는 것이다. 이 문제는 법무부와 교육부가 해결하는 것이 옳다. 나는 가능하면 여학생들의 히잡 문제를 거론하지 않고 종교 지식에 대한 면만 이야기한다"라고 언급한 바 있다.[7] 학교 히잡 착용 금지 논쟁에 대한 이슬람 종

---

tion/46154(검색일: 2018. 05. 12).

6 "Очередной спор вокруг хиджаба разгорелся в Казахстане." http://www.islam.ru/news/2015-09-04/35643(검색일: 2018. 05. 13).

7 Там же.

교 지도자들의 불분명한 태도는 모스크에서 열리는 공식적인 금요기도회에서 이맘들이 카자흐스탄 사회에 이슈가 되고 있는 히잡 착용 문제에 대해서는 침묵을 지키고 있다는 점에서도 찾아 볼 수 있다(Bissenova, 2016: 214).

한편 2013년 3월에 알마티 소재 한 학교에서 히잡 착용을 금지당한 여학생의 변호사가 카자흐스탄 무슬림 종무원 앞으로 보낸 질의에 대해서 종무원이 내린 파트와에서는 종무원이 학교 히잡 착용 금지에 대해 비교적 부정적인 입장을 취하고 있음을 볼 수 있다. 해당 변호사는 카자흐스탄 무슬림 종무원 측에 이 사건이 교육과 종교의 분리를 규정하는 교육법을 위반한 것인지, 아니면 종교에 대한 태도로 인해 시민적 권리를 침해하거나, 특정 종교가 소중히 여기는 물건을 모욕하는 것을 금하는 종교 활동과 종교단체에 관한 법을 어긴 것인지를 판단해달라고 요청했다. 이에 대해 종무원은 코란 24장 31절을 근거로 머리에 스카프를 쓰는 것은 코란이 정한 모든 무슬림 여성의 의무이자, 개인의 종교에 대한 신념에 따른 시민적 권리라고 답변했다. 여학생이 히잡을 벗는 것을 거부했기 때문에 학교 측에서 해당 학생을 수업에 들여보내지 않은 것은 법이 정한 종교 활동을 방해한 행위이자 개인의 종교 감정을 모욕한 사례라고 보았다. 한편 카자흐스탄에서 이슬람이 긍정적 이미지를 가질 수 있도록 아랍이나 파키스탄의 복식인 니캅(niqab)은 사용하지 않는 것이 올바른 것이라 밝히고 있다.[8]

그러나 카자흐스탄 무슬림 종무원은 나자르바예프 대통령이 2013년 이후 테러 행위 처벌에 관한 법을 더욱 강화하면서 학교에서의 히잡 착용 옹호에 대해서 유보적인 태도를 취하기 시작했다. 당시 카자흐스탄 무슬림 종무원장 마야메로프(Е. М. Маямеров)는 학교 히잡 착용 금지에 관련해서 "이슬람의 법은 여성들이 성년이 되면 히잡을 착용하도록 되어 있다. 그러나 이슬람의 성년기는 18세가 아니라 2차 성징이 나타날 때 시작된다. (중략) 카자흐스탄의 젊은이

---

[8] "Фетва ДУМК в отношении мусульманского платка." https://azan.kz/ahbar/read/fetva-dumk-v-otnoshenii-musulmanskogo-platka-2419(검색일: 2018. 05. 20).

들은 학교와 직장을 존중해야 한다. 따라서 이 문제는 학교 당국과 학부모들이 함께 논의해서 해결해야한다"라며 무슬림 여학생들의 히잡 착용은 옹호하지만 교내 히잡 착용에 대해서는 사실상 정부의 수사를 그대로 반복하고 있음을 볼 수 있다. 또한 종무원은 "무슬림 학부모들은 학교의 규정을 존중해야 하며, 카자흐스탄의 무슬림들은 종교와 교육의 분리를 규정한 법을 지키지 않아서 사회와 고립된 채로 존재해서는 안 되며, 자녀들이 학교에서 세속교육을 받는 것에 더 관심을 가져야한다"고 발표함으로써 사실상 학교에서 히잡 착용 금지를 인정했다.[9]

이러한 상황에서 2016년에 문화체육부 산하에 있었던 종교 문제 위원회(Комитет по делам религий)는 종교 및 시민사회부(Министерство по делам религий и гражданского общества)로 확대 신설되었다.[10] 이 기관이 이른바 '전통 이슬람'의 개념과 카테고리를 정하고, 종무원 등 종교 단체를 감독하는 권리를 부여받게 되면서 그동안 종무원이 이 분야에서 가졌던 권한이 축소되고 있는 경향을 보이고 있다(Избаиров, 2013: 104).

종교를 관장하는 정부 부처를 확대 신설한 것은 카자흐스탄 서부 지역에서 테러가 발생한 2010년대 이후 카자흐스탄 정부가 종교, 특히 이슬람과의 관계 설정을 함에 있어서 종교에 대한 국가 통제를 더욱 강화하는 방향으로 진행하고 있음을 보여준다. 2013년까지만 해도 국가는 히잡 착용을 법으로 금지하지 않았고, 여학생들의 교내 히잡 착용 허가 여부는 학교장이 결정할 것이 권고되었다. 그러는 사이 교내 히잡 착용 금지 위반 사례는 계속해서 발생했고, 히잡

---

9 "Управление мусульман согласилось с запретом хиджаба в школах." https://365info.kz/2016/03/upravlenie-musulman-soglasilos-s-zapretom-hidzhaba-v-shkolah-obzor-kazpressy(검색일: 2018. 05. 20).

10 종교 및 시민사회부는 다시 2018년 7월부터 사회발전부(Министерство общественного развития)로 명칭이 바뀌면서 문화, 스포츠의 영역까지 함께 관장하게 되었고, 2019년 2월 대통령령으로 정보 및 사회발전부(Министерство информации и общественного развития)로 확대 개편되었다.

금지에 대한 불분명한 규정은 언론과 소셜 네트워크에서 이 문제에 대한 찬반 논쟁을 더욱 확대시켰다.

이러한 상황에서 2016년 1월 14일에 당시 교육과학부장관 사가디예프(E. K. Сагадиев)는 교복 규정 준수를 더욱 강화할 것을 촉구하면서 국가가 정한 교복 구성, 즉 재킷, 셔츠, 바지, 블라우스와 치마 외에 다른 어떤 것도 교복의 범주에 포함시킬 수 없도록 규정하는 명령을 제정함으로써 사실상 여학생들의 교내 히잡 착용 금지를 공식적으로 명문화했다.

III. 교내 히잡 착용 금지 논쟁과 관련한 담론의 구도

현재 카자흐스탄 학교에서 히잡을 쓰고 등교하는 여학생들은 소수이다. 카자흐스탄의 이슬람은 상대적으로 온건하고 정치에서 분리되어 있으며 다른 종교와도 별다른 충돌 없이 공존하는 모습을 보인다(Salhani, 2011: 10). 이런 상황에서 카자흐스탄 정부는 지금까지 우즈베키스탄과는 달리 이슬람에 상대적으로 개방적인 태도를 견지해왔다. 뿐만 아니라 수도 중심부에 누르 아스타나, 하즈렛 술탄과 같은 대형 모스크를 건축하고, 모스크마다 이맘이 이슬람의 기초 교리를 가르치는 클래스를 개설하는 등 소비에트 시기 사적 영역에 갇혀 있던 이슬람 신앙을 선별적이지만 공적 공간으로 이끌어 내오는 것을 주저하지 않았다. 그럼에도 불구하고 카자흐스탄 정부가 교내 히잡 착용 금지를 법제화한 배경과 근거는 무엇일까?

2017년 카자흐스탄 세계경제 및 정치 연구소(Институт мировой экономики и политики)가 카자흐스탄 국민 1500명을 대상으로 진행한 사회문화 환경 관련 여론조사 결과 응답자의 57.1%가 공공장소에서 히잡을 착용하는 것에 반대했고, 찬성한 사람은 21.4%였다. 그러나 주목할 점은 공공장소에서 히잡 착용을 찬성한 사람이 가장 많은 연령대가 바로 18~24세였다는 것이다. 45세 이상의 카자흐인들은 이 문제에 대해 부정적인 견해를 피력했다.[11]

10대 후반부터 30대의 젊은 카자흐인들은 독립 이후 이슬람을 카자흐스탄 국가정체성을 이루는 핵심 요소 중 하나라고 여기고 있다. 1990년대 후반 카자흐인들의 80% 이상이 스스로를 무슬림이라 여겼고, 그 중 상당수는 20세 미만의 젊은이들이었다는 점이 이를 방증한다(Yemelianova, 2014: 290). 또한 자녀들이 이슬람의 율법에 따라 히잡을 쓰고 공교육을 받기를 주장하는 학부모들도 이 세대의 주축을 이룬다. 바로 젊은 카자흐인들 사이에서 목격되는 이슬람에 대한 관심과 열의는 아이러니하게도 독립 이후 이슬람을 통해 러시아와 소비에트 통치기를 거치면서 단절된 카자흐 전통을 복원하려 했던 카자흐스탄 국가가 오히려 이슬람에 대한 감독과 감시의 끈을 늦추지 못하는 원인이 되고 있다.

이 장에서는 이렇듯 '히잡포비아'에 가까운 카자흐스탄 정부의 교내 히잡 착용 금지의 논거는 무엇이고, 이를 반대하는 측의 논리와 대응은 어떤 양상으로 나타나고 있는지를 살펴보면서 이 논쟁과 관련한 담론의 구도에 대해 분석해보고자 한다.

1. 세속주의인가? "전투적 무신론"(воинствующий атеизм)인가?

교내 히잡 착용 금지를 결정한 카자흐스탄 정부, 그리고 이를 지지하는 사람들은 무엇보다도 교내 히잡 착용이 카자흐스탄 국가의 세속주의 원칙에 어긋남을 지적한다. 카자흐스탄 헌법 제1조 제1항과 종교 활동과 종교 단체에 관한 법은

---

11 "Соцопрос: отношение казахов к ношению хиджаба в общественных местах," http://niac.gov.kz/ru/expertiza/item/1087-sotsopros-otnoshenie-kazakhov-k-nosheniyu-khidzhaba-v-obshchestvennykh-mestakh(검색일: 2018. 05. 20).

모두 카자흐스탄이 민주주의를 운용하는 세속국가임을 천명한다.[12] 이것은 국가는 종교와의 관계에서 중립적인 입장을 취하며, 특정 종교에게 혜택을 주지 않음을 의미한다. 정부의 교내 히잡 착용 금지를 지지하는 사람들은 히잡 착용을 찬성하는 사람들이야말로 카자흐스탄이 세속국가로 평화롭게 발전하는 것을 반대하는 세력이라고까지 단언하기도 했다.

히잡 착용이 세속국가의 원칙에 어긋난다는 학교와 교육부 당국의 주장에 대해서 히잡을 착용한 학생들의 부모들은 히잡을 입고 공교육을 받기를 원하는 무슬림 여학생들에게 헌법이 정한 신앙의 자유를 제한하는 현 정부는 세속주의가 아닌 무신론에 입각한 정책을 펴고 있다며 반박하고 있다. 이들은 앞서 기술한 종교 활동과 종교단체에 관한 법이 개인의 종교에 대한 태도를 근거로 개인의 자유를 제한하거나 종교심을 모욕하는 것을 금지하고 있는데 여학생들의 히잡 착용을 금지하는 것은 종교에 중립적이어야 하는 세속정부가 종교적 신념에 따른 개인의 선택을 억압하는 것이며 이것 자체가 이미 세속주의의 범주를 넘어선 소비에트식의 노골적인 무신론이라고 주장한다. 또한 연구자가 2017년에 아스타나(현재의 누르술탄), 알마티 등지에서 면담했던 20대와 30대 카자흐인 중 교내 히잡 착용을 찬성했던 사람들도 정부가 세속주의를 표방하고 있지만, 사실은 히잡이 무슬림 여성에게 가지는 의미를 비롯해 이슬람을 전혀 모르는 "공산주의자"들이 무신론에 기초한 정책을 실행하고 있다고 비판했다.

사실 종교와 국가의 분리를 표방하는 세속주의는 각 국가의 역사적 맥락에 따라 서로 다르게 이해되고 있다. 예를 들어 프랑스가 정교분리의 원칙, 즉

---

12 종교 활동과 종교 단체에 관한 법의 제3조 제1항은 "국가는 종교 및 종교 단체와 분리되어있다"고 규정하고, 제3조 제4항은 "카자흐스탄 공화국의 교육과 보육 시스템은 종교 교육 단체를 제외하고는 종교 및 종교 단체와 분리되어 있고 세속적인 성격을 가진다"고 규정하면서 교육과 종교의 분리를 명시하고 있다. "Закон Республики Казахстан "О религиозной деятельности и религиозных объединениях"", http://online.zakon.kz/Document/?doc_id=31067690(검색일: 2018. 05. 01).

라이시테(laïcité)를 표방한 것은 교회가 지녔던 권력으로부터 공화국의 시민을 보호하여 개인으로 하여금 공화국의 가치에 충성할 수 있도록 하기 위함이었다. 한편 종교의 자유를 위해 이주한 종교 소수자들이 세운 미국에서 운용되는 세속주의 원칙은 오히려 교회를 국가의 부당한 간섭으로부터 보호하기 위해 만들어낸 장치였다(Scott, 2007: 91). 그렇다면 카자흐스탄 정부가 교내 히잡 착용 금지의 근거로 내세운 세속주의를 노골적인 무신론이라고 여기는 카자흐인들의 주장을 이해하기 위해서는 먼저 이들이 경험한 '세속주의'가 어떤 것이었는지를 역사적 맥락에서 짚어볼 필요가 있다.

"세속주의는 곧 신을 부정하는 것이다"라는 구도는 서구의 식민지 정책에 저항했던 근대 이슬람 세계의 담론 중 하나였다(Aslan et al., 2013: 33). 이와 함께 이슬람 세계는 신앙을 하나의 윤리체계로 여기면서 신앙과 과학, 그리고 세속 정치사상과의 공존을 모색하며 세속적 근대화 운동을 도모하기도 했다(김중순, 2013: 37). 한편 카자흐 무슬림들이 20세기에 소비에트 통치를 통해 경험한 세속주의는 종교와 국가의 '분리' 또는 '공존'이 아닌 국가에 의한 종교의 '소멸', 즉 무신론이었다.

소비에트 정권은 1928년에 중앙아시아에서 사용하던 아랍 문자를 라틴문자로 전환하고, 모스크, 와크프, 종교 재판, 학교, 종교 지도자 등 이슬람의 제도적 기반을 제거했다. 모스크는 각종 소비에트식 여가 활동을 관장하는 클럽과 박물관 등으로 변했고, 소비에트 시기 이전의 카자흐 이슬람을 알고 전해줄 수 있는 세대가 소멸하면서 이 지역의 이슬람 공동체는 심각한 역사적 단절을 경험해야 했다.

1920년대 후반에 실행된 대대적인 반종교 캠페인으로 인해 카자흐스탄을 비롯한 중앙아시아 지역의 무슬림들은 "노동자들의 적"으로 규정되었고, 1929년 소비에트 정부의 특별 명령에 따라 그동안 카자흐스탄의 멕텝(мектеб)이나 메드레세에서 행해졌던 이슬람 교육은 금지되었다. 이슬람 공동체의 지원으로 운영되던 유일한 교육기관이었던 종교학교들이 폐쇄되면서 카자흐스탄을 비롯한 중앙아시아에 소비에트 정권에 의해 무신론 교육이 도입되었고, 종교 과목이 아닌 세속학문의 학습을 내용으로 하는 공교육 시스템이 만들어졌다. 이와 함께 카자흐인들이 사용하던 아랍 문자가 라틴 문자로 전환되면서 이러한 탈이슬람화 과정은 더욱 가속화되었다. 게다가 이맘 알 부하리(Мухаммад аль-Бухари) 신학교와 미리 아랍 메드레세(Медресе Мири Араб)와 같은 중앙아시아 이슬람 교육의 중심지가 대부분 우즈베키스탄에 있었고, 카자흐스탄의 이슬람 교육 기반은 상대적으로 미비했기 때문에 소비에트식 세속교육은 카자흐스탄에서 상대적으로 빠르게 뿌리를 내릴 수 있었다(Избаиров, 2013: 107). 비밀리에 도제식으로 행해지던 후즈라(hujra)와 같은 사적 조직을 통해 이슬람 교육은 카자흐스탄의 남부 지역에서 소수 명맥을 유지할 수 있었을 뿐이었다.

이렇듯 세속화, 종교 잔재의 척결, 무신론 사상 전파라는 소비에트 정권의 중앙아시아 이슬람 정책은 카자흐스탄의 소비에트식 공립학교에서 카자흐인들에게 그대로 이식되었다. 프랑스의 제3공화정 당시 페리(Jules Ferry)법과 1905년에 채택된 국가와 종교를 분리하는 법에 따라 공립학교에서 종교 교육이 금지된 이래 프랑스의 공립학교는 다양한 배경을 가진 민족들을 공화국의 시민으로 길러내는 산실이었다면 1920년대 후반부터 도입된 카자흐스탄의 소비에트식 학교는 '과학적 무신론'(научный атеизм)으로 무장한 '새로운 소비에트 카자흐인'을 창조해내는 공간이 되었다.[13]

소비에트 정권은 반종교 캠페인을 다양한 방식으로 진행했다. 1922년 "전투적 무신론자들의 연맹"(Союз воинствующих безбожников)은 〈무신론자들〉(Безбожники)라는 신문을 창간했다. 이 신문의 주요 목표는 소련의 학교, 클럽 등을 통해서 소련 국민을 대상으로 무신론 교육을 수행하고, 소련 전역에 걸쳐

---

13 1964년 11월 10일자 소련 공산당 중앙위원회의 "국민을 대상으로 실시한 과학적 무신론 선전의 실책에 관한 명령"에는 "과학적 무신론에 대한 프로파간다는 종교를 직접적으로 공격할 수 있는 우리의 무기이다"라고 명시되어 있다(Джалилов, 2006: 63).

반종교 캠페인을 추진하는데 필요한 선전 자료를 제공하는데 있었다. 〈무신론자들〉은 종교와 종교인들에 대한 원색적인 조롱과 비난을 내용으로 하는 삽화, 만화, 이야기들을 담고 있었는데 1925년에서 1935년까지 소비에트 중앙아시아의 이슬람을 공격하면서 다루었던 주제를 살펴보면 소련 무슬림 여성들의 해방이 무슬림 종교 지도자에 대한 공격, 이슬람 종교 의례 타파 다음으로 많았음을 볼 수 있다(Bryan, 1986: 33). 이와 함께 소비에트 정부는 무슬림들 사이에서 행해졌던 일부다처제, 여성들의 히잡 착용 문제를 무슬림 여성들의 권리를 억압하고 제한하는 제도로 보고 이에 대한 대대적인 타파와 척결을 외쳤다. 그 대표적인 사례가 1920년대에 일어난 우즈베키스탄의 무슬림 여성들이 전신을 덮는 파란자(паранджа)를 공개적으로 벗어 태워버린 후줌(Худжум)운동이었다.[14] 우즈베키스탄에 비해 카자흐스탄을 비롯한 유목 지역 여성들은 파란자를 쓰는 것이 일반적이지 않았지만, 소련 정부의 '히잡 벗기기' 정책은 카자흐스탄의 여성들로 하여금 이슬람에 따른 복장을 낙후성의 상징으로 인식하도록 만들었다.

1920년대 말과 1930년대에 이슬람을 무력화하기 위해서 이슬람 종교 지도자들에 대한 물리적인 제거가 이루어졌다면 1940년대부터는 이전과 다른 형태로 중앙아시아 무슬림에 대한 국가 통제를 강화하기 위한 시도가 이루어졌다. 소비에트 정부는 1943년에 '중앙아시아와 카자흐스탄 무슬림 종무원'(Духовное управление мусульман Средней Азии и Казахстана: САДУМ)을 만들면서 중앙아시아의 이슬람 종교 지도자들의 국가 등록을 의무화했다.

현재 카자흐스탄 무슬림 종무원이 교내 히잡 착용 문제에 대해서 이슬람 율법에 따른 종교적인 해석을 내놓기보다는 정부의 노선을 옹호하고 이를 종교적으로 증명하려하는 시도를 보이는 것과 정부가 모든 이슬람 교육 기관의 국가 등록 및 이슬람 종교 지도자들에 대한 정기적인 재교육을 의무화한 것은 사실상 카자흐스탄의 이슬람이 소비에트 시기와 마찬가지로 여전히 공식-비공식

---

14 소비에트 중앙아시아 여성들의 히잡 벗기 운동(후줌) 대해서는 기계형(2011) 참조

이슬람의 구도를 유지하며 국가의 통제 하에 있음을 보여준다. 바로 이러한 사실은 세속주의를 표방했지만 사실상 국가가 종교를 관리하고 감독하면서 이슬람의 내적 다양성을 통제하고 있는 현재 카자흐스탄 정부를 비판하면서 교내 히잡 착용 금지를 반대하는 사람들의 주장의 근거가 되고 있다.

한편 독립 초기에 카자흐스탄 국가는 포스트소비에트 국가 및 민족 정체성 수립과 전통 문화의 부활을 위해서 이슬람을 어느 정도 활용해야 했다. 코란이 카자흐어로 번역되었고, 카자흐 무슬림들은 복원되었거나 새롭게 문을 연 모스크에서 자유롭게 기도하고 이맘의 설교를 들을 수 있게 되었다. 나자르바예프 대통령 자신도 중앙아시아 국가수반으로는 가장 늦었지만 메카로 순례를 다녀오기도 했다.

이와 함께 수도 중심부에 거대한 규모의 하즈렛 술탄 모스크가 세워졌다. 카자흐스탄 국가의 독립과 번영을 상징하는 공간 바로 옆에 거대하고 화려한 모스크가 세워졌다는 사실은 카자흐스탄 국가가 이슬람과의 상호 관계를 어떻게 설정하기를 원하는지를 웅변해준다. 나자르바예프 대통령은 카자흐인들에게 가장 추앙 받는 수피 종단의 지도자인 아흐메드 야사비(Ходжа Ахмед Ясави)를 이르는 명칭인 '하즈렛 술탄'으로 직접 이 모스크의 이름을 지었다. 하즈렛 술탄 모스크는 수도의 다른 모스크와 마찬가지로 국가 이데올로기를 전시하는 효과적인 수단이 되고 있다(Bissenova, 2016: 212). 이렇듯 독립 이후 카자흐스탄 국가는 세속주의를 표방했지만 이슬람에 대해서는 헌법에 명시된 세속주의 원칙을 어느 정도 양보해야 하는 상황에 놓였다. 이렇듯 나자르바예프 정부의 이슬람에 대한 정책은 양면적일 수밖에 없었다.

그러나 2010년대에 이르면서 카자흐스탄 정부는 다양한 분파의 이슬람이 혼재했던 이른바 '백화제방(百花齊放), 백가쟁명(百家爭鳴)' 시대의 종언을 선언했다. 이는 우즈베키스탄, 타지키스탄 등 다른 중앙아시아 국가에 비해서 이슬람 극단주의 조직에 의한 테러가 드물었던 카자흐스탄에서 2011년부터 악토베, 아티라우 등 서부 지역에서 이슬람 극단주의자들의 테러가 발생하고, 2016년 7월

18일 알마티에서도 테러가 일어난 것과 관련이 있다. 카자흐스탄의 젊은이들이 이슬람 테러 단체에 모습을 드러내고, 그간 경험해보지 않았던 이슬람주의자들의 테러로 인해 카자흐스탄 사회의 이슬람에 대한 태도에 기류 변화가 일어난 것은 당연했다.

2011년 공공장소에서 기도 등 종교 행위를 금하고 종교 행위를 위한 공간 설치를 금하는 등 종교에 대한 국가의 감독이 더욱 강화된 종교법이 발효되었다. 또한 2016년에 종교 문제를 전담하는 정부 부처가 신설되었고, 수년에 걸쳐 많은 논쟁을 야기한 교내 히잡 착용을 금지하는 법이 만들어졌다. 이어 2017년 4월 나자르바예프 대통령은 당시 종무원장인 마야메로프를 비롯해서 종교 및 시민사회부 장관 에르멕바예프(Н. Б. Ермекбаев)와 이슬람 종교 지도자들이 모인 자리에서 "검은 천으로 몸을 감싸고 다니는 카자흐 여성들"에 대한 우려를 표명하면서 카자흐스탄 국민은 하나가 되어야 하며 세속국가로 계속 발전해야 한다고 언급했다.[15] 여기서 주목할 점은 인구의 약 80%가 무슬림인 카자흐스탄에서 '검은 천', 즉 부르카를 입은 카자흐 여성들은 종교적 신념을 지키는 무슬림이 아닌 국민 통합을 방해하고 세속국가 체제를 거스르는 세력으로 타자화되었다는 점이다. 이러한 정부의 시각은 히잡을 착용하고 등교하는 학생들과 그들의 가족에게도 동일하게 향해 있음을 볼 수 있다.

2017년 6월에는 카자흐스탄 국가의 세속주의 원칙을 더욱 강화하는 내용을 핵심으로 하는 "2017-2020 국가 종교 정책 구상"(Концепция государственной политики в религиозной сфере Республики Казахстан на 2017-2020 годы)이 채택되었다. 정부는 "2017-2020 국가 종교 정책 구상"에서 카자흐스탄 국가 정체성의 기초인 세속주의는 무신론을 뜻하지 않으며 특정 종교가 국교로 인정

---

15 "Назарбаев: Бороды у парней и черные одеяния у девушек не соответствуют нашим традициям." https://www.zakon.kz/4854800-nazarbaev-borody-u-parnejj-i-chernye.html (검색일: 2018. 08. 12).

되지 않고, 국가의 정책은 종교적 가르침이 아닌 국가 안보 등 구체적인 국익을 수호하는 것에 기초해서 실현되어야 함을 명시하고 있다.[16] 특히 세속주의의 원칙이 지켜져야 하는 곳이 교육 분야이고, 교육 기관에서 종교적 상징물을 착용하는 행위가 금지되어 있음에도 이를 어기는 것은 국가의 법과 질서를 어지럽히는 것이라 규정하고 있다.

주목할 것은 이 문서에서 교육 분야의 세속주의 원칙이 훼손되는 사례로 교내 히잡 착용 등이 열거되었는데 "세속주의 원칙에서 물러설 것을 선동하는 원리주의와 급진주의는 국가와 사회의 발전을 저해한다"는 내용이 바로 그 뒤를 이어서 기술되어 있다는 점이다.[17] 이것은 카자흐스탄 정부가 교내 히잡 착용 문제를 교육과 종교의 분리라는 세속주의에 의거하여 판단하고 있을 뿐만 아니라 이 문제를 단순한 종교적인 행위가 아닌 이슬람 원리주의와 급진주의, 즉 "비전통적인 낯선 이슬람"의 영향을 받은 정치적 행위로 인식하고 있음을 보여준다. 그리고 이것은 사실상 학교 히잡 착용 금지 결정의 보다 직접적인 배경이자 원인이라고 볼 수 있다.

2. 키메섹(кимешек)과 히잡: 전통 이슬람과 비전통적 외래 이슬람

교내 히잡 착용 금지를 찬성하는 사람들의 또 다른 논거는 히잡이 카자흐인들의 전통 의상이 아니며 아랍인의 복장이라는 것이다. 코란이 규정한 여성의 신체를 가리는 방법은 민족마다 다른데 카자흐 여성들은 예로부터 히잡이나 부르카를 쓰지 않았고, 전통 머리 장식인 키메섹을 착용했다는 것이다. 이에 따라 히

---

16 Концепция государственной политики в религиозной сфере Республики Казахстан на 2017-2020 годы, Астана, 2017, с. 8.

17 Там же. сс. 8-9.

잡을 쓰고 다니는 여성들은 카자흐인의 전통을 지키지 않는다는 이유로 이들로부터 비난을 받고 있는데, 카자흐 전통에 따르면 미혼 여성들은 머리에 스카프를 두르지 않기 때문이었다(Досанова, 2010: 9). 카자흐스탄의 정치학자 주말리(Р. Жмалы)는 "카자흐어에는 히잡, 파란자라는 단어가 없다. 지금 우리 사회에는 아랍화가 진행되고 있는데 히잡은 곧 아랍인의 복식이라는 것을 국민들에게 교육해야한다"면서 히잡과 키메섹은 그 어떤 연관성도 없음을 주장한다.[18]

사실 소비에트 이전 카자흐 사회에서 키메섹은 현재의 히잡이 상징하는 종교적인 측면보다는 아이를 출산한 기혼 여성임을 알리는 사회 문화적 기능을 하는 카자흐인의 전통 복장이었다. 카자흐인 미혼 여성들은 동물의 털을 덧댄 모자인 보릭(Борик)이나 원통형의 모자인 튜베테이카(Тюбетейка)를 썼고, 결혼을 하고 나서 첫 아이를 출산하기 전까지는 간단한 스카프로 머리를 감싸고 지내다가 출산한 다음부터 키메섹을 착용했다. 키메섹은 머리에서부터 어깨, 가슴까지 내려오는데 키메섹의 높이는 여성의 신분과 지위를 나타냈다.

2019년에 정보 및 사회발전부로 개칭된 당시 카자흐스탄 종교 및 시민사회부는 교내 히잡 착용 논란이 지속되자 히잡이 카자흐인의 전통에서 비롯된 것이 아니며 이것이 비전통적 이슬람과 연계되었다는 내용을 담은 영상 교육 자료를 만들어 인터넷을 통해 배포했다. 종교 및 시민사회부는 "검은 옷을 입은 길을 잃은 사람들"("Заблудшие в черном")이라는 제목으로 약 25분 분량의 다큐 동영상을 만들어서 사이트에 소개했다. 화려한 카자흐 전통 의상을 입은 채 말을 타고 달리는 젊은 여성이 등장하는 장면으로 시작되는 이 영상에는 카자흐스탄의 역사, 종교, 전통의상 분야의 전문가들이 등장한다. 이들은 최근 히잡을 착용하고 다니는 여성들의 수가 증가하고 있는데 히잡이나 부르카는 원래 모래 바람이 부는 중동의 기후와 아랍인의 문화에 맞도록 만들어진 그들의 전통의상

---

18 "Хиджаб в школе – раскол в обществе?" http://www.exclusive.kz/expertiza/obshhestvo/14817(검색일: 2018. 08. 01).

일 뿐이기 때문에 카자흐 여성들이 타 지역의 전통의상인 히잡이나 부르카를 착용해야 할 이유가 전혀 없다고 지적한다.

또한 알 비루니(Абу Райхан Мухаммад ибн Ахмад ал-Бируни)나 아흐메드 아사비와 같이 현재 카자흐스탄 역사에서 권위를 가지는 이슬람 학자들을 인용하면서 이들의 책에서 무슬림 여성들이 반드시 특정 형태의 옷을 입어야 한다는 규정을 찾을 수 없기 때문에 아랍식의 히잡을 입는 것이 곧 이슬람을 바르게 믿는 것이라는 태도는 잘못된 것이라고 지적한다.

특히 공립학교 교복 규칙은 세속국가에서는 정당한 것으로 단지 여학생들의 히잡 착용을 금지시키기 위해 만들어진 규칙이 아니라 학생으로 적절하지 못한 복장, 예를 들면 노출이 심한 옷도 금지시키는 규칙임을 강조했다. 이는 "학교 측은 여학생들이 찢어진 청바지나 미니스커트를 입고 등교하는 것은 허용하면서 무슬림이 다수인 이 나라에서 왜 히잡 착용을 금지시키는가"와 같은 교내 히잡 금지를 반대하는 학부모들의 비난을 의식한 발언으로 보인다. 결론적으로 히잡을 고수하는 것은 "파괴적인 비전통적" 이슬람을 믿는 것과 관련이 있기 때문에 이들을 선도하기 위해서는 현대 카자흐스탄의 현실에 맞도록 이슬람과 카자흐 전통을 접목시킨 의상을 만들어서 전파시켜야 한다는 것이 영상의 주된 메시지이다.[19]

이와 함께 사실상 교내 히잡 착용 금지를 비롯한 정부의 이슬람 관련 정책을 그대로 수용하고 정부와 행보를 같이 하는 종무원의 인터넷 홈페이지에는 카자흐스탄의 히잡 착용과 관련한 정보와 기사는 매우 적고, 주로 카자흐스탄 내부의 상황이 아닌 다른 이슬람 세계의 히잡 착용을 언급한 기사, 사진, 영상들이 주를 이루고 있다.

이와 함께 카자흐 여성들이 전통적으로 히잡을 쓰지 않았다는 사실을 주장할 때 자주 언급되며 강조되는 것은 바로 카자흐인들은 유목 민족이었기 때

---

19 "Заблудшие в черном." https://udr-krg.kz/ru/zabludshie-v-chernom/(검색일: 2018. 08. 01).

문에 우즈베키스탄을 비롯한 중앙아시아의 정주민족들보다 여성들의 사회적 지위가 높았다는 점이다. 과거에 "초원의 자유로운 딸"들은 남성들과 함께 적에 맞서 싸웠고, 남성의 뒷자리가 아닌 명예로운 오른쪽 자리를 차지했다는 것이다. 이것은 현재 카자흐스탄 사회에서 교내 히잡 착용을 비롯하여 점차 증가하는 여성들의 히잡 착용을 반대하는 사람들이 히잡에 대한 서구인들의 인식, 즉 히잡은 신실한 무슬림 여성들이 스스로를 보호하기 위해 착용하는 것이라기 보다는 이들의 인권과 자유를 억압하는 기제라는 인식을 상당 부분 내면화했음을 보여준다.

이에 대하여 교내 히잡 착용을 지지하는 사람들은 키메섹이 곧 현재 카자흐 무슬림 여성들이 착용하는 히잡의 원형이기 때문에 히잡을 쓰는 것과 카자흐인의 전통을 지키는 것 사이에는 그 어떤 모순도 존재하지 않는다고 주장한다. 또한 교내 히잡 착용 지지자들의 일부는 "이슬람은 카자흐인의 민족 종교가 아니라 보편적인 세계 종교이고, 무슬림 여성들이 히잡을 써야 하는 것은 코란이 명하는 바이고 이것을 지키도록 가르쳐 준 사람들은 아랍 무슬림이다"라며 현재 카자흐스탄의 이슬람 종교와 민족주의와의 혼합에 대해 부정적인 태도를 보이고 있다(Досанова, 2010: 9).

이처럼 전통, 즉 '과거 우리의 할머니들이 히잡을 썼는가? 그렇지 않았는가'가 21세기를 살고 있는 카자흐스탄 여성들이 착용하는 히잡의 정당성을 판단하는 근거로 작동할 정도로 현재 카자흐스탄 이슬람은 카자흐 전통의 복구, 민족 전통으로의 회귀라는 필터를 통과해야 존재의 정당성을 인정받는 상황이 되었다. 이렇듯 카자흐스탄 정부가 히잡을 아랍인의 복장으로 규정하고 이것을 카자흐 무슬림 사회에 다양한 경로를 통해 각인시키는 등 이슬람과 카자흐 민족주의의 혼합을 시도하면서 '초원의 이슬람'을 만들고자 하는 의도는 무엇일까?

독립 이후 지금까지 카자흐스탄 정부가 가장 열정적으로 추진해온 국가적 과제는 가스, 석유 등 천연자원 개발과 수출을 바탕으로 한 경제 선진화와 다양한 민족으로 구성된 카자흐스탄 사회의 결집, 그리고 새로운 카자흐스탄 국가 및 민족 정체성 수립을 위해 필수적인 카자흐성(Kazakhness)의 발견과 발명이었다. 카자흐스탄은 우즈베키스탄과는 달리 독립 당시 인구 구성에서 명목민족인 카자흐인들의 비율이 현저하게 낮았다. 1989년 소련 정부가 수행한 인구조사에 따르면 당시 우즈베키스탄에 거주하는 우즈베크인은 약 1,414만 명으로 인구의 71%를 차지했던 반면 카자흐스탄의 명목민족인 카자흐인의 수는 약 653만 명으로 전체 인구의 40%에 불과했다.[20] 18세기부터 소비에트 통치기에 이르기까지 처녀지 개간과 같은 산업화, 굴라크(ГУЛАГ)건설, 독소전쟁 등으로 인해 러시아인, 우크라이나인을 비롯해서 이민족들의 끊임없는 유입의 결과 민족 구성이 복잡해진 다민족 국가인 카자흐스탄에게 있어 국민 통합은 중대한 국가적 과제이자 도전이 되었다.

한편 정주민들의 유입과 도시화로 인해 카자흐인들의 전통 유목문화도 심대한 타격을 받게 되었다. 따라서 독립 이후 카자흐스탄 정부는 국민 통합과 함께 명목민족인 카자흐인의 전통 부활, 인구 중 카자흐인의 비율을 늘려야 하는 과제도 해결해야 했다. 카자흐스탄 정부는 카자흐 전통을 담지하고 있는 해외 거주 카자흐인들의 귀환이주가 오랜 시간 잃어버렸던 카자흐 전통을 다시 각인시키는데 도움을 줄 것이라는 판단에 따라 1991년부터 재외 카자흐인들을 고국으로 귀환시키는 정책을 적극적으로 펼쳤다(Ferrando, 2013: 245). 귀환한 카자흐인들인 오랄만들은 전통적으로 러시아인이 많이 거주하던 북부나 서부 지역에 정착했다.[21]

---

20 "Всесоюзная перепись населения 1989 года. Национальный состав населения по республикам СССР." http://www.demoscope.ru/weekly/ssp/sng_nac_89.php(검색일: 2018. 09. 10).

21 카자흐스탄 의회는 1997년에 귀환정책의 근거가 될 법을 채택했는데, 이 법에서 오랄만(카자흐어로 '귀환'이라는 뜻)의 지위가 정의되었다. 이 법에 따르면 오랄만은 "카자흐스탄 독립일 기준으로 카자흐스탄 외부에 거주하는 카자흐 민족에 속하는 모든 외국인, 또는 무국

이러한 상황에서 이슬람은 유목문화, 텡그리 신앙과 함께 카자흐인들의 현재와 과거를 이어주는 연결고리가 되었고, 소비에트 시기 주변화되었던 카자흐인의 전통 복원이라는 차원에서 어느 정도 유용한 가치를 지닌 것이었다. 기실 카자흐스탄의 이슬람은 우즈베키스탄이나 타지키스탄만큼 사회 깊숙이 스며들지 않았으며 피상적인 측면이 많았다. 투르크인들의 토착 신앙인 텡그리 신앙과 샤머니즘 등이 이슬람과 혼재되어 있었고, 우즈베키스탄과 지리적으로 가까운 남부 지역을 제외하고는 이슬람이 카자흐인들에게 깊게 뿌리내리지는 않았다. 카자흐 유목민들은 이러한 샤머니즘과 자연신 숭배 습속과 이슬람의 문화적 관습과 도덕적 가치를 조화시키며 수용하려는 경향을 보였다(김중관 외 2014: 32).

이렇듯 러시아인의 영향력이 중앙아시아의 다른 나라들보다 상대적으로 강했다는 역사적인 배경과 깊이 뿌리내리지 않았던 이슬람 신앙과 다양한 민족 구성으로 인해 카자흐스탄은 독립 초기부터 우즈베키스탄처럼 이슬람을 민족 정체성 형성을 위한 강력한 도구로 사용하지는 않았다. 대신 카자흐스탄 정부는 사회주의를 대체하는 통합적 국민 담론으로서 카자흐 언어와 문화를 선택했다(손영훈, 2014: 17).

이러한 상황에서 카자흐스탄 정부가 의미와 권위를 부여한 이슬람은 정주민족인 우즈베크인의 이슬람도, 아라비아 반도 사막의 이슬람도 아닌 오직 초원의 유목민인 카자흐인들의 문화와 전통과 양립할 수 있는 이슬람이어야만 했다. 이러한 이슬람 종교와 카자흐 전통에 근거한 민족주의의 혼합을 통해 전통이라는 필터로 걸러지지 않는 비전통 이슬람은 '나쁜 이슬람'으로 타자화되었다.

한편 이렇듯 카자흐스탄 정부가 카자흐인들의 전통 이슬람은 긍정적인 것으로, 비전통적 외래 이슬람은 낯설고 이질적인 가르침 또는 이민족의 이슬람

적자로 카자흐스탄으로 영구 귀국을 한 자"로 규정한다. 해외에 거주하는 카자흐인들은 대략 310만 명으로 추측되지만 이중 43만 명(14%)정도가 1991~2005년 사이 카자흐스탄으로 돌아왔다(Ibid, 257).

이라고 규정하면서 전통-비전통이라는 이분법 구도를 카자흐스탄 사회에 안착시키려 했던 또 하나의 원인은 2000년대 이후 자국의 젊은이들이 급진 이슬람에 포섭되는 현상들이 목격되고 카자흐스탄의 여러 지역에서 이슬람 급진주의자들의 테러가 발생했기 때문이었다. 2000년대 이후 살라피즘은 사우디아라비아의 재정 지원으로 카자흐스탄의 민영 TV 채널(Asyl Arna)을 통해 러시아어와 카자흐어로 소개되었다.

2010년대에 접어들면서 예전에 없었던 자국 청년들이 가담한 테러를 경험한 후 카자흐스탄 정부가 청년들이 소위 "인터넷 이맘"을 통해 비전통적 이슬람에 관련한 지식에 접속하는 것을 막기 위해 내린 해법은 '올바른' 이슬람을 가르치는 것이었다. 그렇다면 카자흐스탄 국가가 규정하는 올바른 이슬람은 무엇일까?

2011년 10월에 발효된 종교 활동 및 종교 단체에 관한 법은 종교 간의 평등을 보장하고 있지만, "역사적으로 볼 때 카자흐스탄 민족문화 발전에 중요한 역할을 수행한 종교로 인정받아야 하는 것은 바로 하나피(Hanafi) 법학과 이슬람과 정교회"라고 규정한다.[22] 카자흐스탄의 종교학자 이즈바이로프(А. К. Избаиров)는 "전통적인 종교는 국가와 사회로부터 인정을 받는 종교이고 역사성을 가진다. 그러나 비전통적인 종교는 새롭게 들어온 것이며 그 민족의 문화와 역사에 영향을 크게 미치지 않는다"라고 정의한다(Израиров, 2013: 70).

현재 카자흐스탄 정부에서 공식적으로 인정하는 이슬람은 오로지 하나피 법학과의 이슬람뿐이다. 카자흐스탄의 모스크 입구에는 그림과 함께 "하나피 이슬람식으로 기도하는 법"이 적혀 있는 안내 표지가 어김없이 부착되어 있고, 종무원에 소속된 이맘들과 누르 무바라크 이슬람 문화 대학교(Египетский университет исламской культуры "Нур- Мубарак")의 학자와 교수들은 오로지 하나

---

[22] "Закон Республики Казахстан "О религиозной деятельности и религиозных объединениях"". https://online.zakon.kz/Document/?doc_id=31067690(검색일: 2018. 08. 01).

피 법학파의 이슬람을 카자흐스탄 무슬림에게 교육해야할 의무를 국가로부터 부여받았다. 주지하듯이 하나피 법학파는 이슬람 4대 법학파 중에서 세속정권에 가장 유연한 태도를 보이며, 무슬림이 거주하는 지역의 전통과의 조화 그리고 유연한 법해석과 합리성을 중시한다.

이렇게 정부가 카자흐인의 전통이라는 필터에 걸러지지 않는 이슬람을 "비전통적 흐름" 또는 "파괴적인 종교 집단"으로 명명하여 타자화하고, 카자흐인의 전통에 부합한다는 명목으로 특정 이슬람 법학파에게 독점적 지위를 부여하고, 다른 성격의 이슬람은 불법화한다는 사실은 종교 문제에 관여하거나 간섭하지 않는 세속국가를 표방한 카자흐스탄이 이슬람과의 관계에서 세속주의 원칙을 해석하고 운용하는 방식을 보여주고 있다.

한편 카자흐스탄이 소비에트 통치 시기 끊어졌던 하나피 법학파의 전통을 되살려 이를 청년들에게 이식해야하는 과제는 그리 수월하지 않을 것으로 보인다. 소비에트 통치를 겪으면서 카자흐 이슬람은 제도로 존재하지 못했다. 이슬람 교육기관과 코란, 하디스(Hadith)를 가르치고 전파할 수 있는 종교 학자와 종교지도자들의 부재로 인해 현재 카자흐스탄에서 스스로를 무슬림이라고 여기는 카자흐인들의 다수가 하나피 이슬람은 차치하고 이슬람 자체의 기본적인 도그마와 개념도 잘 모르는 상황이다.[23] 현재 카자흐스탄의 이맘들은 누르 무바라크 이슬람 문화 대학교와 같이 국가가 인정한 정규 이슬람 교육 기관에서 수학하지 않으면 이맘으로 일할 수 없고, 무슬림 종무원이 정기적으로 시행하는 재교육 평가를 통과해야만 근무를 계속할 수 있다. 이러한 상황에서 전문적인 종

---

23 하즈렛 술탄 모스크에서 매주 금요기도 후에 이맘들이 전혀 기도할 줄 모르는 사람들에게 하나피 마즈합에 맞는 기도를 가르치고 있다. 그러나 이맘들은 이들이 하나피 기도 방식대로 기도하지 못해도 그다지 엄격하게 지적하지 않는데, 그 이유는 어차피 신도의 상당수가 기도의 외적인 형식을 잘 모른다는 것을 알고 있기 때문이었다. 따라서 이맘들의 기도 레슨은 이미 하나피적인 것을 가르친다기보다는 그저 기도하는 방식 자체를 가르치는 것이었다(Bissenova, 2016: 218).

교 교육을 받은 이맘의 수가 부족하기 때문에 모스크에서 필요한 이맘의 수요는 충족되지 못하고 있다.

여기에 더해 정부가 2000년대 말부터 카자흐인의 해외 이슬람 유학을 엄격하게 통제하고 있어서 카자흐식 하나피 법학파의 전통을 복원하는 과제는 오롯이 국내에서 교육을 받은 카자흐 무슬림 지도자들이 담당해야 하는 몫이 되었다. 여기에 이슬람 극단주의에 노출된 청년들의 상당수가 러시아어를 사용하기 때문에 카자흐어 뿐 아니라 러시아어로도 설교를 할 수 있는 이맘을 양성해야 하는 과제도 있다. 이러한 상황에서 하나피 법학파 이슬람에 대한 정보는 "○○을 하는 것은 하나피 법학파에 맞고 ○○을 하는 것은 맞지 않는다"라는 피상적인 수준에 머무르고 있다. 예를 들어 하나피 법학파에 따르면 남성의 바지 길이가 복사뼈 위로 올라가면 안 되고, 턱수염의 길이는 주먹의 크기를 넘어서는 안 되며, 여성은 얼굴을 가리는 부르카를 써서는 안 된다는 규정들이 통용되고 있다.[24]

이것은 정부가 교복 이외에 종교적 상징물을 부착하는 것을 금지하는 규정을 채택하여 사실상 교내 히잡 착용을 금지한 것과 공공장소에서 얼굴과 전신을 가리는 부르카 착용을 금지하는 법안을 마련한 명분으로도 작용하고 있다.

IV. 맺음말

무슬림 여성들의 히잡 착용과 관련한 논쟁은 글로벌한 현상이 되었다. 히잡은

---

24 "Не путайте хиджаб с паранджой!" http://islam-post.com/ne-putajte-hidzhab-s-parandzhoj(검색일: 2018. 09. 02).

이제 단순한 종교 규정에 따른 의복이 아니라 정치적 상징으로 해석되기 때문이다. 2004년에 교내 히잡 착용을 금지하고, 2011년부터 공공장소에서 부르카 착용을 법으로 금지한 프랑스와 마찬가지로 카자흐스탄 정부도 2016년 교복 통일 규정을 발표해서 공립학교에서 히잡 착용 금지를 천명했다. 그리고 2017년에 공공장소에서 부르카나 니캅 등 얼굴을 가리는 복장을 금지하는 법안을 마련했다.

아직은 소수의 카자흐 무슬림들이 연관되어 있는 교내 히잡 착용 금지 이슈가 카자흐스탄 사회에서 수년에 걸쳐 많은 논쟁을 생산하고 있는 이유는 현재 카자흐스탄 사회에서 히잡은 카자흐 이슬람의 전통에서는 낯선 관습이며 2010년대 테러 발생 이후부터는 이슬람 국가를 세우기 원하는 급진 이슬람주의자들인 "살라피스트들의 옷"으로 해석되면서 카자흐인의 전통과 카자흐스탄 국가가 표방하는 세속주의에 대한 도전이라는 이미지를 생산하고 있기 때문이다.

카자흐스탄 정부가 학교를 비롯한 공공기관에서 히잡을 금지하려는 근본적인 이유 중 하나는 세속주의에 저항하며 이슬람의 정치화를 추구하는 살라피즘, 와하비즘에 카자흐스탄의 젊은 세대가 포섭되는 것을 막기 위함이다. 그동안 학교에 히잡을 쓰고 온 여학생들이 현재 카자흐스탄에서 이슬람 극단주의에 취약한 지역인 서부와 남부 지역에서 주로 나타나고 있음도 이러한 정부의 행보에 영향을 주었다.

그렇다면 카자흐스탄에서 무슬림 여성이 히잡을 쓰고, 자녀에게도 학교를 비롯해서 가정 밖에서는 히잡을 쓰도록 교육한다는 것의 의미는 무엇일까? 인구의 약 80%가 무슬림인 카자흐스탄에서 히잡은 무슬림이 주류가 아니고 소수인 유럽을 비롯한 서구처럼 '나와 내 자녀는 무슬림'이라는 종교정체성을 가장 선명하고도 극적으로 표현하는 기제로 작동하지는 않는다. 카자흐스탄에서 키메섹 또는 코신카(косынка)[25]가 아닌 히잡을 쓴다는 것은 '나와 내 자녀는 신실

---

25 코신카는 머리에 두른 스카프 매듭을 앞이 아닌 뒤로 매는 카자흐 여성들의 전통 머리 장식

한 무슬림'임을 표출함으로써 국가가 표방하고 허용하는 카자흐 전통에 부합하는 공식 이슬람이 아니라 '정통'이슬람 안에서 무슬림으로서 의무를 다하는 자신의 정체성을 확인하고, 보여주고 싶은 욕구의 기표일 수 있다. 바로 이러한 점은 카자흐스탄 국가가 공공장소에서 히잡과 부르카 착용을 법으로 금지할 수 있는 근거가 되었다.

카자흐스탄에서 히잡을 쓰고 등교하는 여학생과 그들의 부모 중에 얼마나 많은 사람들이 정부가 허용하는 하나피 법학파의 이슬람이 아닌 이슬람 원리주의에 동의하고, 이것으로부터 영향을 받고 있는가를 규명하는 것은 또 다른 연구를 필요로 한다. 그러나 현재 한 가지 자명한 사실은 이제 카자흐스탄의 공립학교에 히잡을 착용하고 등교하는 무슬림 여학생들은 법에 따른 제재를 받게 되며, 공교육의 공간에서 배제될 수 있다는 것이다. 그렇다면 무슬림 인구가 절대 다수인 카자흐스탄의 학교에서 히잡은 이제 이슬람 '저항'의 상징이 될 수도 있는 아이러니가 발생하게 될 것이다. 그리하여 아웃사이더로 심리적, 사회적 게토에 갇힌 청소년들이 이슬람 극단주의와 원리주의 단체로 포섭되는 것을 차단하기 위해 카자흐스탄 정부는 어쩌면 히잡보다 더 큰 대가를 지불해야하는 가능성도 배제할 수 없을 것이다.

법이다. 일반적으로 히잡은 목을 가리도록 앞으로 매듭을 묶거나 목을 완전히 가리도록 스카프를 둘러쓰지만 코신카는, 목을 드러내며 뒤로 스카프의 매듭을 묶는다. 따라서 많은 경우 여성들이 머리에 쓴 스카프의 매듭의 위치를 두고 히잡인지 아닌지를 분간하기도 한다.

참고문헌

기계형. 2011. "중앙아시아의 민족, 젠더, 그리고 베일: 1920년대 우즈베키스탄의 후줌(Hujum)운동을 중심으로."『역사와 경계』79, 329-369.

김상철. 2017. "카자흐스탄 이슬람 연구: 이슬람 종무기구와 교육제도를 중심으로."『중동연구』36(1), 69-102.

김중관, 윤희중. 2014. "카자흐스탄의 다문화 공존정책: 다종교 현상에 대한 인구사회학적 분석."『한국중동학회논총』34(4), 27-51.

김중순. 2013. "이슬람 근대주의의 이해."『동서인문학』47, 23-52.

박단. 2005. "프랑스 공화국과 무슬림 여학생의 교내 히잡(헤드스카프) 착용금지."『역사학보』185, 245-275.

박단. 2018. "'히잡 착용 금지 논쟁'과 무슬림이민자 통합 문제: 식민주의와 공화주의의 공동유산."『프랑스사 연구』38, 69-95.

손영훈. 2014. "카자흐스탄의 국민형성 과정과 조직."『중동연구』33(1), 1-24.

오은경. 2014.『베일속의 여성 그리고 이슬람: 베일을 통해본 이슬람 문화』. 서울: 시대의 창.

조희선. 2009.『이슬람 여성의 이해: 오해와 편견을 넘어서』. 서울: 세창출판사.

Джалилов, З. Г. 2006. *Ислам и общество в современном Казахстане*. Алматы: Дайк-пресс

Досанова, М. Г. 2010. "Городские женщины в хиджабе. Новый феномен в Казахстане?" *Вестник РУДН, Серия Социология* №. 3, 5-11.

Избаиров, А. К. 2013. *Ислам в Казахстане*. Алматы.: Дәуір.

Концепция государственной политики в религиознойсфере Республики Казахстан на 2017-2020 годы, Астана, 2017.

Aslan, Ednan, Rausch, Margaret, 2013. *Islamic Education in Secular Societies*: in cooperation with Sedef Sertkan and Zsofia Windisch. Frankfurt am Main: Universitat Wien.

Bissenova, Alima. 2016. "Building a Muslim Nation: the Role of the Central Mosque of Astana." in Marlene laruelle (ed.). *Kazakhstan in the Making: Legitimacy, Symbols, and Social Changes*. New York, London: Lexington Books.

Bryan, Fanny. 1986. "Anti-Islamic Propaganda: *Bezbozhnik*, 1925-35." *Central Asian Survey* 5(1), 29-47.

Ferrando, Olivie. 2013 "The Central Asian States and their Co-Ethnics from Abroad: Diaspora Policies and Repatriation Programs" In Marlene Laruelle (ed.). *Migration and Social Upheaval as the Face of Globalization in Central Asia*, Leiden, Boston: Brill.

Salhani, Claude. 2011. *Islam without a Veil. Kazakhstan's Path of Moderation*. Washington D. C.: Potomac Books.

Scott, Joan Wallach. 2007. *The Politics of the Veil*. Princeton and Oxford: Princeton University Press.

Shahrani, Nazif. 2010. "Islam and Political Culture of "Scientific atheism" in Post-Soviet Central Asia." In Bhavna Dave (ed.). *Politics of Modern Central Asia. Critical Issues in Modern Politics*. Volume II. London, New York: Routledge.

Yemelianova, G. M. 2014. "Islam, National Identity and Politics in Contemporary Kazakhstan." *Asian Ethnicity* 15(3), 286-301.

"Всесоюзная перепись населения 1989 года. Национальный состав населения по республикам СССР." http://www.demoscope.ru/weekly/ssp/sng_nac_89.php(검색일: 2018. 09. 10).

"Заблудшие в черном." https://udr-krg.kz/ru/zabludshie-v-chernom/(검색일: 2018. 08. 01).

"Закон Республики Казахстан, "О религиозной деятельности и религиозных объединениях"". https://online.zakon.kz/Document/?doc_id=31067690(검색일: 2018. 08. 01).

"Камнем преткновения стал хиджаб четвероклассницы." http://azh.kz/ru/news/view/3385(검색일: 2018. 05. 12).

"Назарбаев: Бороды у парней и черные одеяния у девушек не соответствуют нашим традициям." https://www.zakon.kz/4854800-nazarbaev-borody-u-parnejj-i-chernye.html(검색일: 2018. 08. 12).

"Не путайте хиджаб с паранджой!" http://islam-post.com/ne-putajte-hidzhab-s-parandzhoj/(검색일: 2018. 09. 02).

"Очередной спор вокруг хиджаба разгорелся в Казахстане." http://www.islam.ru/news/2015-09-04/35643(검색일: 2018. 05. 13).

"Соцопрос: отношение казахов к ношению хиджаба в общественных местах." http://niac.gov.kz/ru/expertiza/item/1087-sotsopros-otnoshenie-kazakhov-k-nosheniyu-khidzhaba-v-obshchestvennykh-mestakh(검색일: 2018. 05. 20).

"Управление мусульман согласилось с запретом хиджаба в школах." https://365info.kz/2016/03/upravlenie-musulman-soglasilos-s-zapretom-hidzhaba-v-shkolah-obzor-kazpressy(검색일: 2018. 05. 20).

"Фетва ДУМК в отношении мусульманского платка." https://azan.kz/ahbar/read/fetva-dumk-v-otnoshenii-musulmanskogo-platka-2419(검색일: 2018. 05. 20).

"Хиджаб в школе – раскол в обществе?" http://www.exclusive.kz/expertiza/obshhestvo/14817(검색일: 2018. 08. 01).

"Шымкентских школьниц в хиджабах не допустили к ЕНТ." http://vesti.kz/foundation/46154(검색일: 2018. 05. 12).

Ⅲ부

이슬람과 중앙아시아 경제

제8장 중앙아시아 이슬람 금융의 특징에 대한 연구 - 조영관
제9장 중앙아시아 할랄 산업의 발전과 특징에 대한 연구 - 조영관

제8장
중앙아시아 이슬람 금융의 특징에 대한 연구*

조영관

I. 머리말

"고리대금을 취하는 자들은 악마가 스치므로 말미암아 정신을 잃어 일어나는 것처럼 일어나며 말하길 장사는 고리대금과 같다 라고 그들은 말하나 하나님께서 장사는 허락 하였으되 고리대금은 금지하셨노라 주님의 말씀을 듣고 고리업을 단념한 자는 지난 그의 과거가 용서될 것이며 그의 일은 하나님과 함께 하니라 그러나 고리업으로 다시 돌아가는자 그들은 불지옥의 동반자로써 그곳에서 영주하리라"(코란 2:275)
"하나님은 이자의 폭리로부터 모든 축복을 앗아가 자선의 행위에 더하시니 하나님께서는 사악한 모든 불신자들을 사랑하지 않으시기 때문이니라"(코란 2:276)(최영길 역, 1997: 75)

---

* 이 글은 『슬라브학보』 34-2(2019)에 게재된 논문을 본서의 편집 취지에 맞도록 수정·보완한 것입니다.

이슬람 금융은 알려진 것과 같이 위에서 언급된 일반 금융과는 다른 코란의 구절에 근거하는 몇 가지 원칙을 가진다. 먼저 금융 거래에서의 위험과 수익은 관련 당사자들 사이에 공평하게 분배되고, 거래에서의 불투명성은 제한되며, 이자 수입이나, 불법적인 거래, 도박이나 게임과 관련된 금융 거래도 금지된다. 이에 따라 이슬람 금융을 이용하는 소매상인들은 이자가 아닌 수수료를 지불하고 있으며, 이것이 은행의 주요 소득이 되고 있다. 또한 금융 거래는 실물 자산을 토대로 이루어진다(Komijani et al., 2018: 2). 이슬람 금융기관은 현금과 물품 사이의 거래를 직접적으로 중개하며, 이슬람 원칙에 따라 건물 등의 실질적인 자산을 매개로 한 거래를 지원하는 것이다. 이러한 원칙에 따르는 이슬람 금융의 대표적인 형태인 수쿠크 채권은 이자 지급이 아닌 배당금이나 부동산 임대료 등의 형태로 수익을 돌려준다.

이슬람 금융은 1950년대에 이슬람 학자들에 의해 고안되기 시작했으며, 1960년대에 처음으로 이슬람 인구가 많은 국가들에서 등장하였다(Komijani et al., 2018: 1). 이후 이슬람 금융은 점차 발전되었으며, 최근 할랄산업, 인프라, 수쿠크 채권 등에 대한 투자가 늘어나며 지속적으로 시장이 확대되고 있다. 한국에서도 이슬람 금융의 도입과 수쿠크 채권의 발행이 논의 되어 왔으며, 이러한 논의는 더욱 활발해지고 있는 추세이다. 전세계적으로 수쿠크 시장의 발행규모는 2017년 말 기준으로 약 4천억 달러에 이르고 있다.[1] 세계 최대의 수쿠크 발행국은 말레이시아이며, 이외에 대부분의 수쿠크 채권은 중동 국가들에서 발행되고 있다. 비이슬람권에서는 2014년 6월 영국에서 최초로 발행되었으며, 이후 룩셈부르크를 비롯한 다른 국가들에서도 발행되고 있다.

---

1 "Global Islamic Finance Markets Report 2019: Islamic Banking is the Largest Sector, Contributing to 71%, or USD 1.72 Trillion." https://www.globenewswire.com/news-release/2019/03/20/1758003/0/en/Global-Islamic-Finance-Markets-Report-2019-Islamic-Banking-is-the-Largest-Sector-Contributing-to-71-or-USD-1-72-Trillion.html(검색일: 2019. 04. 03).

중앙아시아 지역에서도 카자흐스탄에서 수쿠크가 발행되며, 향후 이슬람 금융이 확산될 가능성이 높아지고 있다. 따라서 중앙아시아 지역에서 이슬람 금융이 어떤 형태로 발전하며, 이 지역 국가들의 경제에 어떤 영향을 끼치게 될 지 여부가 주목된다고 할 수 있다. 또한 중앙아시아에서는 과거 이슬람 금융 도입에 장애요인이었던 금융의 종교, 정치와의 관련성도 주요한 연구의 대상이라고 할 수 있다. 소련의 일원이었던 중앙아시아 국가들에서 소련 해체 이후, 종교적 특징에 따라 도입된 이슬람 금융이 이슬람권의 세력 확대와 연결될 수 있다는 측면에서 이 지역에서의 이슬람 금융발전은 흥미로운 요소들을 가지고 있다.

기존에 중앙아시아 이슬람 금융에 대한 연구는 매우 미흡한 수준이며, 최근 이슬람 금융이 점차 확산되면서 해외에서 연구결과물들이 발간되기 시작하는 초기 연구 단계에 있다. 중앙아시아 이슬람 금융에 대한 연구는 크게 금융의 측면에서 이슬람 금융의 발전을 다룬 것과 종교적 측면에서 이슬람과의 연계성을 다룬 것으로 구분된다. 이슬람 세력의 확대 측면에서의 연구는 중앙아시아와 러시아의 정치적 관계에 대한 논의로도 전개되고 있다.

중앙아시아 이슬람 금융에 대한 대표적인 연구로는 중앙아시아와 러시아에서의 이슬람 금융의 등장과 특징을 금융 측면과 정치적인 측면에서 평가한 다비니아 호가스(Hoggarth, 2016)의 연구와 이슬람 금융의 현황에 보다 중점을 둔 세바스찬 페이라우즈(Peyrouse, 2016)의 연구, 중앙아시아에서 가장 이슬람 금융이 발달한 카자흐스탄 이슬람 금융의 특징에 초점을 둔 하키와 말릭(Khaki et al., 2013)의 연구 등이 있다.

이 글의 연구목적은 중앙아시아에서 이슬람 금융 도입의 필요성과 최근 이슬람 금융이 도입되고 있는 배경에 대해 평가하고자 한다. 또한 중앙아시아 각국에서 현재까지의 이슬람 금융의 적용과정을 분석하고자 한다. 이에 따라 본문의 2장에서는 금융 부문이 취약한 중앙아시아에서 이슬람 금융 도입의 필요성에 대해 살펴보고, 3장에서는 이슬람개발은행의 중앙아시아에서의 활동, 다른 이슬람 금융기관의 활동 및 이슬람 금융제도를 살펴보고자 한다. 마지막 4장에서는 향후 이슬람 금융의 중앙아시아 진출을 전망하고자 한다.

II. 중앙아시아에서 금융의 취약성과 새로운 금융의 필요성

1. 중앙아시아 금융부문의 취약성

중앙아시아 지역의 금융 산업 부문은 전반적으로 발전이 미흡한 상황이다. 이러한 금융산업의 취약성은 경제발전에 장애요인이 되고 있다. 금융산업의 취약성은 크게 두 가지 측면에서 평가할 수 있는데, 이는 국영부문의 과도한 영향력과 금융기관의 부실 문제이다. 국영부문의 큰 영향력에서는 우즈베키스탄이 대표적이며, 금융기관의 부실 문제에 있어서는 카자흐스탄이 대표적인 국가라고 할 수 있다.

첫째, 전반적으로 중앙아시아 국가들의 금융부문은 정부의 영향력이 절대적으로 크다. 대표적인 경우가 우즈베키스탄이다. 우즈베키스탄의 경우, 금융부문은 정부의 영향력이 큰 반면, 대외개방도는 매우 낮은 편이다. 2018년 7월 기준으로 27개의 은행이 활동하고 있으며, 우즈베키스탄 국립은행(NBU), 할크은행(Halq Bank), 아사카(Asaka) 은행 등 3개의 국영은행과 11개의 정부 지분 보유 기업, 8개의 민간은행, 5개의 외국계 은행이 영업을 하고 있다. 은행 부문의 전체 자산은 271억 달러이며, 주요 2개 대형 국영은행이 62.7%에 달하는 170억 달러의 자산을 보유하고 있을 정도로 정부의 영향력이 크다.[2]

〈표 1〉에서는 우즈베키스탄 은행의 집중도와 국영부문의 은행 시장 점유

---

2 "Uzbekistan-Banking-Systems." https://www.export.gov/article?id=Uzbekistan-Banking-Systems(검색일: 2019. 04. 12).

표 1 우즈베키스탄 은행의 자산 보유 비중 (단위: %)

	2001	2014	2016	2018
3대 주요 은행	86.6	50.6	49.7	59.9
5대 주요 은행	91.3	63.7	62.9	71.8
국영은행	82.2	41.2	41.4	48.8
정부 지분 보유은행	6.1	35.5	33.7	33.2
외국은행	0.9	8.7	9.9	7.7

자료: Muzaffar Ahunov, 2018: 3.

율이 나타나 있다. 이 표에서는 3대, 5대 은행의 집중도는 점차 감소하였고, 국영은행의 점유율도 점차 감소한 것으로 나타나 있다. 그러나 실질적으로는 정부가 지분을 보유한 은행의 점유율은 높아져 전반적으로 정부의 은행 시장에 대한 지배력은 지속적으로 유지되고 있음을 알 수 있다.

이러한 우즈베키스탄에서와 같은 국영금융기관의 높은 시장 점유율은 카자흐스탄을 제외한 다른 중앙아시아 국가에서도 유사하다. 중앙아시아 지역에서 금융권에 대한 정부의 큰 영향력은 제조업의 발전에 대한 부진으로 연결된다고 할 수 있다. 국영금융기관들은 주로 에너지, 광물부문의 대규모 국영기업에 투자하고 있으며, 이는 새로운 민간기업의 발전에는 부정적으로 작용하는 경향이 있기 때문이다.

둘째, 중앙아시아 국가들은 금융부문이 미발달한 상황에서 금융권의 부실 비중은 높은 편이다. 대표적으로 금융권의 부실이 문제가 되고 있는 국가는 중앙아시아에서 금융부문이 가장 개방되어 있는 카자흐스탄이다. 우즈베키스탄과 달리 카자흐스탄은 민간은행과 외국계 은행이 발달해 있다. 최대 은행인 할릭은행(Halyk Bank)은 민간은행이며, 28개 상업은행 가운데 14개의 은행이 외국계 은행일 정도로 금융시장은 개방되어 있다. 카자흐스탄의 금융권도 우즈베키스탄과 같이 몇 몇 은행이 큰 비중을 차지하고 있다는 점에서는 유사한 특징을 가진다. 카자흐스탄에서 상위 5대 대형은행의 자산비중이 전체 은행의 57.5%에 달하고 있다. 5대 은행의 대출 비중은 전체 은행 대출의 56.6%이며,

예금 비중은 전체의 60.5%에 달한다.[3]

우즈베키스탄과 달리 카자흐스탄 금융권의 대표적인 취약성은 부실은행, 부실 채권에 있다고 할 수 있다. 카자흐스탄에서는 2008년 글로벌 금융위기 이후 금융 부문의 취약성이 경제 발전에 장애가 되고 있는데, 다수의 부실은행 발생과 함께 은행의 과도한 부실채권 문제가 지속되고 있다. 이러한 원인은 금융위기 이전 카자흐스탄 경제의 고도성장기에 은행들이 해외에서 낮은 이자율의 자금을 도입하여 국내에서 높은 이자율의 대출을 적극적으로 실시하였고 금융위기 이후 경기침체로 대출금 상환 연체가 급격하게 증가하였기 때문이다.

이에 따라 카자흐스탄에서 부실채권 비율은 2013년 말에 무려 전체 대출액의 31.7%를 기록하였다. 최근에 다소 감소하였으나, 여전히 높은 비율을 기록하고 있다. 2018년 8월 기준으로 부실채권의 비중은 국제평가기관들에 따라 차이는 있으나 8.2%에서 13%에 이르는 매우 높은 비율을 보이고 있다(EBRD, 2018a: 2).[4] 이러한 금융권의 부실채권은 국가경제에 큰 문제가 되고 있다. 2017년에도 은행의 부실채권 매입을 위해 정부는 GDP의 약 4%에 달하는 65억 달러의 공적자금을 부실채권기금(Problem Loan Fund)에 지원하였으며, 중앙은행도 5억 달러의 은행권 회생자금을 지원한 바 있다. 이러한 정부의 지원은 국가 재정에도 부정적인 영향으로 작용하고 있다.

이처럼 은행의 부실채권 문제를 비롯한 금융권의 취약성은 다른 중앙아시아 국가들도 크게 다르지 않다. 키르기스스탄은 부실채권의 비중이 2017년 6월 기준으로 8.4%에 달하고 있으며(EBRD, 2017: 2), 타지키스탄은 부실채권의 비중이 더욱 높아 2018년 7월 기준으로 24.5%에 달하고 있다(EBRD, 2018b: 3).

---

3 "CURRENT STATE OF THE BANKING SECTOR OF KAZAKHSTAN AS OF 1 JANUARY 2018." https://nationalbank.kz/cont/%D0%A2%D0%B5%D0%BA%D1%83%D1%89%D0%B5%D0%B5%20%D0%91%D0%92%D0%A3_eng_01.01.2018.pdf(검색일: 2019. 02. 10).

4 "Sector of non-performing loans remains flat at 13pct in Kazakhstan's banking sector." *Azernews*(August 16, 2018). https://www.azernews.az(검색일: 2019. 04. 12).

이러한 중앙아시아 금융시장의 부실채권 문제는 은행의 기업에 대한 대출에 장애가 되고 있으며, 이는 산업 발전에 부정적인 영향을 주고 있다. 이러한 상황에서 중앙아시아 각국 정부는 금융부문의 발전이 경제발전, 산업 활성화를 위해 필요하다는 것을 인식하고 금융 부문의 취약성을 개선하기 위한 구조조정을 추진해왔다. 다른 국가들에 비해 금융시장이 발전하였던 카자흐스탄은 금융시장 구조개혁 정책으로 1990년대 중반 150여 개에 달하던 은행의 수를 30여 개로 줄였다. 또한 2017년 6월에는 알틴은행(Altyn Bank)이 60%의 지분을 중국 CITIC 은행에 매각을 추진한 것과 같이 외국 금융기관에 지분을 매각하여 부실을 해결하려는 움직임도 보였다. 2017년 3월 이후 자산 규모 260억 달러로 카자흐스탄 최대은행인 할릭 은행(Halyk Bank)은 두 번째 규모의 카즈코메르츠 은행과의 합병을 추진하였으며, 2018년 7월 합병 절차가 완료되었다(EBRD, 2018b: 3).

현재 중앙아시아 각국 정부는 금융부문의 발전을 위한 다양한 정책을 펴고 있는 가운데, 외국금융기관과의 협력이나 자국의 금융부문 발전을 위한 자문을 적극 추진하고 있다. 특히 카자흐스탄 정부는 아스타나를 유라시아 금융허브로 육성하는 방안을 추진하여, 아스타나 국제금융센터(AIFC)를 발족하였다. 아스타나 국제금융센터는 '두바이 국제금융센터'를 모델로 2015년부터 설립을 추진하였으며, 2018년 7월 정식으로 출범하였는데 80여 개의 금융기관, 비금융기관이 입주해 있다. 또한 AIFC내에 아스타나 국제거래소(AIX)가 설립되기도 하였다.[5] 아스타나 국제거래소는 상하이 거래소와 나스닥을 전략적 파트너로 하고, 이 거래소들과의 협력을 통해 발전을 추진하고 있다. 우즈베키스탄의 경우는 한국에 대해 KSP 사업 등을 통해 금융부문 발전 정책에 대한 컨설팅을 요청하기도 하였다. 또한 우즈베키스탄에서 활동하고 있는 한국산업은행과 같이 외국 금융기관의 진출을 장려하고 있기도 하다.

---

5 "COUNTRY ASSESSMENTS: KAZAKHSTAN." TRANSITION REPORT 2018-19.

중앙아시아 각국의 금융부문의 취약성과 각국 정부의 금융산업 발전 정책에 따라 외국 금융기관과의 협력 필요성이 높아지고 있다. 이러한 가운데 중앙아시아 국가들은 이슬람권과의 금융협력을 통해 금융시장의 취약성을 보완하고자 하며, 투자유치와 차관 도입 등을 추진하고자 한다.

2. 중앙아시아의 높은 금융 수요

중앙아시아 지역은 유라시아 대륙의 중심에 위치한 지리적인 특징으로 운송 및 물류 부문의 발전이 향후 경제발전에 큰 영향을 줄 것으로 전망된다. 그러나 아직도 교통 인프라는 매우 취약하여 새로운 운송로의 신설과 교통 인프라의 현대화가 매우 절실히 필요하다. 현재 중앙아시아 교통 인프라의 취약성은 세계은행이 매년 발표하고 있는 지표들을 통해서도 잘 나타난다. 중앙아시아 국가들은 물류지수에서 2018년 세계 160개국 가운데 매우 낮은 순위를 기록하고 있으며, 특히 산악지역에 위치한 타지키스탄과 사막지대가 많은 투르크메니스탄의 물류환경이 열악한 것으로 나타났다.

이러한 부족한 교통 인프라의 발전을 위해서는 외국 금융기관의 투자가 절실하다. 이에 따라 각국은 세계은행, 유럽부흥개발은행, 아시아개발은행 등과 적극 협력하고 있으며, 새롭게 설립된 AIIB와 협력을 추진하고 있기도 하다. 국제기구들은 그동안 중앙아시아의 운송, 에너지 등의 부문에 지원을 해왔다.

표 2 중앙아시아 국가들의 물류지수(LPI: Logistics Performance Index)

	LPI 순위	통관	물류인프라	국제수송	물류역량	물류추적	적시성
카자흐스탄	71	65	81	84	90	83	50
우즈베키스탄	99	140	77	120	88	90	91
키르기스스탄	108	55	103	138	114	99	106
투르크메니스탄	126	111	117	136	120	107	130
타지키스탄	134	150	127	133	116	131	104

자료: World Bank. 2018년 기준.

그럼에도 불구하고 인프라 개발 수요는 매우 높으며, 국제기구들의 금융지원으로 이를 모두 충족시키기에는 어려운 상황이다.

ADB가 2017년 발간한 아시아 인프라 수요 예측(2016~2030년) 보고서 (Meeting Asia's Infrastructure Needs)에 따르면, 중앙아시아를 포함한 아시아 지역의 인프라 수요는 지속적으로 늘어날 것으로 전망되고 있으며, 이에 따라 향후 투자 자금이 부족한 것으로 예상되고 있다. 이 보고서는 아시아·태평양 지역 45개국을 대상으로, 2016년부터 2030년까지 15년간의 인프라 수요를 조사하였다. 이 보고서에서 평가한 인프라의 정의는 교통, 전력, 통신, 수자원 등이며, 향후 아시아 지역의 경제성장 지속, 빈곤 퇴치, 기후변화 대응을 위해 인프라 수요가 높은 것으로 평가하고 있다. ADB는 수요예측 결과를 기본수요(Baseline)와 기후감축 및 적응(Climate mitigation and adaptation) 반영치로 구분하여 발표하였다. 기준치에서는 15년간 22조 5,510억 달러, 연 1조 5,030억 달러가 필요하며, 기후변화를 반영할 경우에는 15년간 26조 1,660억 달러, 연 1조 7,440억 달러가 필요한 것으로 전망하고 있다(ADB, 2017: 43).

중앙아시아의 경우, 2016~30년 동안의 기본수요(Baseline)는 4,920억 달러로 전망되고 있으며, 기후변화를 반영할 경우에는 5,650억 달러로 전망되고

표 3 세계 지역별 인프라 개발 수요(2016~30) (단위: 10억 달러, 2015년 가격 기준)

지역	기준치			기후변화 반영치		
	투자수요	연평균 수요	GDP대비 수요(%)	투자수요	연평균 수요	GDP대비 수요(%)
중앙아시아*	492	33	6.8	565	38	7.8
동아시아	13,781	919	4.5	16,062	1,071	5.2
남아시아	5,477	365	7.6	6,347	423	8.8
동남아시아	2,759	184	5.0	3,147	210	5.7
태평양	42	2.8	8.2	46	3.1	9.1
계	22,551	1,503	5.1	26,166	1,744	5.9

자료: ADB, 2017: 43.
(* ADB 평가 대상 중앙아시아 국가는 카자흐스탄, 우즈베키스탄, 키르기스스탄, 타지키스탄, 투르크메니스탄, 아제르바이잔, 아르메니아, 조지아 등 8개국)

있다,[6] 이는 투자 가능액수를 크게 상회하는 것으로 평가되고 있다. 다음 〈표 4〉에서 나타나는 것과 같이 카자흐스탄 등 3개국을 대상으로 평가한 결과로도 연간 인프라 투자 수요는 기준치일 경우 50억 달러, 기후변화를 반영할 경우 70억 달러가 부족한 것으로 나타났다. 따라서 인프라 개발을 위해 부족한 투자를 확보하기 위해서는 추가의 자금이 필요하다고 할 수 있다.

이러한 상황에서 중앙아시아 국가들은 국내의 금융기관들과 국제금융기구들을 통해 인프라 개발을 위한 자금조달을 추진하고 있다. 먼저 국내에서는 인프라 개발에 국부펀드의 자금이 활용되고 있다. 카자흐스탄과 우즈베키스탄은 국부펀드를 운영하고 있다. 카자흐스탄의 경우에는 에너지 수출소득을 통해 축적한 막대한 국부펀드(National Fund of the Republic of Kazakhstan) 자금을

표 4 세계 지역별 선정국가들에서의 인프라 투자와 수요 차이(2016~20)

(단위: 10억 달러, 2015년 가격 기준)

지역 (지역별 선정 국가)	기존 투자 (GDP 대비 %)	기준치			기후변화 반영치		
		연간 투자 수요	기존 투자와의 차이	GDP 대비 수요(%)	연간 투자 수요	기존 투자와의 차이	GDP 대비 수요(%)
중앙아시아 (3개국)*	6(2.9)	11	5	2.3	12	7	3.1
남아시아 (8개국)	134(4.8)	294	160	4.7	329	195	5.7
동남아시아 (7개국)	55(2.6)	147	92	3.8	157	102	4.1
태평양 (5개국)	1(2.7)	2	1	6.2	2	2	6.9

자료: ADB, 2017: 50.
(* ADB에서 선정하여 평가한 중앙아시아 지역 3개국은 카자흐스탄, 키르기스스탄, 아르메니아)

---

[6] 다른 지역의 경우, 기본 수요는 동아시아 13조 7,810억 달러, 남아시아 5조 4,770억 달러, 동남아시아 2조 7,590억 달러, 태평양 420억 달러 규모로 전망되고 있다. 또한 기후변화를 반영할 경우, 동아시아 16조 620억 달러, 남아시아 6조 3,470억 달러, 동남아시아 3조 1,470억 달러, 태평양 460억 달러로 수요가 증가하는 것으로 전망하고 있다(ADB, 2017: 43).

경제성장을 위한 인프라 개발, 기업 지원 등의 목적으로 사용하고 있다. 국부펀드 규모는 2019년 2월 기준으로 582억 달러로, 국제유가하락과 정부 재정에 대한 지원과 투자 등에 대한 지출 확대로 2014년 8월의 772억 달러, 2016년 1월의 642억 달러 등으로 감소하고 있으나, 여전히 GDP의 20%에 달하는 큰 규모를 기록하고 있다.[7] 국부펀드는 기본적으로 정부 재정 지원을 목적으로 하고 있으나, 카자흐스탄 정부의 '누를리 졸' 등 정책에 따른 인프라 개발과 산업다변화 지원과 중소기업 자금 지원 등 다양한 목적으로 활용되고 있다. 또한 국영지주회사인 바이테렉의 자회사인 '카자흐스탄 프로젝트 준비 센터'도 인프라 및 주택 건설 등과 관련된 민관협력사업(PPP)을 추진하며, 외국기업의 투자 유치 활동을 하고 있다.

해외에서는 중앙아시아 국가들이 국내 자금으로 부족한 인프라 개발을 위해 국제금융기구나 개별국가들로부터 투자유치를 추진하고 있다. 세계은행, EBRD, ADB 등이 중앙아시아 지역의 개발 사업에 투자를 해 왔으며, 최근에는 중국의 주도로 설립된 AIIB, 러시아의 주도로 설립된 EDB에서도 투자를 하고 있다. 이 국제금융기구들은 운영 방식과 지원 활동에 있어서 각각의 특징을 가지고 있다. 세계은행은 미국이 주도하고 있으며, 신흥국들의 빈곤퇴치 등에서 많은 활동을 하고 있고, 유럽의 주도로 설립된 EBRD는 동유럽이나 구소련 등 과거 사회주의 국가들의 체제전환과정에서 필요한 인프라 재원을 지원하고 있다. EBRD는 2018년 10월 기준으로 750개 프로젝트에 116억 유로를 투자하고 있다. 부문별로는 에너지가 46%로 가장 많으며, 인프라가 30%, 공업 및 농업, 상업 등에 14%, 금융부문에 8%를 투자하고 있다(EBRD, 2018a: 3). 미국, 일본이 주도하는 ADB는 CAREC(Central Asia Regional Economic Cooperation, 중앙아시아 경제협력체) 프로젝트 등을 통해 아시아 지역에서의 에너지, 교통, 물류 인

---

[7] "Темирханов: Активы Нацфонда, скорее всего, не вырастут》" https://kursiv.kz/news/finansy/2019-03/temirkhanov-aktivy-nacfonda-skoree-vsego-ne-vyrastut(검색일: 2019. 04. 03).

표 5 중앙아시아 프로젝트 추진 개발은행의 주요 사업 부문과 국가

개발은행	주요 추진 분야	최대투자지역	특징
세계은행	수력 발전	아프리카	사회인프라에 대한 투자 우선 (IBRD의 46%, IDA의 40%), 산하의 여러 기구가 프로젝트, 금융지원 등을 개별적으로 지원
	노동이주		
EBRD	에너지	러시아	시장경제정착 지원, 국가별 3개년 발전계획 수립 지원
	인프라		
	공업		
	농업		
ADB	인프라 (교통, 물류, 에너지)	동남아시아	CAREC 프로그램을 통해 인프라 건설에 62% 투자, 국가별 5개년 발전계획 수립 지원
	중소기업		
EDB	인프라	러시아, 카자흐스탄	러시아 및 중앙아시아 등 유라시아 지역의 경제협력 지원, 유라시아 경제연합 지원
	산업		

자료: 각 국제금융기구 참고 저자 작성

프라 등을 지원하고 있으며, 교통 인프라 부문에 많은 투자를 하고 있다.

    개별국가들 가운데는 중국이 중앙아시아 지역에 많은 금융지원을 하고 있다. 최근에는 중국이 주도하는 일대일로가 중앙아시아 지역에서 다수의 인프라 프로젝트를 추진하는 가운데, 중국 금융기관들이 적극적으로 지원을 하고 있기도 하다. 중국은 일대일로의 주요 분야로 인프라, 무역, 정책, 문화와 함께 금융 협력을 추진하고 있으며, 중국 수출입은행, 개발은행 등 국영금융기관들과 상업금융기관들이 일대일로의 인프라, 에너지 프로젝트 추진을 위한 다수의 프로젝트들에 금융지원을 하고 있다. 그러나, 중국의 일대일로 추진은 인프라 개발 과정에서 각국의 대중국 부채 증대로 인한 경제위기, 중국의 영향력 확대, 중국 노동자 유입 증대 등으로 세계 여러 나라에서 비판의 대상이 되고 있으며, 중앙아시아에서도 이러한 현상이 나타나고 있다. 카자흐스탄의 경우, 농지법 개정 과정에서 외국인에 대한 농지 임대기간을 늘리는 내용의 개정안이 중국인의 카

자흐스탄 농업 진출 확대로 이어질 수 있다는 우려에서 국민들의 반대가 극심하였고 결국 법안의 개정은 무산되었다. 키르기스스탄의 경우 중국기업의 광산 개발과정에서 발생하는 환경오염 문제에 대해 현지 주민들이 집단행동으로 광산개발을 저지하기도 하였다. 또한 대규모 프로젝트 추진과정에서 중국인 노동자들의 유입에 대해 부정적인 여론이 형성되고 있기도 하다.

따라서 중앙아시아 지역의 국제물류 환경이 취약하며, 향후 2030년까지 인프라 부문에 대한 국내외의 예상 투자 규모가 투자 수요 규모에 미치지 못할 것으로 전망되는 상황에서 이 지역의 개발을 위한 새로운 금융자본의 지원이 매우 필요한 상황이라고 할 수 있다.

3. 중앙아시아 지역의 금융 대안으로서의 이슬람 금융

최근 중앙아시아 국가들은 인프라 개발과 산업 발전을 위한 새로운 금융제도로 이슬람 금융을 주목하고 있다. 에너지 자원 개발과 생산을 통해 풍부한 자본을 축적한 중동의 이슬람 금융기관들은 해외에 적극적인 투자활동을 하고 있으며, 같은 이슬람권인 중앙아시아 지역의 인프라를 비롯한 다양한 부문의 금융사업에 관심을 가지고 있다.

이슬람 금융에서 활용되고 있는 거래유형들을 고려할 때 중앙아시아의 인프라 개발이나 제조업 발전, 국민들의 소비생활 등 사회·경제활동을 지원하는 새로운 금융으로 발전될 수 있을 것으로 평가된다. 이슬람금융은 기본적으로 이슬람의 율법인 샤리아(Sharia)에 위배되지 않도록 고안된 금융서비스와 상품을 의미한다. 샤리아란 이슬람 경전인 쿠란, 무함마드의 언행인 순나(Suunah), 율법학자의 합의를 의미하는 이즈마(Ijma) 등으로 구성되어 있는데 이슬람 교도들의 종교생활을 포함한 사회생활 전반의 지침이 되고 있다.[8] 샤리아에서는 쿠

---

8 쿠란이나 순나 등에서 직접 언급되지 않은 내용들은 샤리아에 정통한 율법학자들의 결정에

란에서 금지하고 있는 주류, 도박, 돼지고기, 무기, 포르노 등과 관련된 사업에 대한 투자나 거래를 제한하고 있다. 따라서 이슬람 사회의 정체성이 강화되고 있는 중앙아시아 지역에서 샤리아에 근거한 금융과 투자는 향후 국가나 사회적으로 장려될 가능성이 많다고 할 수 있다.

한편 금융기법 측면에서 이슬람 금융은 무역금융이나 소비자할부금융이라고 할 수 있는 무라바하, 리스금융이나 주택대출에 활용될 수 있는 이자라, 상품의 주문 제작이나 인프라 프로젝트에 활용될 수 있는 이스티스나 등을 주요 금융상품으로 하고 있는데 이러한 상품들은 중앙아시아에서 발전가능성을 가진다고 할 수 있다. 무라바하는 이슬람 은행이 소비자 대신 원료를 구입하여 재판매하는 신용거래 방식으로 수출업체가 수출용 물품 생산을 위해 원자재를 수입하는 경우에 이용될 수 있다. 따라서 무라바하는 중앙아시아 각국이 제조업 부문의 발전과 수출장려 정책을 추진하는 상황에서 자금이 부족한 중소기업의 수출금융으로 활용될 수 있을 것이다. 또한 이자라는 이슬람금융기관이 물품을 구입하여 수요자에게 이용권을 이전하고 물품 이용료를 회수하는 방식의 금융기법으로 국민소득 증가에 따라 소비가 증가하고 있는 중앙아시아 지역에서 자동차 등의 리스에 활용될 수 있을 것이다. 그리고 이슬람금융기관이 소비자의 요청으로 생산자에게 자금을 제공하고, 생산이 완료된 이후 소비자에게 상품 인도와 함께 자금을 회수하는 방식의 이스티스나는 대형 기계장비의 주문제작에 활용될 수 있다(이권형, 2015: 54~55; 심의섭 외, 2010: 171~173). 이스티스나는 미래의 생산 예정인 물품에 대해 금융기관이 생산자에게 융자를 해주는 방식의 생산자금융으로 중앙아시아 지역에 필요한 인프라 건설프로젝트 등에 활용될 수 있을 것이다(이권형, 2015: 61; 김종원, 2010: 21).

의존하게 된다. 따라서 이슬람 금융상품으로 인정되기 위해서는 이슬람 율법학자들로 구성된 샤리아감독위원회(Sharia Supervisiory Board)를 통해 샤리아 부합성을 승인받아야 한다(이권형, 2015: 52~53).

이와 같은 이슬람금융 기법들을 고려할 때 중앙아시아 국가들은 이슬람 금융이 인프라 개발 이외에 제조업이나 서비스 산업의 발전을 위해서도 자금을 지원할 수 있을 것으로 기대하고 있다. 특히, 이슬람개발은행과 이슬람 금융기관의 주요 지원 대상 분야 가운데는 중소기업의 생산 활동에 대한 지원이 포함되어 있으므로 지금까지의 에너지, 광물 분야의 대기업에 대한 금융지원 형태에서 벗어나 중소규모의 제조기업이나 서비스기업에 금융지원이 활성화될 수 있을 것으로 전망되고 있다.

III. 중앙아시아에서 이슬람 금융의 발전과 특징

1. 이슬람개발은행의 활동

중앙아시아에서는 이슬람 다자개발은행인 이슬람개발은행과 이슬람 민간은행들이 금융지원을 하고 있다. 이슬람개발은행은 다른 국제금융기구와 같이 중앙아시아를 비롯한 신흥국의 경제 및 사회 인프라의 개선이나 기업 활동을 위한 지원을 하고 있다. 이슬람개발은행은 1975년에 자본금 330억 달러로 설립되었으며, 현재 57개국이 가입해 있다. 영업자산은 160억 달러 규모이며, 수권자본금이 700억 달러 규모이다.[9] 중앙아시아에는 1991년 소련 해체 이후에 금융지원과 투자를 하기 시작하였다. 1993년에 키르기스스탄이 가장 먼저 가입하였으며, 1994년과 1995년, 1996년에 투르크메니스탄과 카자흐스탄, 타지키스탄이 연달아 가입하였다. 우즈베키스탄은 2003년에 가장 늦게 가입하였다(Bilal Ahmad Malik, 2015: 32). 중앙아시아에서 카자흐스탄의 경제규모가 크고 금융이

---

9 www.isdb.org/who-we-are/about(검색일: 2019. 02. 10).

다른 지역에 비해 발전하였으므로 알마티의 이슬람개발은행 지점이 중앙아시아 이슬람개발은행의 센터 역할을 담당하였다(Khaki et al., 2013: 13).

이슬람개발은행은 주로 사우디아라비아와 리비아, 이란, 카타르, 쿠웨이트의 자본을 위주로 운영되고 있다. 사우디아라비아의 지분이 23.5%, 리비아가 9.43%, 이란이 8.25% 등이다.[10] 이슬람개발은행은 다른 국제개발은행들인 세계은행, EBRD, ADB 등과 유사한 기능을 한다. 신흥국을 대상으로 투자를 하고 그것에 대한 이익을 회수한다. 그러나, 다른 개발은행들과 달리 이슬람 금융에 기반한 샤리아 원칙에 따른다는 특징이 있다.

이슬람개발은행은 크게 다섯 개 분야에 대한 금융지원을 하고 있다. 여기에는 과학 및 기술과 혁신, 교육, 보건, 인도주의적 지원, 여성과 소녀 등의 분야가 포함되어 있다. 이슬람개발은행은 이슬람 국가들 간의 통신, 교통 발전을 추진하고 있는데 대부분 도로, 통신, 항공, 운하 등 인프라 건설을 위주로 지원을 하며, 학교, 병원, 농업 등 사회 개발에도 지원활동을 한다. 이슬람개발은행은 이집트, 방글라데시 등의 이슬람 빈곤국에 대한 지원 비중이 높은 편이며, 중앙아시아에서는 인프라 건설과 함께 농업, 보건, 교육 등의 부문에 활발하게 투자하고 있다. 또한 다른 인프라 건설과 함께 이슬람 학교나 직업훈련센터 건설 등 이슬람과 긴밀하게 연관된 부문에도 투자하고 있다. 이슬람개발은행은 중앙아시아 진출 초기부터 중앙아시아 국가들과 이슬람협력기구(Organisation of Islamic Cooperation)간의 협력을 추진해 왔다(Gresh, 2007: 3).

이슬람개발은행은 산하에 '이슬람 민간개발공사(ICD)', '이슬람 수출신용투자보험공사(ICEIC)' 등 전문 분야에 특화된 기업을 운영하고 있다. 이 가운데 '이슬람 민간개발공사(ICD)'는 중소기업 발전을 위해 민간 부문에 투자하고 있으며, 중앙아시아 지역에서도 적극적인 활동을 하고 있다. 또한 정부나 국영대기업이 수출 전략을 세우는 것을 지원하고 샤리아 법에 따른 보험 제공을 하는

---

10 www.isdb.org/isdb-member-countries(검색일: 2019. 02. 10).

'이슬람 수출신용투자보험공사(ICEIC)'가 있다(Peyrouse, 2016: 2). 이처럼 이슬람 개발은행과 자회사들은 다른 다자개발은행들과 유사한 인프라 건설, 사회개발, 민간부문 발전 등을 지원해오고 있다.

이슬람개발은행의 중앙아시아에서의 국가별 활동과 지원 현황은 다음과 같다. 이슬람개발은행은 1997년 알마티에 지부를 개설한 뒤에 카자흐스탄에서 활발하게 활동하고 있으며, 2013년에는 이슬람 리스 회사인 '카자흐스탄 이자라(Ijarah)'사를 설립하기도 하였다.

과거 우즈베키스탄의 카리모프 정부는 이슬람권의 금융지원이 와하비즘을 장려할 수 있다는 우려를 하였다. 이에 따라 우즈베키스탄은 중앙아시아에서 가장 늦은 2003년에 이슬람개발은행에 가입하였다. 그러나 2016년 말에 출범한 미르지요예프 정부는 이슬람개발은행으로부터 많은 규모의 투자를 유치하는 등 이슬람 금융권과 협력하고 있다. 현재 이슬람개발은행은 우즈베키스탄 정부와 협력하여 '2018~2021년 협력전략'을 추진하며 13억 달러의 차관을 제공할 계획이다. 부문별로는 에너지, 교통 및 도시개발에 4억 7,500만 달러, 농촌주택 건설에 3억 달러, 중소기업에 8,500만 달러를 지원할 계획이다.[11]

이슬람개발은행은 우즈베키스탄에서 주로 민간 소기업 지원, 관개 설비 현대화, 송전망 현대화 등에 지원하고 있다. 또한 ICD는 우즈베키스탄의 주요 은행들인 이포테카(Ipoteka) 은행, 아사카 은행, 우즈프롬스트로이뱅크(Uzpromstroybank)를 통하여 농업과 교통 현대화 부문에 자금을 대출하고 있기도 하며, 우즈베키스탄 국립은행, 우즈프롬스트로이뱅크, 아사카 은행, 아시아 얼라이언스 은행(Asia Alliance Bank), 트러스트 은행(Trustbank)과 인핀은행(InFinBank), 이곽율리은행 등에게 전대금융차관을 제공하고 중소기업 지원을 위해 협력하

---

11 "Islamic Development Bank commits US$ 1.3 billion for Uzbekistan's development & social projects in 2018-2021." https://tashkenttimes.uz/finances/2894-islamic-development-bank-commits-us-1-3-billion-for-uzbekistan-s-development-social-projects-in-2018-2021(검색일: 2019. 02. 10).

고 있다(Peyrouse, 2016: 4). 또한 이슬람개발은행은 종교적 차원의 지원 사업도 추진하고 있는데 사마르칸트에 위치한 이슬람 국제연구센터(Imam Al-Bukhari International Research Center)에 대한 지원이 대표적인 사업이다. 우즈베키스탄은 2017년 이후 미르지요예프 대통령이 외환제도, 환율제도, 금융제도 등 경제개혁 정책을 적극적으로 추진하는 가운데 금융개혁의 측면에서 이슬람 금융 제도를 도입할 계획이며, 정부는 이슬람 금융 도입을 위한 제도 수립을 위해 이슬람개발은행과 협력을 계획하고 있다.

이슬람개발은행은 키르기스스탄에서는 중앙은행과 공동으로 이슬람 금융기관 설립을 추진하고 있다. 또한 ICD는 키르기스스탄의 미소금융 기관인 '몰 불락 파이낸스(Mol Bulak Finance)'의 샤리아 원칙에 따라 운용되는 금융 사업에 1,000만 달러를 지원하기도 하였다.[12]

한편 이슬람개발은행은 투자 환경이 열악하며, 세계 금융권과의 관계가 미미한 타지키스탄에서도 보건, 교육, 교통, 에너지, 관개 등의 부문에 지원하고 있다. 이러한 지원사업은 대부분 2010년 이후에 이루어지고 있다. 2015년 10월 이슬람개발은행은 중앙아시아 지역의 최대 전력망 건설 프로젝트인 타지키스탄의 'CASA-1000'에 7,000만 달러를 지원하고 있다. 이외에도 이슬람개발은행은 2011년 이후 타지키스탄의 민간 기업 활성화와 농업 부문 지원, 빈민층에 대한 지원 등을 실시하고 있으며, 2014년 8월에는 타지키스탄 개발은행과 협력을 체결하여, 타지키스탄 개발은행의 이슬람 금융기관으로의 전환을 지원한 바 있다.[13] 또한 이슬람개발은행 그룹 산하기관인 '국제 이슬람 무역 금융기구(ITFC)'는 2016년 1월에는 민간 상업 은행인 아그로인베스트(Agroinvest) 은행과 양해각서를 체결하고 무역 금융부문에서 협력하기로 합의하였다.

---

12 "OUTLOOK 2019 Kyrgyzstan." https://www.intellinews.com/outlook-2019-kyrgyzstan-153860(검색일: 2019. 02. 12).

13 "TRANSITION REPORT 2014 Innovation in Transition." http://2014.tr-ebrd.com/tajikistan(검색일: 2019. 03. 30).

투르크메니스탄에서도 이슬람개발은행이 활발하게 활동을 하고 있다. 투르크메니스탄은 1994년에 이슬람개발은행의 회원국이 된 이후, 2017년 1월 기준으로 이슬람개발은행의 지원으로 17개의 프로젝트에 16억 4,000만 달러의 지원을 받고 있다. 2018년에는 투르크메니스탄, 아프가니스탄, 파키스탄, 인도를 연결하는 TAPI 가스관 건설에 7억 달러의 차관을 도입한바 있다.[14] 또한 ICD도 2011년 농업, 물류, 부동산 부문에 대한 중소기업 발전을 위한 양해각서를 체결하고 지원을 하고 있다.

이처럼 중앙아시아에서 이슬람개발은행과 자회사들의 활동은 주로 프로젝트 투자와 차관 제공, 개발 협력 사업 등에 초점을 두고 있다. 또한 이슬람개발은행은 금융지원과 함께 이슬람 단체나 이슬람 시설에 대한 지원사업도 추진

표 6 이슬람개발은행 그룹의 중앙아시아 국가들에 대한 금융 지원

(2014년 말 기준, 단위: 백만 달러)

국가	단위	주요 프로젝트(금액)
카자흐스탄	545	- 카즈아그로(KazAgro) 국가지주회사, 농업금융지원 펀드, 카자흐스탄 농업 마이크로 금융지원(10년간 1억 달러)
키르기스스탄	215	- 비쉬켁(Bishkek)과 오쉬(Osh) 전력망 개선프로젝트 금융지원(2,300만 달러) - Zarkamar, JamoatMiskinobod, Faizobod 등 농촌지역의 학교교육 시설 건축 및 설비 지원(220만 달러)
우즈베키스탄	1,494	- 수한다리야 지역 도로 건설(1억 6,720만 달러) - Khausak-shady, 칸딤 가스 프로젝트(1억 달러)
타지키스탄	270	- 두샨베(Dushanbe) 상수도 공급프로젝트(210만 달러)
투르크메니스탄	587	- 발칸 벨라얏(Balkan Velayat) 상수도 프로젝트(1억 2,117만 달러)
중앙아시아 전체	3,112	
세계 전체	52,686	

자료: Peyrouse, 2016; Bilal Ahmad Malik, 2015: 41~42; ICD, 2018: 78.

---

14 "Development of Islamic financing in Central Asia gaining momentum." https://orient.tm/en/development-of-islamic-financing-in-central-asia-gaining-momentum(검색일: 2019. 02. 15).

하고 있다. 이러한 이슬람개발은행의 금융 지원확대는 중앙아시아 정부와 국민들의 이슬람 금융기관에 대한 인식에 긍정적인 영향을 주고 있으며, 이를 통해 향후 이 지역들에서 이슬람 금융제도가 도입되고 발전하는데도 영향을 주게 될 것으로 평가된다. 향후 이슬람개발은행은 중앙아시아 지역의 인프라 개발 이외에도 사회부문과 중소기업 지원, 무역 금융 등에 대한 지원을 늘려갈 것으로 예상되며, 이를 위해 중앙아시아 지역에 진출한 AIIB, ADB 등 다른 다자개발은행들이나 중앙아시아 각국 정부, 금융기관, 민간기업들과의 협력을 추진할 것으로 전망된다.

2. 중앙아시아 각 국가들에서의 이슬람 금융의 발전

이슬람개발은행과 함께 이슬람 금융제도나 원칙에 기반하여 은행들이 제공하는 이슬람 금융이 있다. 주로 중동 지역의 국부펀드가 설립한 은행들이 세계 각지에서 이슬람 금융 사업을 하고 있다. 전세계적으로 이슬람 금융 부문은 2015년을 기준으로 1조 860억 달러로 추정되며, 이란이 3,880억 달러, 사우디아라비아 1,510억 달러, 말레이시아 1,330억 달러, 쿠웨이트 800억 달러, UAE 940억 달러 등으로 평가되고 있다(Hoggarth, 2016: 119). 민간 이슬람 은행들은 이슬람 국가들이나 유럽 국가들에 설립되어 있는데 최근 중앙아시아 국가들에도 진출이 늘고 있다. 중앙아시아에서 이슬람 금융이 활발한 국가는 키르기스스탄과 카자흐스탄이며, 이 국가들은 중앙아시아의 다른 국가들에 비해 금융시장이 개방되어 있다. 키르기스스탄은 중앙아시아에서 가장 먼저 WTO에 가입하면서 대외경제개방 정책을 추진한 국가이며, 카자흐스탄은 금융 부문의 발전을 주요한 정책과제로 제시하고 있는 특징을 가진다.

 2000년대에 이슬람 금융이 도입된 카자흐스탄은 중앙아시아뿐만 아니라, 구소련 지역에서 가장 이슬람 금융이 발전된 지역이 되었다. 카자흐스탄 정부는 이를 통해 경제적 측면에서 이슬람 정체성을 갖추기를 기대하고 있다. 카자흐스탄에서는 2008년 10월 의회에서 이슬람 금융 도입을 위한 법률안 "이슬람 은행과 이슬람 금융의 설립과 활동에 관한 카자흐스탄 법률 개정법"이 통과되어 2009년 2월부터 효력을 갖게 되었다(Kulshariya Shayakhmetova et al., 2017: 3). 또한 카자흐스탄 정부는 이슬람 금융 도입을 위해 투자 환경을 개선하였는데 이자를 받지 않는 이슬람 은행의 세금 부담을 완화하기 위해 금융 세제를 개선하였다. 2009년에는 카자흐스탄 중앙은행의 지원으로 '이슬람 금융개발위원회(ADIF)'가 설립되었는데 이 위원회는 중동으로부터 투자를 유치하는 통로가 되고 있다. 이 위원회는 카자흐스탄 최초로 교육에서 투자에 이르기까지 모든 이슬람 금융 서비스를 제공하고 있다.

또한 2009년 초에 카자흐스탄에는 이슬람 금융원칙에 따른 금융서비스를 제공하는 '파타 파이낸스(Fattah Finance)' 주식회사가 설립되었다. 이 회사는 카자흐스탄에 최초로 샤리아 원칙에 기반하는 투자회사인 아르마나 상호펀드(Armana Mutual Funds)를 설립하였다(Kulshariya Shayakhmetova et al., 2017: 3). 특히, 2012년은 카자흐스탄 이슬람 금융에서 큰 발전이 이루어진 시기였는데 2012년 3월에는 '2020년까지 이슬람 금융 발전방안'이 만들어졌다. 여기에는 이슬람 금융과 관련된 제도 개선, 시장 교육, 공공부문 발전, 분쟁 관리에서 이슬람 원칙의 도입, 투자자 관계 등 다양한 이슬람 금융 발전 방안이 포함되어 있다. 이후 2012년 8월에는 카자흐스탄 개발은행이 말레이시아 중앙은행과 협력으로 7,300만 달러 규모의 수쿠크을 발행하였다(Hoggarth, 2016: 126-127). 당시 발행된 수쿠크 채권의 62%는 말레이시아 투자자가 매입하였으며, 이후 양국은 이슬람 금융 부문에서 긴밀하게 협력하고 있다. 이것은 구소련 지역에서 최초로 수쿠크가 발행된 사례로 중앙아시아 시장에서의 이슬람 금융에 대한 반응을 살펴보는 시험적인 성격을 가지고 있기도 하다.

2015년은 카자흐스탄에서 이슬람 금융이 더욱 활성화된 시기이다. 경기 침체로 텡게화는 평가절하되었으며, 외국인 투자가 매우 부진한 시기에 나자르바예프 대통령은 2015년 4월 샤리아 원칙에 따라 이슬람 보험, 리스, 예금이 가능하도록 하는 법안을 통과시켰다. ADIF는 2015년 5월 샤리아 법에 대한 서비스를 전세계에서 제공하고 있으며 바레인 중앙은행이 인정하는 '샤리아 Review Bureau(SRB)'와 양해각서를 체결하였으며, 11월에는 카자흐스탄 의회에서 이슬람 국채 발행을 위한 법과 제도를 개정할 수 있는 법안이 통과되었다. 이 법안에 따르면 전통은행이 이슬람 은행으로 전환하고 이슬람 금융기관으로부터 투자를 유치하기 위해 카자흐스탄의 아스타나에 지점을 개설하는 것을 허용하고 있다. 또한 이슬람 은행의 설립 자본금을 1,600만 달러에서 800만 달러로 절반으로 줄여서 설립을 용이하게 하였다. 이 방안들은 이슬람 금융기관들을 다양화하고 국내 및 외국인 투자자들을 유치하려는 목적을 가진다.

이외에도 카자흐스탄에는 중앙아시아의 다른 국가들에 비해 많은 이슬람 금융 기관들이 있다. 민간 은행인 투란알렘은행은 UAE 연합은행과 협력하여 2007년부터 다양한 이슬람 금융상품 서비스를 제공하였다. 2009년에는 아킬-Kenes 컨설팅사가 이슬람 금융과 제조업 부문의 금융사업을 시작하였다. 또한 파타 파이낸스사가 샤리아 원칙에 따른 금융 서비스를 제공했는데 이 파타 파이낸스사는 2010년에 말레이시아 금융 그룹 아마나라야(AmanahRaya)와 이슬람 은행 설립을 위한 협약을 체결하기도 했다.[15] 2010년에는 아부다비에 본사를 둔 UAE 국영 알 힐랄(Al Hilal) 은행이 알마티에 지점을 개설하고 활동을 시작했으며, 2017년에는 카자흐스탄에서 처음으로 이슬람 금융 상품을 취급하였다.[16] 또한 2015년에는 자만(Zaman) 은행이 카자흐스탄 중앙은행의 지원하에 무이자 대출 서비스를 실시하였는데 이 은행은 2017년에는 이슬람 은행으

---

15 "Kazakhstan and Malaysia dealt on Islamic bank foundation." https://kaztag.info/en/news/kazakhstan-and-malaysia-dealt-on-islamic-bank-foundation(검색일: 2019. 02. 24).

16 https://alhilalbank.kz/en/page/history(검색일: 2019. 02. 23).

로 전환되었다.[17]

카자흐스탄에서 이슬람 금융은 사회적 약자 계층 지원과 관련된 금융서비스를 제공하고 있다. 2011년에 설립된 하지(Hajj) 펀드는 무슬림 지원펀드를 운용하고 있다. 또한 카자흐스탄 이슬람 위원회는 2011년부터 빈민층을 지원하는 펀드인 자카트를 운영하고 있다. 이처럼 카자흐스탄에서 이슬람 금융이 다른 중앙아시아 국가들에서보다 활성화 되었으나, 아직 발전 수준은 미미하다고 할 수 있다. 이슬람 금융기관의 자산은 전체 은행의 1%인 약 10억 달러에 불과하며, 카자흐스탄 전체 인구의 71%가 이슬람 금융기관을 인식하고 있지 않다는 설문조사 결과도 있다(KAZAKHSTAN ISLAMIC FINANCE, 2016: 104).

그럼에도 불구하고 카자흐스탄은 이슬람 금융과 관련된 국제적인 행사인 '세계 이슬람 금융 포럼', '카자흐스탄 할랄 엑스포' 등을 개최하며 구소련 지역의 이슬람 금융의 중심지로 발전하고 있다. 또한 카자흐스탄은 세계 이슬람 금융 조직들인 이슬람 금융서비스 위원회(the Islamic Financial Services Board: IFSB), 이슬람 금융 회계 기구(the Accounting and Auditing Organization for Islamic Financial Institutions: AAOIFI), 국제이슬람 금융 시장(the International Islamic Financial Markets: IIFM) 등에 가입하기도 했다. 또한 2017년 9월에는 이슬람 기구의 과학, 기술 정상회의((Organization of Islamic Cooperation: OIC) summit on science and technology)를 개최하기도 하였다.[18] 특히, 알마티지역 금융센터(Regional Financial Center of Almaty: RFCA)는 이슬람권의 투자를 중앙아시아와 CIS 지역에 유치하는 지역의 이슬람 금융 허브의 역할을 할 것으로 전망되고 있다.

---

17 "Zaman-Bank becomes Kazakhstan's second Islamic Bank." https://astanatimes.com/2017/08/zaman-bank-becomes-kazakhstans-second-islamic-bank(검색일: 2019. 02. 23).

18 "Kazakhstan on track to become Central Asia's Islamic finance hub." https://www.gulf-times.com/story/566927/Kazakhstan-on-track-to-become-Central-Asia-s-Islam(검색일: 2019. 02. 15).

키르기스스탄은 중앙아시아에서 이른 시기에 이슬람 금융이 법으로 도입된 국가이다. 이슬람 은행은 키르기스스탄 두 번째 대통령인 바키예프의 지원을 받아 2005년부터 2010년 사이에 발전하였다. 2006년에는 이슬람개발은행의 지원으로 Eco 이슬람 은행이 시범 프로젝트를 실시하였으며, 2009년에 제정된 은행법에는 이슬람 금융의 원칙들이 포함되어 있다.[19] 키르기스스탄에서는 2013년 3월 '이슬람 금융 개발위원회'가 설립되어 민간 및 공공 부문에서 이슬람 금융을 지원하고 있다. 또한 몇 몇 미소 금융 기구가 이슬람 금융의 무라바카 원칙에 따라 설립되었으며, 이슬람 보험인 타카풀 서비스를 제공하고 있기도 하다. 현재 이슬람 금융기관들은 키르기스스탄 전역에서 120개의 지점을 운영하고 있으며, 이슬람개발은행, 말레이시아 이슬람 은행, 말레이시아 '네가라' 중앙은행 등과 협력하고 있다. 전반적으로 키르기스스탄 이슬람 금융은 중소기업을 대상으로 한 미소금융 부문에 집중되어 있다.

우즈베키스탄은 ICD가 아사카 은행, 우즈베크 산업 건설 은행, 투론(Turon) 은행, 함코르(Hamkor) 은행, 캐피털(Kapital) 은행, 아시아 얼라이언스 은행 등과 샤리아 원칙에 따르는 이슬람 금융 협력을 추진하고 있다. 또한 타지키스탄에서는 2014년에 최초의 이슬람 금융 기관인 알리프 캐피탈(Alif Capital)이 설립되어, 이슬람 금융서비스를 제공하고 있는데, 주로 미소금융 부문에서 사업을 하고 있다. 타지키스탄에서 미소금융은 성과를 거두고 있는데 알리프 캐피탈은 2014년 설립당시 자산이 10만 달러에 불과하였으나, 2018년에는 약 250만 달러로 급속도로 성장하였으며, 직원의 수도 설립 초기 3명에서 현재는 90명으로 크게 늘어났다. 또한 2017년 10월에는 소히프코르뱅크(Sohibkorbank)가 ICD와 이슬람 금융기관으로의 전환을 논의하기 시작하였으며 2019년에 이슬람 금융기관으로 전환되었다.[20] 그러나 제도의 불명확성과 전문인력의 부족 등의 이유로

---

19 "Islamic finance in kyrgyzstan." https://islamicmarkets.com/publications/islamic-finance-in-kyrgyzstan(검색일: 2019. 02. 14).

20 "Tajikistan: is Islamic banking the future?" *The times of central asia*(January 25,

표 7 중앙아시아 국가들의 이슬람 금융

	법규	수쿠크 발행	수쿠크 발행 계획	이슬람 은행	일반 은행의 이슬람 금융창구	외국계 이슬람 은행	이슬람 미소 금융	샤리야 관련 금융상품	샤리아 관련 펀드
카자흐스탄	○	○	○	○		○	○	○	○
키르기스스탄	○			○	○		○		
타지키스탄	○			○			○		
투르크메니스탄									
우즈베키스탄									

자료: ICD, 2018: 46.

전환은 아직 성과를 거두지 못하고 있다.

투르크메니스탄에서도 초기단계이지만 이슬람 금융이 발전할 수 있는 분위기가 조성되고 있다. 2018년 3월 베르디무하메도프 대통령은 UAE를 방문하였는데, 이 때 투르크메니스탄 대외경제은행이 두바이이슬람경제개발센터(Dubai Islamic Economy Development Centre: DIECE)와 이슬람 금융 부문의 협력을 위한 양해각서를 체결하였다. 향후 UAE측은 수쿠크와 같은 이슬람 자본 시장의 발전을 위해 협력하며, 공동으로 이슬람 금융에 대한 워크숍과 세미나를 진행하기도 하였다. 두바이이슬람경제개발센터 관계자는 수쿠크 등 이슬람 금융시스템이 투르크메니스탄의 인프라 개발이나 에너지 부문의 발전, 비에너지 산업 부문의 발전에 기여할 수 있을 것으로 전망했다.[21]

이처럼 각 국가별로 차이는 있으나, 이슬람 금융이 중앙아시아 각국에 점차로 태동하고 있다고 평가 할 수 있다. 이러한 추세는 중앙아시아 지역의 경제가 발전하고 산업 다변화가 추진됨에 따라 점진적으로 확대될 것으로 전망된다.

2018). https://www.timesca.com/index.php/news/19252-tajikistan-is-islamic-banking-the-future(검색일: 2019. 02. 15).

21 "Dubai, Turkmenistan promote Islamic finance." *Emirates News Agency*(March 19, 2018). http://wam.ae/en/details/139530267 5939(검색일: 2018. 12. 20).

Ⅳ. 맺음말

중앙아시아 지역에서 이슬람 금융의 도입과 발전은 다른 이슬람권 지역과 비교하여 매우 더디게 진행되어 왔다. 이는 중앙아시아 지역에서 이슬람 금융의 도입을 제한하는 다음과 같은 몇 가지 요인이 있었기 때문이다.

첫째, 중앙아시아 국가들이 갖는 정치적 특징과 관련이 있다. 대체로 과거 중앙아시아 각국 정부들은 이슬람 금융이 단순한 금융이 아닌 이슬람과 관련된 정치적인 영향을 가져올 수 있을 것으로 평가하였다. 이슬람개발은행의 활동과 관련하여서도 중앙아시아 국가들은 이슬람개발은행의 금융지원이 사우디아라비아의 종교적 원칙을 전파하려는 목적을 가지고 있다는 것에 대한 의구심을 가지고 있었으며, 이것은 이슬람개발은행의 활동에 장애요인으로 작용하였다.

둘째, 중앙아시아 국가들의 금융 시스템과 관련이 있다. 카자흐스탄이 다른 국가들에 비해 금융환경이 개방되고 발전된 것과 달리 다른 중앙아시아 국가들에서는 전통적인 방식의 금융시장이 발전되지 못하고 있다. 이러한 상황에서 이슬람 금융의 진출이 제한되고 있는 것이다. 이처럼 중앙아시아 금융 시장의 현황이 이슬람 금융과의 협력에 장애요인이 되었다.

셋째, 투자 유치와 관련된 각국의 상황으로 이슬람 금융 도입의 필요성이 적었다고 할 수 있다. 카자흐스탄, 우즈베키스탄, 투르크메니스탄 등 에너지 생산 국가들에서는 에너지 개발에 대한 투자 유치가 우선시 되었고 대체로 에너지 분야에 대해 안정적인 투자 유치를 할 수 있었다. 카자흐스탄의 경우도 2008년 글로벌 경제위기 이전에는 비서구 국가들로부터 금융 지원을 받을 필요가 없었다. 반면, 앞에서 언급한 것과 같이 키르기스스탄이나 타지키스탄 등 중앙아시아 국가들은 경제 상황이 열악하여 투자 유치를 하지 못했고, 금융협력을 위한 금융시스템도 발전되지 못하였다.

그러나, 최근에는 이처럼 이슬람 금융의 중앙아시아 진입에 방해가 되는 요인보다 중앙아시아 국가들에서 이슬람 금융에 대한 실질적인 필요성의 측면이 훨씬 커지고 있다. 중앙아시아 국가들은 중앙아시아 시장 진출에 적극적이며 풍부한 자금을 보유하고 있는 이슬람개발은행을 비롯한 이슬람 금융이 인프라 개발과 산업 성장에 큰 역할을 할 수 있을 것으로 기대하고 있다. 특히, 본문에서 살펴본 것과 같이 향후 수십 년 동안 인프라 개발에 대한 금융 지원이 투자 수요에 이르지 못할 것으로 전망되는 상황에서 이슬람 금융의 필요성이 높아지고 있다. 또한 이슬람 금융의 민간 제조업 부문에 대한 대출 등을 통해 제조업이나 서비스업의 발전에도 기여할 수 있을 것으로 전망하고 있다.

보다 구체적으로 살펴보면 이슬람 금융은 다음과 같은 측면에서 중앙아시아에서 발전할 수 있는 가능성을 가지고 있다.

첫째, 중앙아시아 지역의 이슬람적 특성이 강화되고 있기 때문이다. 소련의 해체 이후, 중앙아시아 지역에서 발전하기 시작한 이슬람은 최근 중앙아시아 각국에서 정부의 정책으로 강조되고 있다. 이슬람 사원들이 설립되고 있으며, 이슬람 지역 국가들과의 정치, 경제, 문화 교류가 확대되고 있다. 따라서 이슬람 세력의 확대를 추진하는 이슬람권과 이슬람적인 요소의 발전을 통해 민족주의를 강조하고자 하는 중앙아시아 각국의 이해가 일치함에 따라 중앙아시아 지역에서 이슬람 금융에 대한 관심이 높아지고 있다. 이러한 측면에서 이슬람개발은행이 중앙아시아 지역에서 이슬람 시설에 대해 지원하고 있는 것도 매우 흥미로운 사실이라고 할 수 있다.

둘째, 이슬람 금융권이 보유한 풍부한 외환자산 때문이다. 대체로 이슬람 금융권은 에너지 수출 소득을 통해 금융기관이나 정부에서 설립한 국부펀드에 풍부한 외환을 보유하고 있으며, 이를 해외에 투자할 필요가 있다. 따라서 외부로부터의 자금 지원을 필요로 하는 중앙아시아 국가들과 투자대상 지역을 물색하고 있는 이슬람 금융이 상호 협력의 필요성을 가지고 있다고 할 수 있다.

셋째, 중앙아시아 지역에서 인프라 개발 수요가 증대하고 있기 때문이다. 더구나 이 지역의 교통 및 운송 인프라의 발전은 중동 이슬람권의 물류망으로 연계될 수도 있으므로 상호 긍정적인 영향을 줄 수가 있다. 중앙아시아 지역과의 운송망 연계를 통해 중동과 중앙아시아, 그리고 유라시아 각국을 연결하는 물류망을 발전시킬 수 있는 것이다. 이러한 측면에서 중앙아시아와 중동을 연결하는 교통 및 에너지 인프라를 발전시킬 수 있는 새로운 금융지원 시스템으로 이슬람 금융이 유용하게 인식되고 있는 것이다.

본문에서 살펴본 것과 같이 중앙아시아 각국에 점차 이슬람 금융이 도입되고 금융 서비스가 발전될 가능성이 높아지고 있다. 최근의 전반적인 세계 경기침체가 당분간 이어질 것으로 전망되며, 이에 따른 투자 부진은 막대한 교통, 에너지 프로젝트 추진이 필요한 중앙아시아 국가들이 이슬람 금융을 도입할 수 있는 가능성을 높일 것이다. 이슬람 금융의 도입은 중앙아시아 국가들의 재정적 어려움을 해결하고 투자유치를 확대하기 위한 차원에서도 추진될 가능성이 높다. 또한 중앙아시아 각국의 금융시장 안정과 관련하여서도 이슬람 금융과의 협력 필요성이 제기되고 있다. 이와 관련하여 2015년 카자흐스탄에서는 어려운 재정, 금융 상황을 극복하기 위해 이슬람 금융에 대한 개방조치를 실시한 사례가 있기도 하다. 이러한 상황들을 고려할 때, 향후 이슬람 금융은 카자흐스탄과 주변의 중앙아시아 이슬람 국가들로 점차 확산될 것으로 전망된다.

이 연구에서는 중앙아시아에서 이슬람 금융의 도입 필요성과 이슬람 금융이 각국의 경제에 적용되는 과정을 평가하고자 하였다. 다만 중앙아시아 이슬람 금융의 활동은 초기 단계에 있으므로 이를 통해 각국 경제에 주는 구체적인 영향을 평가하기는 이르며, 이러한 점에서 이 연구의 한계가 있다고 할 것이다. 따라서 중앙아시아 각국 경제에 대한 이슬람 금융의 정량적 경제지표를 통한 영향은 후속연구과제가 될 수 있을 것이다. 각국의 경제적 필요성, 인프라와 산업 부문의 투자유치의 필요성에 의해 중앙아시아 국가들의 이슬람 금융과의 협력은 확대되고 있으며, 이슬람 금융이 각국 경제에 끼치는 영향은 점차 커질 것으로 전망된다. 중앙아시아 국가들 가운데는 '유라시아 금융 허브'를 지향하는 카자흐스탄이 유라시아 지역의 이슬람 금융 허브로 발전을 추진할 것으로 전망된다. 또한 경제개방과 함께 외국 금융자본의 도입에 적극적이며, 중동지역과의 협력을 적극 추진하는 우즈베키스탄에서도 이슬람 금융이 발전할 것으로 전망할 수 있다.

참고문헌

김종원. 2010. 『이슬람금융의 힘』. 서울: 21세기북스.
심의섭 외. 2010. 『중동경제와 이슬람금융』. 서울: 세창출판사.
이권형. 2015. "이슬람 금융의 개요 및 일반 금융과의 비교." 『무역보험』. vol. 192. 2.
최영길 역. 1997. 『성 꾸란: 의미의 한국어 번역』. 메디나: 파하드 국왕 성 꾸란 출판청.

ADB. 2017. *Meeting Asia's Infrastructure Needs*.
Ahunov, Muzaffar. 2018. *Financial inclusion, regulation, and literacy in Uzbekistan*. ADBI. August.
Davinia Hoggarth. 2016. "The rise of islamic finance: post-colonial market-building in central Asia and Russia." *International affairs 92*, 115-136.
EBRD. 2017. Country Assessments: Kyrgyz Republic.
EBRD. 2018a. The EBRD in central asia.
EBRD. 2018b. Country Assessments: Kazakhstan.
Gresh, G. F. 2007. "The rise of islamic banking and finance in central asia." The fletcher school-al nakhlah-tufts University.
ICD(Islamic corporation for the development of the private sector). 2018. *Russia: Bridging new Horizons*. February, 78.
KAZAKHSTAN ISLAMIC FINANCE. 2016. Kazakhstan national bank.
Khaki, G. N and Malik B. A. 2013. "Islamic banking and finance in post-soviet central asia with special reference to Kazakhstan." *Journal of Islamic banking and finance*. Vol. 1 No. 1 December, 11-22.
Komijani, Akbar and Taghizadeh-Hesary, Farhad. 2018. *An overview of islamic banking and finance in asia*. ADBI. July.
Malik, Bilal A. 2015. "Halal banking in post-soviet central Asia: Antecedents and consequences." *Marketing and Branding research 2*, 28-43.
Peyrouse, Sebastien. 2016. "Islamic finance in central asia." *CERIA Brief*, No. 16.

March.

Shayakhmetova, Kulshariya et al. 2017. "Islamic finance in the republic of Kazakhstan." *Revista Espacios*. Vol. 38(No 53).

"COUNTRY ASSESSMENTS: KAZAKHSTAN." TRANSITION REPORT 2018-19. EBRD.

"CURRENT STATE OF THE BANKING SECTOR OF KAZAKHSTAN AS OF 1 JANUARY 2018." https://nationalbank.kz/cont/%D0%A2%D0%B5%D0%BA%D1%83%D1%89%D0%B5%D0%B5%20%D0%91%D0%92%D0%A3_eng_01.01.2018.pdf. The National Bank of the Republic of Kazakhstan(검색일: 2019. 02. 10).

"Development of Islamic financing in Central Asia gaining momentum." https://orient.tm/en/development-of-islamic-financing-in-central-asia-gaining-momentum(검색일: 2019. 02. 15).

"Dubai, Turkmenistan promote Islamic finance." *Emirates News Agency*(March 19. 2018). http://wam.ae/en/details/1395302675939(검색일: 2018. 12. 20).

"Global Islamic Finance Markets Report 2019: Islamic Banking is the Largest Sector, Contributing to 71%, or USD 1.72 Trillion." https://www.globenewswire.com/news-release/2019/03/20/1758003/0/en/Global-Islamic-Finance-Markets-Report-2019-Islamic-Banking-is-the-Largest-Sector-Contributing-to-71-or-USD-1-72-Trillion.html(검색일: 2019. 04. 03).

"Islamic Development Bank commits US$ 1.3 billion for Uzbekistan's development & social projects in 2018-2021." http://tashkenttimes.uz https://tashkenttimes.uz/finances/2894-islamic-development-bank-commits-us-1-3-billion-for-uzbekistan-s-development-social-projects-in-2018-2021(검색일: 2019. 02. 10).

"Islamic finance in kyrgyzstan." https://islamicmarkets.com/publications/islamic-finance-in-kyrgyzstan(검색일: 2019. 02. 14).

"Kazakhstan on track to become Central Asia's Islamic finance hub." https://www.gulf-times.com/story/566927/Kazakhstan-on-track-to-become-Central-Asia-s-Islam(검색일: 2019. 02. 15).

"Kazakhstan and Malaysia dealt on Islamic bank foundation." https://kaztag.info/en/news/kazakhstan-and-malaysia-dealt-on-islamic-bank-foundation(검색일: 2019. 02. 24).

"OUTLOOK 2019 Kyrgyzstan." https://www.intellinews.com/outlook-2019-kyrgyzstan-153860(검색일: 2019. 02. 12).

"Sector of non-performing loans remains flat at 13pct in Kazakhstan's banking sector." *Azernews*(August 16, 2018). https://www.azernews.az(검색일: 2019. 04. 12).

"Tajikistan: is Islamic banking the future?" *The times of central asia*(January 25, 2018). https://www.timesca.com/index.php/news/19252-tajikistan-is-islamic-banking-the-future(검색일: 2019. 02. 15).

"TRANSITION REPORT 2014 Innovation in Transition." http://2014.tr-ebrd.com/tajikistan(검색일: 2019. 03. 30).

"Uzbekistan-Banking-Systems." https://www.export.gov/article?id=Uzbekistan-Banking-Systems(검색일: 2019. 04. 12).

"Zaman-Bank becomes Kazakhstan's second Islamic Bank." https://astanatimes.com/2017/08/zaman-bank-becomes-kazakhstans-second-islamic-bank(검색일: 2019. 02. 23).

"Темирханов: 《Активы Нацфонда, скорее всего, не вырастут》" https://kursiv.kz/news/finansy/2019-03/temirkhanov-aktivy-nacfonda-skoree-vsego-ne-vyrastut(검색일: 2019. 04. 03).

https://alhilalbank.kz/en/page/history(검색일: 2019. 02. 23).
www.isdb.org/who-we-are/about(검색일: 2019. 02. 10).

제9장
중앙아시아 할랄 산업의 발전과 특징에 대한 연구

조영관

I. 머리말

할랄은 아랍어로 허용된 것이라는 뜻이다. 이슬람은 인간의 행동을 허용된 것, 금지된 것, 선택에 맡겨진 것 등으로 구분한다. 이는 모든 삶의 영역과 관련된다. 물론 인간의 소비 행위에서도 허용된 것이라는 할랄은 적용된다. 그러나 허용된 것은 명확하게 규정된 것이 아니며, 이에 따라 금지된 것이라는 뜻의 하람에 대한 규정이 소비 행위에 쉽게 적용된다고 할 수 있다. 금지되지 않은 것이 할랄이 될 수 있는 것이다. 금지된 것은 잘 알려져 있는 것과 같이 돼지고기와 개, 뱀, 송곳니가 있는 육식동물 등이다. 이외에 피와 사체도 금지되며, 알코올이 포함된 술, 의약품, 화장품 등도 소비가 금지된 하람 제품으로 할랄이 아닌 것이다.

또한 원재료의 소비여부와 함께 가공방식에 있어서도 할랄 식품의 기준이 있다. 육류의 도축방식이 대표적인 것으로 도축하는 사람이 이슬람 신자여야 하며, 도축 대상은 살아있는 동물이어야 한다. 또한 '알라의 이름으로'라는 기도

문이 도축 전에 암송되어야 하며, 식품의 보관, 가공, 운반시에는 금지된 식품인 '하람' 재료와 접촉이 차단되어야 한다(김형준, 2017: 253-294).

이러한 할랄은 이슬람의 생활에서 지켜야 되는 것이며, 다른 소비재의 사용에서도 지켜야 되는 것이므로 할랄은 무슬림의 경제활동에서 중요한 부분을 구성한다. 이에 따라 무슬림들이 다수 거주하는 지역에서는 할랄 식품, 할랄 의약품 등이 산업으로 발전하고 있다.

최근 한국에서도 할랄 산업에 대한 다수의 연구결과물이 발표되고 있다. 그러나 아직 중앙아시아 지역의 할랄 산업에 대한 연구는 이루어지지 않고 있다. 이는 아직 맹아기 수준을 면하지 못하고 있는 중앙아시아 할랄 산업의 발전 정도를 반영한다고 할 수 있다. 국내에서는 물론이고, 해외에서도 중앙아시아 지역의 할랄 산업에 대한 연구결과물은 거의 찾기가 어려운 상황이다. 전반적으로 국내에서는 주로 한국 기업의 진출을 위하여 세계 할랄 시장을 조사한 보고서가 출판되고 있다. 말레이시아 등 할랄 산업이 발전된 지역을 대상으로 한 연구는 있으나 아직 중앙아시아에 대해서는 진행된 연구가 없는 상황이다.[1] 또한 외국에서 발간되는 연구나 조사보고서들도 주로 세계 할랄 산업에 대한 연구를 다루고 있으며 중앙아시아 지역은 간략하게 언급되고 있는 정도이다.[2]

이 글에서는 중앙아시아 국가들의 할랄 산업에 대해 살펴보고자 한다. 역사적, 정치적 이유들로 중앙아시아 지역의 할랄 산업은 동남아시아나 중동 등과 같은 무슬림이 많은 지역에 비해 발전이 느리게 진행되었다. 그러나 최근 카자흐스탄, 우즈베키스탄 등 중앙아시아 국가들에서 이슬람의 영향력이 점차 확대되며 할랄 산업도 발전하고 있다. 이 연구에서는 중앙아시아 지역 할랄 산업의 발전 현황과 발전 과정에서의 특징을 살펴보고자 한다. 그리고 할랄 산업의

---

[1] 국내의 세계 할랄 시장에 대한 최근의 자료들로는 KOTRA(2016), 강자은 외(2016) 등의 연구가 있다.
[2] 대표적인 해외의 자료로는 후세인 엘라스래그(Hussein Elasrag, 2016)의 연구가 있다.

발전을 위한 다른 이슬람 지역과의 연계에 대해서도 살펴보고자 한다.

본문의 2장에서는 세계 할랄 산업의 현황과 특징을 다루고, 3장에서는 중앙아시아 지역의 할랄 산업 현황을 카자흐스탄, 우즈베키스탄, 키르기스스탄 등 개별 국가별로 살펴보고자 한다.

II. 세계 할랄 산업의 특징

1. 세계 할랄 시장 현황

할랄의 의미를 가장 쉽게 규정할 수 있는 영역은 식품 부문에서이다. 무슬림에게 있어서 할랄 식품의 소비는 다른 소비 영역보다 엄격하게 지켜지고 있다. 이슬람에게 있어서 할랄은 소비 영역이나 지역마다 엄격성의 정도에는 차이가 있으나 종교적인 차원에서 지켜야 하는 소비 방식이라고 할 수 있다. 다음의 표 1은 할랄과 하람을 구분하는 단순한 방법에 대한 것이다. 현재 할랄은 식품에서 제약, 화장품 그리고 관광에 이르기까지 전세계의 무슬림이 소비하는 산업으로

표 1 할랄과 하람

할랄	하람
- 비육류 식품 및 어류 - 돼지고기를 제외한 육류 가운데 이슬람법에서 정한 방식에 의해 도축된 식품 - 이슬람법에 준하는 원재료를 사용한 가공식품	- 돼지고기 - 육식동물, 파충류, 곤충 - 이슬람법에 따른 도축방식을 따르지 않은 육류 - 알코올 성분을 지닌 식품 - 하람에 해당되는 원재료를 사용한 가공식품

자료: 저자 작성

발전하고 있다.

　세계적으로 무슬림의 수는 약 18억 명으로 추정되는데 이는 세계 전체 인구의 약 24%의 비중에 해당된다. 또한 이 무슬림을 대상으로 한 이슬람 경제의 시장규모는 2017년을 기준으로 2조 1,070억 달러로 평가되고 있다. 이슬람 경제의 시장 규모는 점차 성장하여 2023년에는 2017년에 비해 1.5배가 증가한 3조 70억 달러에 이를 것으로 전망되고 있다(Thomson Reuters, 2019: 6~7). 이슬람 경제를 구성하는 부문으로는 가장 규모가 큰 이슬람 금융을 비롯하여 할랄 음식, 할랄 패션, 할랄 미디어와 할랄 여행, 할랄 제약, 할랄 화장품 등이 있다. 2023년에는 이슬람 경제의 전체 규모가 커지는 것과 동시에 이슬람 경제의 주요 부문의 규모도 커질 것으로 전망된다. 2017년과 비교하여 2023년에는 이슬람 금융이 36.0%, 할랄 관광이 35.4%, 할랄 의약품이 33.6%, 할랄 화장품이 33.0%, 할랄 음식이 30.1% 등의 증가율을 기록할 것으로 전망된다.

　2017년 기준으로 이슬람 경제에서 가장 큰 규모를 차지하는 것은 이슬람 금융으로 37.2%를 기록하고 있는데, 2023년에는 이 비중이 43.1%로 증가할 것으로 전망된다. 또한 할랄 음식도 2017년의 19.9%에서 2023년에는 21.1%로 증가할 것으로 전망된다. 또한 관광, 의약품, 화장품 등의 부문에서도 할랄 산업이 확대될 것으로 예상되고 있다(Thomson Reuters, 2019: 6~7).

　전세계에서 가장 큰 할랄 시장은 인도네시아, 말레이시아 등이 포함된 동남아시아이며, 그 다음이 중동, 북아프리카 시장, 그리고 그 다음이 사하라 이남 지역으로 평가된다(삼정 KPMG 경제연구원, 2015: 6). 두바이 '이슬람 경제발전센터'가 발간한 다음 그림 4의 자료에 따르면 전세계 이슬람권에서 경제규모가 큰 국가들인 인도네시아, 말레이시아 등과 함께 인도, 이란, 터키, GCC 국가들과 이집트, 남아프리카 공화국 등이 할랄 산업의 발전 잠재력이 높은 지역으로 평가되고 있다. 또한 미국, 유럽 등에도 할랄 산업이 발전할 수 있는 시장이 이미 형성되어 있으며, 중국도 발전 가능성이 있는 국가로 평가된다.

　대륙별로는 아시아, 아프리카의 발전 가능성이 가장 크다고 할 수 있다. 아

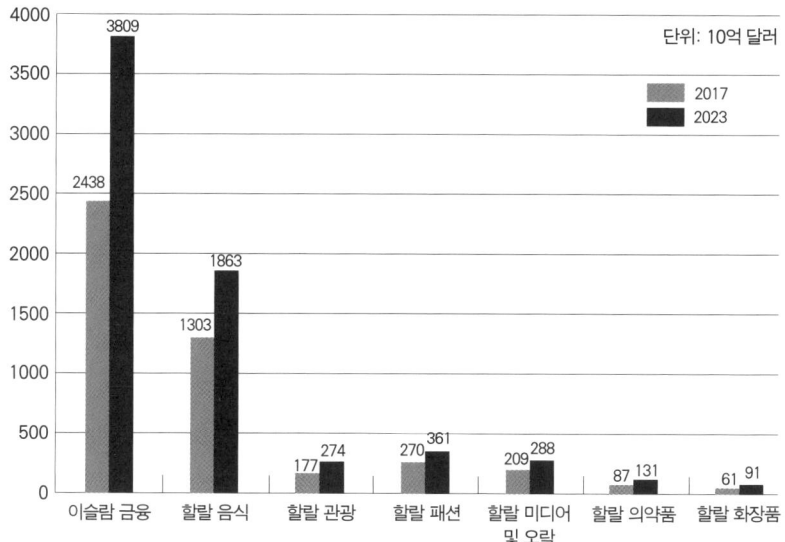

그림 1 이슬람 경제의 주요 부문과 규모(2017년과 2023년)
자료: Thomson Reuters, 2019: 6~7

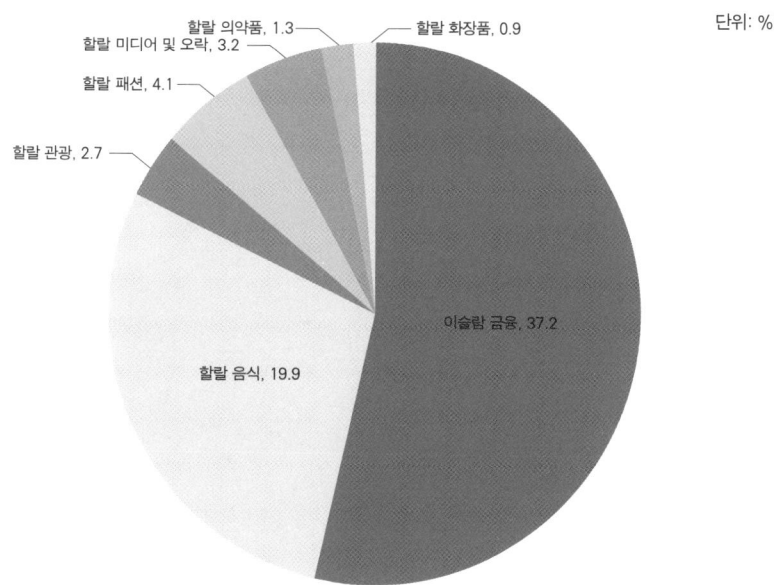

그림 2 2017년 이슬람 경제
자료: Thomson Reuters, 2019: 6~7

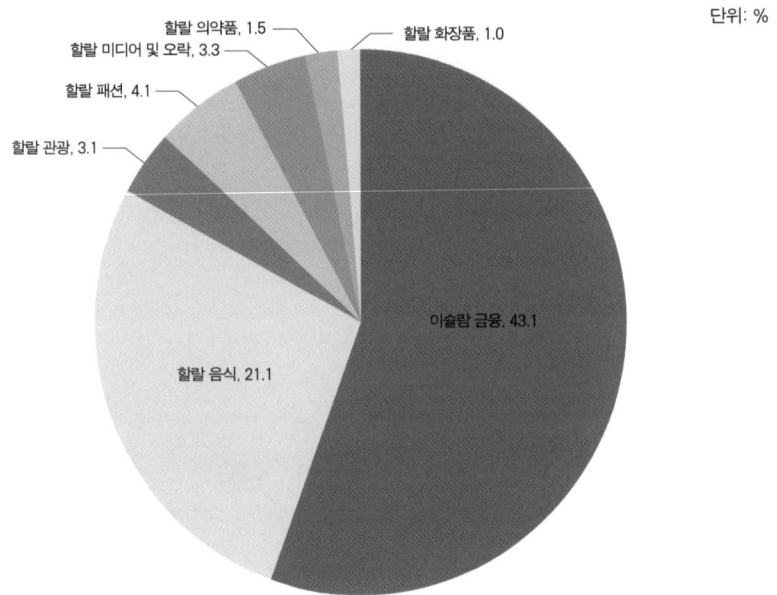

그림 3 2023년 이슬람 경제

자료: Thomson Reuters, 2019: 6~7

그림 4 세계 주요 할랄 시장

자료: Oxford Anlaytica, 2014: 33.

시아의 경우에는 전체 무슬림 인구의 60% 이상인 10억 명 이상이 거주하고 있다. 아시아 지역은 아프리카와 함께 다른 지역에 비해 소득수준이 낮은 편으로 큰 시장이 아니지만 막대한 무슬림 인구의 거주측면에서는 성장가능성이 크다. 특히, 말레이시아, 인도네시아 등이 있는 동남아시아는 할랄 시장의 국제 허브를 목표로 각국 정부 차원에서 할랄 인증 제도를 구축하고 있으므로 국제 할랄 시장의 물류 및 유통 중심지역으로 성장할 것으로 예상된다. 또한 싱가포르, 태국에서도 할랄 인증제도가 도입되며 할랄 유통 산업이 발전하고 있다. 특히 세계 물류 시장의 허브 역할을 하는 싱가포르는 할랄 육류의 물류 시장에서도 중심지역으로 발전하기 위해 정부에서 정책을 적극 추진하고 있다(USDA, 2017).

유럽의 경우, 다른 지역에 비해 비교적 높은 소득 수준을 가진 약 4,400만 명 이상에 이르는 무슬림 인구가 할랄 식품을 소비하고 있다. 유럽국가 중에서는 무슬림 인구가 약 470만 명으로 가장 많은 프랑스가 할랄식품의 소비를 주도하고 있다.[3] 동유럽에도 알바니아, 보스니아, 코소보, 마케도니아 등의 국가들에 무슬림 인구가 다수 거주하고 있다.

미주 지역의 경우, 북미지역의 무슬림 인구는 아시아, 유럽지역보다 적은 840만 명의 규모이지만, 이 지역의 할랄 시장 역시 무슬림의 소득 성장에 따라 지속적으로 성장세를 보이고 있다. 미국의 경우에는 무슬림 인구의 수는 2015년에 310만 명에 불과했으나, 2050년 경에는 약 800만 명으로 2.6배가량 증가할 것으로 전망되고 있다.[4] 이에 따라 미국을 비롯한 미주 지역도 세계 할랄 제품의 주요 소비 지역으로 등장할 것으로 예상된다. 아프리카의 경우는 소득수준이 낮아 구매력이 낮은 편이지만, 전체 인구 가운데 무슬림이 15.5%로 높은 비중을 차지하고 있으며 젊은 연령층이 많기 때문에 향후 성장이 예상되는 지

---

3 "The Future of the Global Muslim Population for 2030." *ARB*(February 20, 2019). https://www.alibabaoglan.com/blog/the-future-global-muslim-population-2030(검색일: 2019. 03. 14).

4 "Halal Food Market in the US - Top 3 Drivers and Forecasts by Technavio." *Businesswire*(August 15, 2017). https://www.businesswire.com/news/home/20170815005842/en/Halal-Food-Market---Top-3-Drivers(검색일: 2019. 02. 22).

역이다(엄익란, 2013: 43).

한편, 할랄 제품 공급에서는 2016년을 기준으로 오스트레일리아가 가장 많은 130억 달러를 수출하였으며, 그 다음이 말레이시아로 110억 달러를 수출한 것으로 나타났다. 이외에 태국, 브라질, 싱가포르 등이 세계 시장에서 할랄 제품의 주요 공급국이다.

표 2 주요 할랄 제품 공급 국가 및 규모

	국가	주요 할랄 수출품	할랄 수출 규모 (단위: 달러)
1	오스트레일리아	육류, 육류 제품, 가공 식품 및 음료	130억
2	말레이시아	가공 식품, 원료, 팜 오일, 제약, 화장품	110억
3	태국	가공 식품 및 음료	60억
4	브라질	가금류	40억
5	싱가포르	가공 식품 및 음료	5억

자료: Akmal Al Amini, 2019.

위의 표 2에서와 같이 할랄 제품의 생산이나 수출은 무슬림 인구가 다수가 아니거나 비이슬람권의 국가들에서도 이루어진다. 세계에서 가장 많은 인구가 살고 있는 중국의 경우, 무슬림 인구는 940만 명으로 전체 인구의 1.7%에 불과하지만 저임금의 노동력을 통해 할랄 산업 발전의 가능성이 높다. 이미 중국 기업들은 EU와의 협력을 통해 유럽시장에 할랄 식품 수출을 추진하고 있기도 하다.[5] 또한 한국에서도 할랄 산업에 대한 관심이 높아지고 있으며 기업들이 할랄 시장을 대상으로 수출을 확대하기 위해 할랄 제품을 개발하고 있다. 한국 기업들은 화장품, 샴푸 등 미용제품과 건강음료, 김, 김치 등 식료품, 의약품 등의 부문에서 할랄 제품을 생산하여 수출하고 있다.

---

[5] "The Future of the Global Muslim Population for 2030." *ARB*(February 20, 2019). https://www.alibabaoglan.com/blog/the-future-global-muslim-population-2030(검색일: 2019. 03. 14).

한편 할랄 산업은 지역에 따라 발전 부문에 차이가 있다. 예컨대 할랄 음식은 인도네시아와 터키, 할랄 관광 부문은 사우디아라비아, UAE 등에서 발전했으며, 할랄 의약품은 터키와 사우디아라비아, 할랄 화장품은 인도와 인도네시아 등에서 발전하였다. 중동이나 동남아시아 국가들에서는 여러 분야의 할랄 산업이 발전하고 있다. 비이슬람권인 독일과 프랑스에서 할랄 의약품이나 화장품 산업이 발전한 것과 러시아의 할랄 산업이 주요 할랄 산업부문의 10위권 이내에 포함되어 있는 것이 특징적이다. 그리고 중앙아시아에서는 카자흐스탄이 유일하게 할랄 화장품 생산 부문에서 발전한 것으로 나타났다.

표 3 주요 할랄 산업 부문의 발전 지역 (단위: 10억 달러)

	할랄 음식		할랄 관광		할랄 의약품		할랄 화장품	
1	인도네시아	170	사우디아라비아	21	터키	10.3	인도	5.4
2	터키	127	UAE	16	사우디아라비아	7.5	인도네시아	3.9
3	파키스탄	118	카타르	13	미국	6.8	러시아	3.6
4	이집트	86	쿠웨이트	10	인도네시아	5.2	터키	3.4
5	방글라데시	76	인도네시아	10	알제리	4	말레이시아	3.1
6	이란	63	이란	8	러시아	3	방글라데시	2.9
7	사우디아라비아	51	말레이시아	7	이란	3	이라크	2.2
8	나이지리아	47	러시아	7	독일	2.7	카자흐스탄	2.1
9	러시아	41	터키	6	파키스탄	2.7	프랑스	1.8
10	인도	38	나이지리아	6	프랑스	2.5	이란	1.8

자료: Thomson Reuters, 2019.

앞에서 언급한 것과 같이 할랄 산업이 가장 발전한 부문은 할랄 식품이며, 국가별로는 인도네시아, 터키, 파키스탄, 이집트, 방글라데시, 이란, 사우디아라비아, 나이지리아, 러시아, 인도가 할랄 식품 소비가 많은 국가들이다. 이슬람권의 경제성장과 급속한 인구증가, 활발한 소비활동으로 할랄 식품 소비 시장은 급속도로 성장하고 있다.

할랄 산업의 발전에서는 할랄 인증이 중요한 역할을 하고 있다. 할랄 산업이 발전된 국가들에는 할랄 인증기구들이 설립되어 있으며, 무슬림 인구가 많은 국가들에도 할랄 인증기관이 있다. 여러 개의 할랄 인증기관이 있는 국가들도 있는데, 오스트레일리아 같은 국가들에는 11개 이상의 인증기관이 있기도 하다. 전세계적으로 할랄 인증기관은 대략 75개에서 300여 개에 달하는 것으로 알려져 있다. 국가에 따라서는 말레이시아, UAE 등과 같이 정부가 인증기구의 설립을 지원하는 곳이 있으며, 프랑스의 '파리 그랜드모스크'와 같이 종교기구가 설립하기도 한다. 또한 미국의 '비영리 미국 이슬람식품영양위원회'와 같은 민간단체가 할랄 인증기구를 설립하기도 한다(Oxford Analytica, 2014: 30~31). 전세계의 정확한 할랄 인증기관의 수를 평가하기는 어려운 상황이다. 아래의 표 4에 있는 세계 주요 인증기관들이 개별적으로 다른 국가들에 인증기관을 승인하는 방식으로 인증을 하고 있기 때문이다. 예를 들어, 세계에서 가장 널리 알려져 있는 인증기관인 말레이시아의 이슬람개발부(JAKIM)는 전 세계 32개국 56개 기관을 할랄 공식 인증기관으로 승인하여 말레이시아 할랄 인증과 동일한 지위를 부여하고 있으며, 세계 각국의 할랄 생산업체들은 말레이시아 이슬람개발부와 할랄 인증 협약을 체결하기 위해 노력하고 있다(손승표 외, 2018: 14).

세계적으로 알려진 대표적인 할랄 인증기관으로는 말레이시아의 '자킴

표 4 지역별 주요 할랄 인증기관

지역	국가	인증기관
아시아	말레이시아	이슬람개발부(JAKIM)
	인도네시아	인도네시아 이슬람위원회(MUI)
	싱가포르	싱가포르 이슬람 종교협의회(MUIS)
	브루나이	브루나이 할랄
	파키스탄	합
아프리카	남아공	남아공 할랄청(SANHA)
유럽	독일	할랄 콘트롤
	이탈리아	할랄 이탈리아
미주	미국	이판카
대양주	호주	할랄 오스트레일리아

자료: 엄익란, 2013: 38; 각종 자료 참고

(JAKIM)'과 인도네시아의 '무이(MUI)', 싱가포르의 '무이스(MUIS)'가 있다.[6] 현재 할랄 인증 업체와 제품 수는 지속적으로 늘어나는 추세이다. 아래의 표 5에 나타난 것과 같이 2005년 이후 2015년까지 10년 동안 할랄 업체와 제품의 수는 10배 이상 증가한 것으로 나타났다.

표 5 할랄 인증 제조업체 및 제품수(2005~2015)

	제조업체	제품
2005	414	969
2006	443	1,123
2007	488	1,013
2008	548	921
2009	353	470
2010	692	750
2011	623	650
2012	552	600
2013	4,523	9,721
2014	-	10,762
2015	-	11,904

자료: Kementrian Agama RI (http://simbi.kemenag.go.id/halal/assets/collections/newsletter/files/55642c827e6ac.pdf); Berita Prima (http://beritaprima.com/lppommui-kesadaran-sertifikasi-halal-meningkat/)

---

[6] 말레이시아 표준법(Standards of Malaysia Act)에 따라 말레이시아 표준부(Department of Standardization Malaysia) 산하 표준 개발청(Malaysian Standard Developments System)에서 할랄 관련 규정에 대한 말레이시아 표준(MS)을 공식적으로 발표하였으며, 이슬람개발부(Jabatan Kemajuan Islam Malaysia: JAKIM(Department of Islamic Development Malaysia))에서 인증업무를 담당하고 있음. "해외식품인증 포털." https://www.foodcerti.or.kr/halal/malaysia(검색일: 2019. 03. 07); "말레이시아 할랄 공식 포털." http://www.islam.gov.my/(검색일: 2019. 03. 10). 인도네시아 할랄인증은 비정부기관인 인도네시아 이슬람위원회(MUI)에서 담당하고 있음. "말레이시아 할랄 공식 포털." https://www.foodcerti.or.kr/halal/indonesia(검색일: 2019. 03. 07).

2. 향후 할랄 산업의 전망

인도네시아, 말레이시아 등 동남아시아 지역과 사우디아라비아를 비롯한 중동 지역, 기타 국가들에 거주하는 약 18억 명의 무슬림 인구를 대상으로 한 할랄 생산과 소비시장의 규모는 점점 확대되고 있다. 할랄 시장이 확대되는 원인은 다양한 측면에서 살펴볼 수 있으나 무엇보다 무슬림 인구의 증가와 이들의 구매력 향상에 따른 요인이 크다고 할 수 있다. 무슬림 인구는 지속적으로 늘고 있으며, 당분간 증가세가 계속될 것으로 전망된다. 아래 표 6에서와 같이 무슬림 인구는 2030년에는 22억 명으로 증가할 것으로 전망되고 있다. 또한 전체 세계 인구에서 무슬림이 차지하는 비중도 2010년의 23.4%에서 2030년에는 26.4%로 높아질 것으로 전망된다.[7]

대부분의 이슬람 국가들은 할랄 식품의 수입국이며, 할랄 시장이 식품뿐만 아니라 다양한 소비 분야로 확대되고 있으므로 시장 발전의 잠재력은 매우 크다고 할 수 있다. 이 가운데 할랄 식품은 가장 많이 발전된 부문으로 세계적인

표 6 세계 무슬림 인구분포

구분	2010		2030	
	무슬림 인구 (단위: 명)	무슬림 인구 분포 (단위: %)	무슬림 인구 (단위: 명)	무슬림 인구 분포 (단위: %)
전세계	1,619,314,000	100	2,190,154,000	100
아시아 태평양	1,005,507,000	62.1	1,295,625,000	59.2
중동, 북아프리카	321,869,000	19.9	439,453,000	20.1
사하라 이남 아프리카	242,544,000	15.0	385,939,000	17.6
유럽	44,138,000	2.7	58,209,000	2.7
아메리카	5,256,000	0.3	10,927,000	0.5

자료: Pew Research Center, 2011.

---

[7] "The Future of the Global Muslim Population for 2030." *ARB*(February 20, 2019). https://www.alibabaoglan.com/blog/the-future-global-muslim-population-2030(검색일: 2019. 03. 14).

식료품 기업들의 할랄 산업 진입도 증가하고 있다.[8] 예를 들어, 2018년에는 전 세계적으로 알려진 식료품 기업인 하리보(Haribo)사가 영국에 할랄 제품 매장을 열기도 하였으며, 일본의 미쓰비시사가 UAE의 할랄 제조업체인 알 이슬라미(Al Islami) 식품회사에 투자하기도 하였다. 식품 이외에 할랄 미디어, 오락 부문이 발전하고 있는 가운데, 현재 할랄 미디어는 세계 미디어 및 오락 시장의 약 4%를 점유하고 있다.[9] 최근에 할랄 미디어 기업들은 넷플릭스와의 협력을 통해 무슬림을 위한 시리즈물이나 '왕자의 게임'의 이슬람 버전 TV 시리즈물을 제작하고 발표하고 있기도 하다. 또한 영국을 비롯한 국가들에서 활발하게 추진되는 이슬람 문화 행사들도 할랄 미디어와 오락 산업을 발전시키는데 기여하고 있다.

최근에는 할랄 제약품, 할랄 화장품 부문도 발전하고 있으며 UAE, 말레이시아, 사우디아라비아 제품들은 세계 시장에서 경쟁력이 높아지고 있다. 제약과 화장품 분야는 할랄과 관련된 생산 기술의 발전이나 할랄 기능식품에 대한 무슬림들의 관심이 증대됨에 따라 앞으로도 성장이 전망되고 있다. 이와 같이 할랄 산업은 식품, 미디어, 제약, 화장품, 관광 등의 분야로 꾸준히 발전하고 있다.

III. 중앙아시아 지역의 할랄 산업 현황

1. 카자흐스탄의 할랄 산업

중앙아시아 국가들 가운데는 카자흐스탄의 할랄 산업이 가장 발달하였다. 카자

---

8 2018년 기준으로 글로벌 식품시장에서 할랄식품이 차지하는 비중은 15.9%에 달하는 것으로 평가된다("2,800조 거대시장 할랄식품 급성장." 매일경제(2019/03/12). https://www.mk.co.kr/news/business/view/2019/03/149146(검색일: 2019. 03. 14)).

9 "Halal Market Share 2025." *OpenPR*(January 10, 2019). https://www.openpr.com/news/1901404/halal-market-share-2025-global-industry-analysis(검색일: 2019. 03. 08)

흐스탄의 할랄 산업 발전 요인은 중앙아시아에서 가장 큰 경제규모와 높은 일인당 국민소득 등이 꼽힌다. 카자흐스탄은 2013년에 GDP 규모 2,370억 달러와 1인당 국민소득 1만 4,000달러에까지 달했으나, 이후 세계 경기침체와 글로벌 금융시장 불안 등의 이유로 경제상황이 악화된 바 있다. 그러나 앞으로 에너지 부문의 발전에 따른 점진적 경제성장이 전망되며, 2024년에는 GDP가 2,580억 달러, 1인당 국민소득이 1만 2,340달러에 이를 것으로 전망된다.[10] 또한 최근에 정부가 추진하는 이슬람 부흥 정책이나 금융시장의 개방에 따른 국제 이슬람 금융 기관들과의 협력도 할랄 산업 발전에 긍정적인 영향을 줄 것으로 보인다.

전반적으로 소련으로부터의 독립 직후에는 카자흐스탄에서의 할랄 산업은 매우 느린 속도로 발전되었다. 카자흐스탄은 무슬림이 다수인 국가이지만 1995년에 이르러서야 이슬람국가기구(Organization of Islamic Cooperation: OIC)에 가입하였고 이슬람 국가들과의 협력을 추진했다. 또한 카자흐스탄 할랄 인증기관인 '카자흐스탄 할랄 산업협회(Kazakhstan Halal Industry Association)'는 2006년에 이르러서야 설립되었다. 이후 말레이시아의 국제 할랄 인증기관인 JAKIM의 지원으로 할랄 인증 제도를 도입했으며, 2007년에는 관광과 육류 소비 부문에서 할랄 관련 국가표준을 제정하기도 하였다.

2007년 인증제의 도입에 따라 2000년대 중반 이후부터, 카자흐스탄의 할랄 산업은 비교적 빠르게 발전하였다. 예컨대 2005년에는 8개 기업이 할랄 식품을 생산했으나, 2014년에는 600여 개 이상의 기업이 할랄 인증서를 가지게 되었다.[11] 또한 130개의 도축업체가 할랄 인증서를 발급받았다. 2006년 설립된

---

10 "World Economic and Financial Surveys World Economic Outlook Database." *International Monetary Fund*. https://www.imf.org/external/pubs/ft/weo/2019/01/weo-data/index.aspx(검색일: 2019. 06. 10).

11 "Overview-Kazakhstan's $3 bln halal food market." *Salaam Gateway*(January 12, 2016). https://www.salaamgateway.com/story/overview-kazakhstans-3-bln-halal-food-market(검색일: 2019. 03. 08).

'카자흐스탄 할랄 산업협회'와 2017년 5월에 설립된 '할랄 Damu' 등이 기업들을 대상으로 할랄 인증서를 발급하였다. '할랄 Damu'의 인증서를 받은 기업은 약 140여 개, '카자흐스탄 할랄 산업협회'의 인증서를 받은 기업은 약 160여 개에 이른다(SKOLKOVO Institute for Emerging Market Studies, 2018: 62). 기업들에게 인증서를 발급한 '할랄 Damu'와 '카자흐스탄 할랄 산업협회'는 말레이시아 JAKIM으로부터 할랄 인증을 위임받았다. 아직 카자흐스탄 내의 자체적인 할랄 인증서는 외국시장에서는 인정을 받고 있지 않다. 이에 따라 중동지역으로 카자흐스탄 할랄 제품을 수출할 경우에는 수입업체나 수입 국가의 인증기관과 카자흐스탄 인증서에 대해 협상을 해야 한다(SKOLKOVO Institute for Emerging Market Studies, 2018: 62).

국제사회에서 인증문제가 완전히 해결되지 않고 있음에도 불구하고 카자흐스탄의 할랄 산업은 점차 발전하고 있다. 이는 정부의 육류나 농업 생산품의 수출 장려 정책에도 영향을 받고 있다. 정부는 육류 수출을 장려하기 위해 할랄 육류기업을 지원하고 있다. 대표적인 할랄 육류기업으로는 2015년에 할랄 인증을 받은 '악테파(Aktepa)'사가 있다. 카자흐스탄은 소련시기에는 육류의 생산이 활발하여 육류를 수출하였으나, 소련의 해체 이후에는 체제전환기의 극심한 경기침체에 따른 생산부진으로 육류를 수입하고 있다. 이러한 상황이 지속되어 카자흐스탄 정부는 이를 극복하고자 2013년에 '2020 농업발전 프로그램'을 발표하고 육류 생산 증대를 추진하고 있는 것이다. 현재 카자흐스탄 정부는 관세가 면제되는 유라시아경제연합(EAEU) 지역을 비롯한 인근 국가들로 농작물과 육류 수출 확대를 추진하고 있다.

카자흐스탄 식품 시장에서 할랄 인증서를 보유한 기업들의 생산 비중은 전체 생산의 약 20%에 달하는 것으로 평가되며,[12] 육류 시장에서 할랄 인증서

---

12   "Откуда в казахстанский халал попадает ДНК свинины." *Kazakhstan Forbes*(March 26, 2019). https://forbes.kz/finances/markets/otkuda_v_kazakhstanskiy_halal_popadaet_dnk_svininyi/?(검색일: 2019. 11. 26).

를 보유한 기업의 생산 비중은 전체의 30%에 달하는 것으로 평가되고 있다.[13]

또한 카자흐스탄 정부는 농업수출 확대 전략을 추진하며 이슬람 국가들로의 식품 수출을 늘리는 정책을 추진하고 있다. 카자흐스탄은 2019년에 전체 577억 달러의 수출 가운데 9%인 약 52억 달러를 이슬람 국가들에 수출하였다. 이 가운데 49억 달러는 터키와 우즈베키스탄, 키르기스스탄에 대한 수출이며, 나머지는 중동 및 북아프리카(MENA) 지역에 대한 것이다.[14] 카자흐스탄 정부는 중동이나 다른 이슬람 국가들에 대한 수출 규모를 늘리고자 하며, 이를 위해 우선 할랄 식품을 비롯한 할랄 제품의 수출 장려 정책을 추진하고 있는 것이다.[15]

카자흐스탄 정부는 할랄 제품 생산의 발전과 수출 확대를 위해 이슬람 국가들과 협력하고 있다. 인증부문에서는 할랄 인증제도가 가장 발전된 말레이시아의 할랄 표준 인증 제도를 도입하며 협력하고 있다. 또한 할랄 생산 확대를 위해서는 세계 주요 이슬람경제기구들이나 중동 지역의 할랄 생산기업들과 협력하고 있다. 카자흐스탄의 아스타나 국제금융센터(AIFC)는 UAE의 이슬람경제발전센터(DIEDC)와 할랄 산업에서의 협력을 포함한 이슬람 경제 각 분야의 발전을 위해 협약을 체결한 바 있다. 현재 이슬람경제발전센터는 카자흐스탄의 할랄 인증기구 설립과 2016년에 두바이에서 출범한 국제할랄인증포럼(IHAF)에 가입을 지원하고 있다. 향후에 이 포럼의 가입을 통해 카자흐스탄과 UAE 간에 할랄 인증 등을 비롯한 여러 할랄 산업 부문에서 긴밀한 협력이 이루어질 것으

13　"Kazakhstan's $3 billion halal food sector." *ITEFood&Drink*(April 18, 2017). http://www.food-exhibitions.com/Market-Insights/Turkey-and-Eurasia/Kazakhstan-$3-billion-halal-food-sector(검색일: 2019. 02. 09).

14　"Socio-economic development of the Republic of Kazakhstan January 2020." *Ministry of National Economy of the Republic of Kazakhstan Statistics committee*. https://stat.gov.kz/edition/publication/month(검색일: 2020. 02. 10).

15　"Overview-Kazakhstan's $3 bln halal food market." *Salaam Gateway*(January 12, 2016). https://www.salaamgateway.com/story/overview-kazakhstans-3-bln-halal-food-market(검색일: 2019. 03. 08).

로 전망된다.[16]

한편, 카자흐스탄의 할랄 소비 시장도 발전하고 있다. 카자흐스탄은 이슬람 소비시장에서 8번째로 규모가 큰 시장으로 평가되고 있다(Thomson Reuters, 2019). 전체 식음료 부문에 대한 연간 소비 규모는 220억 달러로 평가되고 있으며, 이 가운데 인구의 70%을 차지하는 무슬림에 의해 소비되는 규모는 연 124억 달러에 달하는 것으로 평가된다.[17] 현재 카자흐스탄에서는 '할랄'이라는 용어가 다수의 부문에 있어서 상업적으로 사용되어 국민들의 경제생활 전반에 확산되고 있다. 특히, 서비스 산업에서 할랄 용어 사용이 확대되고 있으며, 할랄 상점, 할랄 치과, 할랄 피트니스 등의 용어가 사용되고 있기도 하다.

위에서 살펴본 것과 같이 카자흐스탄의 할랄 산업은 실질적으로 2000년대 중반 이후부터 인증제도가 도입되며 발전하고 있다. 카자흐스탄 정부는 에너지 위주의 수출주도 정책에서 탈피하여 수출다변화 정책을 추진하고 있으며, 할랄 제품을 새로운 주요 수출품으로 발전시키고자 하고 있다. 이를 위해 향후 할랄 식품이나 제약 등의 할랄 산업 부문을 지원할 것으로 예상되고 있다. 그러나 식품을 제외한 다른 할랄 산업 발전에는 생산 인프라 구축, 생산 기술 확보 등의 요인으로 장기적인 시간이 필요할 것으로 전망된다.

2. 우즈베키스탄의 할랄 산업

중앙아시아 지역에서 약 3,300만 명에 달하는 최대의 인구를 가진 우즈베키스

16　"IHAF Growing Membership Worldwide." *The Halal Times*(December 25, 2019). https://www.halaltimes.com/ihaf-growing-membership-worldwide(검색일: 2020. 01. 20).

17　"Central Asia countries to increase exports of halal products." *HalalFocus*(April 30, 2018). https://halalfocus.net/central-asia-countries-to-increase-exports-of-halal-products(검색일: 2019. 02. 20).

탄은 무슬람 인구도 약 2,660만 명이 거주하여 향후 할랄 생산과 소비 시장의 발전이 전망되고 있다.[18] 특히, 2016년 말에 2대 대통령인 샤브카트 미르지요예프 대통령이 취임한 이후 할랄 부문과 관련된 인프라나 설비가 발전하고 있다. 가장 잠재력을 가진 할랄 식품 산업의 발전은 새로운 정부 출범이후 변화된 몇 가지 사회, 경제적 요인에 영향을 받고 있다. 이러한 사회, 경제적 요인으로는 경제 발전, 대외 개방, 이슬람 관광객의 증가, 중동 국가들과의 교역 증대 등을 꼽을 수 있다.

우즈베키스탄은 안정적인 경제발전으로 소비 규모가 증가함에 따라 할랄 시장이 발전하고 있다. 2015년 기준으로 우즈베키스탄에서 무슬림 인구는 104억 달러에 달하는 식품을 소비한 것으로 평가되며 2021년에는 소비 규모가 약 204억에 달할 것으로 전망된다. 일인당 육류 소비 규모는 2009년 연 28.4kg에서 2025년에는 54.8kg로 늘어날 것으로 예상되며 이는 할랄 식품 시장의 발전에도 영향을 줄 것으로 전망된다.

최근에는 대외 개방에 따라 할랄 관광 분야의 발전도 예상된다. 우즈베키스탄의 외국인 관광객은 약 2백만 명이며, 우즈벡 관광공사에 따르면 이 가운데 14.9%는 터키, 러시아, 인도 등에서 방문한 무슬림들이다(SKOLKOVO Institute for Emerging Market Studies, 2018: 66). 우즈베키스탄을 방문하는 무슬림 관광객들의 증가도 할랄 식품의 소비 증가에 영향을 줄 것으로 예상된다. 우즈베키스탄은 오랜 이슬람 역사에 따라 사마르칸드, 부하라, 히바 등의 도시에 풍부한 이슬람 문화 유적을 보유하고 있으므로 세계 각국으로부터의 무슬림 관광객들이 증가하여 할랄 식품 소비도 증대될 것으로 전망되고 있는 것이다.

우즈베키스탄은 중동 국가들로 할랄 제품을 수출할 수 있는 잠재력을 보

---

18 "The Future of the Global Muslim Population for 2030." *ARB*(February 20, 2019). https://www.alibabaoglan.com/blog/the-future-global-muslim-population-2030(검색일: 2019. 03. 14).

유하고 있으나, 아직은 이 가능성이 현실화되지 못하고 있다. 이는 할랄 인증제도와도 연관성을 가진다. 우즈베키스탄에는 2018년 2월 1일에야 정부 할랄 표준인 ISO 22,000이 도입되었다. ISO 22,000 표준은 생산, 보관, 운송, 판매 등의 과정에서 샤리아 율법에 따를 것을 규정하고 있다.[19]

또다른 우즈베키스탄 할랄 인증부문의 문제점은 인증기관이 부재하다는 사실이다. 현재 우즈베키스탄 정부는 말레이시아의 JAKIM, 아랍에미레이트의 국제인증센터 등 할랄 인증 기구들과의 협력을 통해 할랄 인증 기구를 설립하는 것을 고려하고 있다. 2018년 8월에는 우즈베키스탄 표준협회 관계자들이 말레이시아를 방문하여 국제인증기관인 JAKIM의 관계자들과 인증체계 수립을 위한 협약을 체결하였으며, 향후 할랄 인력 교육을 위해 협력하기로 합의하기도 하였다.[20]

최근 우즈베키스탄 정부는 제조업 부문의 발전을 위해 산업특별구역 설립을 적극 추진하고 있다. 이에 따라 정부는 산업특별구역으로 할랄 제품을 생산하는 외국 기업들을 유치하는 방안을 고려하고 있다.

이상에서 살펴본 바와 같이 우즈베키스탄은 중앙아시아 최대의 무슬림 인구가 거주하고 있으며 안정적 경제성장이 지속되고 있으므로 할랄 시장도 발전될 것으로 전망된다. 우즈베키스탄 정부의 대외개방 정책과 관광산업 발전 정책에 따른 외국 관광객 유입도 할랄 식품 시장 발전에 영향을 줄 것이며, 우즈베키스탄과 연계된 국제운송로의 발전은 향후 할랄 식품의 유통에 영향을 주게 될 것으로 전망된다.[21]

---

19 "В Узбекистане вводятся стандарты 《Халяль》." *EurAsia Daily*(February 9, 2018). https://eadaily.com/ru/news/2018/02/09/v-uzbekistane-vvodyatsya-standarty-halyal. (February 09, 2018)(검색일: 2019. 11. 26).

20 "Halal certification in Uzbekistan for unhindered access to the Malaysian market." *Uzdaily*(August 20, 2018). https://www.uzdaily.uz/en/post/45359(검색일: 2020. 01. 20).

21 "Overview-Kazakhstan's $3 bln halal food market." *Salaam Gateway*(January 12,

3. 키르기스스탄의 할랄 산업

중앙아시아 지역에서 키르기스스탄은 가장 이른 시기에 대외경제 개방이 진행된 국가로 알려져 있다. 키르기스스탄은 이미 1992년에 국제표준협회에 가입했으며, 1998년에는 중앙아시아에서 가장 먼저 세계무역기구(WTO)에 가입하였다. 뿐만 아니라 러시아가 주도하는 유라시아경제연합(EAEU)에도 2015년부터 가입하여 역내 경제협력에도 적극적으로 참여하고 있다. 이에 따라 생산된 제품을 유라시아경제연합의 역내 국가들로 안정적으로 수출할 수 있는 제도적인 기반을 보유하고 있다고 할 수 있다.

키르기스스탄은 국토의 약 90%가 산악 지역에 위치하고 있으며 중앙아시아 국가들 가운데에서도 목축 환경이 우수한 것으로 평가되고 있다. 다른 제조업 부문의 발전 잠재력이 매우 취약하여 키르기스스탄 정부는 자연 환경의 장점을 활용한 농가공 부문의 할랄 산업 발전을 통해 해외에 할랄 식품을 수출하는 것을 계획하고 있다.

키르기스스탄에서는 2015년부터 할랄 산업이 본격적으로 발전하기 시작하였다. 이후 2015년 6월 키르기스스탄 정부는 할랄 산업 발전을 위해 "키르기스스탄 할랄 산업 발전 구상"을 승인했으며, 키르기스스탄 이슬람 행정청, 과학 아카데미, 키르기스스탄 이슬람 대학 등의 전문가들이 실무협의체를 구성하여 할랄 산업 발전을 추진하고 있다.[22] 키르기스스탄 정부는 2015년 할랄 산업 발전 구상을 발표한 이후부터, 경제부, 보건복지부, 농업부, 외교부 등 정부부처와 종교위원회, 무슬림 영성국(The spiritual administration of muslims), 상공회의

2016). https://www.salaamgateway.com/story/overview-kazakhstans-3-bln-halal-food-market(검색일: 2019. 03. 08).

22 "Об утверждении концепции развития халал-индустрии в Кыргызской Республике." *МИНИСТЕРСТВО ЮСТИЦИИ КЫРГЫЗСКОЙ РЕСПУБЛИКИ*(June 22, 2015). http://cbd.minjust.gov.kg/act/view/ru-ru/97657(검색일; 2018. 06. 07).

소 등에서 공동으로 할랄 산업 발전 정책을 추진하고 있다. 또한 경제부 내에는 할랄 산업 발전을 담당하는 할랄 산업국이 설립되었다. 정부의 할랄 산업 발전 구상에는 할랄 육류 산업 발전을 위해 관련된 설비를 만들고, 가축 이외의 다른 분야에서도 할랄 표준을 도입하는 것을 계획하고 있기도 하다(Концепция развития халал-индустрии в Кыргызской Республике, 2017). 현재 키르기스스탄의 할랄 인증 부문에서는 12개의 기업이 인증자격을 보유하고 있는데,[23] 경제부의 표준계측 센터에서 할랄 인증에 관련된 일을 하고 있다.

또한 정부는 할랄 산업과 관련된 대외 협력을 추진하고 있다. 키르기스스탄의 할랄 생산업체들은 러시아의 카잔, 타타르스탄 등에서 개최되는 러시아-할랄 엑스포에 참여하고 있다. 이외에도 할랄 산업 표준과 인증에 대한 국제학술회의를 정부의 지원으로 개최하고 있으며, 러시아, 벨라루스, 카자흐스탄 등이 참여하는 유라시아경제연합 국가들 간의 할랄 공통 표준을 설립하기 위한 협력도 추진하고 있다(Bilal Ahmad Malik, 2015: 37).

2018년 말 이후에 키르기스스탄 정부는 할랄 산업을 체계적으로 발전시키기 위해 할랄 산업에 대한 정부 규정을 더욱 구체화하는 정책을 추진하고 있으며,[24] 향후 컨설팅, 교육, 인증 등의 부문에서 할랄 산업 발전을 위한 정책을 추진할 계획이다.

---

23 "Central Asia countries to increase exports of halal products." *Food Information Center*(May 04, 2018). http://halalinfo.ifrpd.ku.ac.th/index.php/en/latest-news/341-halal-food-article-4-may-2018-01-en.

24 현재는 키르기스스탄에서 12개의 육류 가공 기업이 국제 할랄 인증을 받았다.
"Halal industry proposed to be introduced in Kyrgyzstan." *Kabar*(November 12, 2018). http://kabar.kg/eng/news/halal-industry-proposed-to-be-introduced-in-kyrgyzstan(검색일: 2019. 02. 12).

4. 타지키스탄의 할랄 산업

2013년 3월 타지키스탄은 공식적으로 식료품에 대한 할랄 표준을 도입한 바 있다. 인구의 절대 다수가 무슬림인 타지키스탄은 향후 할랄 식품 산업이 발전할 것으로 평가하여 정부에서 식품 분야의 할랄 표준을 도입하였다. 정부는 이 표준을 도입하기 위해 터키, 카자흐스탄, 말레이시아 등의 사례 등을 참고하고 말레이시아, 터키, 인도 등의 관련 기관으로부터 표준화 업무 담당자들이 교육을 받기도 하였다. 이와 함께 정부는 할랄 표준 도입과 관련된 법을 제정해야 할 필요성도 인식하고 이를 추진하고 있다.

  타지키스탄은 이슬람 국가들로 할랄 제품 수출을 위한 잠재력을 가지고 있으며, 다수의 과일, 주스 등은 식품안전관리인증기준(Hazard Analysis Critical Control Points: HACCP) 인증서를 보유하고 있다(SKOLKOVO Institute for Emerging Market Studies, 2018: 69). 이에 따라 점진적으로 식품 부문을 위주로 타지키스탄의 할랄 산업이 발전할 것으로 전망된다.

IV. 결론

이 글에서는 세계 할랄 산업의 현황과 중앙아시아 지역에서의 할랄 산업 현황을 살펴보았다. 세계적으로 할랄 산업이 급속하게 발전하고 있는 가운데 향후 2030년, 2050년 경에는 할랄 산업이 더욱 발전할 것으로 전망된다. 또한 세계 무슬림 인구의 증가와 소득 수준 향상에 따라 전세계의 할랄 상품 시장도 더욱 커질 것으로 전망되고 있다.

  중앙아시아 지역에서도 몇 가지 요인으로 할랄 산업은 점차 발전될 것으로 전망된다. 첫째, 중앙아시아 지역의 인구 증가와 지속적인 국민소득의 증대는 할랄 시장 발전에 영향을 줄 것이다. 중앙아시아 최대의 인구를 보유한 우즈베키스탄의 경우에 2010년에는 인구가 2,800만 명이었으나 2018년에는 약 3,300만에 이르고 있으며, 2024년에는 3,500만 명으로 증가할 것으로 전망된다. 카자흐스탄의 경우에도 2018년 1,820만 명의 인구가 2024년에는 2,200만 명에 이를 것으로 전망된다. 또한 소득 증대에 따른 구매력의 향상으로 할랄 산업은 점차 발전될 것으로 전망된다. IMF에 따르면 1인당 국민소득에서도 카자흐스탄의 경우 2018년의 9,240달러에서 2024년에는 12,340달러로 증가하고, 우즈베키스탄은 2018년의 1,650달러에서 2024년에는 2,420달러로 증가할 것으로 전망되고 있다.[25] 이러한 경제성장은 할랄 식품이나 할랄 화장품, 할랄 제약품에 대한 소비 증가로 연결될 가능성이 높다고 할 수 있다.

둘째, 중앙아시아 지역의 할랄 산업은 점진적으로 각국에서의 이슬람 부흥 정책에 따라 발전할 것으로 전망된다. 구소련의 해체 이후에 중앙아시아 각국 정부의 이슬람에 대한 지원 정책이 시작되었으며, 2000년 이후에 각국에서 민족주의가 발전하는 것과 동시에 정부의 이슬람 부흥 정책이 적극적으로 추진되고 있다. 중앙아시아 이슬람의 발전은 중앙아시아와 다른 이슬람 국가들 간의 종교적 차원의 협력과 더불어 경제적 협력으로 이어질 가능성이 높으며 할랄 산업에서의 협력도 활발하게 추진될 것으로 전망된다.

전반적으로 현재의 중앙아시아 할랄 산업은 큰 잠재력에도 불구하고 카자흐스탄을 제외하고는 발전이 미흡한 단계에 머물러 있는 것으로 평가된다. 카자흐스탄을 제외한 중앙아시아 각국은 할랄 인증 제도를 도입하기 위한 정책을 추진하는 정도이다. 또한 중앙아시아 국가들은 생산 인프라 측면에서도 동남아시아, 중동의 이슬람 국가들에 비해 발전이 미진한 상황이다. 중앙아시아 각국에서 이슬람이 종교로서 발전된 것이 구소련 해체 이후에 이루어졌으며 할랄이

---

25 "World Economic and Financial Surveys World Economic Outlook Database." *International Monetary Fund*. https://www.imf.org/external/pubs/ft/weo/2019/01/weodata/index.aspx(검색일: 2019. 06. 10).

산업으로서 등장하고 발전된 것은 최근 10여 년 가량에 불과하다. 따라서 할랄 산업이 중앙아시아 국가들의 제조업 생산 확대, 수출 증대에 기여하지는 못하고 있다. 물론 중앙아시아 정부 차원에서는 할랄 산업의 발전을 통해 세계 이슬람권에 자국의 식료품, 육류를 수출하려는 정책을 계획하고 있으나, 이러한 정책이 실제로 실현되고 성과를 거두기에는 앞으로도 많은 시간이 필요할 것으로 전망된다. 그럼에도 불구하고 카자흐스탄, 우즈베키스탄 등의 사례에서 나타나는 것과 같이 할랄 산업 발전과 이를 활용한 수출 확대 정책이 추진됨에 따라 점진적으로 할랄 산업은 발전될 가능성이 크다고 할 수 있다. 할랄 산업의 발전은 중앙아시아 각국에서 식료품, 농가공업 등의 관련 제조업 분야의 발전에도 기여할 것으로 전망된다.

참고문헌

강자은·나희량. 2016. "할랄식품 국제표준이 수출에 미친 영향: 말레이시아 사례를 통한 시사점을 중심으로." 『동남아시아연구』 26(1), 1-47.

김형준. 2017. "이슬람과 할랄 소비: 인도네시아 할랄제품보장법을 중심으로." 『동아연구』 36(1), 253-294.

삼정 KPMG 경제연구원. 2015. "글로벌 식품 신시장." 『할랄』.

손승표·조의윤. 2018. 『아세안 할랄시장 허브로서의 말레이시아의 잠재력과 한국의 대응방안 연구』, 한국무역협회.

엄익란. 2013. "이슬람 식품 시장의 할랄 인증제도 의무화에 따른 한국 기업의 대응 방안." 『한국이슬람학회 논총』 23(3), 33-56.

KOTRA. 2016. 『세계 할랄 시장 동향 및 인증 제도』.

Концепция развития халал-индустрии в Кыргызской Республике. 2017.

Amini, Akmal Al. 2019. "Global Halal Market." *Halal Packaging Seminar 2019*(August 2019). http://mpma.org.my/v4/wp-content/uploads/2019/08/01-Global-Halal-Market-R.pdf(검색일: 2020. 01. 10).

Elasrag, Hussein. 2016. *Halal Industry: key challenges and opportunities.* MPRA paper.

Malik, Bilal A. 2015. "Halal banking in post-soviet central Asia: Antecedents and consequences." *Marketing and Branding research* 2, 28-43.

Oxford Analytica. 2014. *The role of standards within the islamic economy.*

Pew Research Center. 2011. "Forum on Religion & Public Life The future of the global musilim population."

SKOLKOVO Institute for Emerging Market Studies. 2018. *The islmic economy - the fastest growing large economy eurasian focus.*

Thomson Reuters. 2019. *State of the Islamic economy report 2018/19.*

USDA. 2017. *Halal in Singapore.*

"2,800조 거대시장 할랄식품 급성장." 매일경제(2019/03/12). https://www.mk.co.kr/news/business/view/2019/03/149146(검색일: 2019. 03. 14).

"Central Asia countries to increase exports of halal products." *HalalFocus*(April 30, 2018). https://halalfocus.net/central-asia-countries-to-increase-exports-of-halal-products(검색일: 2019. 02. 20).

"Central Asia countries to increase exports of halal products." *Food Information Center*(May 04, 2018). http://halalinfo.ifrpd.ku.ac.th/index.php/en/latest-news/341-halal-food-article-4-may-2018-01-en.

"Halal certification in Uzbekistan for unhindered access to the Malaysian market." *Uzdaily*(August 20, 2018). https://www.uzdaily.uz/en/post/45359(검색일: 2020. 01. 20).

"Halal Food Market in the US - Top 3 Drivers and Forecasts by Technavio." *Businesswire*(August 15, 2017). https://www.businesswire.com/news/home/20170815005842/en/Halal-Food-Market---Top-3-Drivers(검색일: 2019. 02. 22).

"Halal industry proposed to be introduced in Kyrgyzstan." *Kabar*(November 12, 2018). http://kabar.kg/eng/news/halal-industry-proposed-to-be-introduced-in-kyrgyzstan(검색일: 2019. 02. 12).

"Halal Market Share 2025." *OpenPR*(January 10, 2019). https://www.openpr.com/news/1901404/halal-market-share-2025-global-industry-analysis(검색일: 2019. 03. 08).

"IHAF Growing Membership Worldwide." *The Halal Times*(December 25, 2019). https://www.halaltimes.com/ihaf-growing-membership-worldwide(검색일: 2020. 01. 20).

"Kazakhstan's $3 billion halal food sector." *ITEFood&Drink*(April 18, 2017). http://www.food-exhibitions.com/Market-Insights/Turkey-and-Eurasia/Kazakhstan-$3-billion-halal-food-sector(검색일: 2019. 02. 09).

"Overview-Kazakhstan's $3 bln halal food market." *Salaam Gateway*(January

12, 2016). https://www.salaamgateway.com/story/overview-kazakh-stans-3-bln-halal-food-market(검색일: 2019. 03. 08).
"Socio-economic development of the Republic of Kazakhstan January 2020." *Ministry of National Economy of the Republic of Kazakhstan Statistics committee*. https://stat.gov.kz/edition/publication/month(검색일: 2020. 02. 10).
"The Future of the Global Muslim Population for 2030." *ARB*(February 20, 2019). https://www.alibabaoglan.com/blog/the-future-global-muslim-population-2030(검색일: 2019. 03. 14).
"World Economic and Financial Surveys World Economic Outlook Database." *International Monetary Fund*. https://www.imf.org/external/pubs/ft/weo/2019/01/weodata/index.aspx(검색일: 2019. 06. 10).

"В Узбекистане вводятся стандарты 《Халяль》." *EurAsia Daily*(February 9, 2018). https://eadaily.com/ru/news/2018/02/09/v-uzbekistane-vvodyatsya-standarty-halyal(검색일: 2019. 11. 26).
"Об утверждении концепции развития халал-индустрии в Кыргызской Республике." *МИНИСТЕРСТВО ЮСТИЦИИ КЫРГЫЗСКОЙ РЕСПУБЛИКИ*(June 22, 2015). http://cbd.minjust.gov.kg/act/view/ru-ru/97657(검색일; 2018. 06. 07).
"Откуда в казахстанский халал попадает ДНК свинины." *Kazakhstan Forbes* (March 26, 2019). https://forbes.kz//finances/markets/otkuda_v_kazahstanskiy_halal_popadaet_dnk_svininyi/?(검색일: 2019. 11. 26).

"말레이시아 할랄 공식 포털." http://www.islam.gov.my(검색일: 2019. 03. 10).
"해외식품인증 포털." https://www.foodcerti.or.kr/halal/indonesia(검색일: 2019. 03. 07).
"해외식품인증 포털." https://www.foodcerti.or.kr/halal/malaysia(검색일: 2019. 03. 07).

http://gov.uz(검색일: 2019. 03. 10).

http://ihaf.org.ae(검색일: 2019. 01. 20).

https://www.mk.co.kr/news/business/view/2018/04/242704. 2018년 4월 16일(검색일: 2019. 02. 12).

Berita Prima (http://beritaprima.com/lppommui-kesadaran-sertifikasi-halal-meningkat/).

Kementrian Agama RI (http://simbi.kemenag.go.id/halal/assets/collections/newsletter/files/55642c827e6ac.pdf).